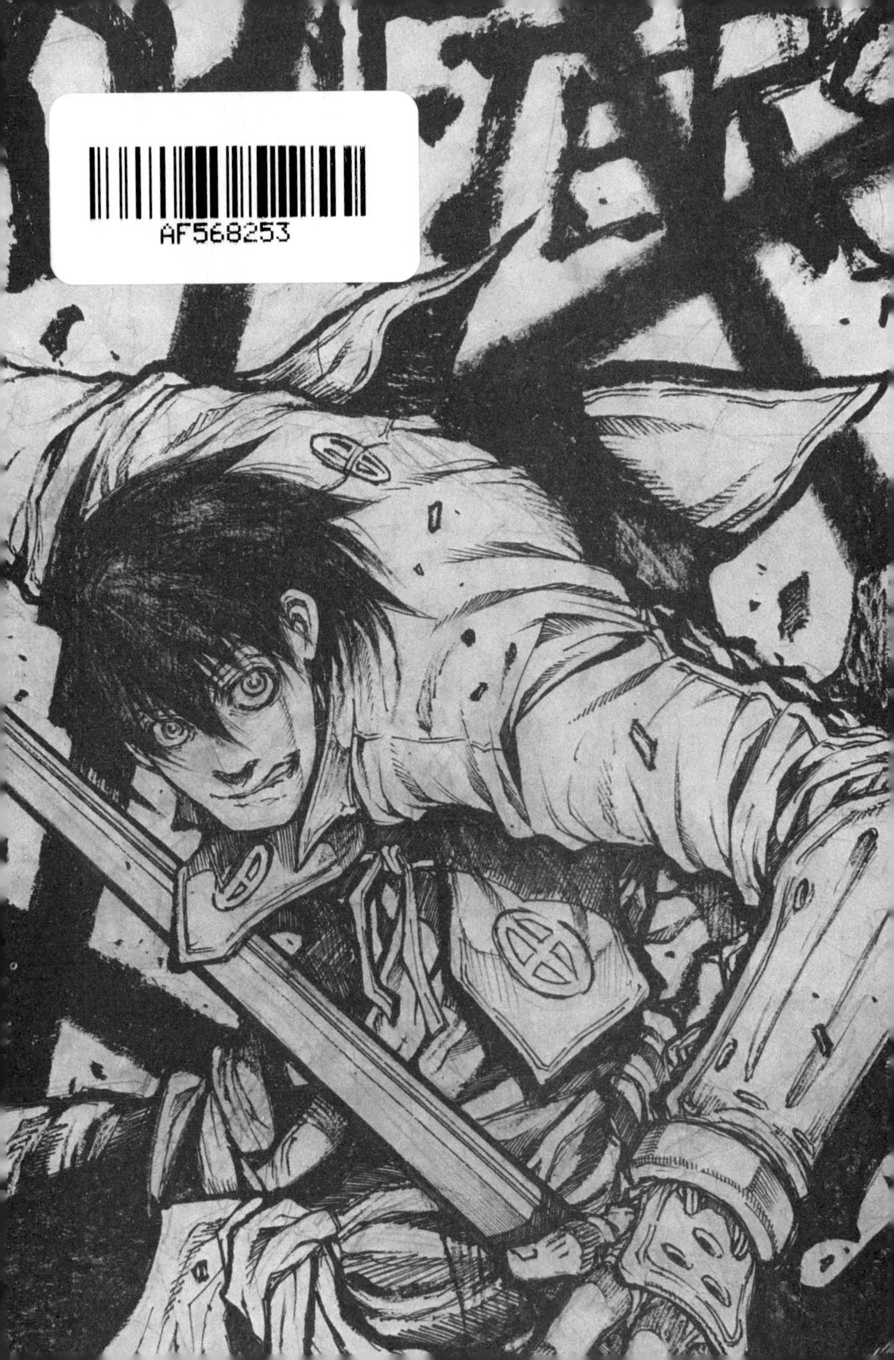

Story & Zeichnungen
KOHTA HIRANO

Übersetzung
BURKHARD HÖFLER

Lettering
MONICA ROSSI

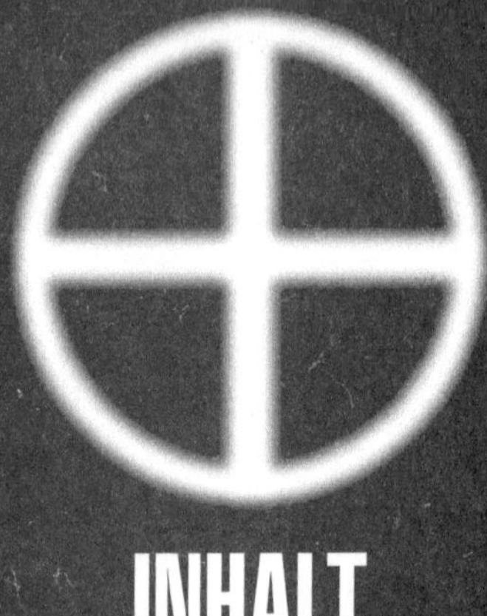

INHALT

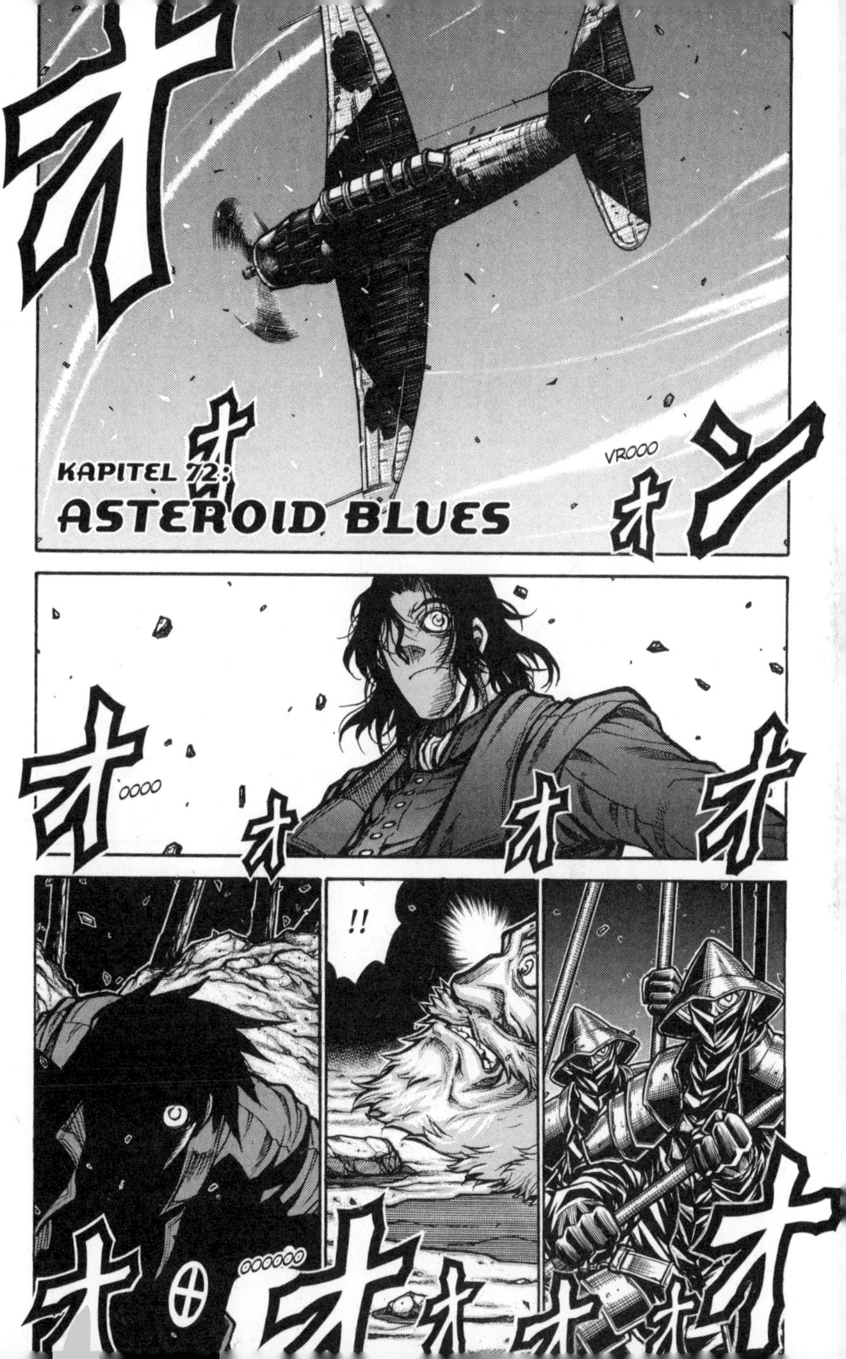

KAPITEL 72:
ASTEROID BLUES

オォオン

VROOO

オOOOO

ォオオ

!!

オOOOOOO

オォォォォオ

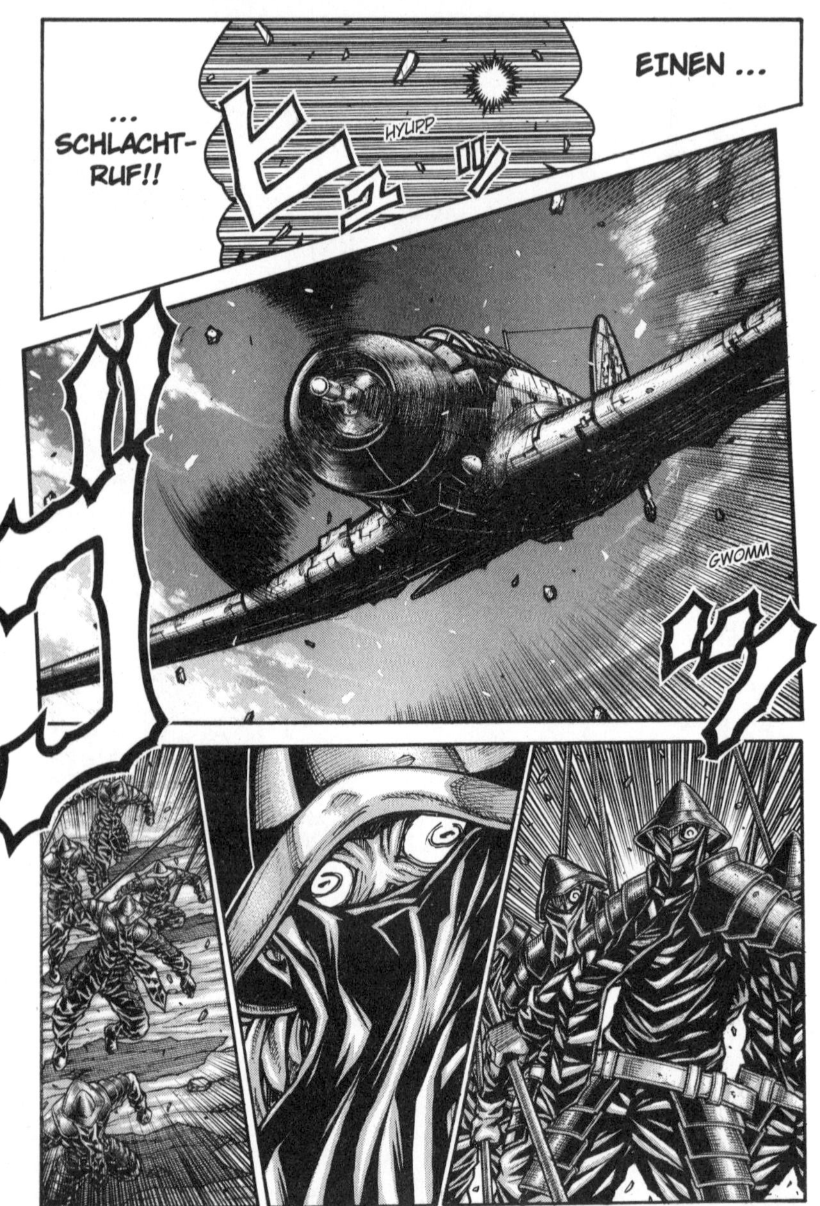
EINEN ...
... SCHLACHT-RUF!!
HYUPP
GWOMM

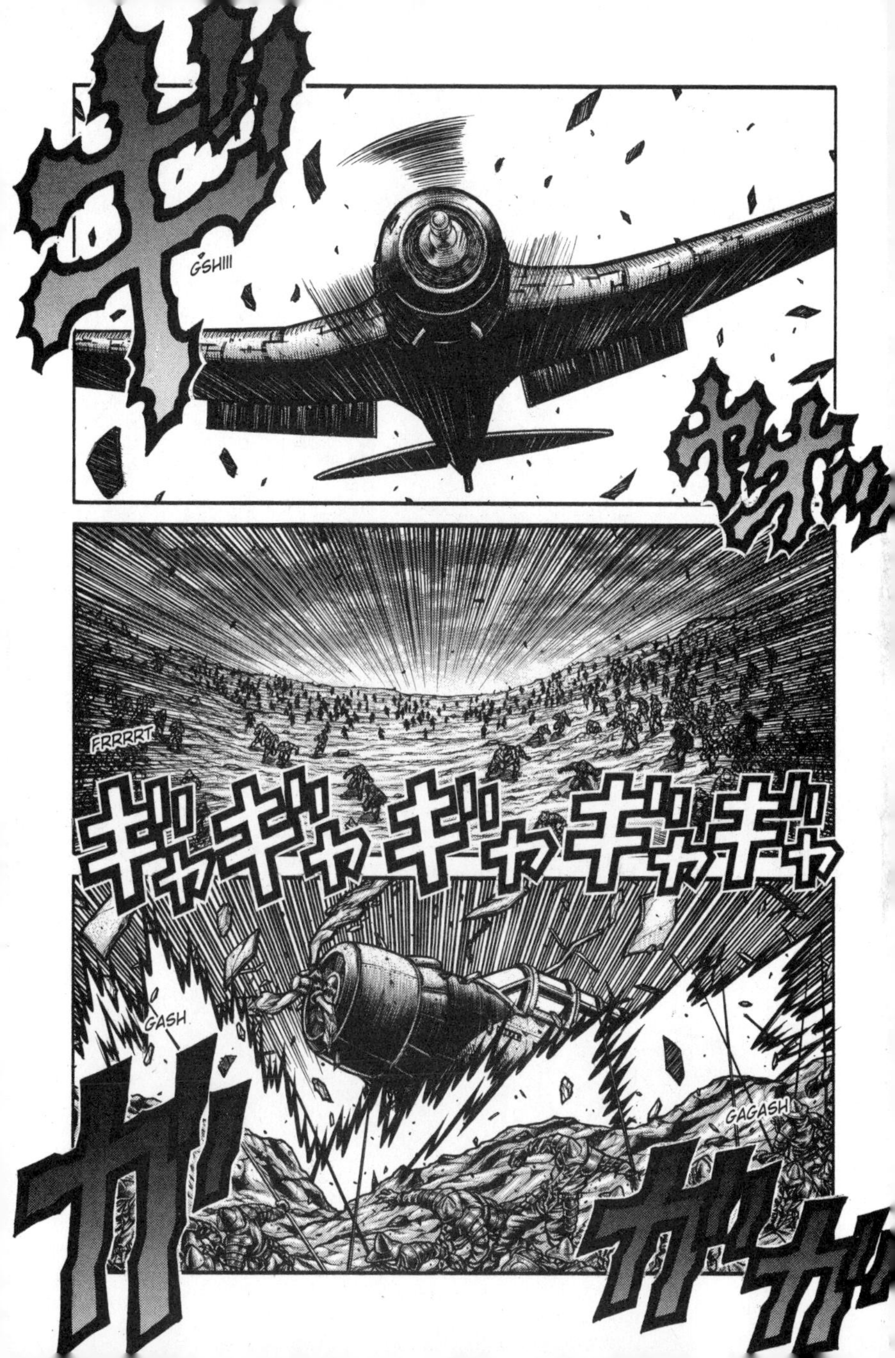

キィィ
GSHIII
ギャギャギャギャ
FRRRRT
ガッ
GASH
ガガッ
GAGASH

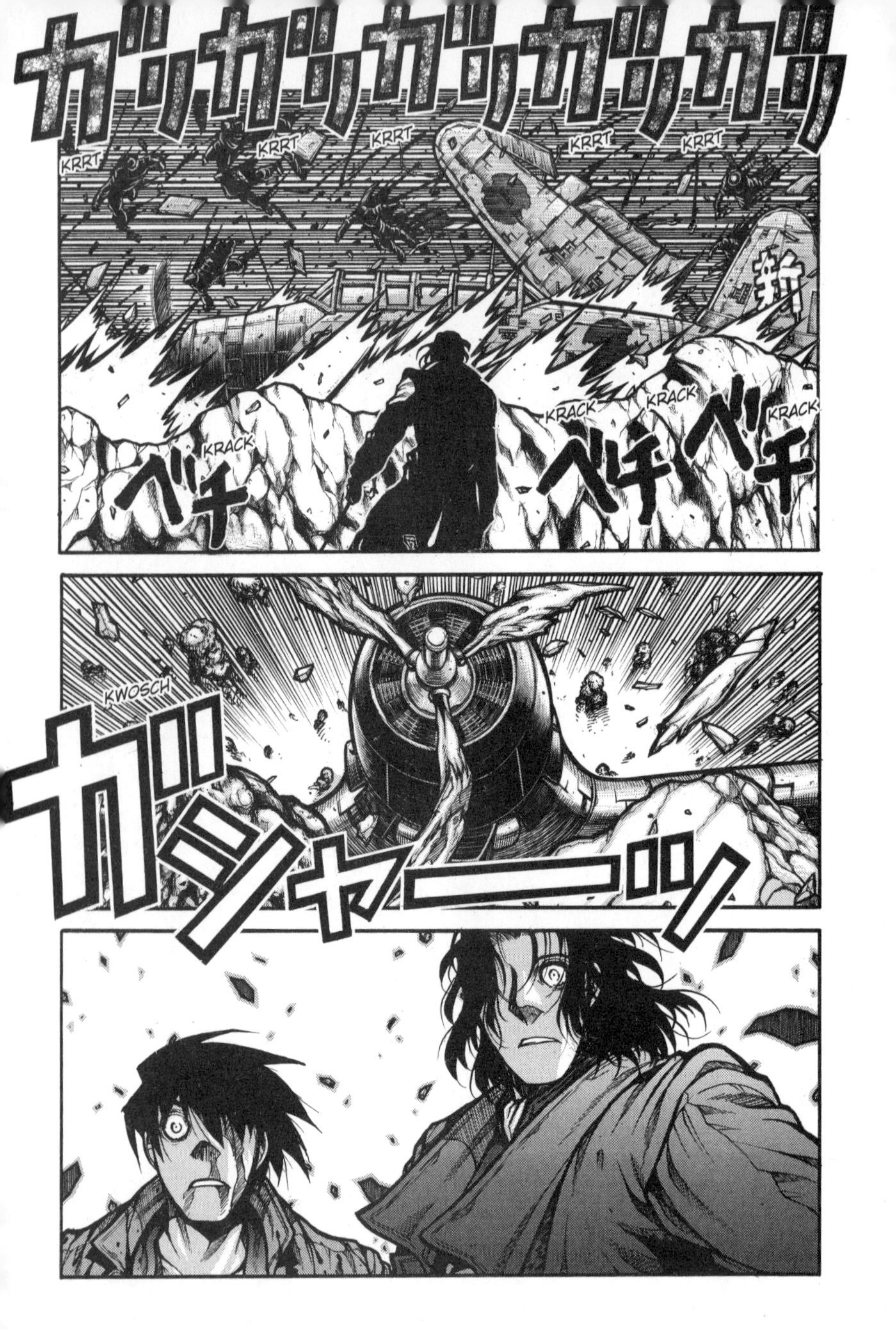

ガッガッガッガッガッ
KRRT
KRRT
KRRT
KRRT
KRRT
ベチ
KRACK
ベチ
KRACK
ベチ
KRACK
KRACK
ガシャーーッ
KWOSCH

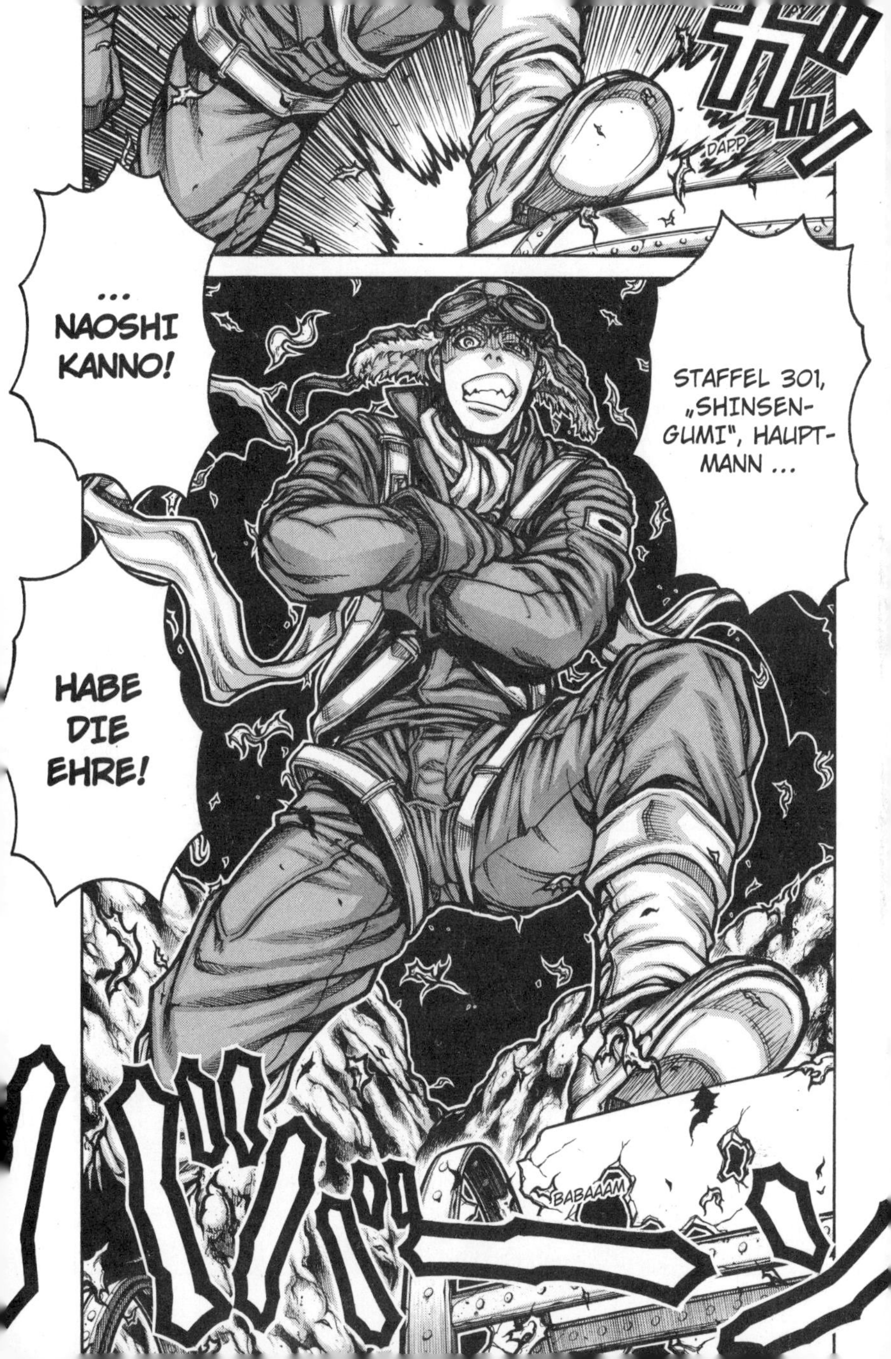
DAPP
STAFFEL 301, „SHINSEN-GUMI", HAUPT-MANN ...
... NAOSHI KANNO!
HABE DIE EHRE!
BABAAAM

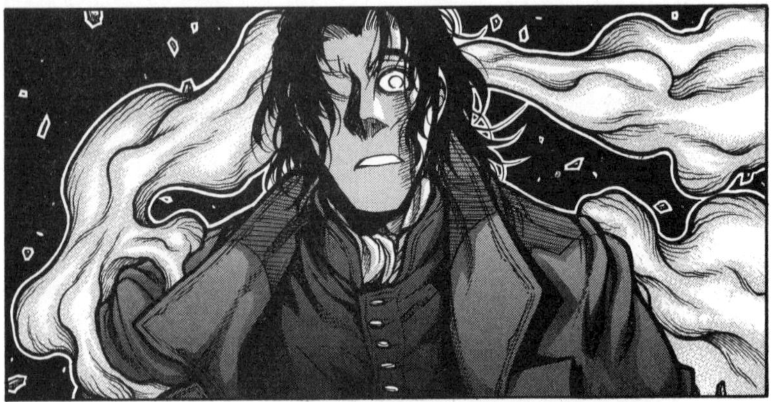

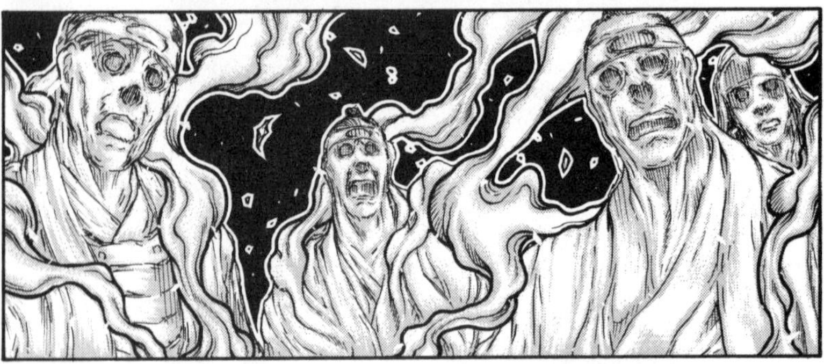

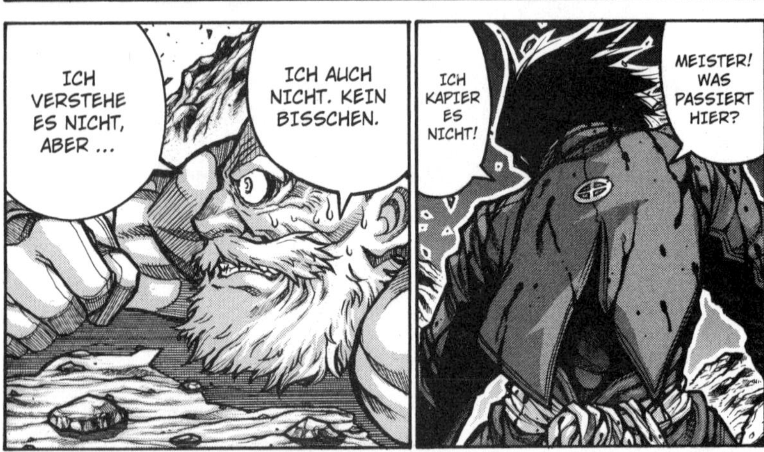
MEISTER! WAS PASSIERT HIER?
ICH KAPIER ES NICHT!
ICH AUCH NICHT. KEIN BISSCHEN.
ICH VERSTEHE ES NICHT, ABER ...

* DAS ERSTE SCHRIFTZEICHEN VON „SHINSENGUMI“.

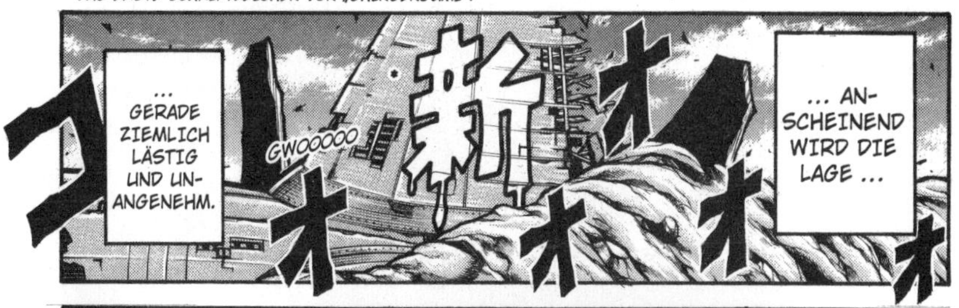

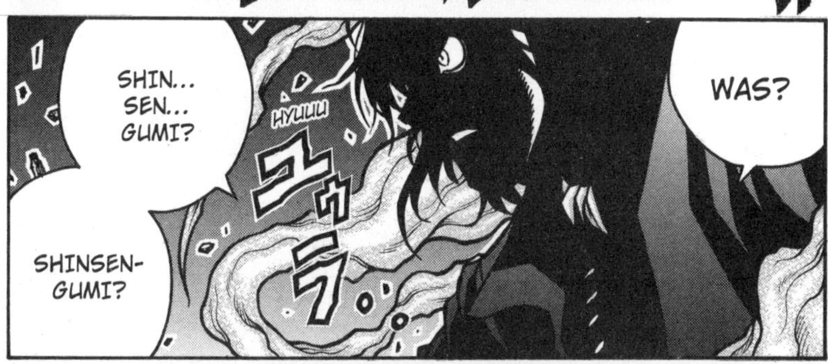

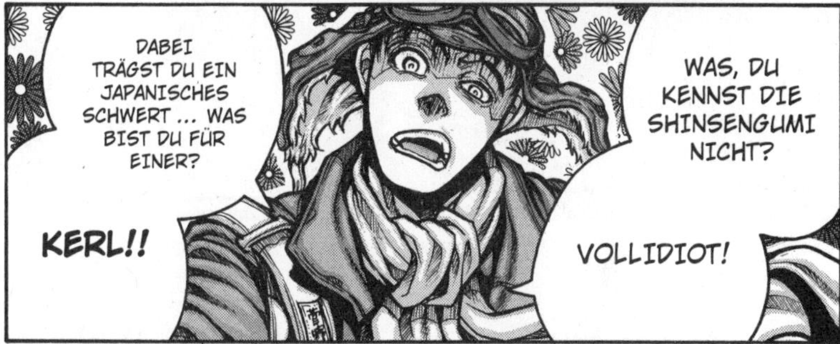

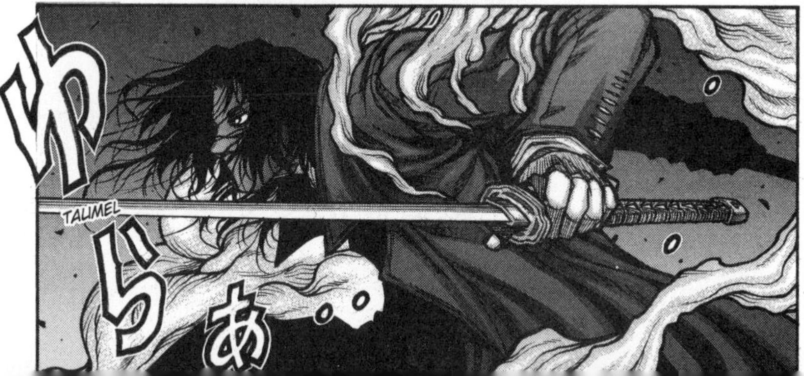

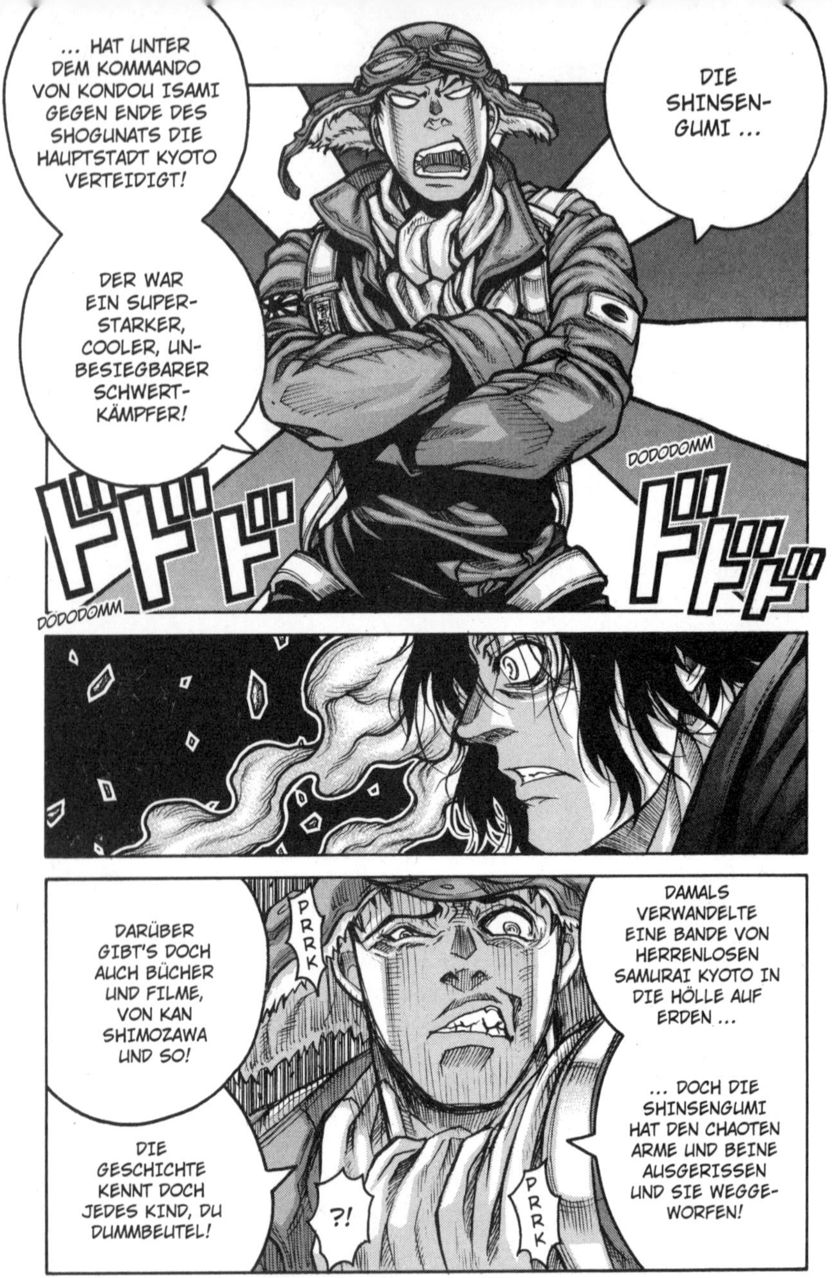

DIE SHINSEN-GUMI ...

... HAT UNTER DEM KOMMANDO VON KONDOU ISAMI GEGEN ENDE DES SHOGUNATS DIE HAUPTSTADT KYOTO VERTEIDIGT!

DER WAR EIN SUPER-STARKER, COOLER, UN-BESIEGBARER SCHWERT-KÄMPFER!

DODODOMM

DODODOMM

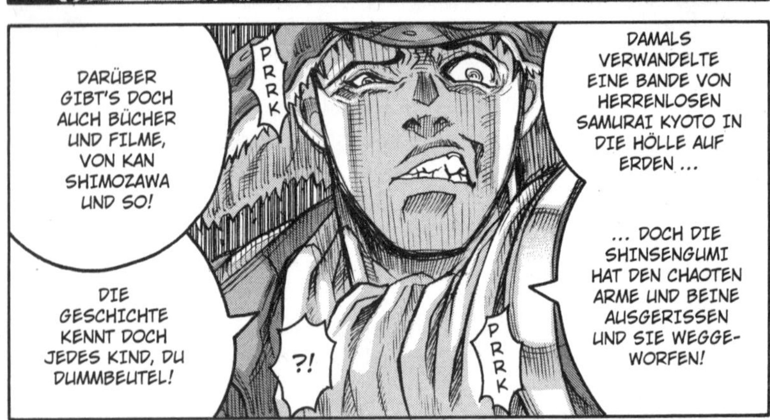

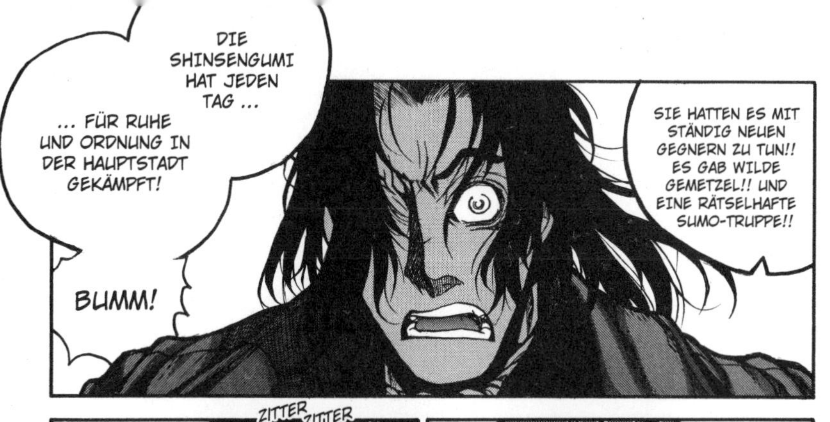
SIE HATTEN ES MIT STÄNDIG NEUEN GEGNERN ZU TUN!! ES GAB WILDE GEMETZEL!! UND EINE RÄTSELHAFTE SUMO-TRUPPE!!
DIE SHINSENGUMI HAT JEDEN TAG ...
... FÜR RUHE UND ORDNUNG IN DER HAUPTSTADT GEKÄMPFT!
BUMM!

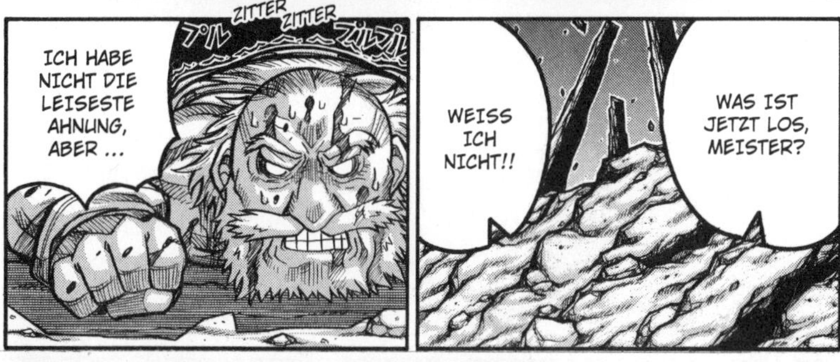
WAS IST JETZT LOS, MEISTER?
WEISS ICH NICHT!!
ZITTER ZITTER
ICH HABE NICHT DIE LEISESTE AHNUNG, ABER ...

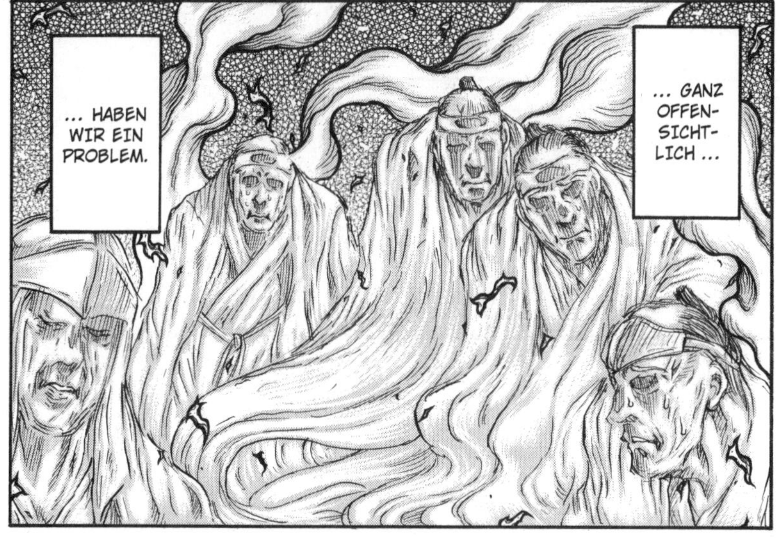
... GANZ OFFEN-SICHT-LICH ...
... HABEN WIR EIN PROBLEM.

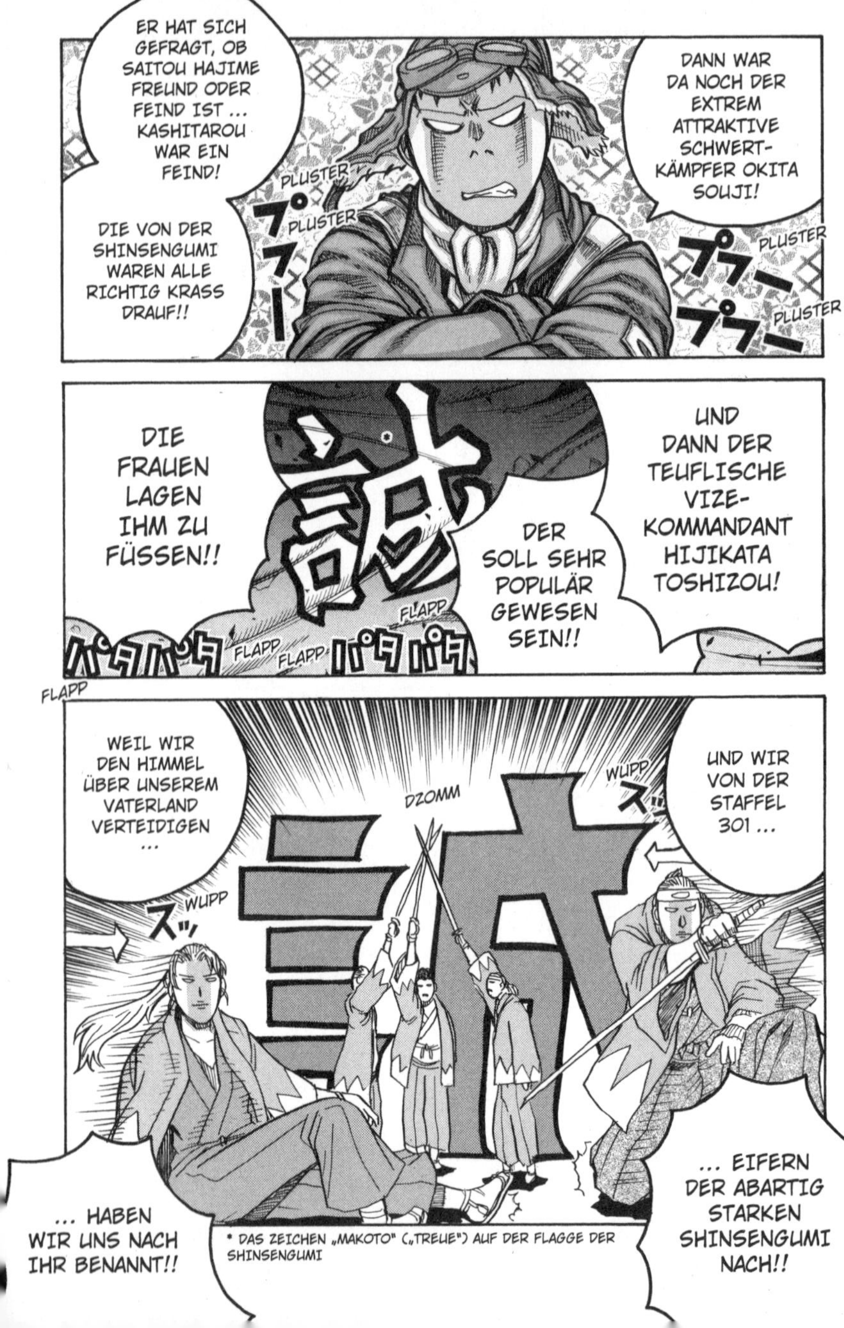

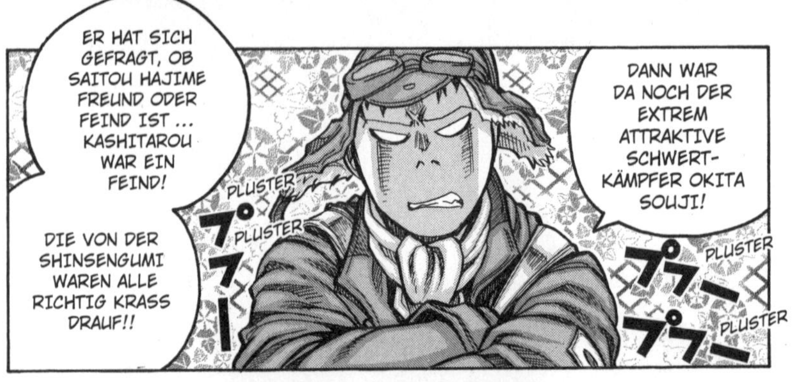

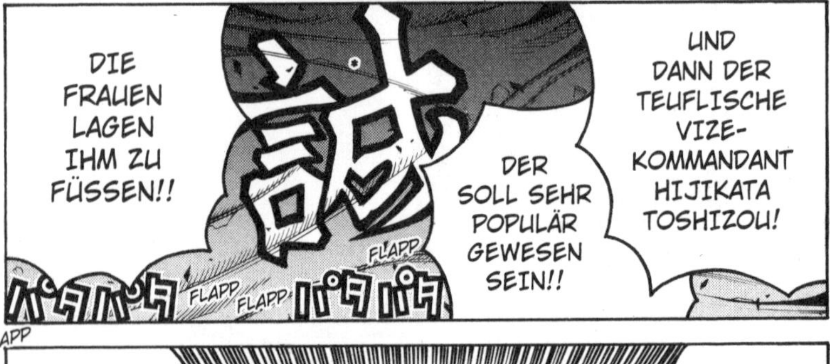

UND WIR VON DER STAFFEL 301 …

WUPP

DZOMM

WEIL WIR DEN HIMMEL ÜBER UNSEREM VATERLAND VERTEIDIGEN …

WUPP

… EIFERN DER ABARTIG STARKEN SHINSENGUMI NACH!!

… HABEN WIR UNS NACH IHR BENANNT!!

* DAS ZEICHEN „MAKOTO" („TREUE") AUF DER FLAGGE DER SHINSENGUMI

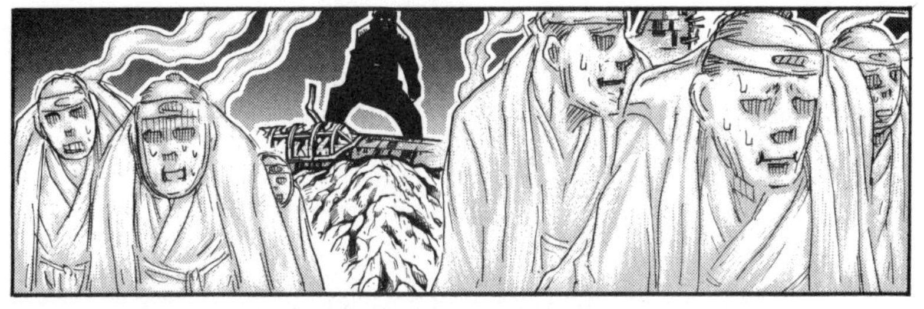

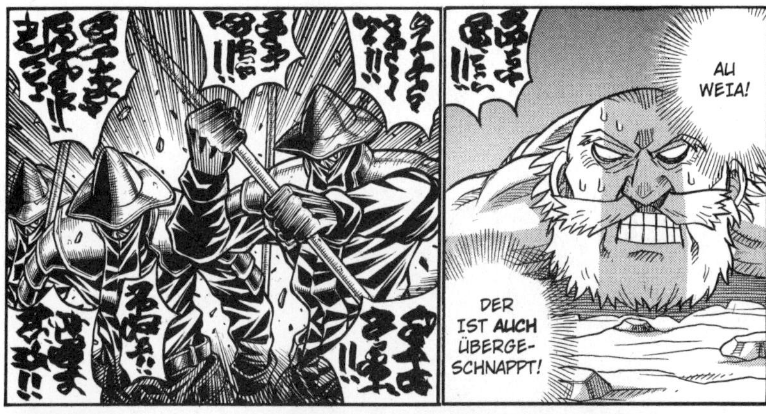
AU WEIA!
DER IST AUCH ÜBERGE-SCHNAPPT!

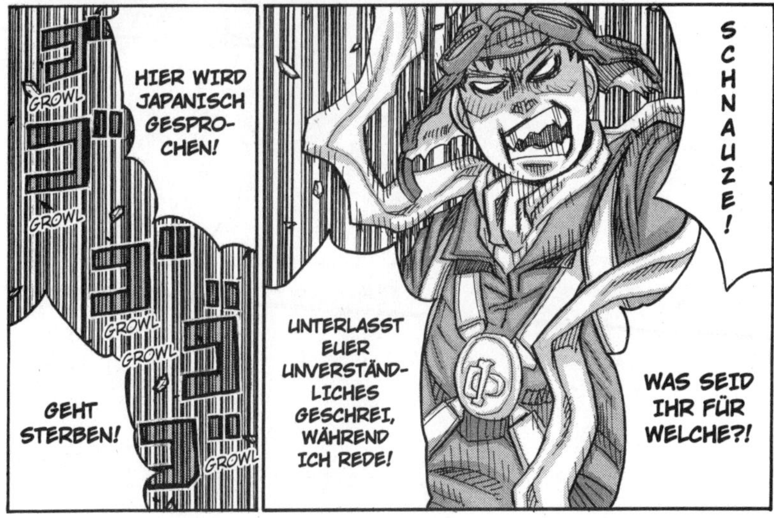
SCHNAUZE!
WAS SEID IHR FÜR WELCHE?!
UNTERLASST EUER UNVERSTÄND-LICHES GESCHREI, WÄHREND ICH REDE!
HIER WIRD JAPANISCH GESPRO-CHEN!
GROWL
GROWL
GROWL
GROWL
GEHT STERBEN!
GROWL

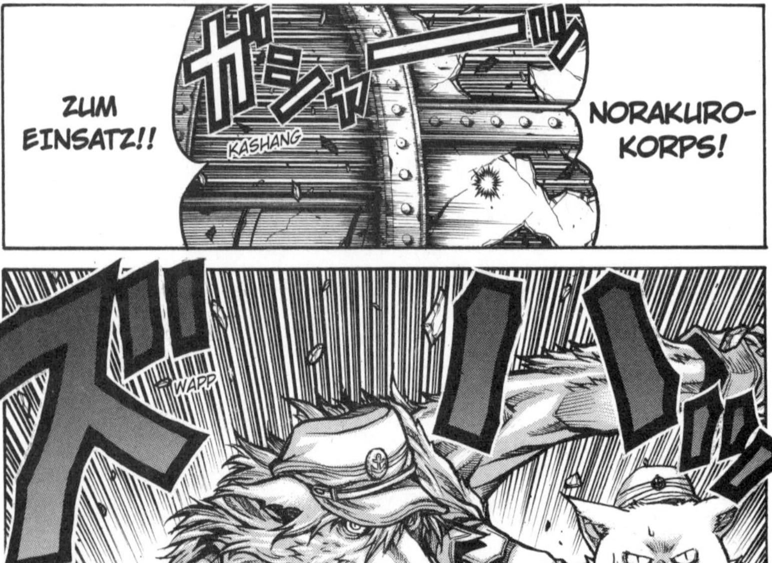

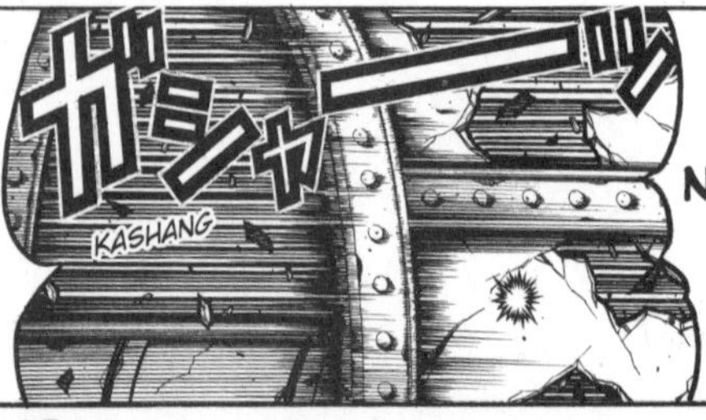

WAPP

ENDE DES 72. KAPITELS

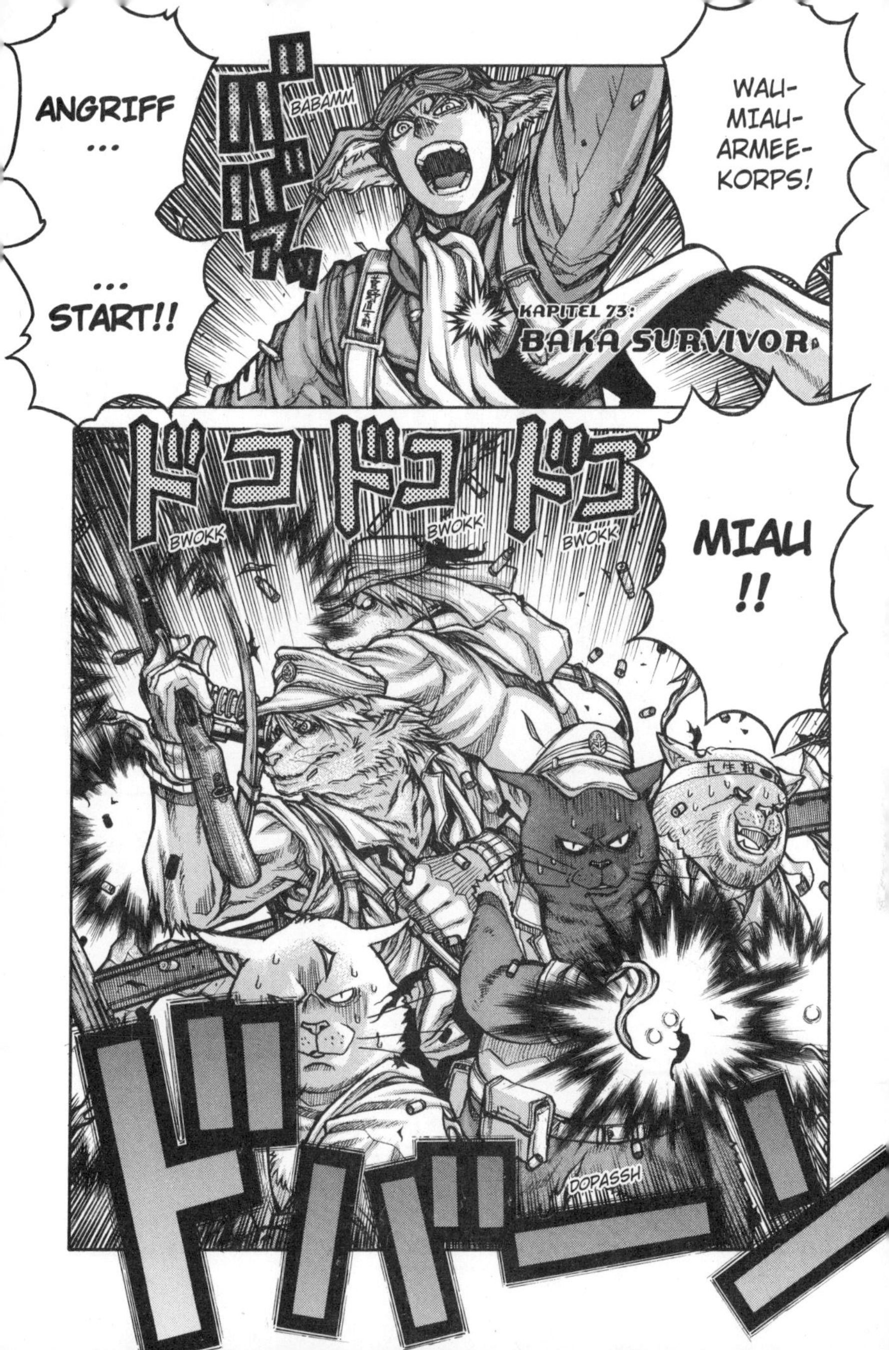

WAU-
MIAU-
ARMEE-
KORPS!
BABAMM
ANGRIFF
...
... START!!
KAPITEL 73:
BAKA SURVIVOR
MIAU
!!
BWOKK
BWOKK
BWOKK
DOPASSH

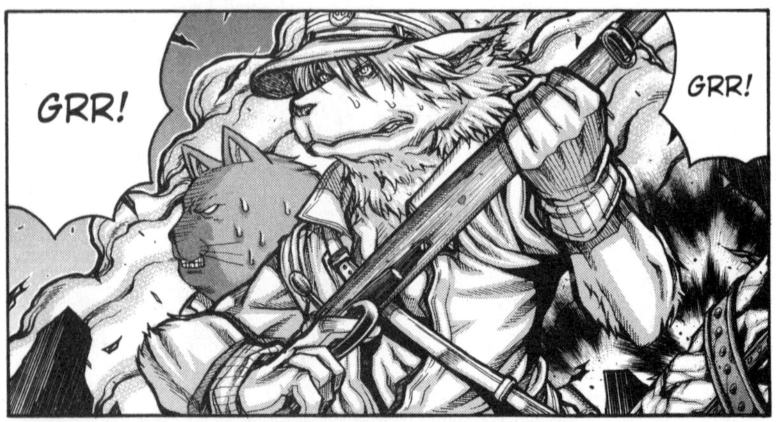
GRR!
GRR!

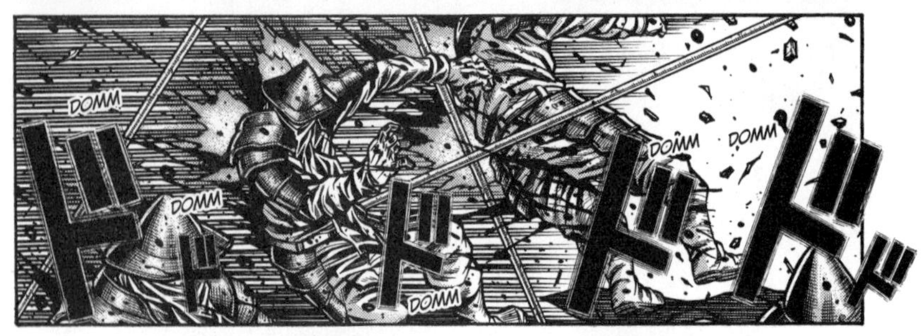
DOMM
DOMM
DOMM
DOMM
DOMM

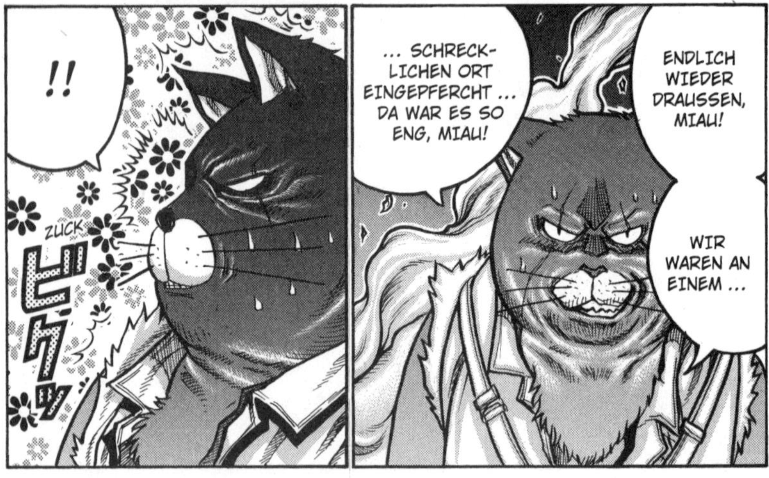
ENDLICH WIEDER DRAUSSEN, MIAU!
WIR WAREN AN EINEM ...
... SCHRECK-
LICHEN ORT EINGEPFERCHT ... DA WAR ES SO ENG, MIAU!
!!
ZUCK

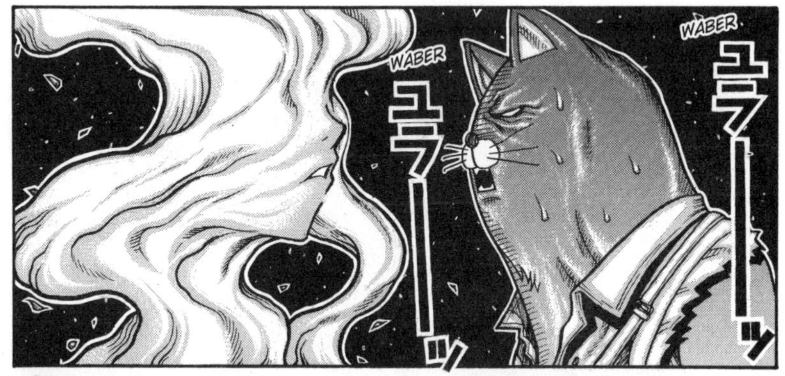
WABER
WABER

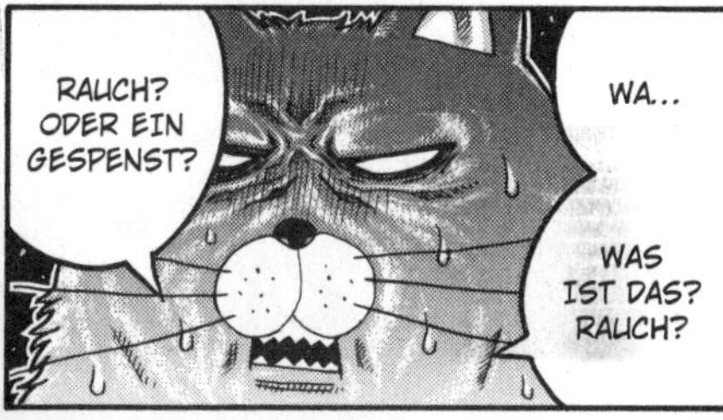
WA…
WAS IST DAS? RAUCH?
RAUCH? ODER EIN GESPENST?

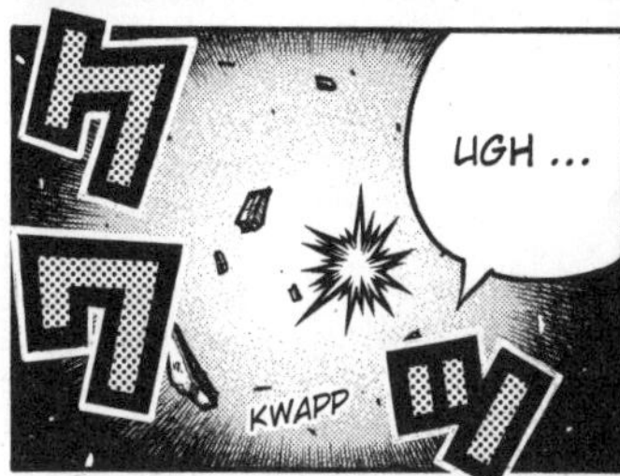
UGH …
KWAPP

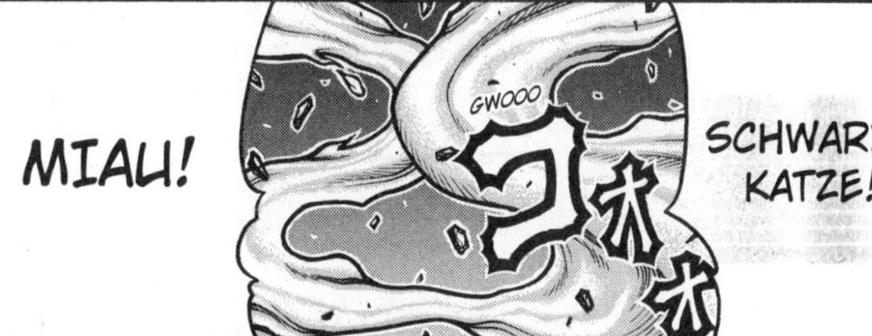
SCHWARZE KATZE!
GWOOO
MIAU!

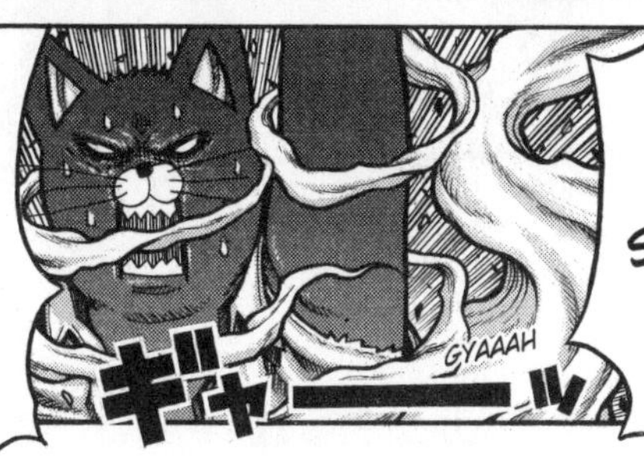
ICH ZER-SCHNIPPEL DICH!
GYAAAH

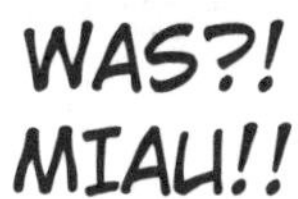
WAS?! MIAU!!

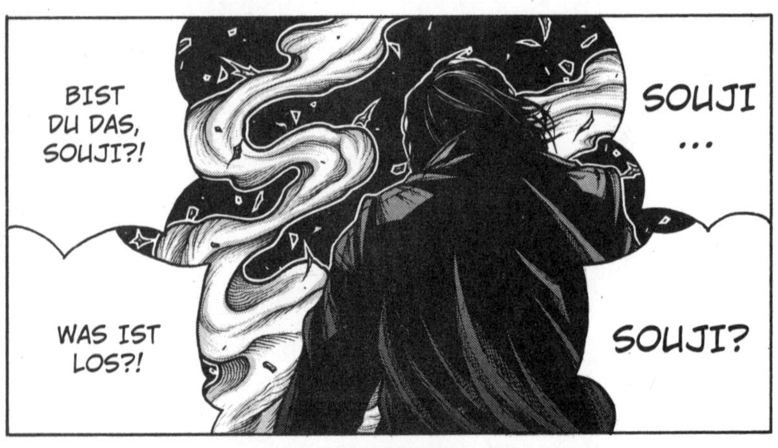
SOUJI ...
BIST DU DAS, SOUJI?!
SOUJI?
WAS IST LOS?!

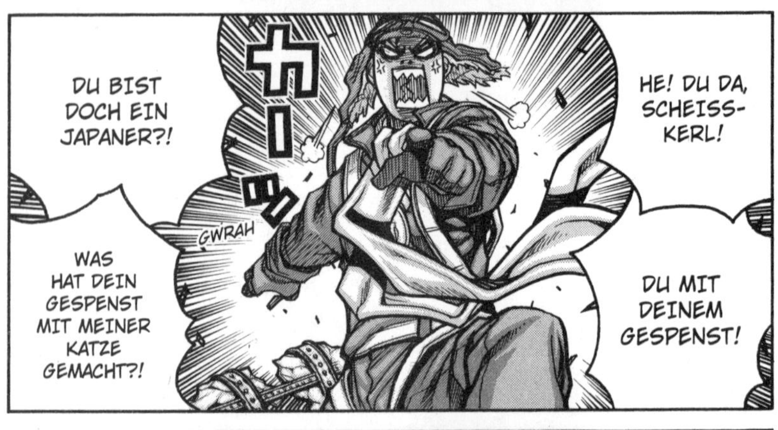
HE! DU DA, SCHEISS-KERL!
DU BIST DOCH EIN JAPANER?!
GWRAH
DU MIT DEINEM GESPENST!
WAS HAT DEIN GESPENST MIT MEINER KATZE GEMACHT?!

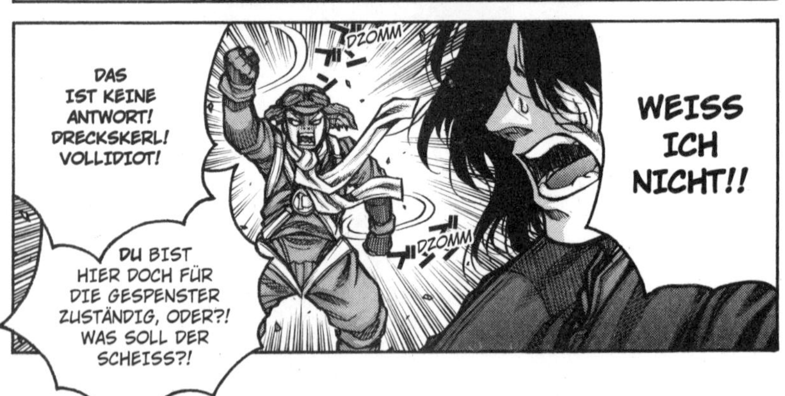
WEISS ICH NICHT!!
DZOMM
DAS IST KEINE ANTWORT! DRECKSKERL! VOLLIDIOT!
DZOMM
DU BIST HIER DOCH FÜR DIE GESPENSTER ZUSTÄNDIG, ODER?! WAS SOLL DER SCHEISS?!

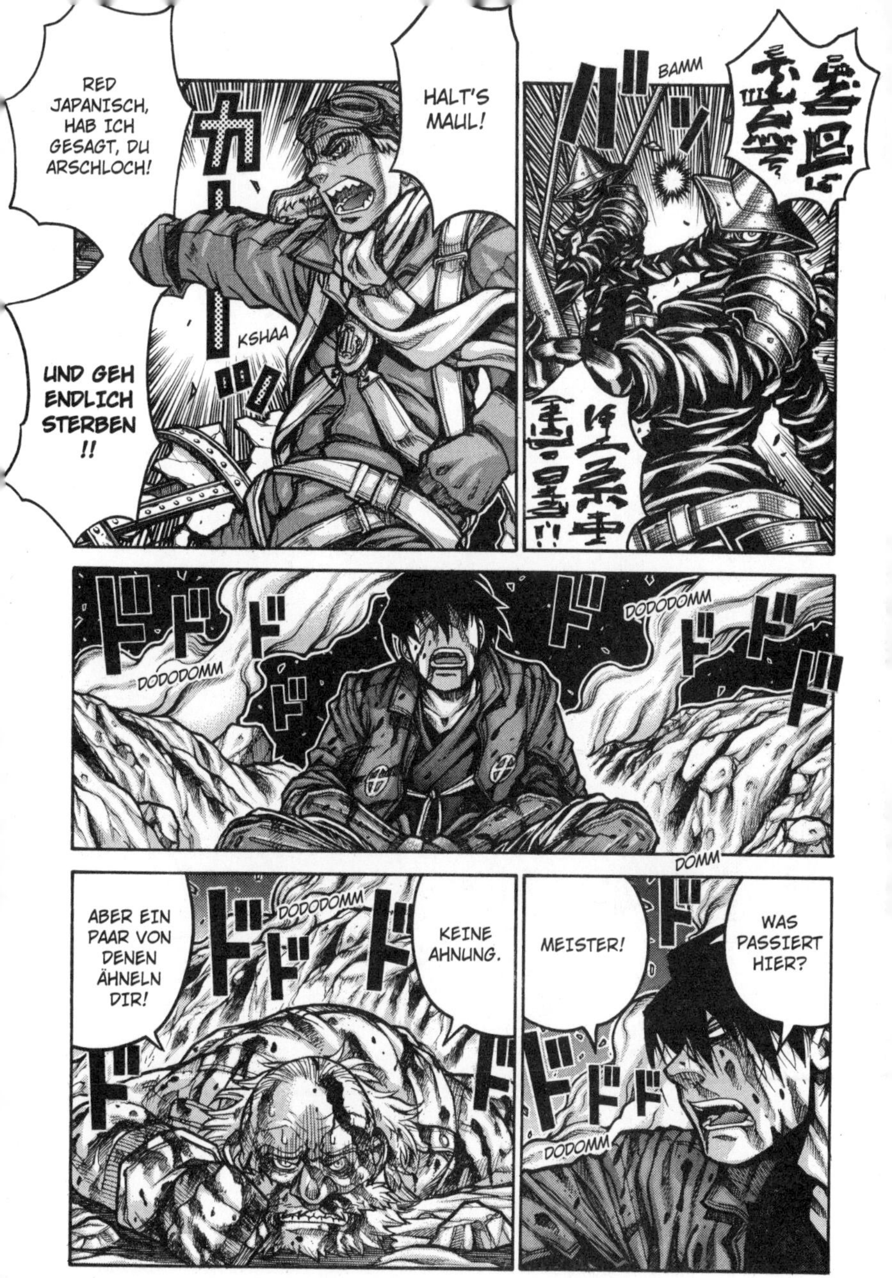

BAMM

HALT'S MAUL!

RED JAPANISCH, HAB ICH GESAGT, DU ARSCHLOCH!

KSHAA

UND GEH ENDLICH STERBEN !!

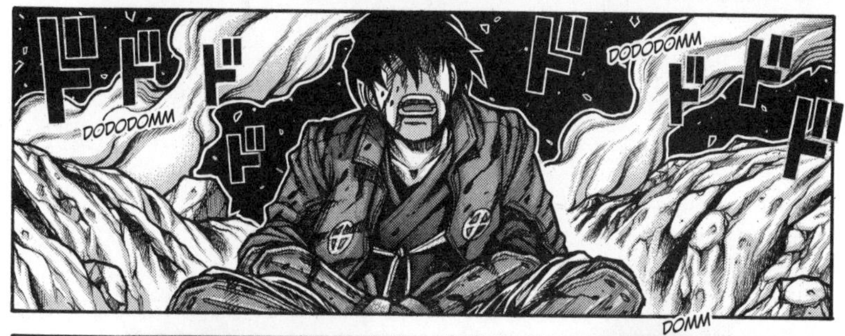

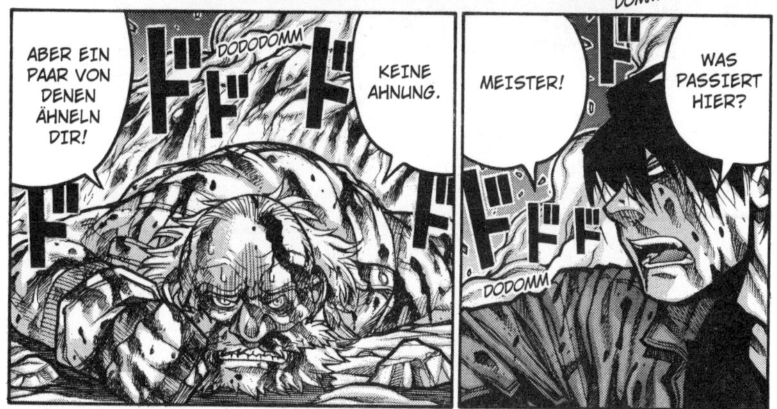

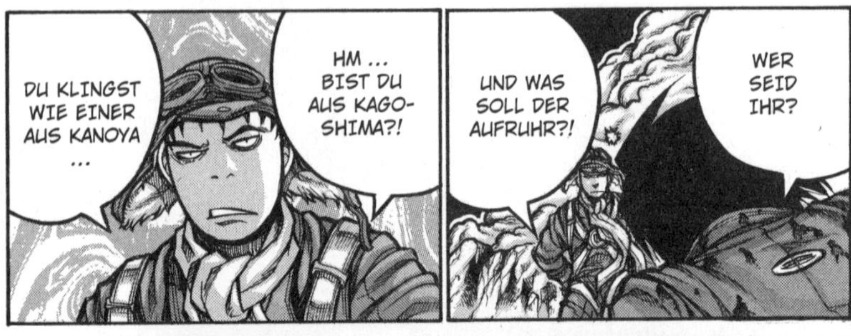
WER SEID IHR?
UND WAS SOLL DER AUFRUHR?!
HM ... BIST DU AUS KAGO-SHIMA?!
DU KLINGST WIE EINER AUS KANOYA ...

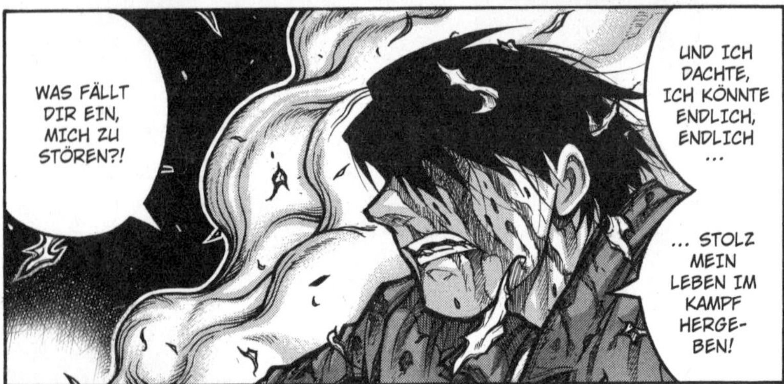
UND ICH DACHTE, ICH KÖNNTE ENDLICH, ENDLICH ...
... STOLZ MEIN LEBEN IM KAMPF HERGE-BEN!
WAS FÄLLT DIR EIN, MICH ZU STÖREN?!

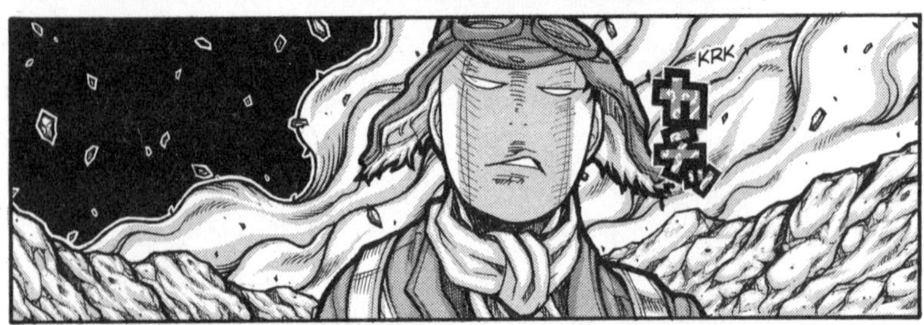
KRK

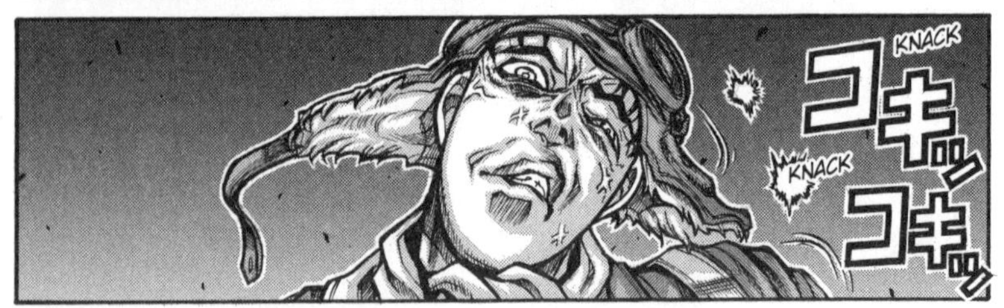
KNACK
KNACK

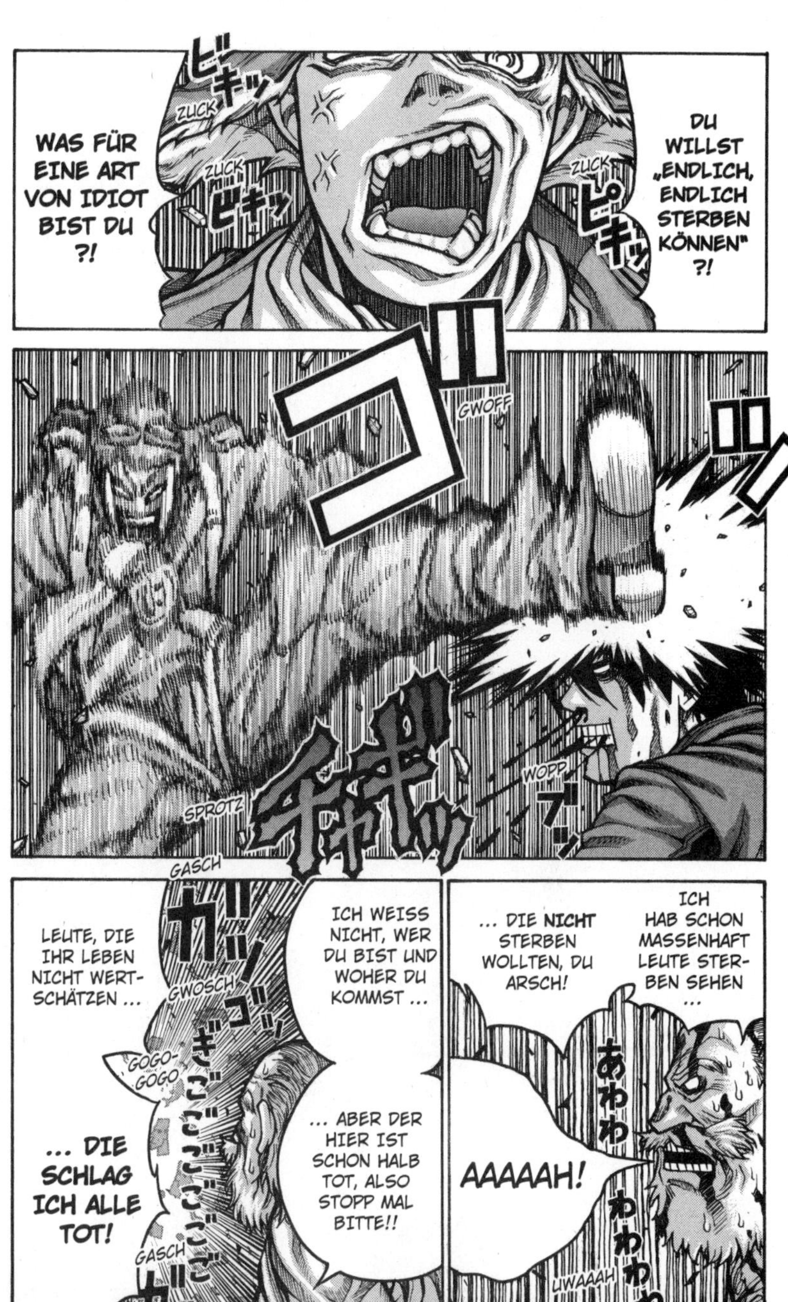

DU WILLST „ENDLICH, ENDLICH STERBEN KÖNNEN" ?!
ZUCK
ピキッ
ZUCK
ビキッ
ZUCK
ビキッ
WAS FÜR EINE ART VON IDIOT BIST DU ?!
ゴッ
GWOFF
ゴッ
WOPP
ブッ
ギャギッ
SPROTZ
GASCH
ICH HAB SCHON MASSENHAFT LEUTE STERBEN SEHEN …
… DIE NICHT STERBEN WOLLTEN, DU ARSCH!
あわわ
AAAAAH!
わわわや
UWAAAH
ICH WEISS NICHT, WER DU BIST UND WOHER DU KOMMST …
… ABER DER HIER IST SCHON HALB TOT, ALSO STOPP MAL BITTE!!
LEUTE, DIE IHR LEBEN NICHT WERTSCHÄTZEN …
… DIE SCHLAG ICH ALLE TOT!
カッ
GWOSCH
ゴッ
GOGO-GOGO
ごごごごごごご
GASCH
ガッ

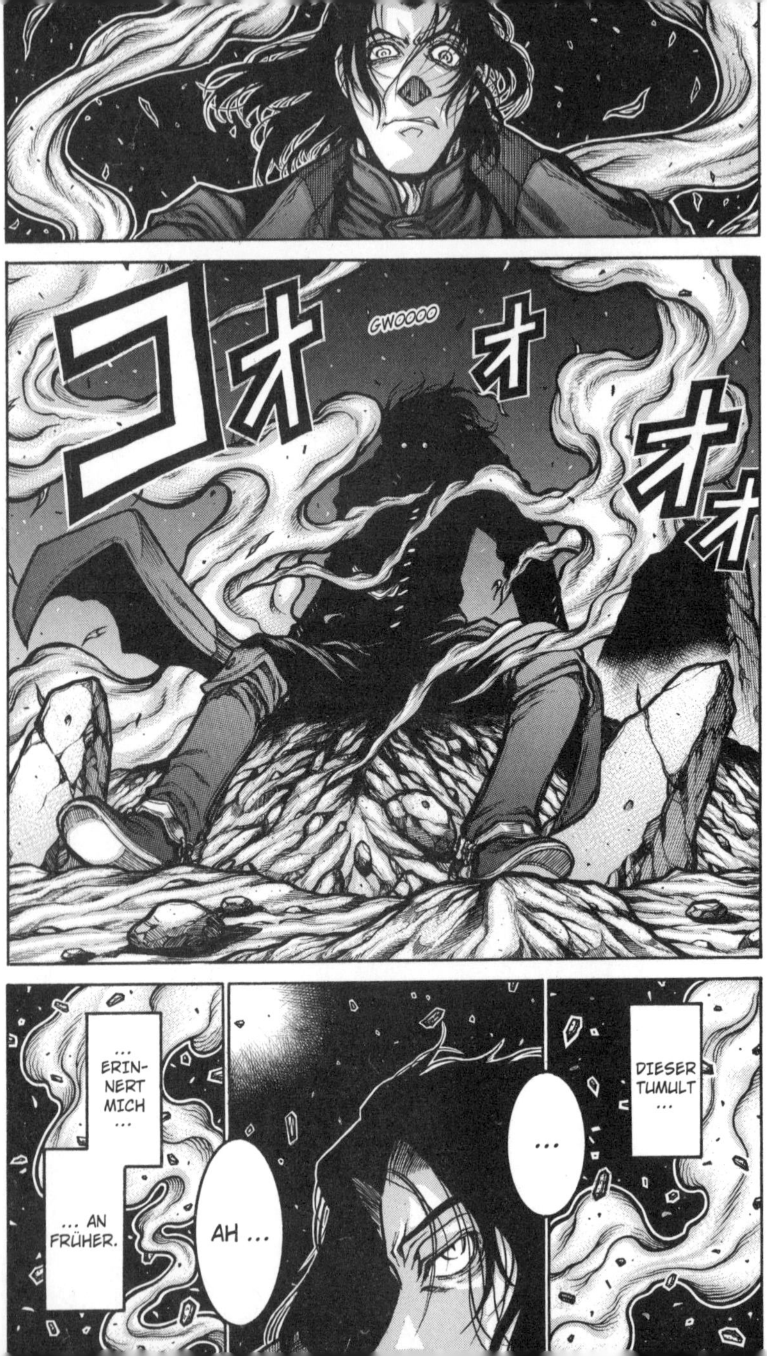

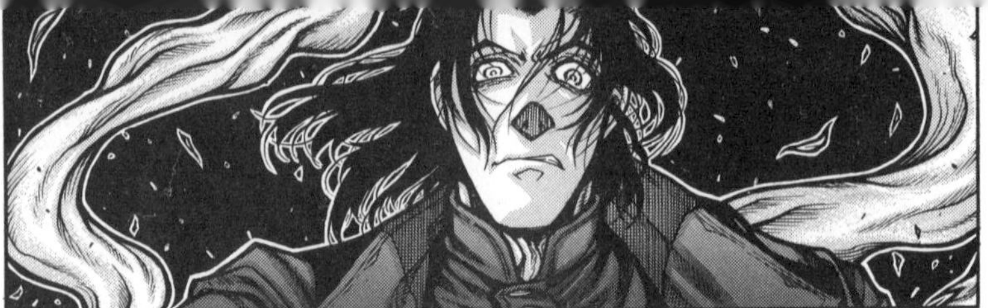

コオオオオ
GWOOOO

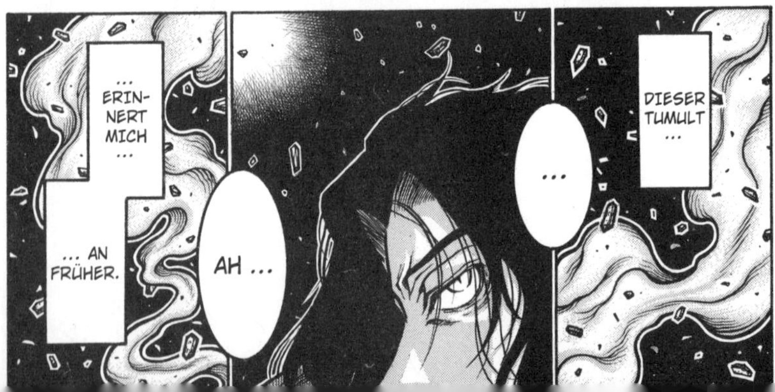

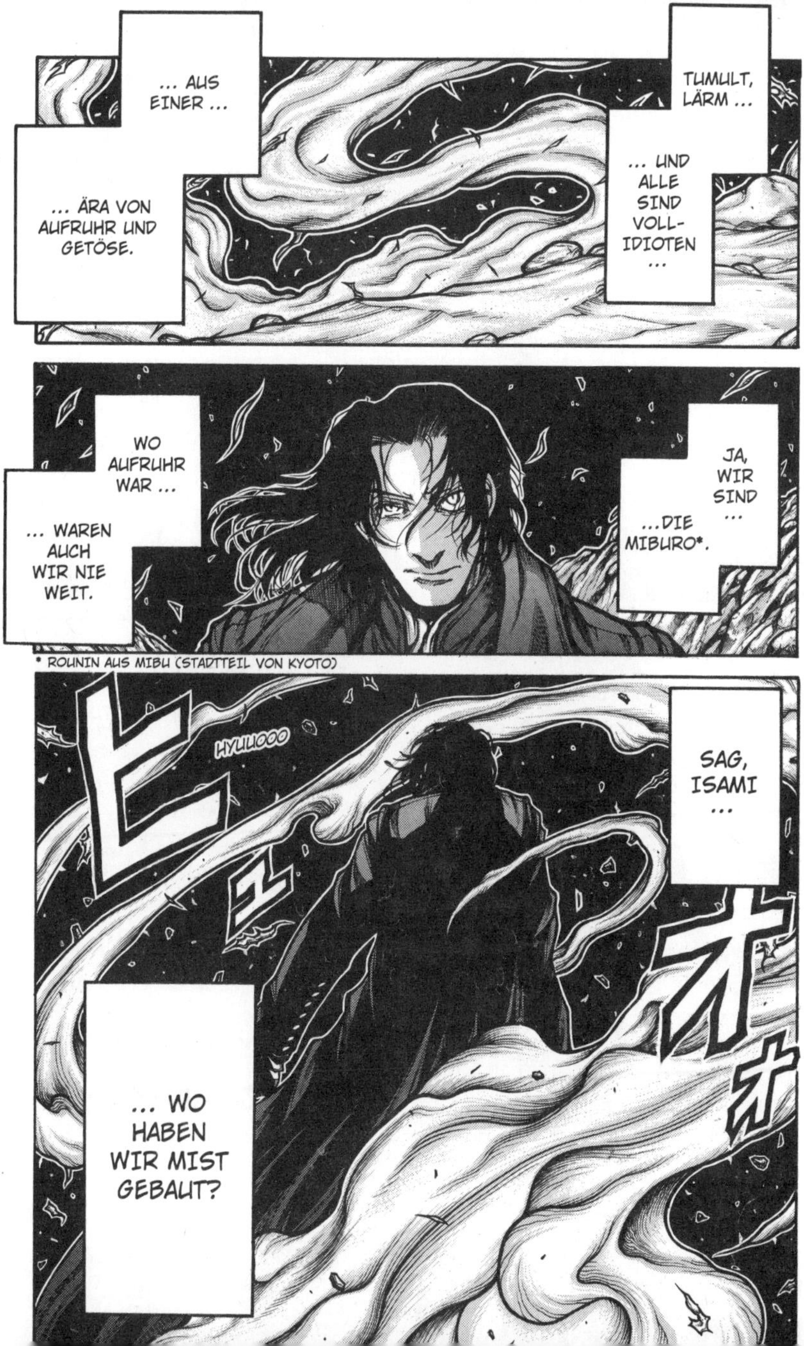

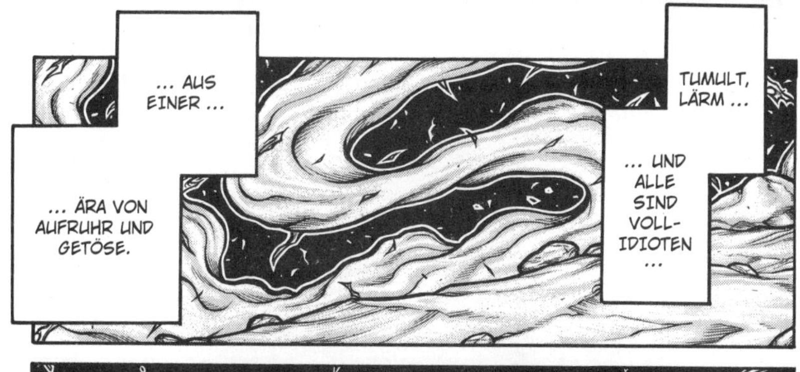

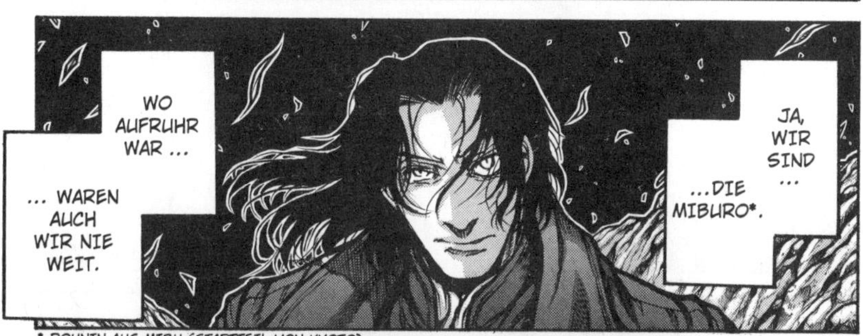

* ROUNIN AUS MIBU (STADTTEIL VON KYOTO)

SAG, ISAMI ...

HYUUOOO

... WO HABEN WIR MIST GEBAUT?

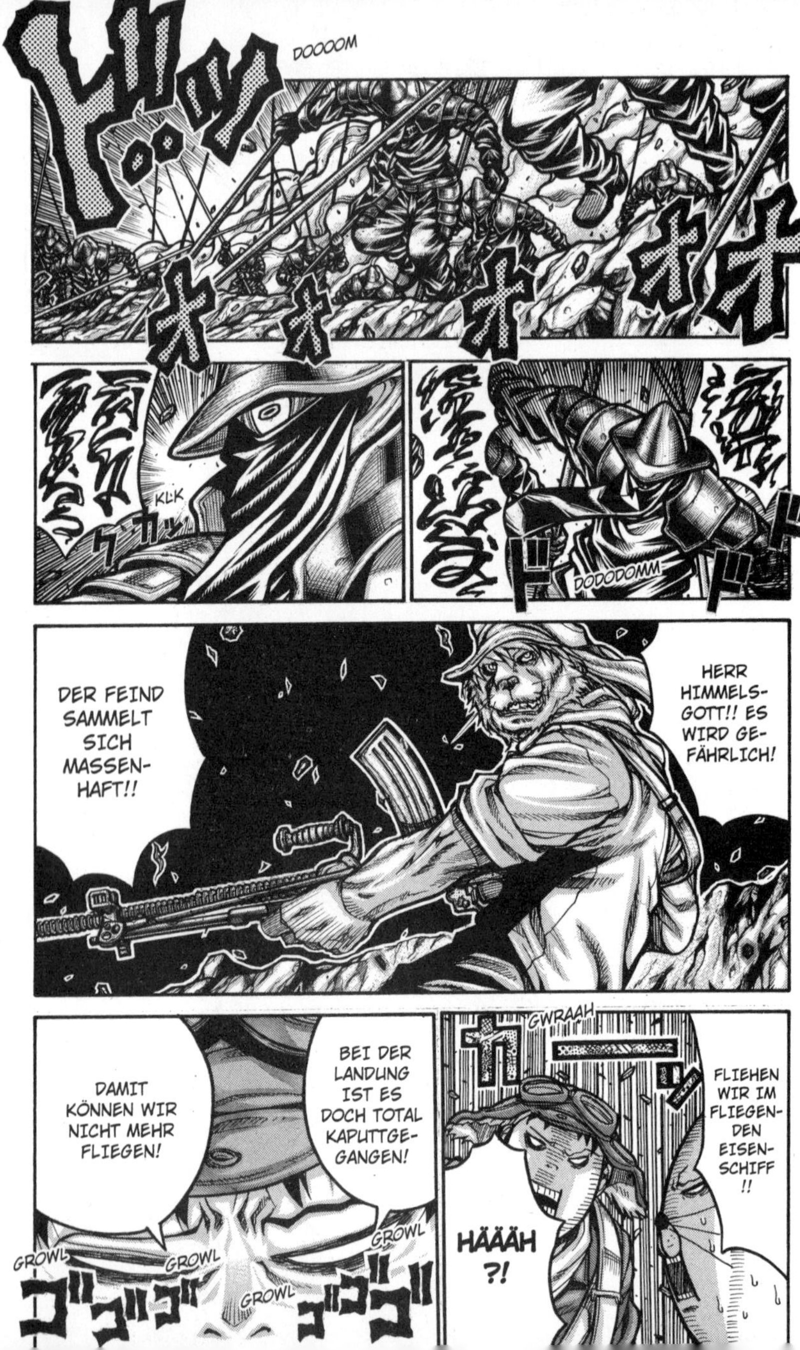

DOOOOM
KLIK
DODODOMM

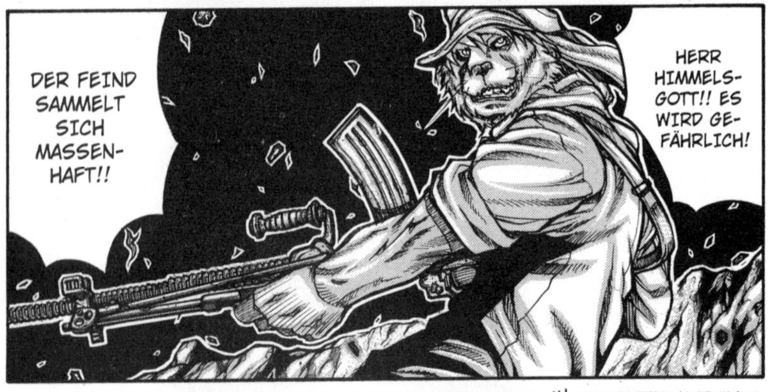
HERR HIMMELSGOTT!! ES WIRD GEFÄHRLICH!
DER FEIND SAMMELT SICH MASSENHAFT!!

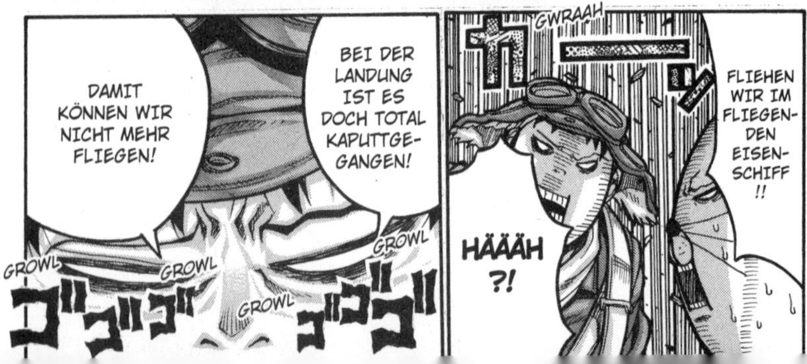
GWRAAH
FLIEHEN WIR IM FLIEGENDEN EISENSCHIFF!!
HÄÄÄH?!
BEI DER LANDUNG IST ES DOCH TOTAL KAPUTTGEGANGEN!
DAMIT KÖNNEN WIR NICHT MEHR FLIEGEN!
GROWL
GROWL
GROWL
GROWL

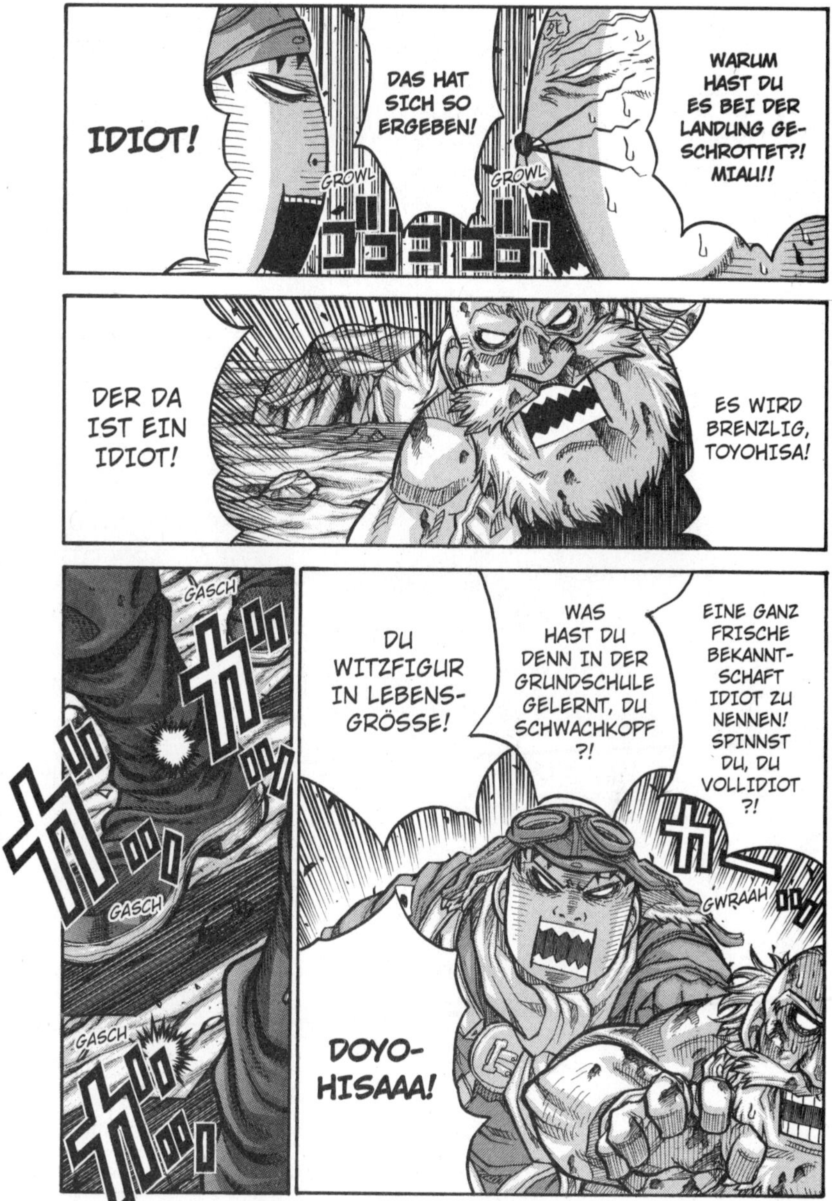

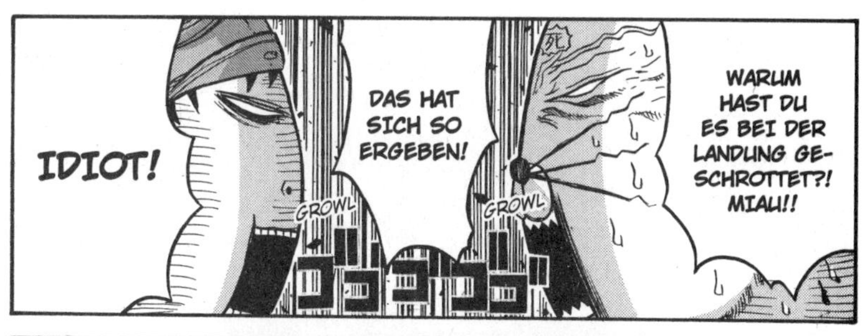

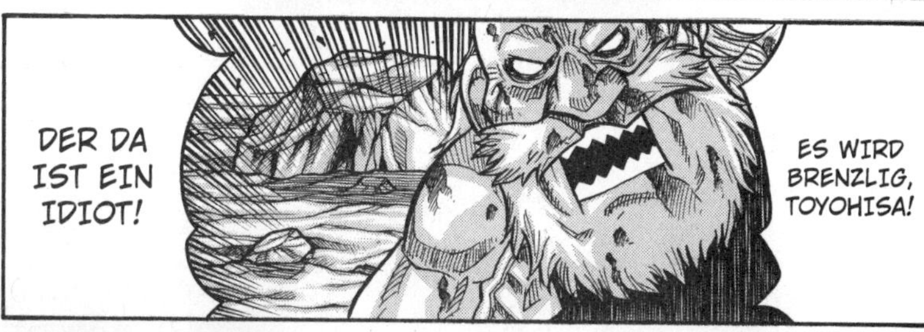

EINE GANZ FRISCHE BEKANNT-SCHAFT IDIOT ZU NENNEN! SPINNST DU, DU VOLLIDIOT ?!

WAS HAST DU DENN IN DER GRUNDSCHULE GELERNT, DU SCHWACHKOPF ?!

DU WITZFIGUR IN LEBENS-GRÖSSE!

GWRAAH

DOYO-HISAAA!

GASCH

GASCH

GASCH

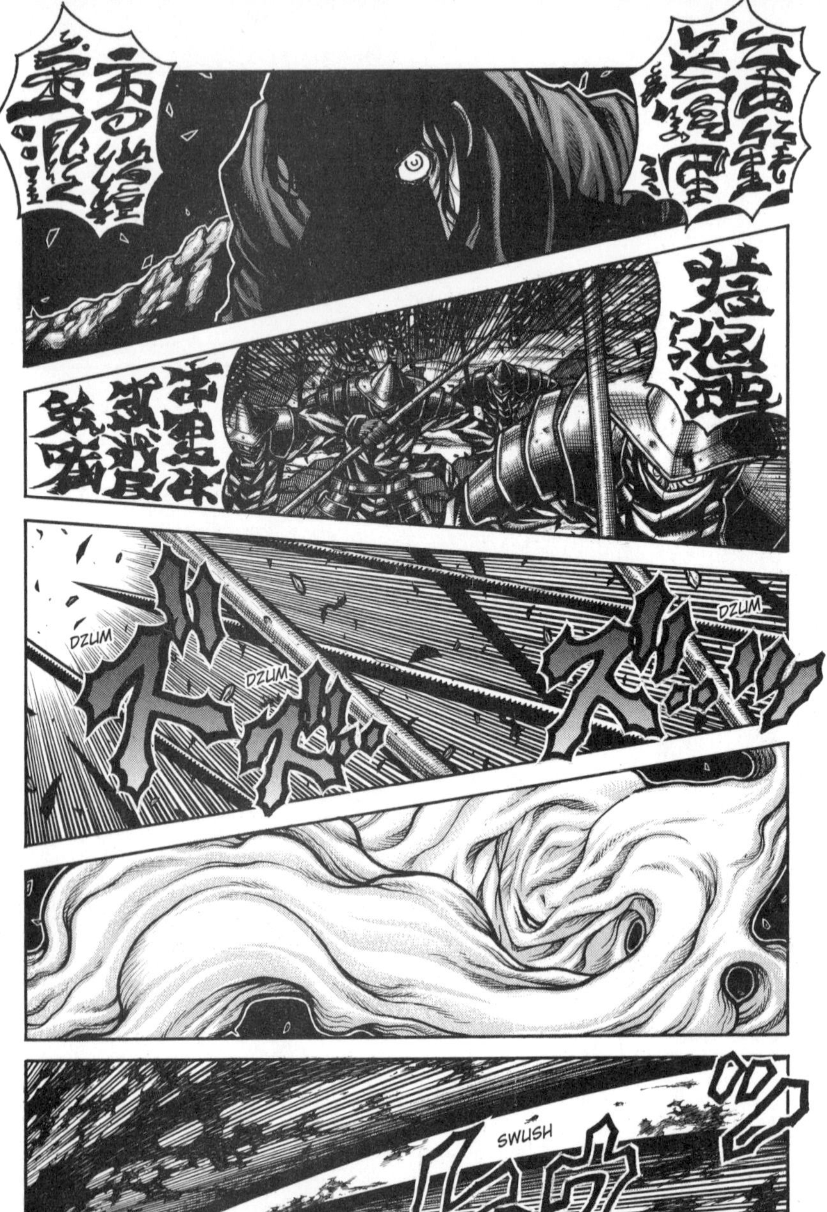
DZUM
DZUM
DZUM
SWUSH

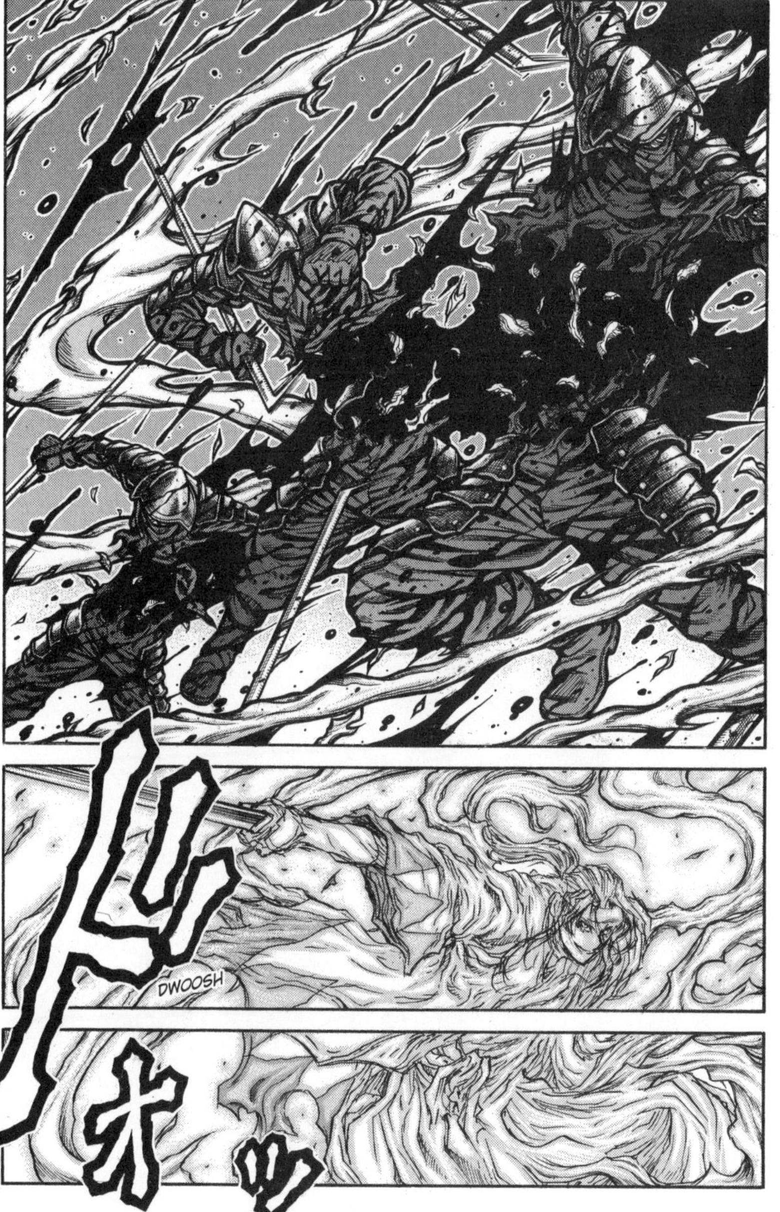
ドオッ
DWOOSH

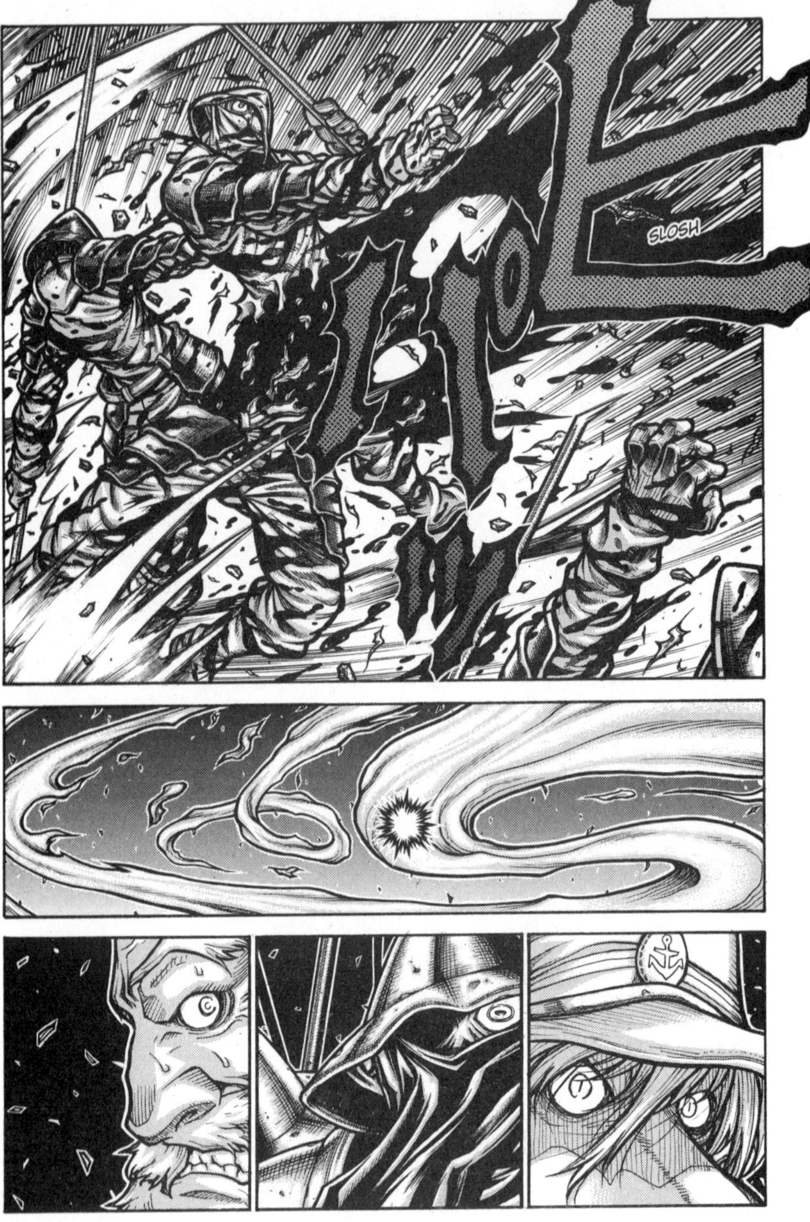
SLOSH

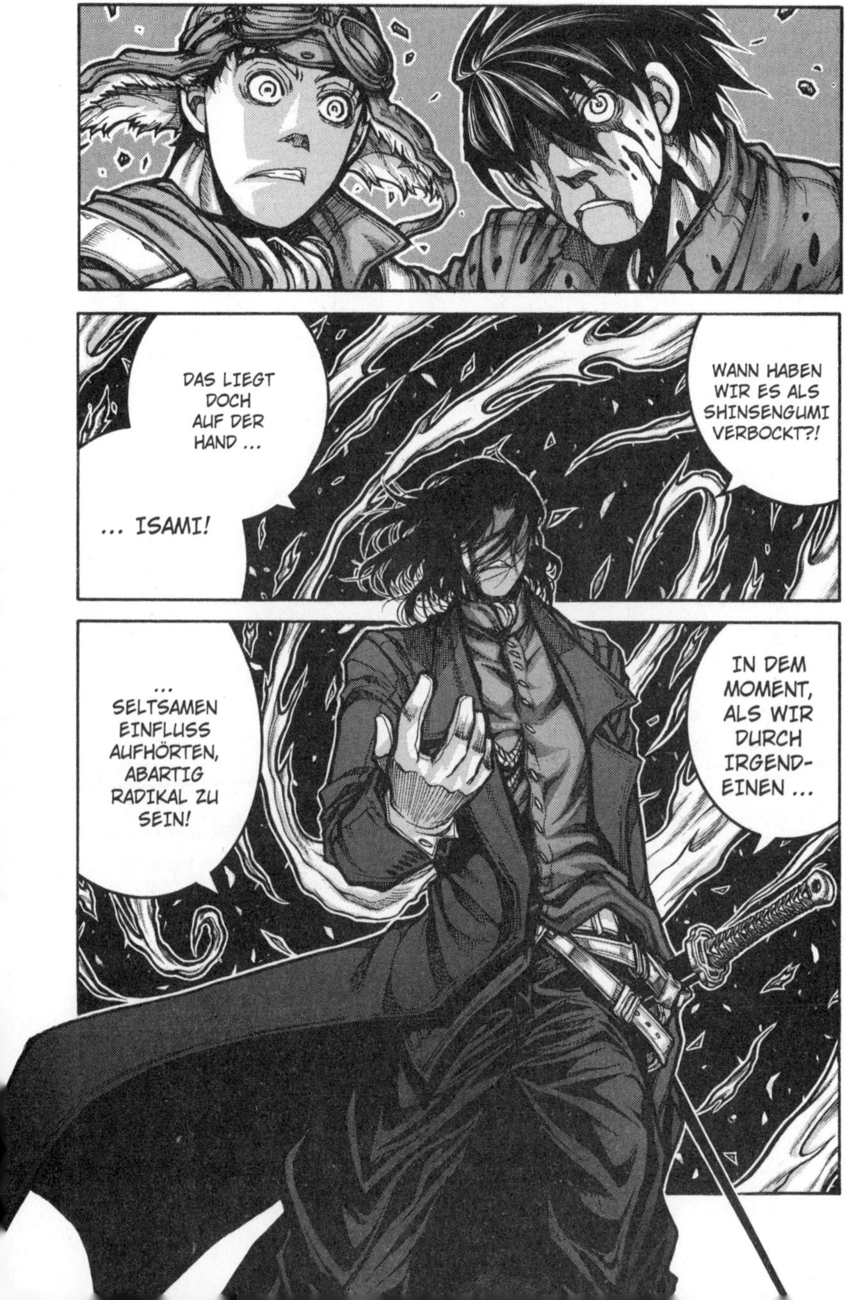

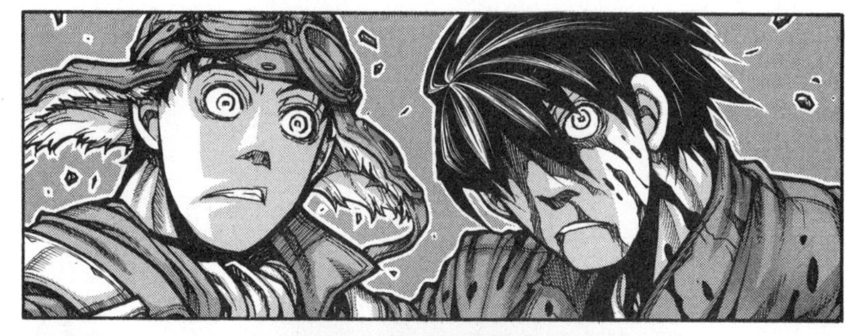

WANN HABEN WIR ES ALS SHINSENGUMI VERBOCKT?!

DAS LIEGT DOCH AUF DER HAND ...

... ISAMI!

IN DEM MOMENT, ALS WIR DURCH IRGEND-EINEN ...

... SELTSAMEN EINFLUSS AUFHÖRTEN, ABARTIG RADIKAL ZU SEIN!

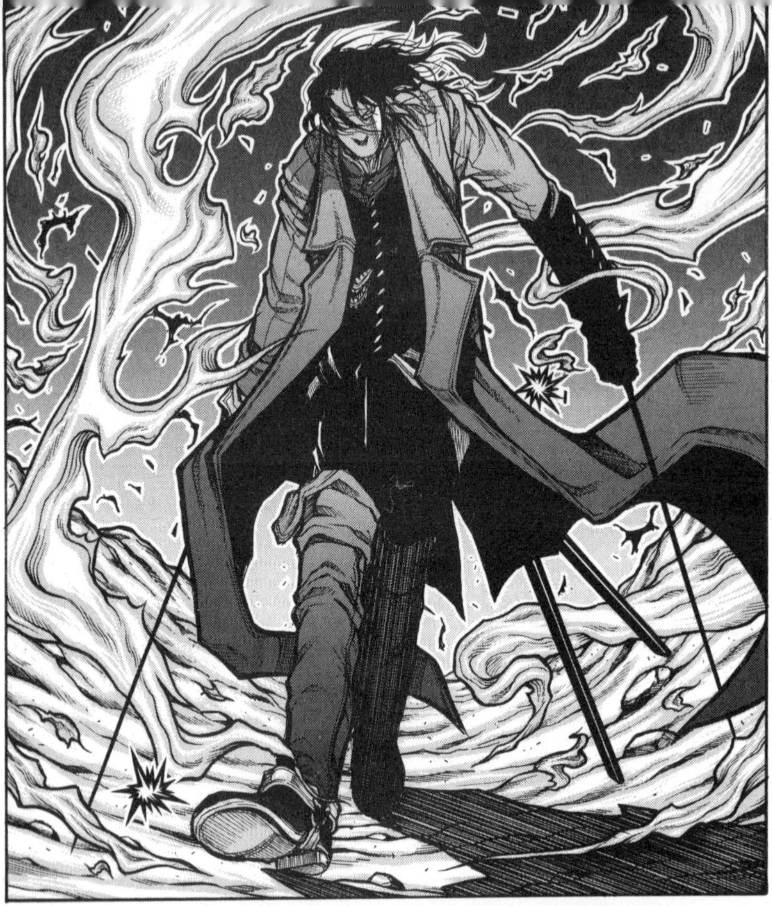

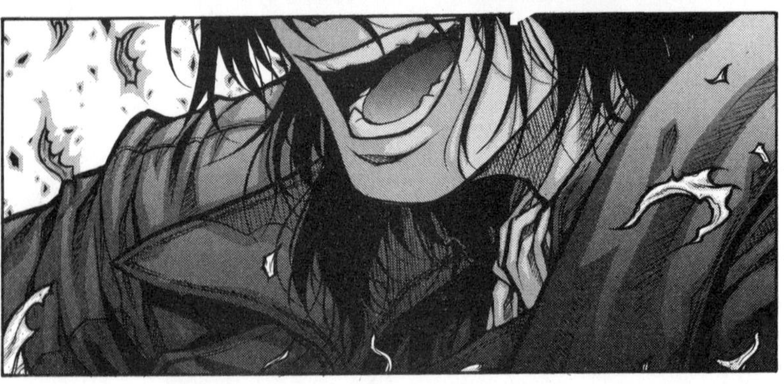

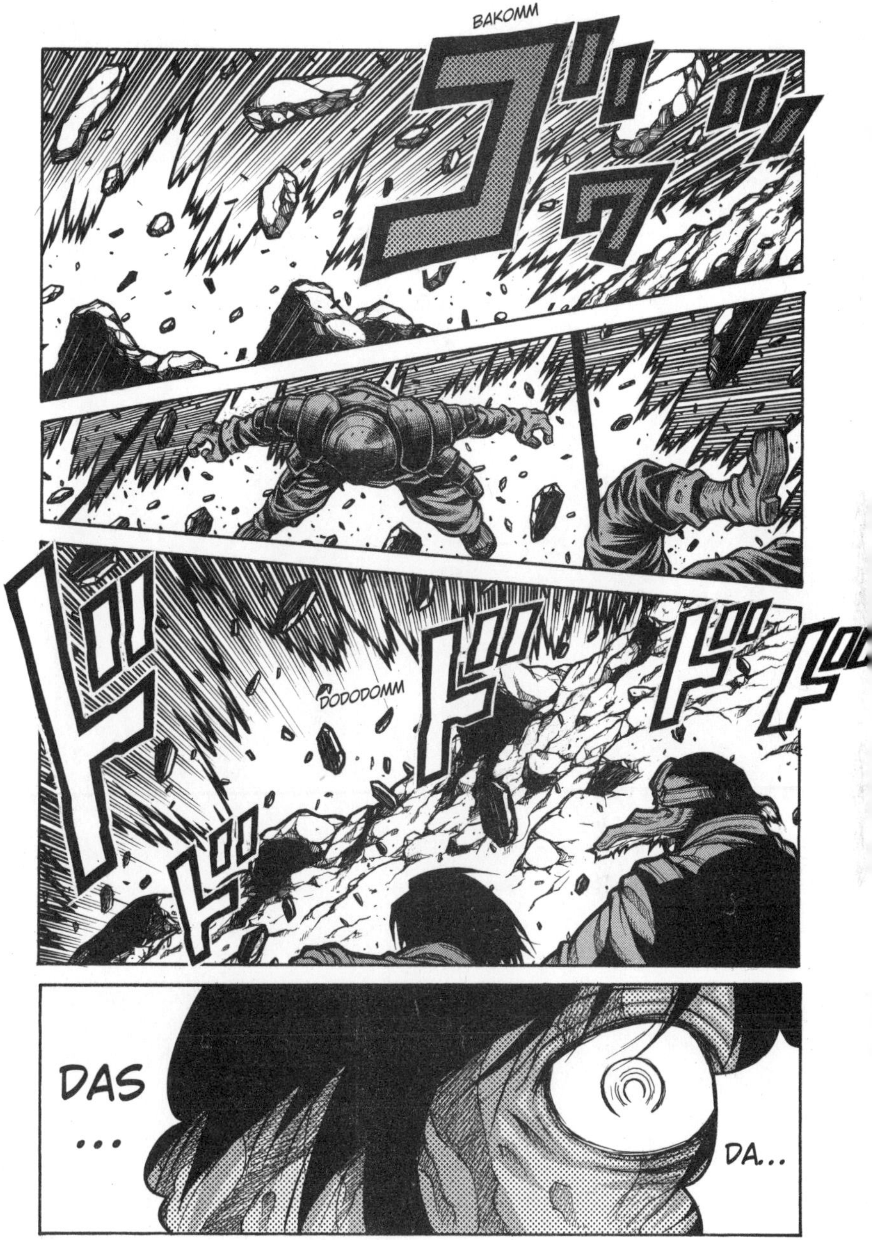

BAKOMM

DODODOMM

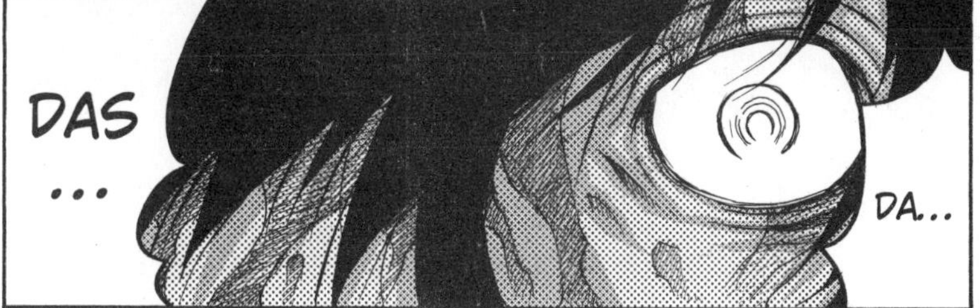

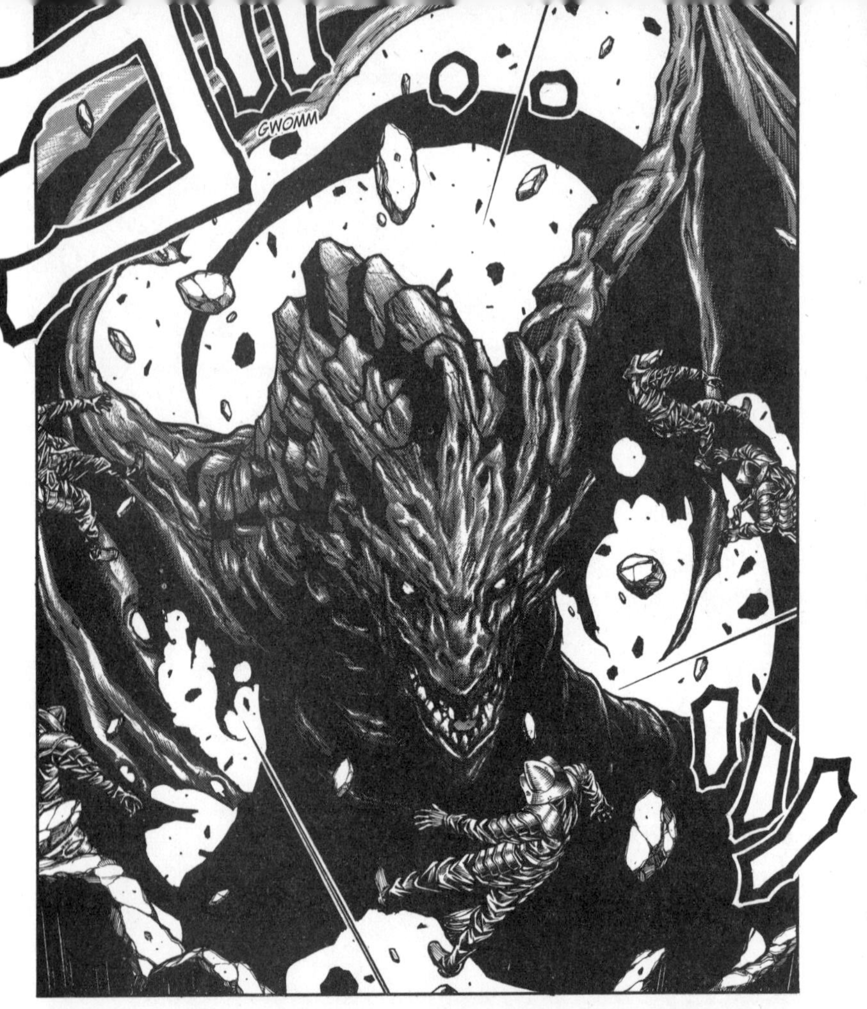

ENDE DES 73. KAPITELS

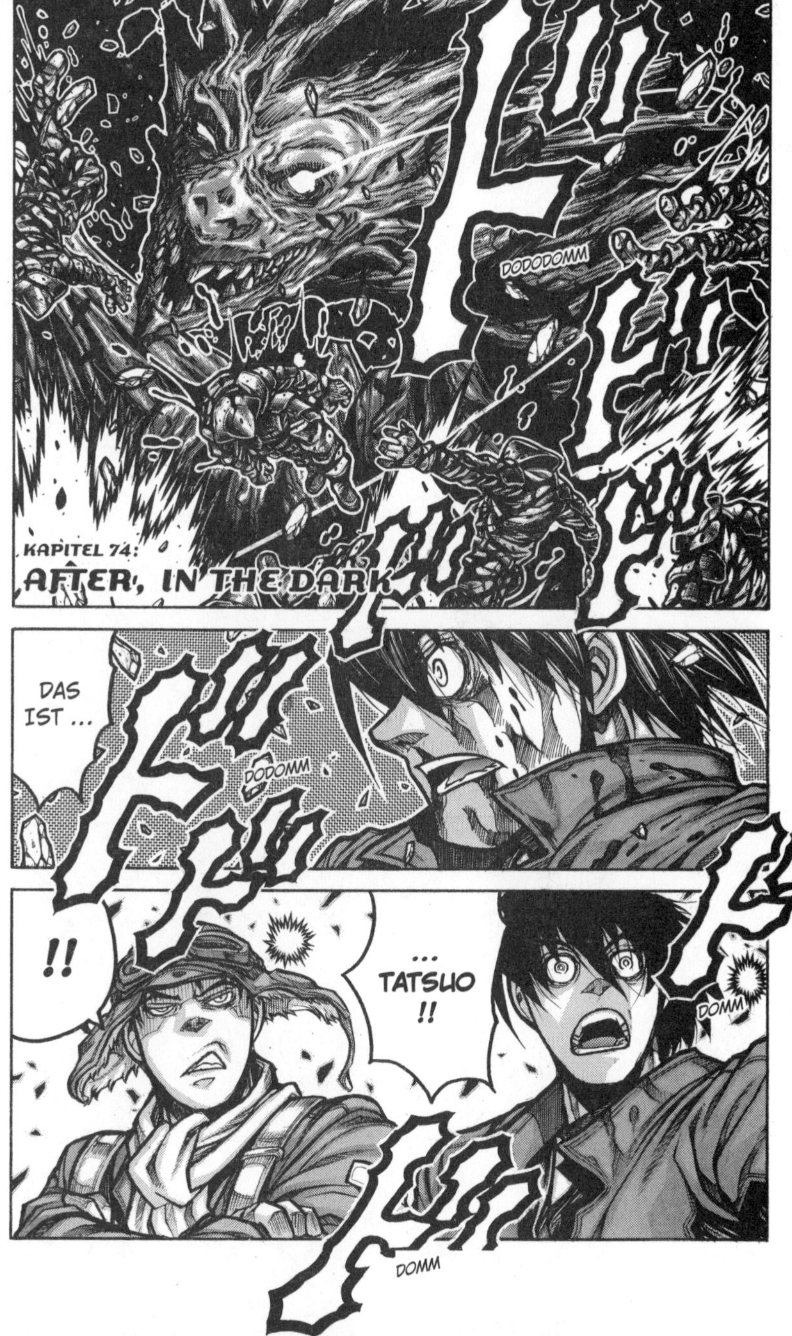
DODODOMM
KAPITEL 74:
AFTER, IN THE DARK
DAS IST ...
DODOMM
!!
... TATSUO !!
DOMM
DOMM

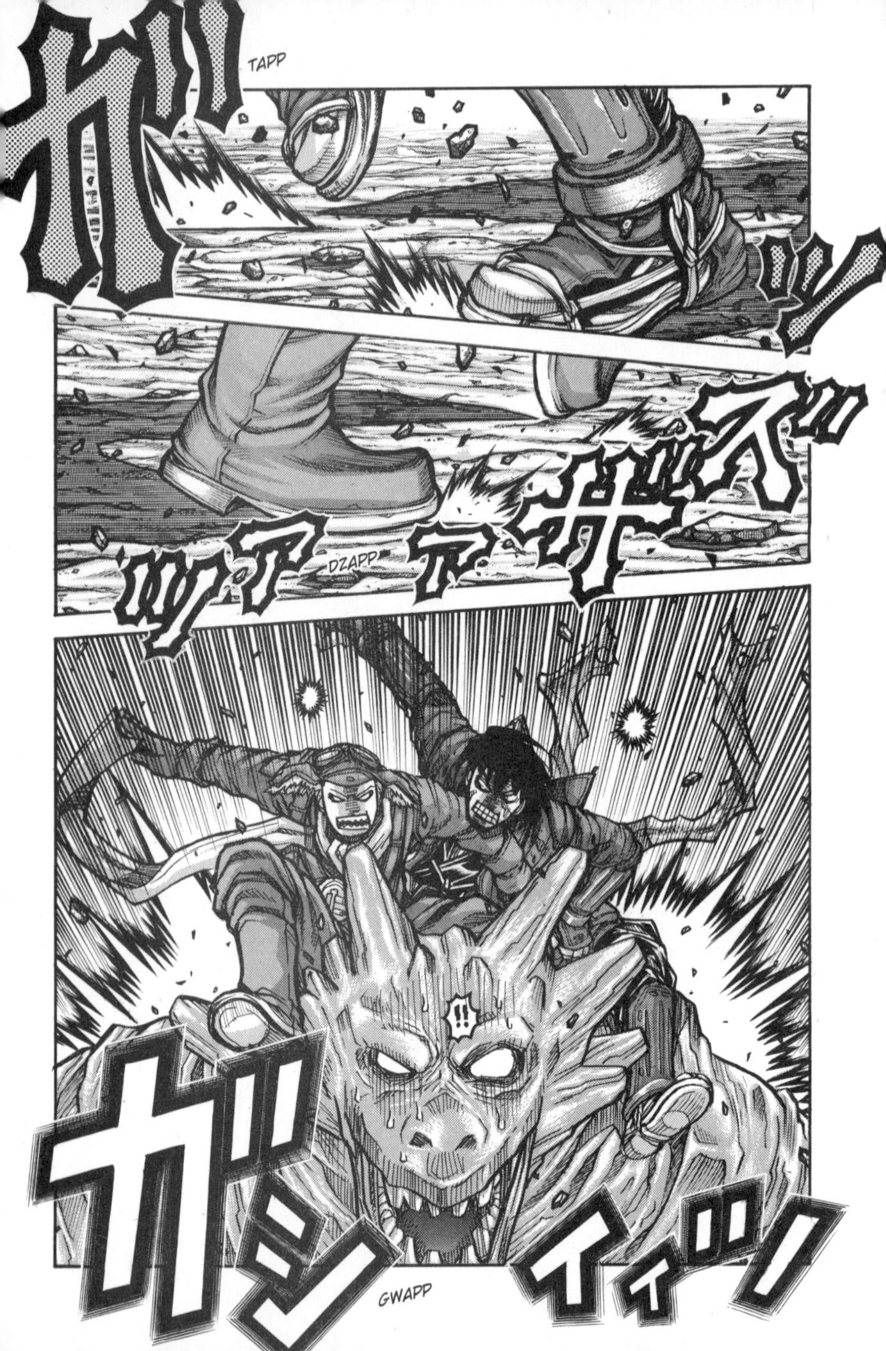
TAPP
DZAPP
!!
GWAPP

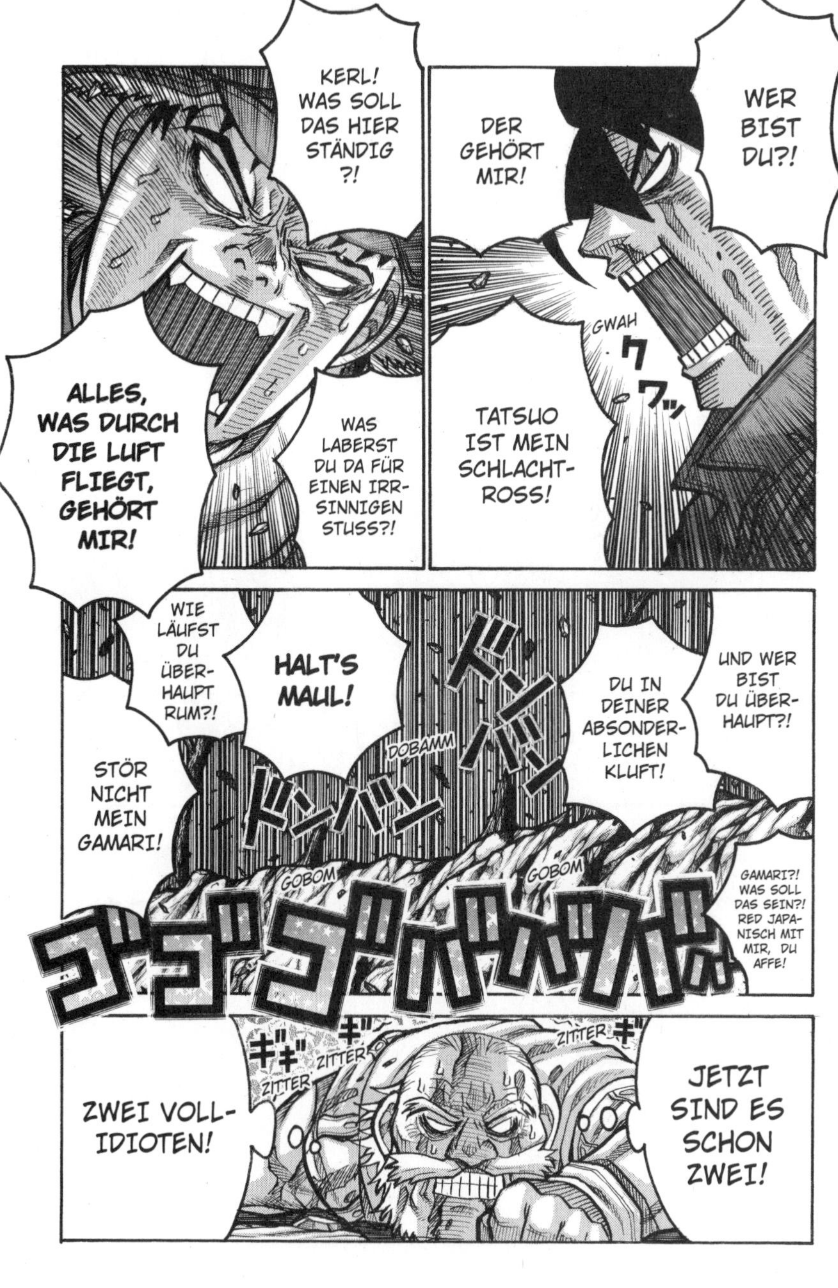
WER BIST DU?!
DER GEHÖRT MIR!
KERL! WAS SOLL DAS HIER STÄNDIG?!
GWAH
TATSUO IST MEIN SCHLACHT-ROSS!
WAS LABERST DU DA FÜR EINEN IRR-SINNIGEN STUSS?!
ALLES, WAS DURCH DIE LUFT FLIEGT, GEHÖRT MIR!
UND WER BIST DU ÜBER-HAUPT?!
DU IN DEINER ABSONDER-LICHEN KLUFT!
HALT'S MAUL!
WIE LÄUFST DU ÜBER-HAUPT RUM?!
DOBAMM
STÖR NICHT MEIN GAMARI!
GAMARI?! WAS SOLL DAS SEIN?! RED JAPA-NISCH MIT MIR, DU AFFE!
GOBOM
GOBOM
ZITTER
ZITTER
ZITTER
JETZT SIND ES SCHON ZWEI!
ZWEI VOLL-IDIOTEN!

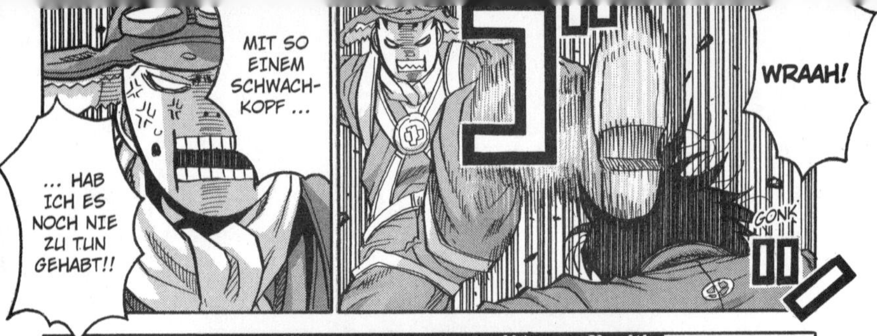
MIT SO EINEM SCHWACH-KOPF ...
... HAB ICH ES NOCH NIE ZU TUN GEHABT!!
WRAAH!
GONK

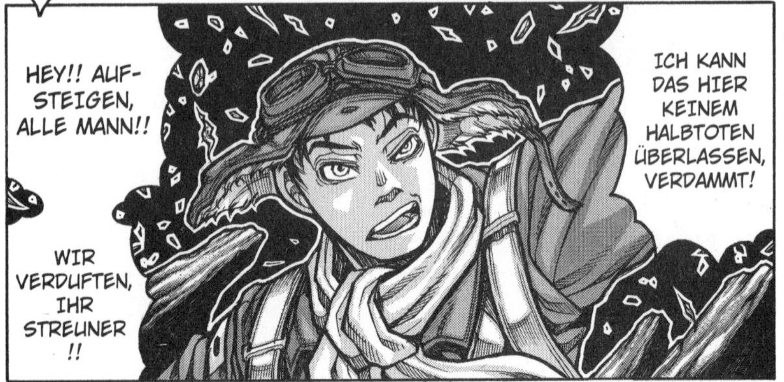
ICH KANN DAS HIER KEINEM HALBTOTEN ÜBERLASSEN, VERDAMMT!
HEY!! AUF-STEIGEN, ALLE MANN!!
WIR VERDUFTEN, IHR STREUNER !!

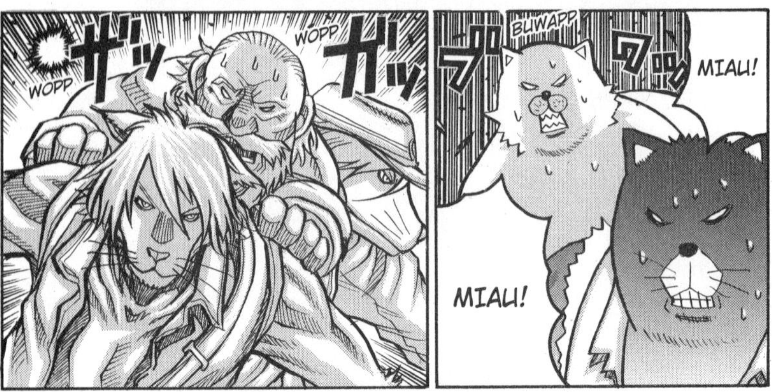
BUWAPP
MIAU!
MIAU!
WOPP
WOPP

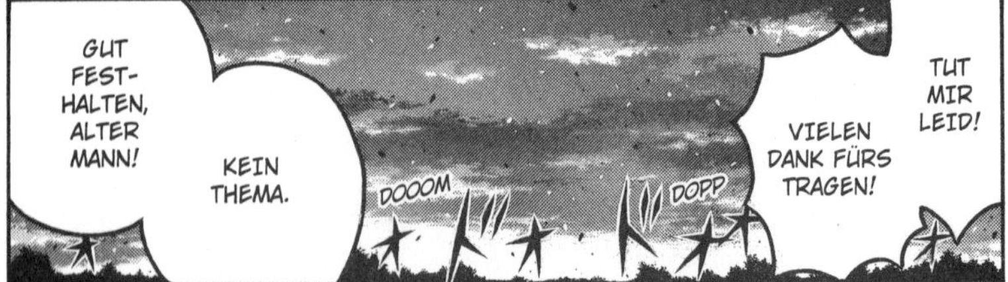
TUT MIR LEID!
VIELEN DANK FÜRS TRAGEN!
KEIN THEMA.
GUT FEST-HALTEN, ALTER MANN!
DOPP
DOOOM

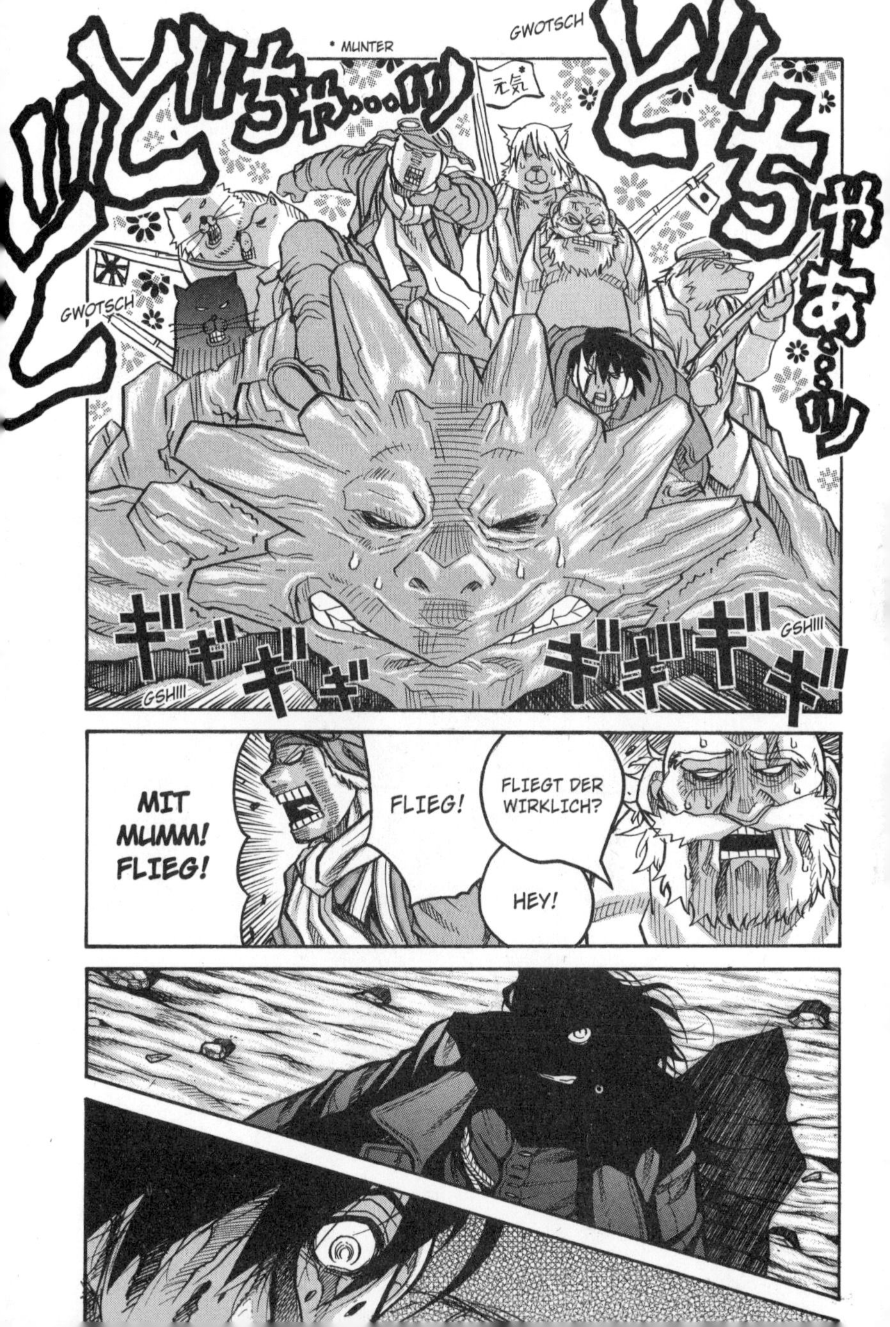

GWOTSCH

元気*

* MUNTER

GWOTSCH

GSHIII

GSHIII

FLIEGT DER WIRKLICH?

HEY!

FLIEG!

MIT MUMM! FLIEG!

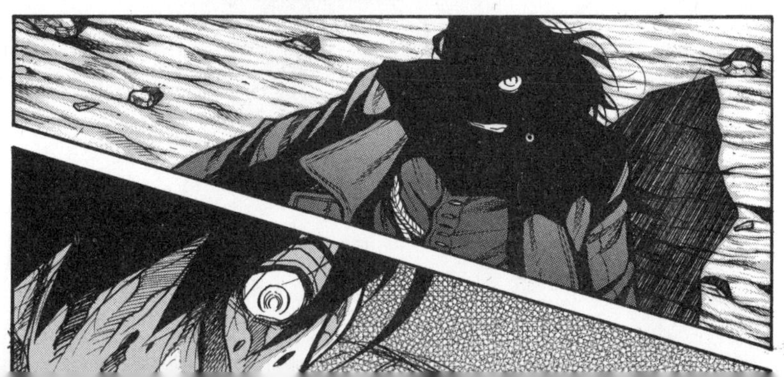

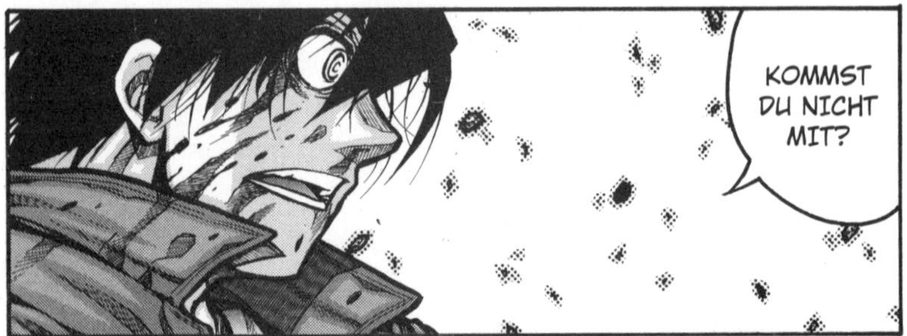
KOMMST DU NICHT MIT?

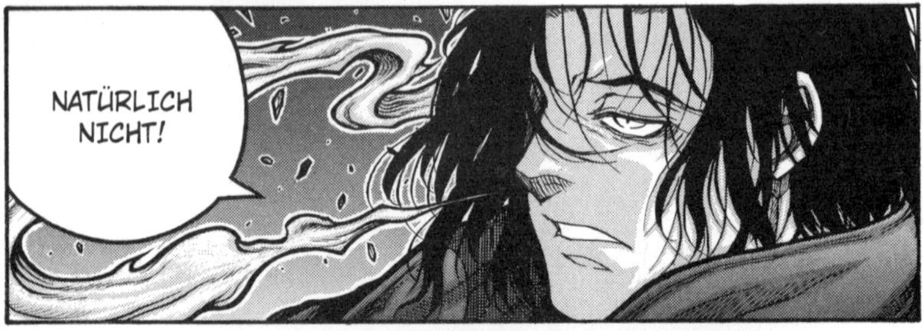
NATÜRLICH NICHT!

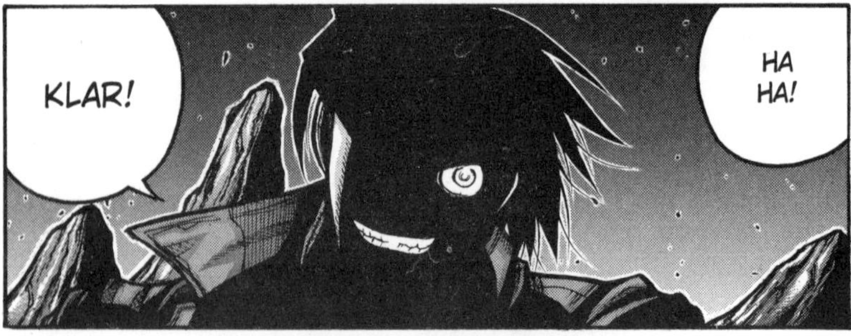
HA HA!
KLAR!

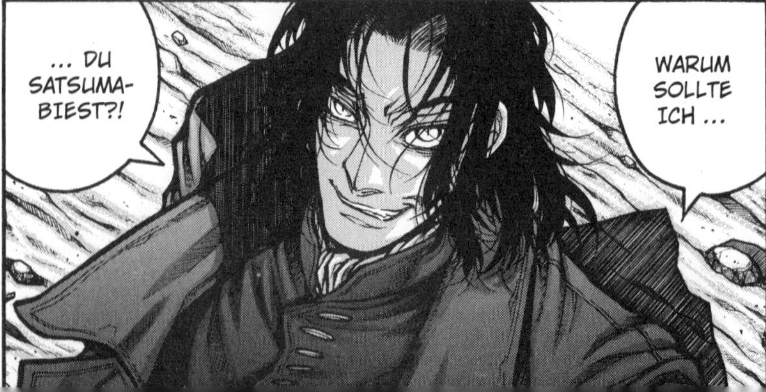
WARUM SOLLTE ICH …
… DU SATSUMA-BIEST?!

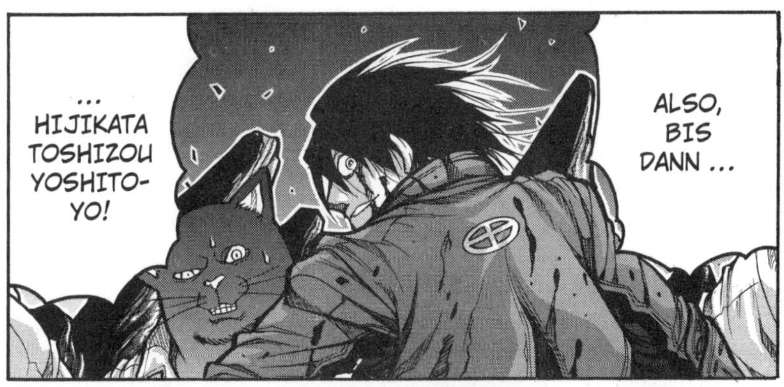

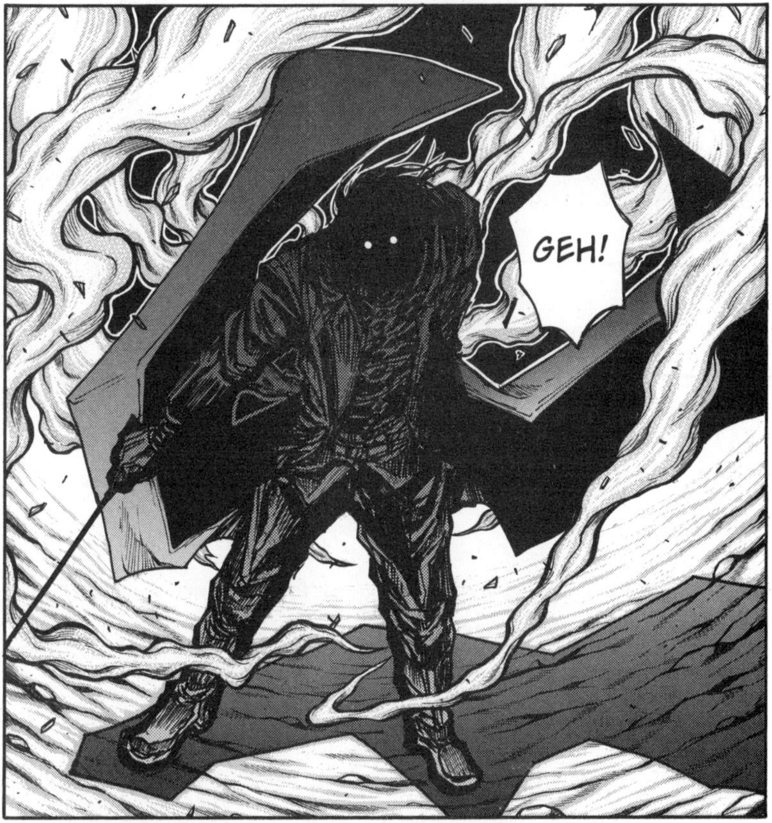

GEH!

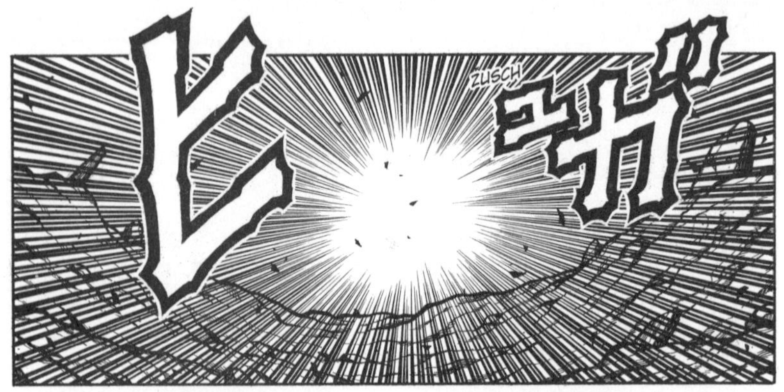

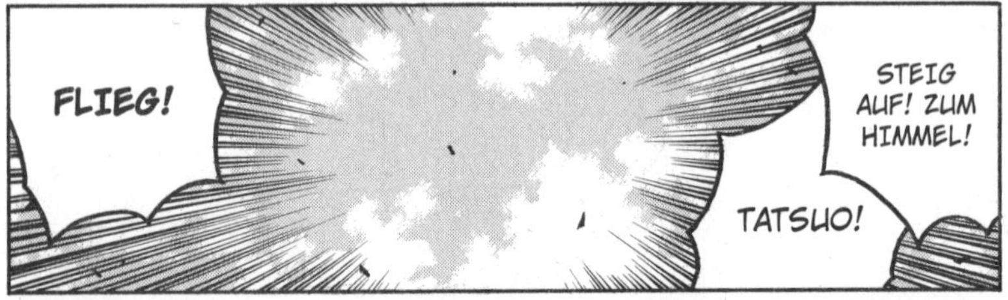

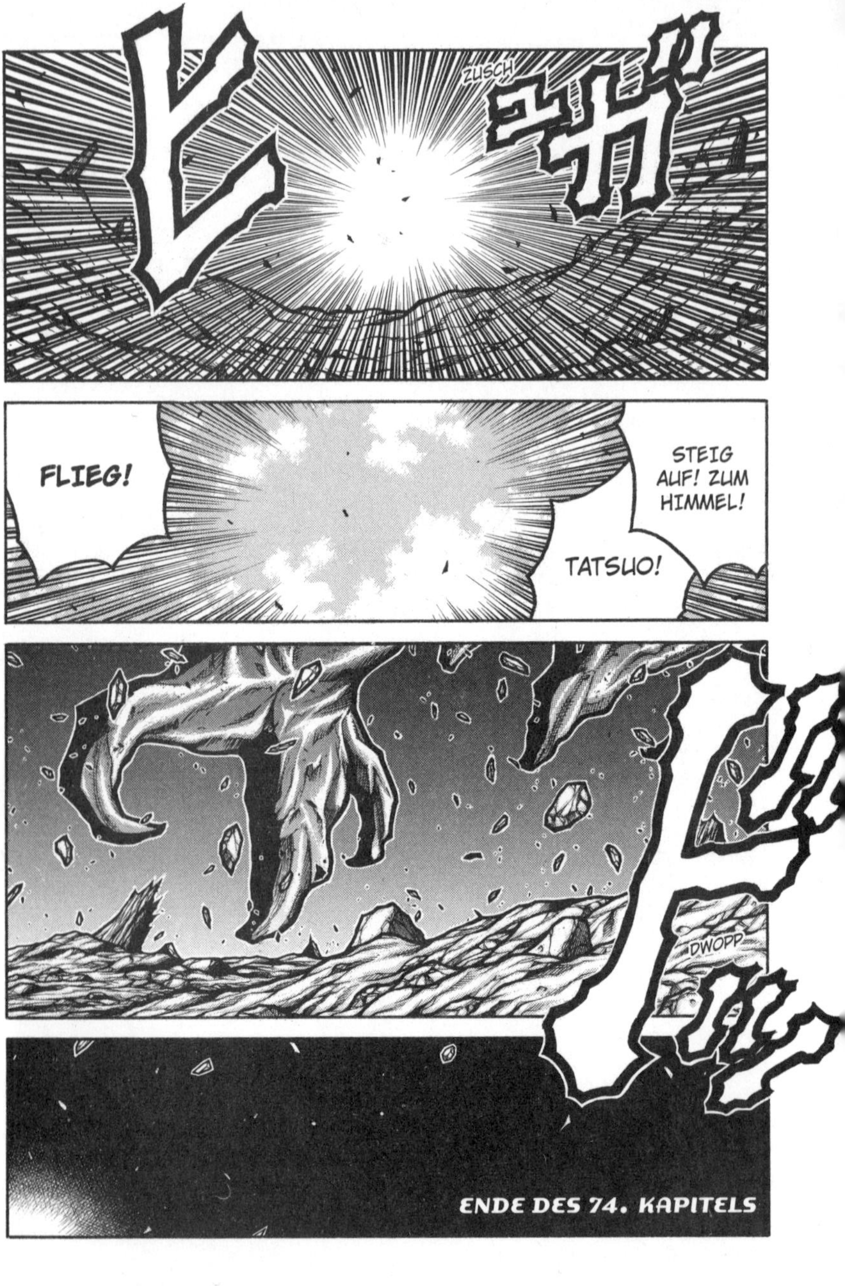

DWOPP

ENDE DES 74. KAPITELS

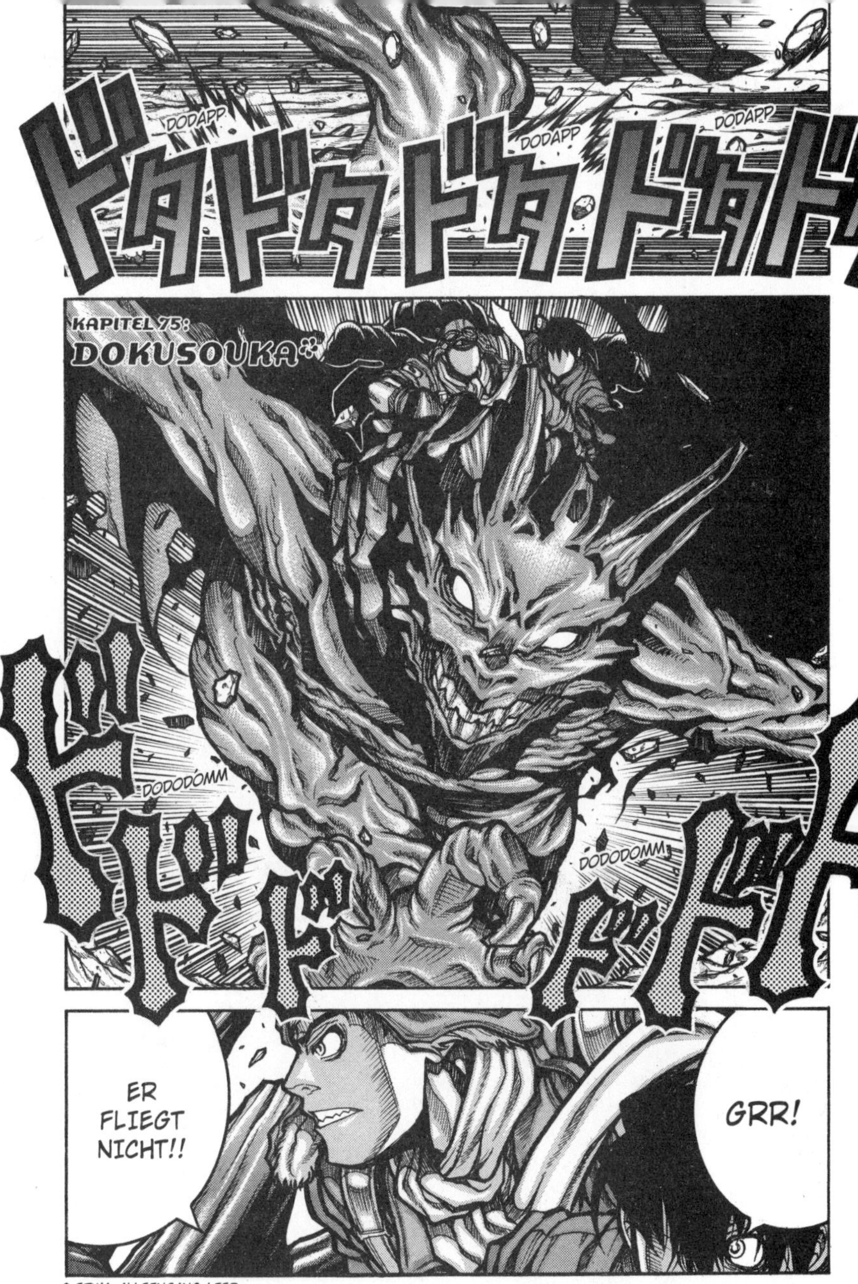

* ETWA: ALLEINGANG-LIED

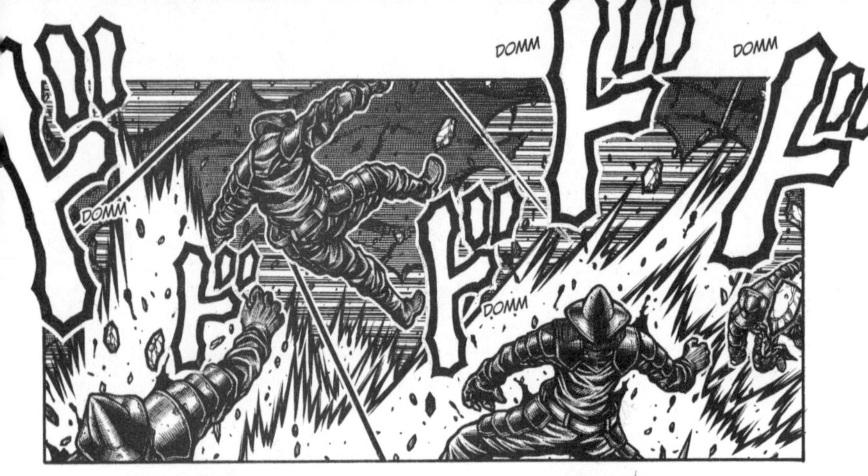
DOMM
DOMM
DOMM
DOMM

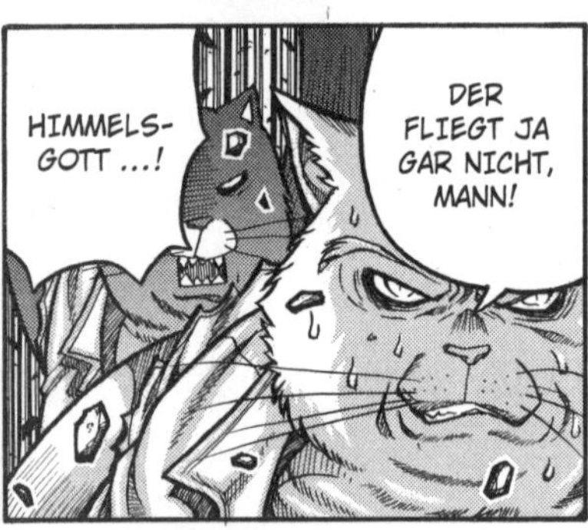
DER FLIEGT JA GAR NICHT, MANN!
HIMMELS-GOTT ...!

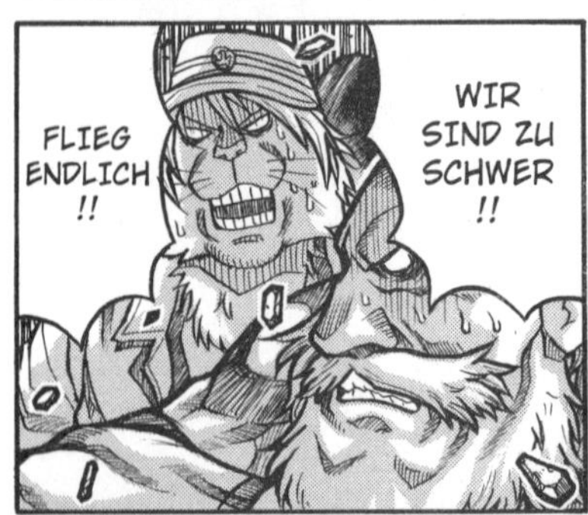
WIR SIND ZU SCHWER !!
FLIEG ENDLICH !!

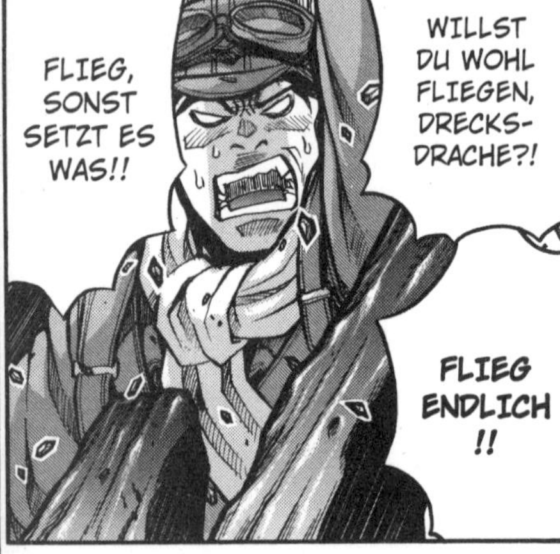
WILLST DU WOHL FLIEGEN, DRECKS-DRACHE?!
FLIEG, SONST SETZT ES WAS!!
FLIEG ENDLICH !!

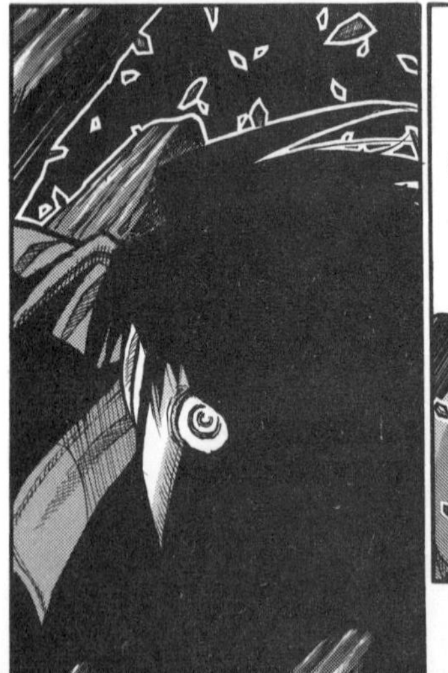

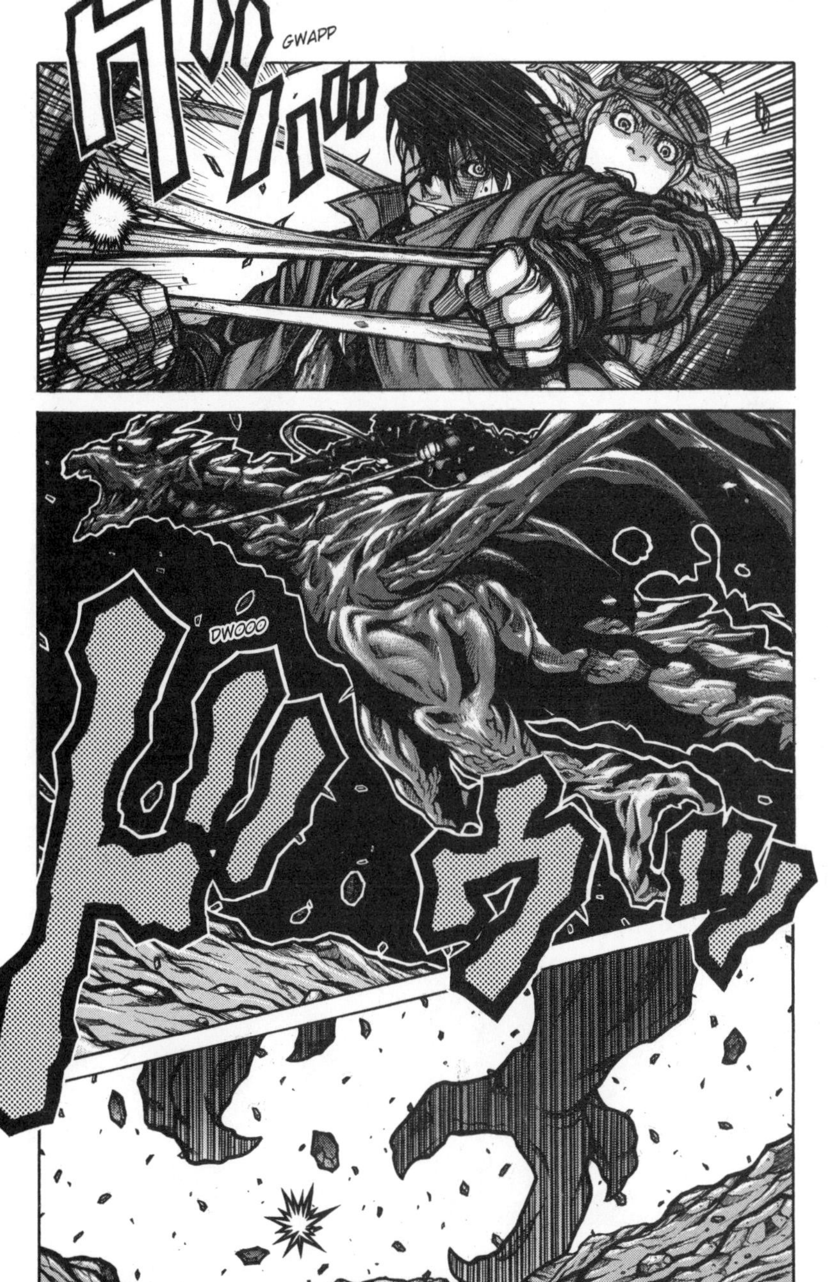
GWAPP
DWOOO

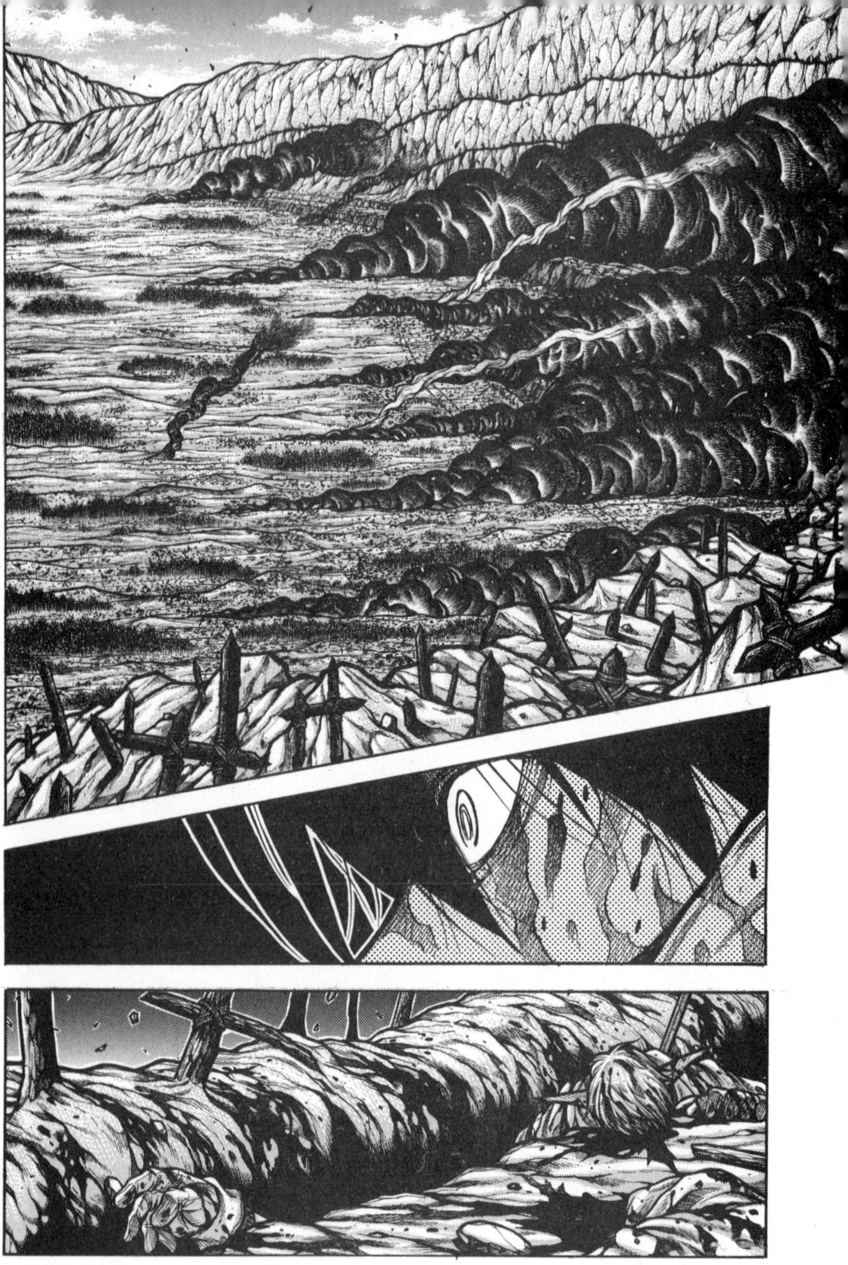

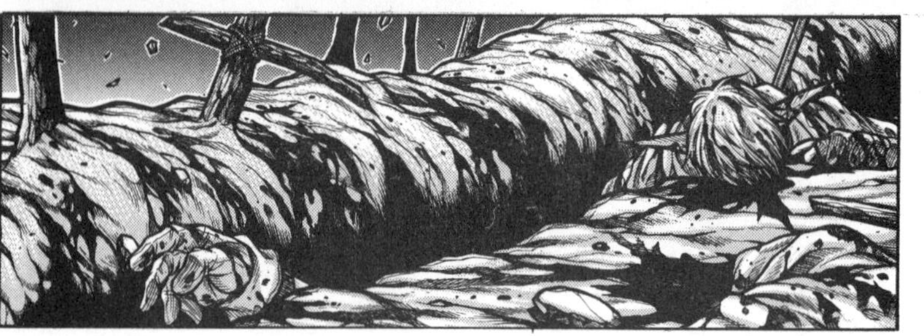

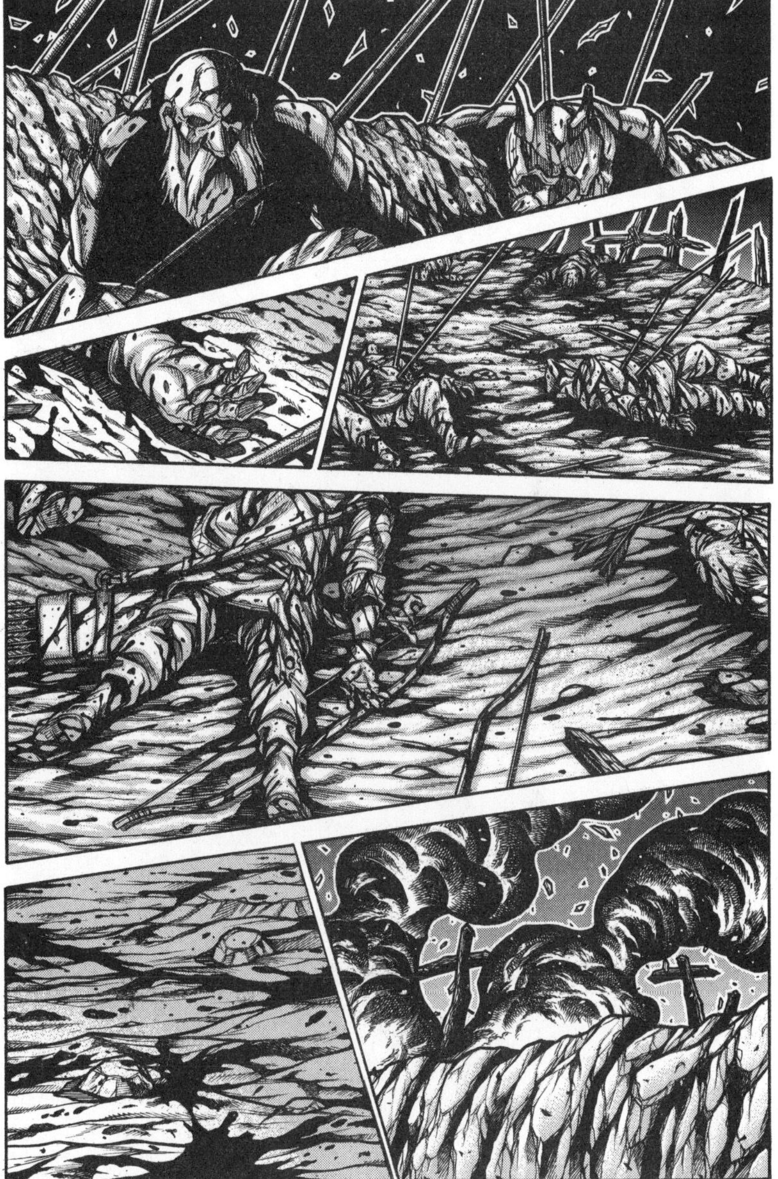

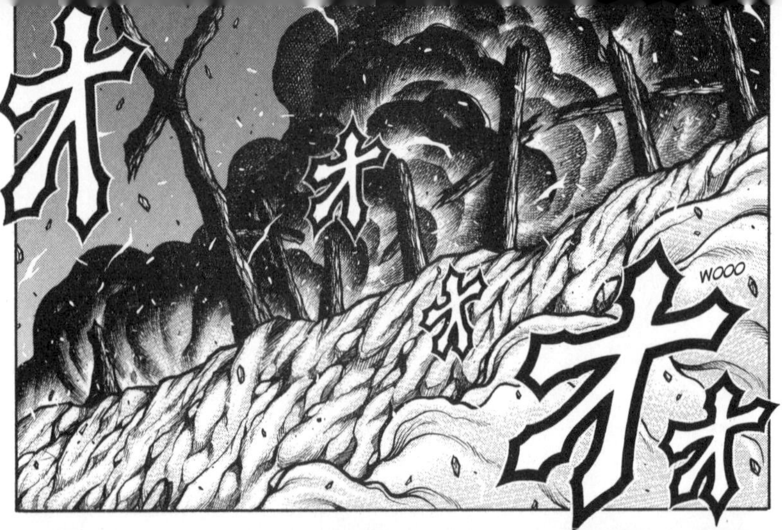
オ
オ
ォ
WOOO
オォ
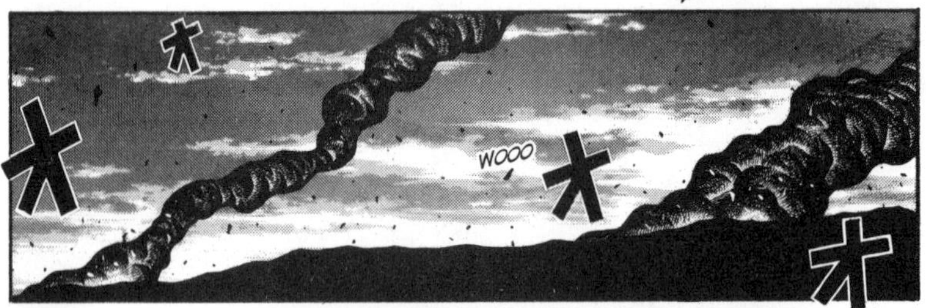
オ
オ
WOOO
オ
オ
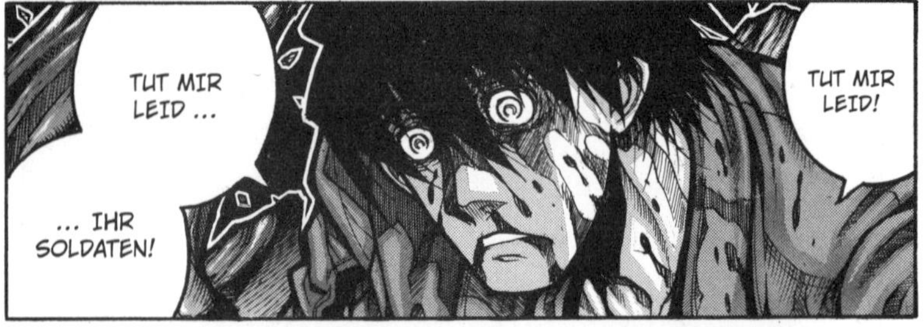
TUT MIR LEID!
TUT MIR LEID ...
... IHR SOLDATEN!
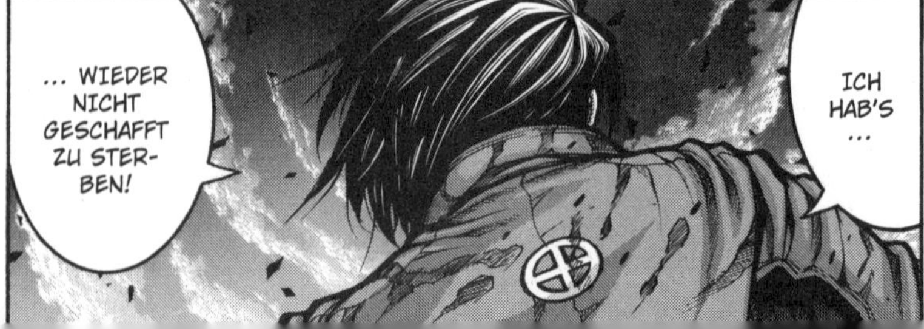
ICH HAB'S ...
... WIEDER NICHT GESCHAFFT ZU STER-BEN!

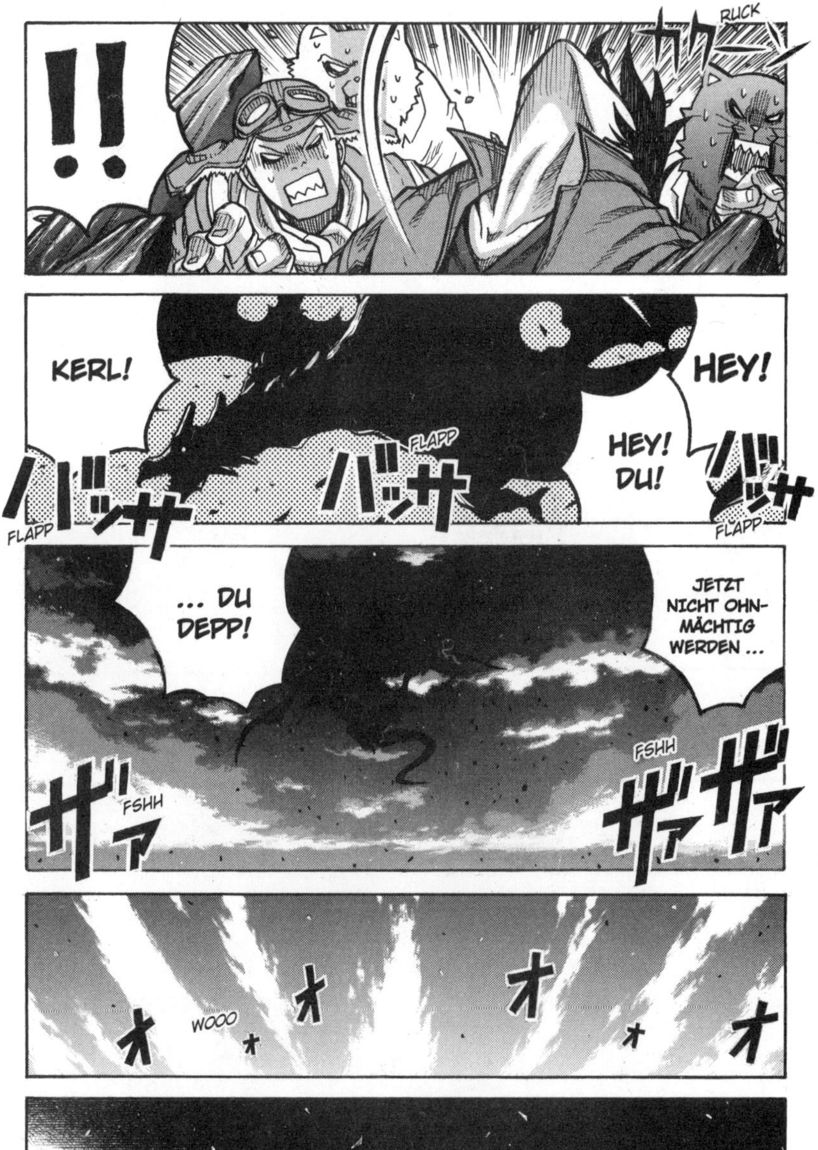

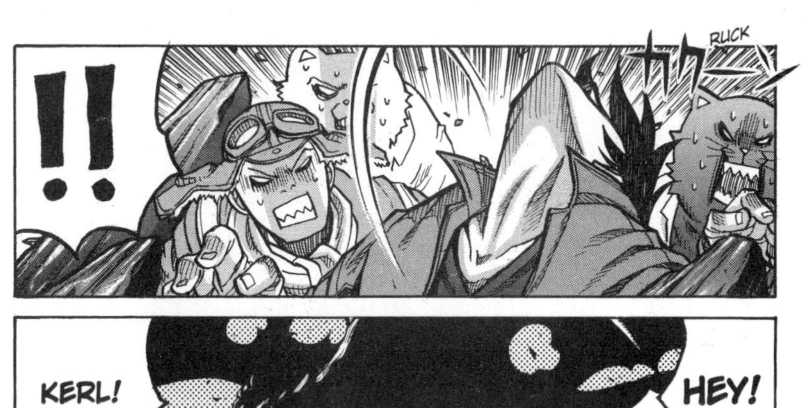

FLAPP
HEY!
HEY! DU!
FLAPP
KERL!
FLAPP

JETZT NICHT OHNMÄCHTIG WERDEN ...
... DU DEPP!
FSHH
FSHH

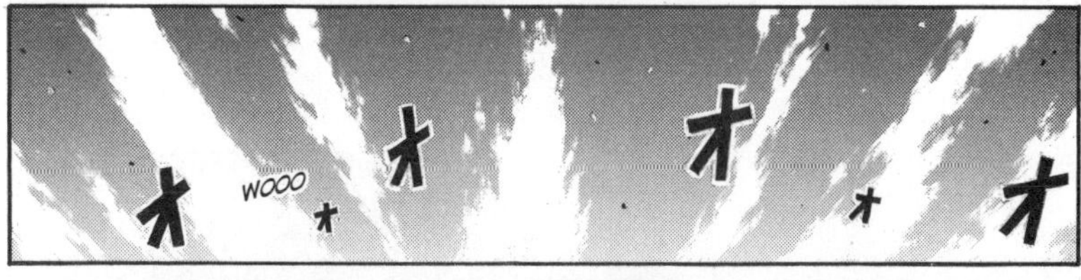

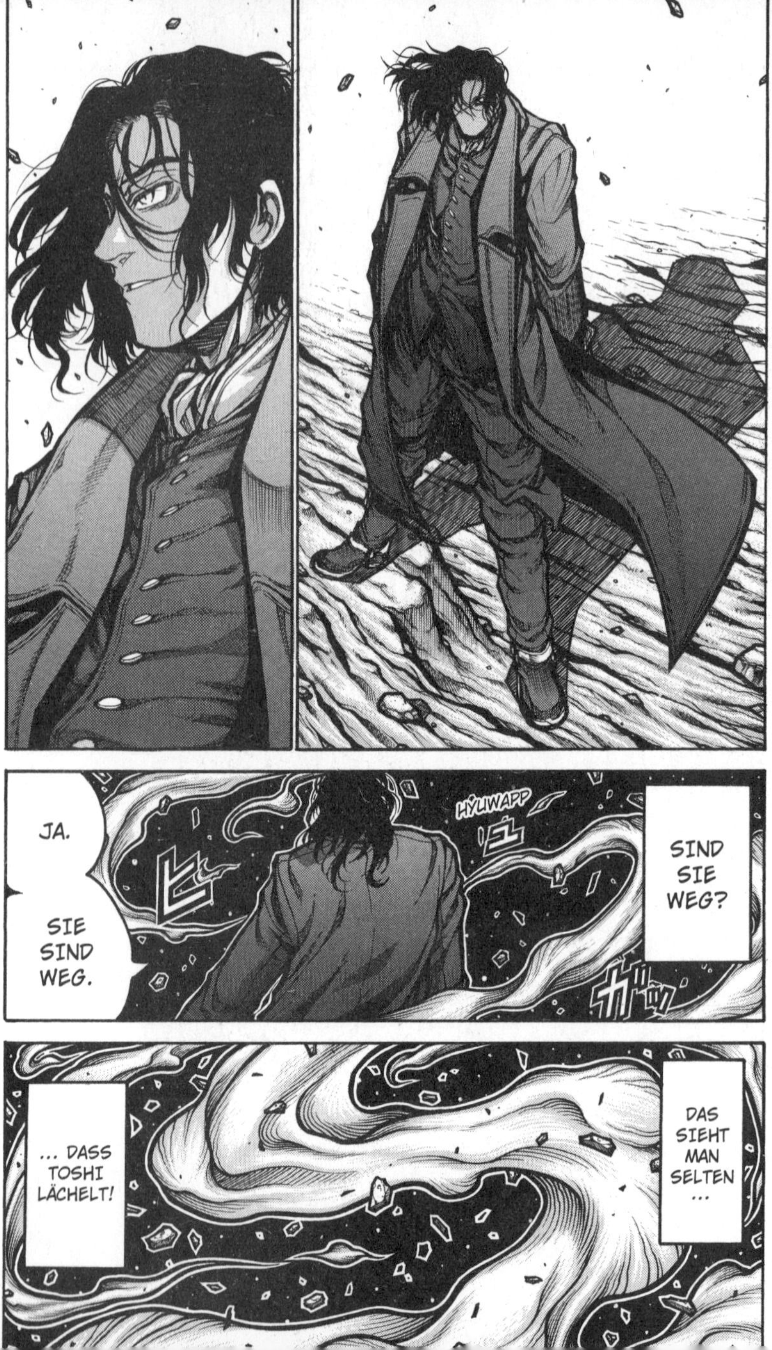

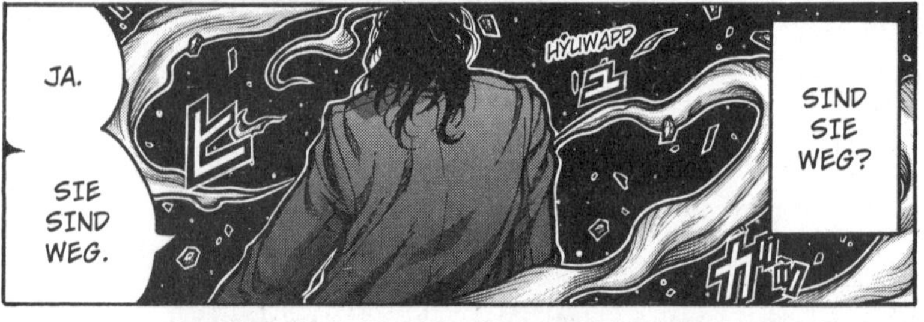
SIND SIE WEG?
HYUWAPP
JA.
SIE SIND WEG.

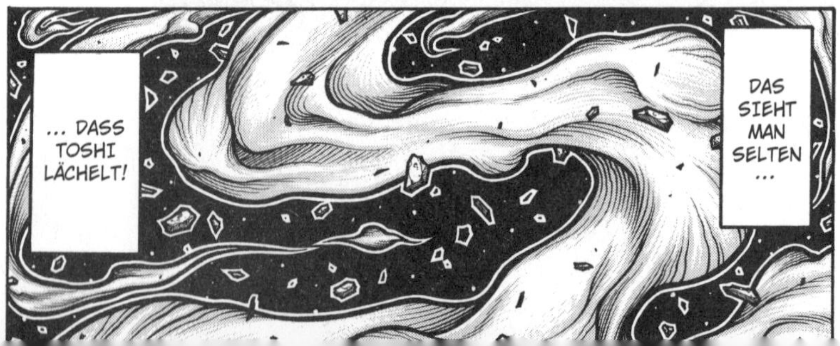
DAS SIEHT MAN SELTEN ...
... DASS TOSHI LÄCHELT!

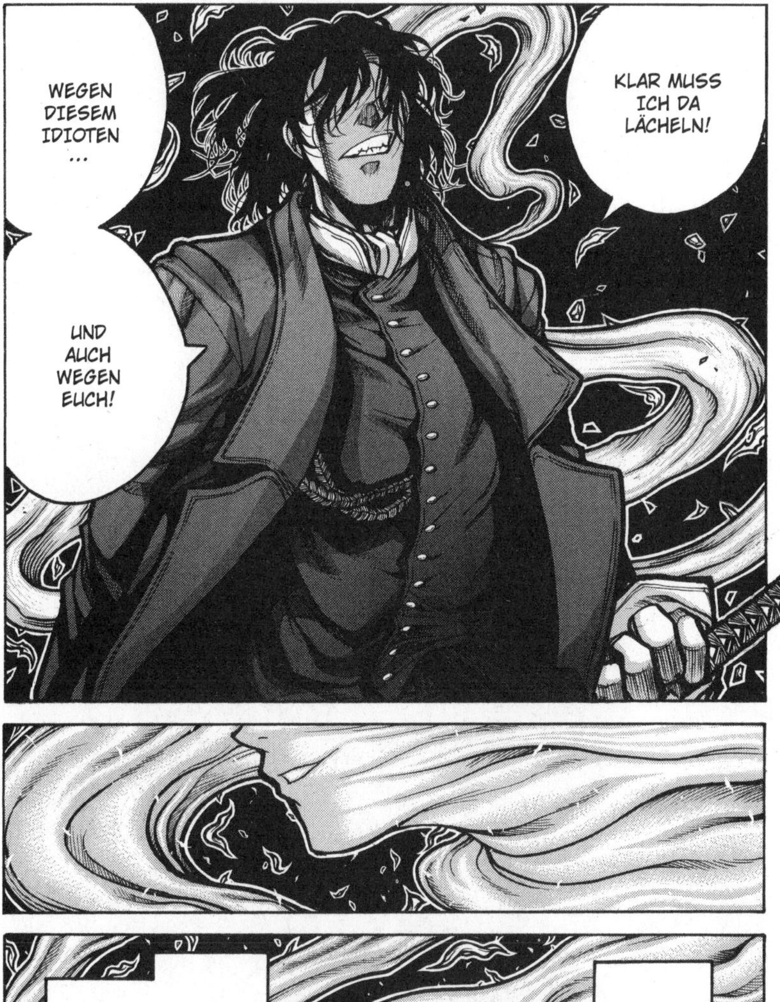

KLAR MUSS ICH DA LÄCHELN!

WEGEN DIESEM IDIOTEN …

UND AUCH WEGEN EUCH!

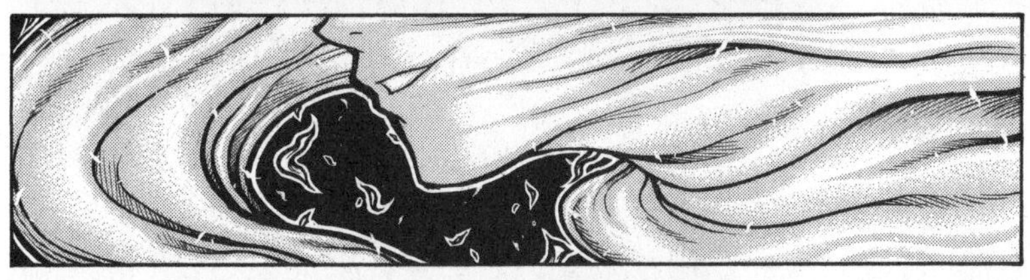

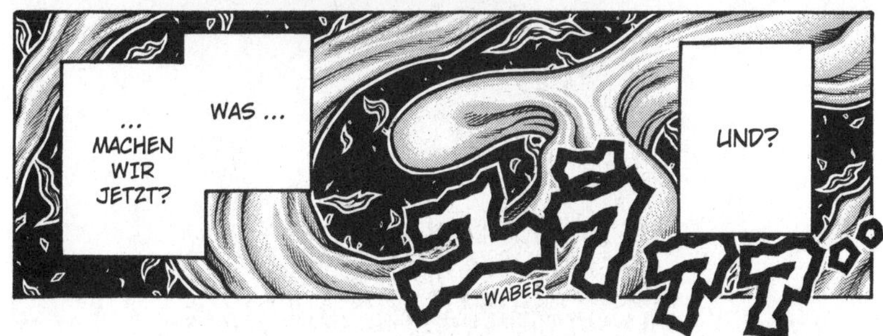

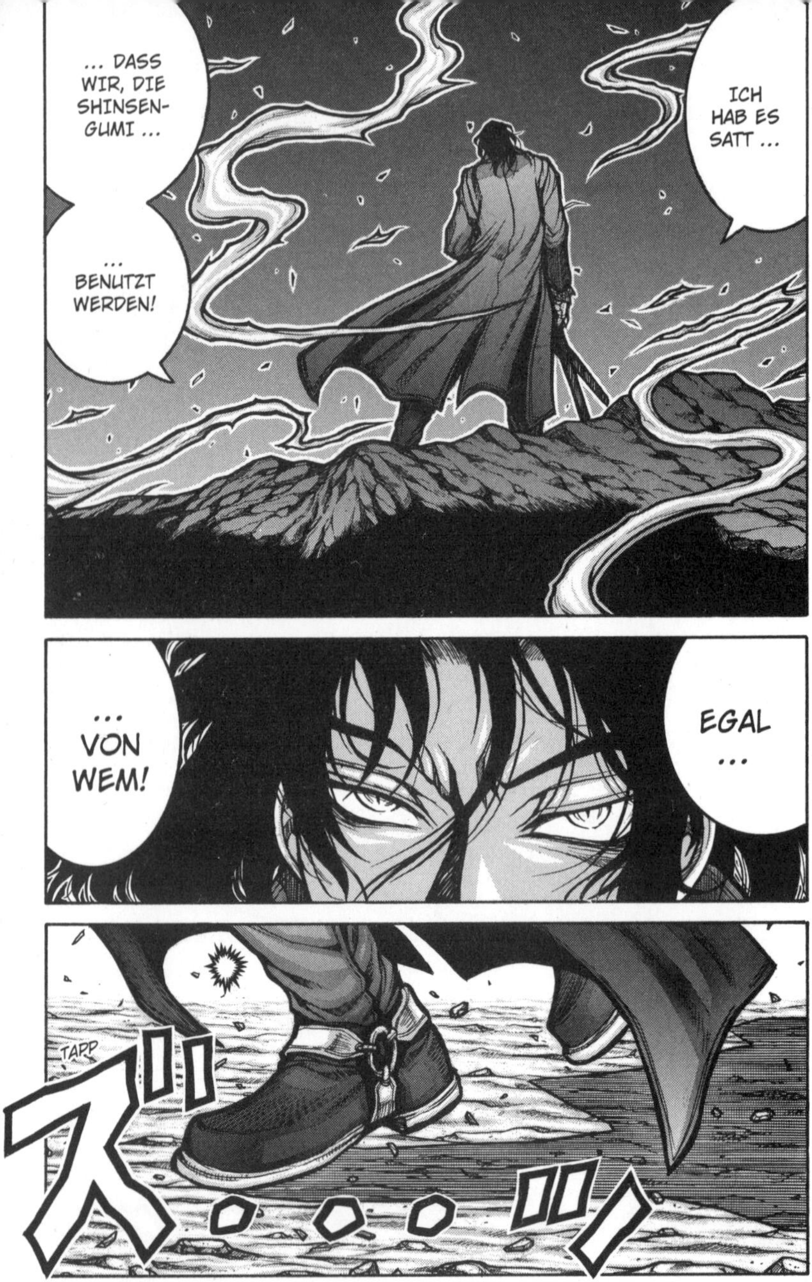

ICH HAB ES SATT ...
... DASS WIR, DIE SHINSEN-GUMI ...
... BENUTZT WERDEN!

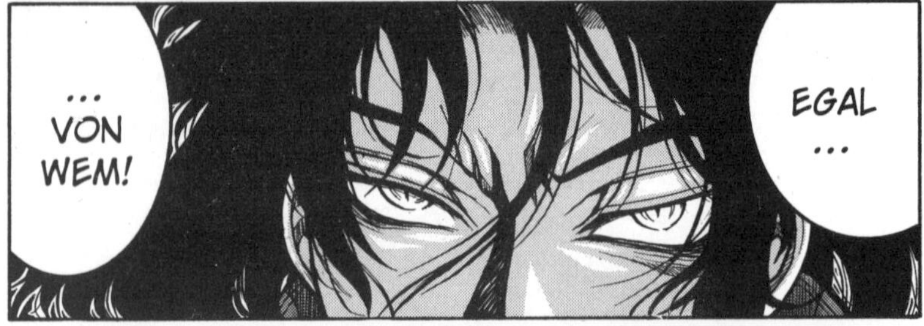

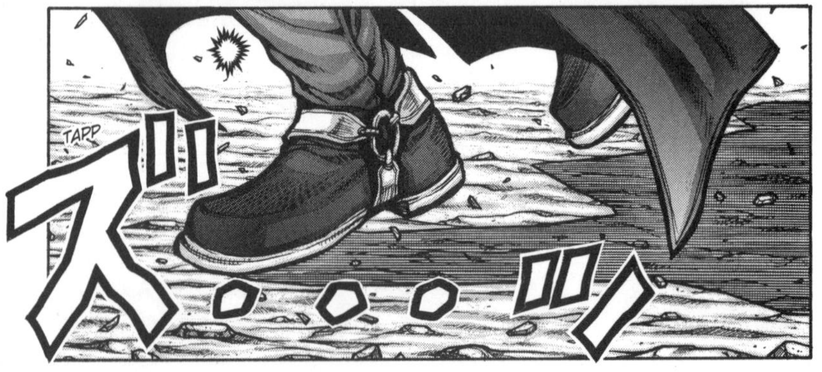

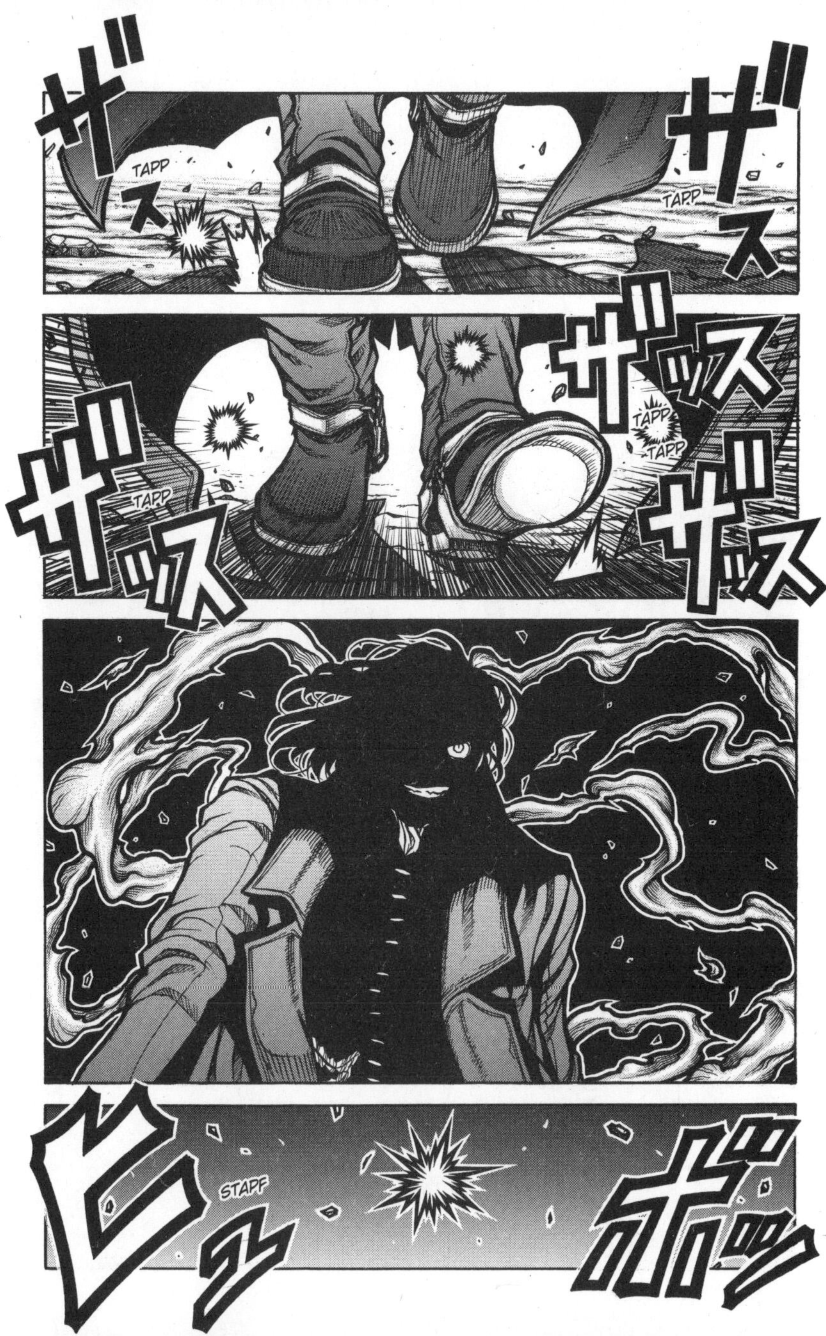

ザス
TAPP
ザス
TAPP
ザッス
TAPP
TAPP
ザッス
ザッス
TAPP
ボッ
STAPF
ビュ

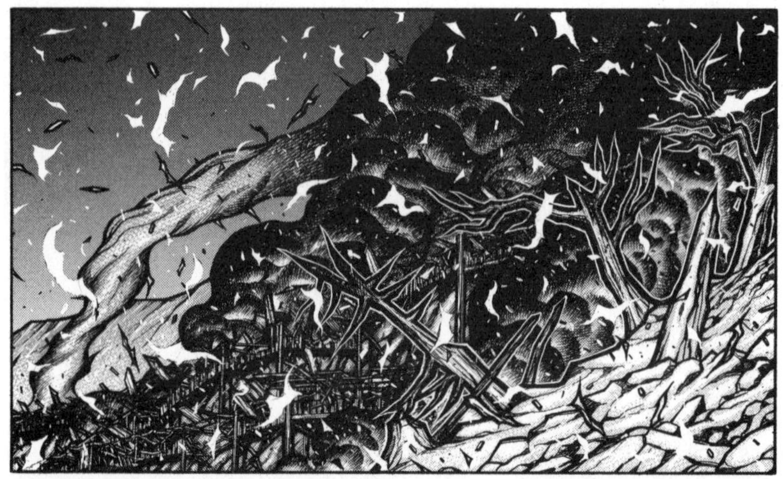

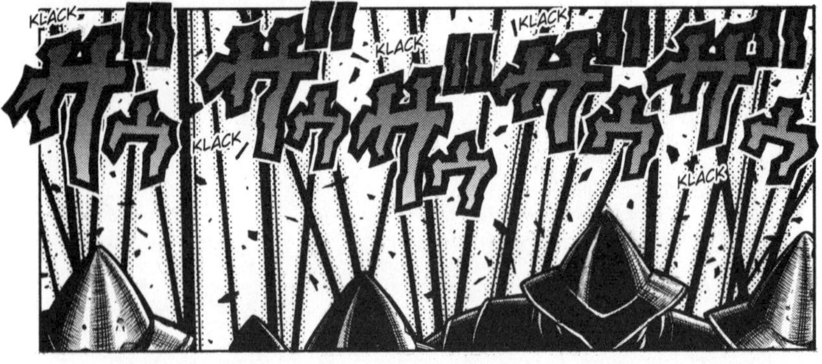

KLACK
KLACK
KLACK
KLACK
KLACK

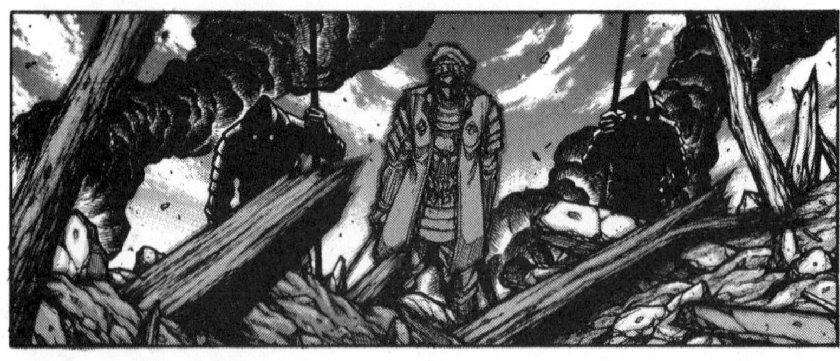

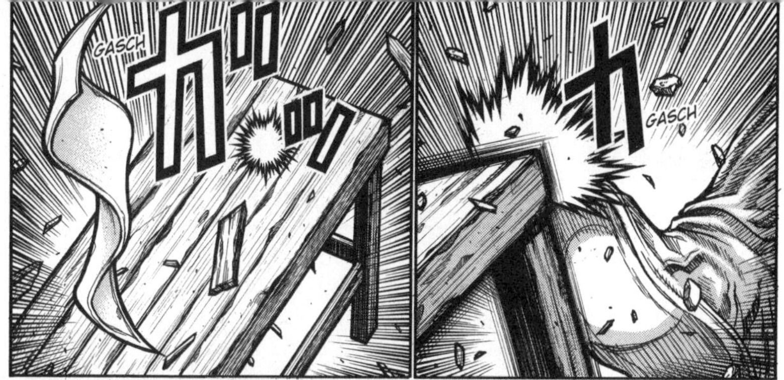
GASCH
GASCH

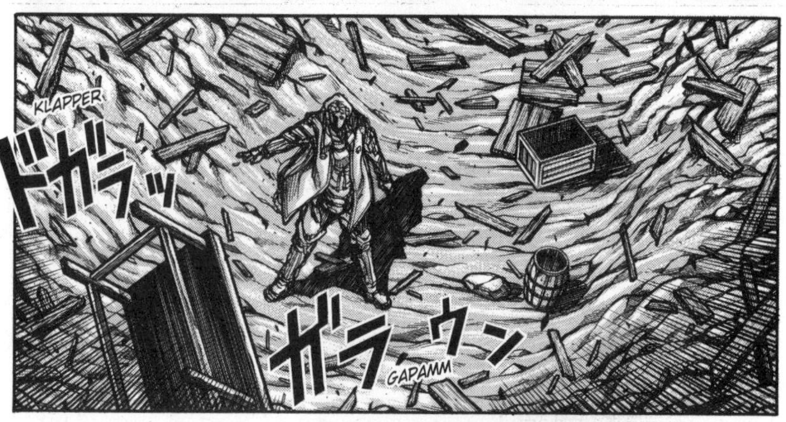
KLAPPER
GAPAMM

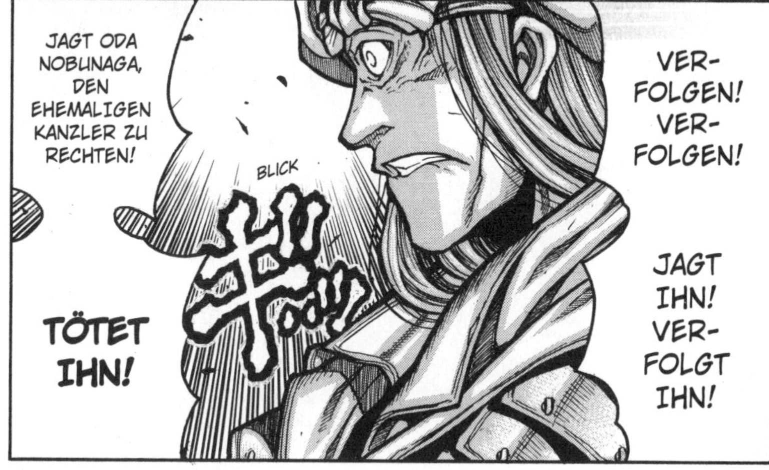
VER-
FOLGEN!
VER-
FOLGEN!
JAGT ODA NOBUNAGA, DEN EHEMALIGEN KANZLER ZU RECHTEN!
BLICK
JAGT IHN!
VER-
FOLGT
IHN!
TÖTET IHN!

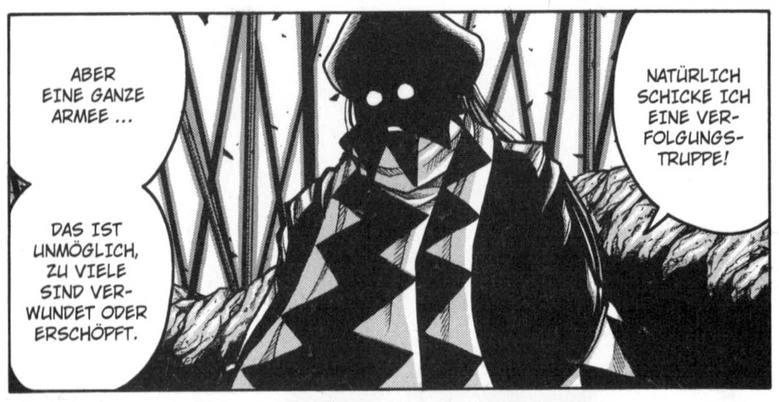
NATÜRLICH SCHICKE ICH EINE VERFOLGUNGSTRUPPE!
ABER EINE GANZE ARMEE …
DAS IST UNMÖGLICH, ZU VIELE SIND VERWUNDET ODER ERSCHÖPFT.

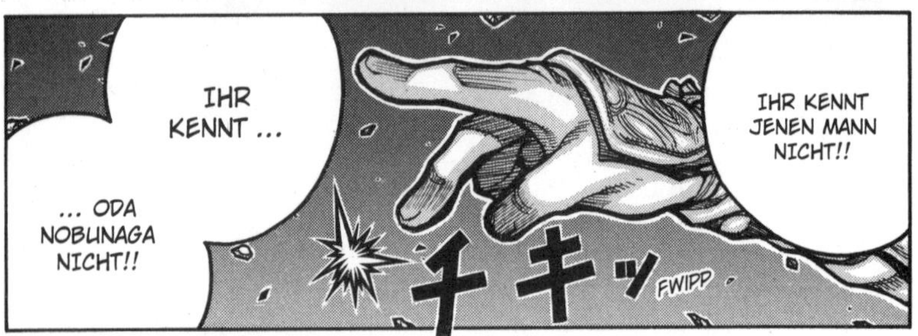
IHR KENNT JENEN MANN NICHT!!
IHR KENNT …
… ODA NOBUNAGA NICHT!!
チキッ
FWIPP

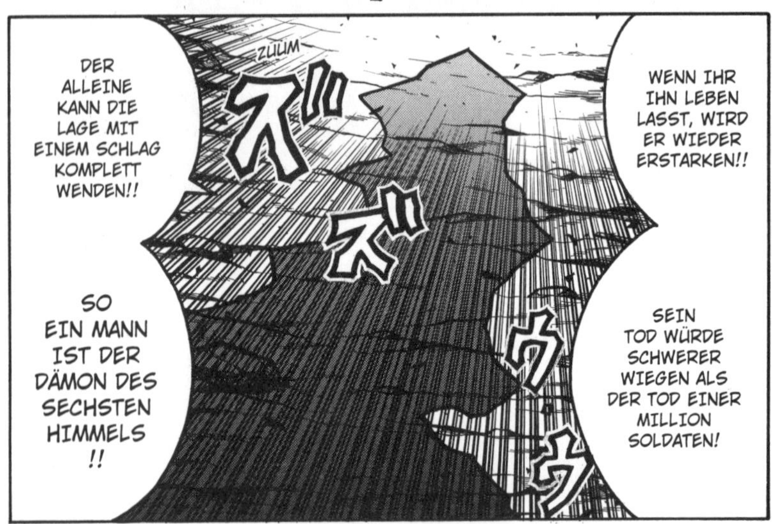
WENN IHR IHN LEBEN LASST, WIRD ER WIEDER ERSTARKEN!!
DER ALLEINE KANN DIE LAGE MIT EINEM SCHLAG KOMPLETT WENDEN!!
ズズウウ
ZUUM
SEIN TOD WÜRDE SCHWERER WIEGEN ALS DER TOD EINER MILLION SOLDATEN!
SO EIN MANN IST DER DÄMON DES SECHSTEN HIMMELS!!

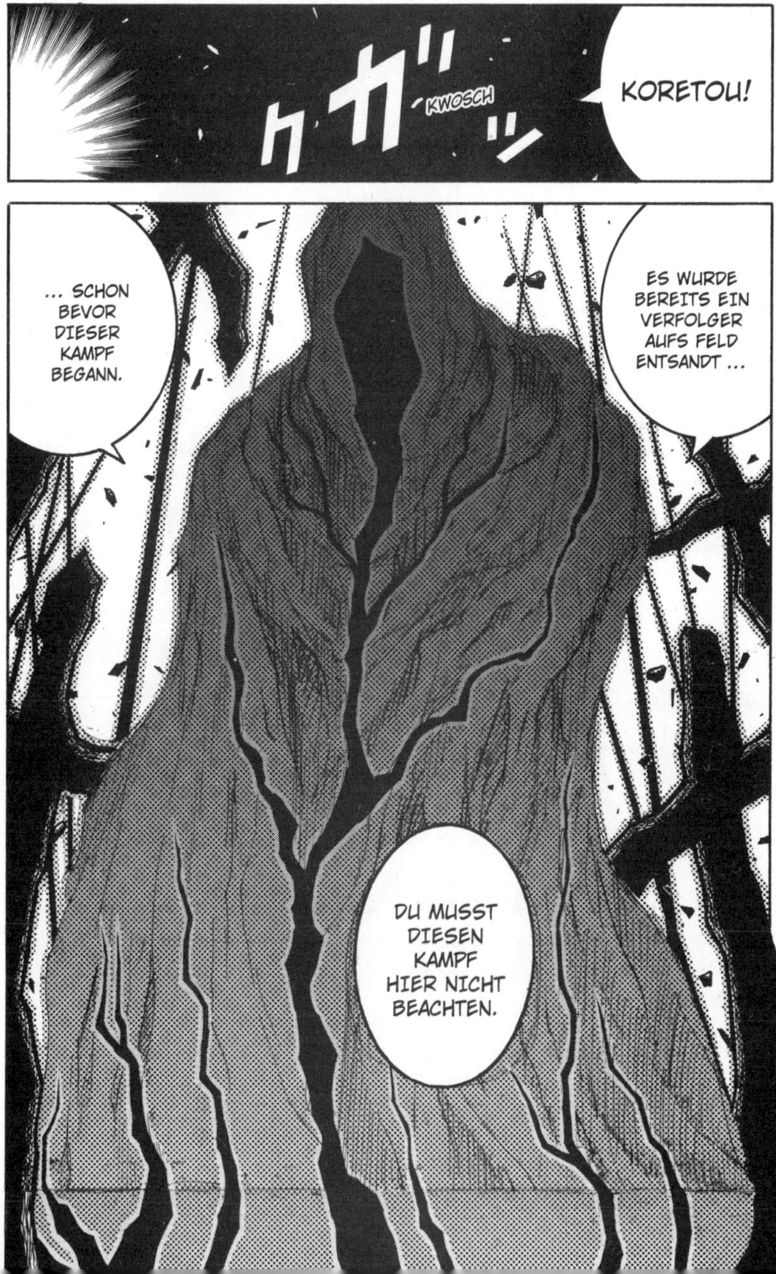

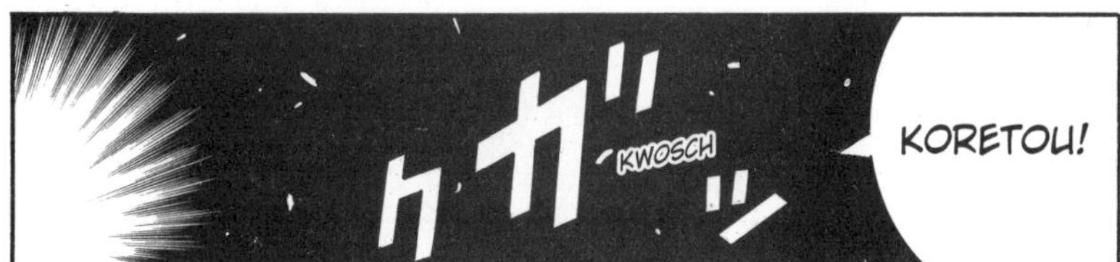
KORETOU!
KWOSCH

ES WURDE BEREITS EIN VERFOLGER AUFS FELD ENTSANDT ...
... SCHON BEVOR DIESER KAMPF BEGANN.
DU MUSST DIESEN KAMPF HIER NICHT BEACHTEN.

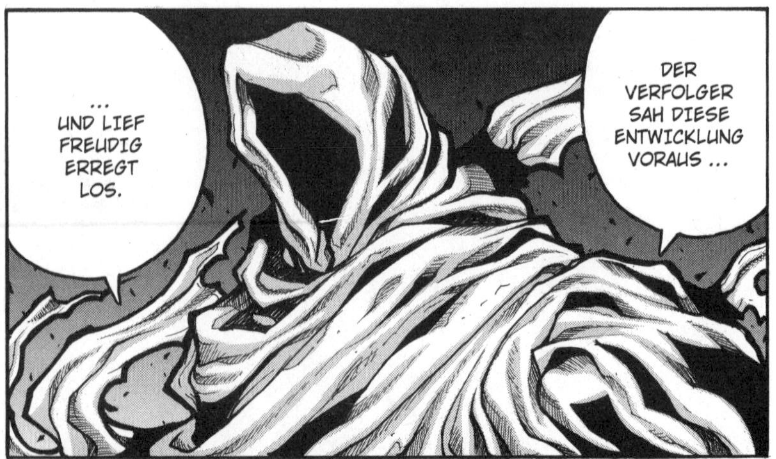

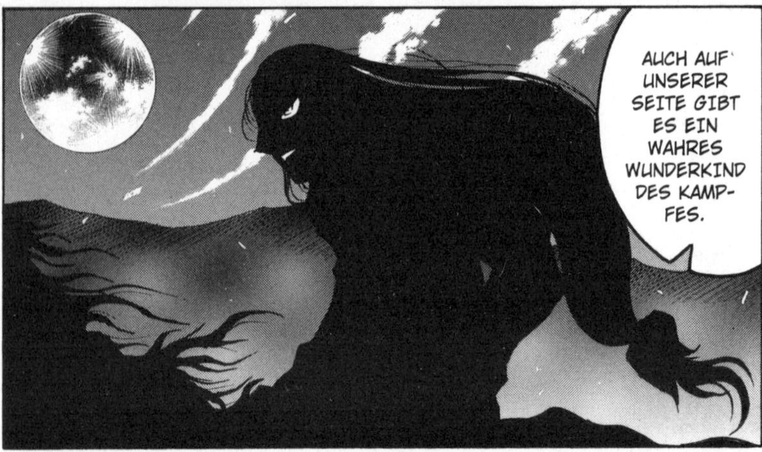

ENDE DES 75. KAPITELS

DRIFTERS

DRIFTERS

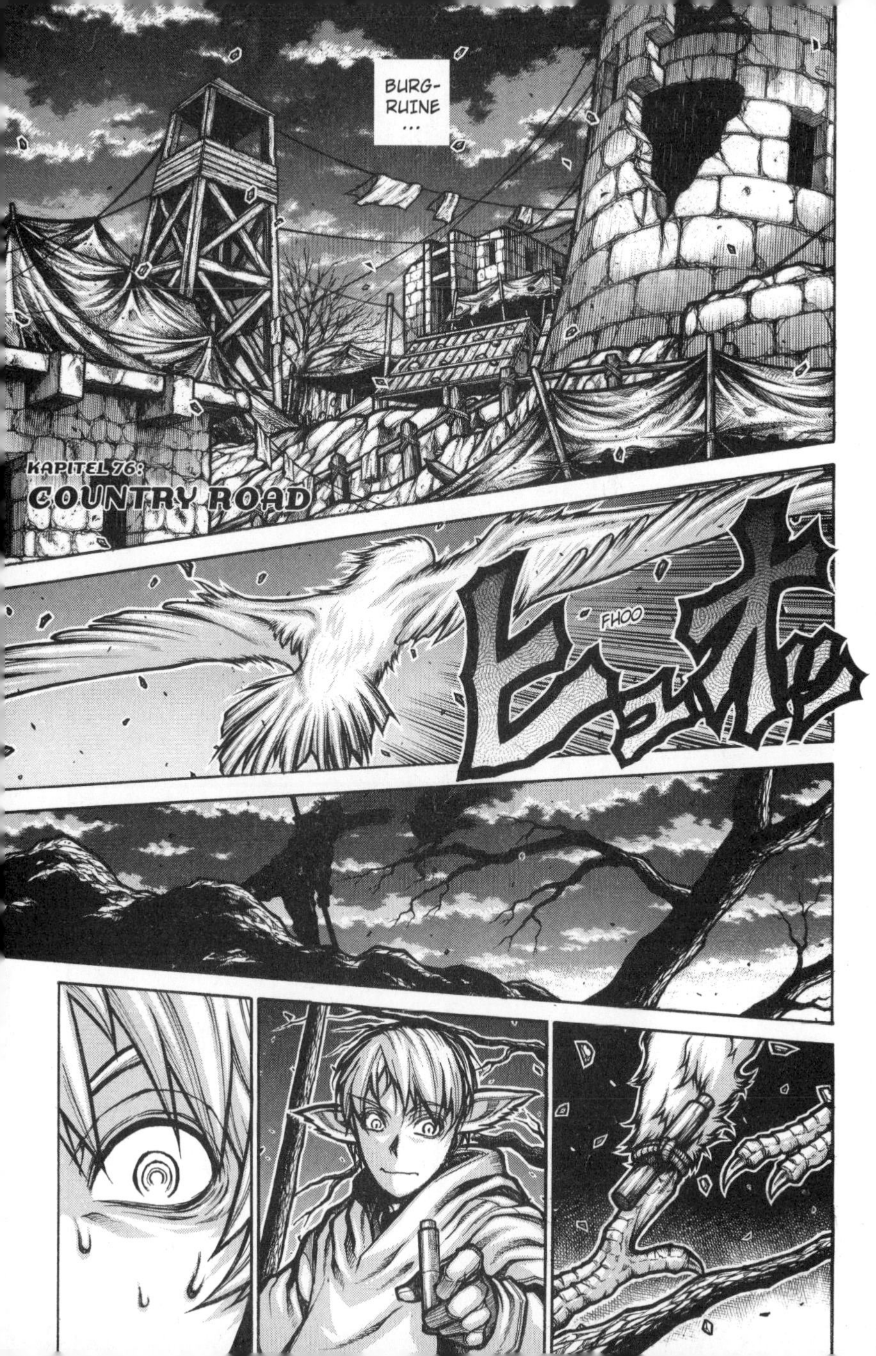
BURG-
RUINE
...
KAPITEL 76:
COUNTRY ROAD
FHOO

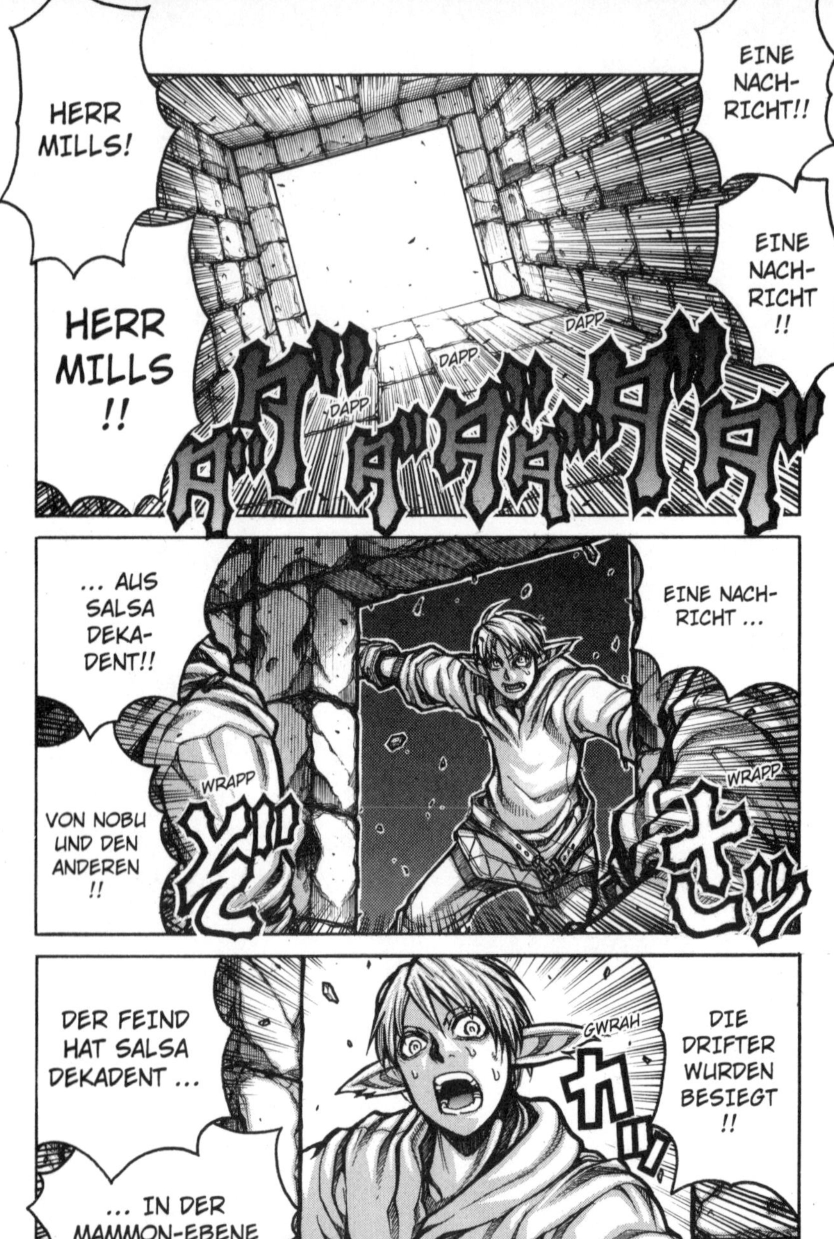
EINE NACHRICHT!!
HERR MILLS!
EINE NACHRICHT!!
HERR MILLS!!
DAPP
DAPP
DAPP
EINE NACHRICHT ...
... AUS SALSA DEKADENT!!
WRAPP
WRAPP
VON NOBU UND DEN ANDEREN!!
DIE DRIFTER WURDEN BESIEGT!!
GWRAH
DER FEIND HAT SALSA DEKADENT ...
... IN DER MAMMON-EBENE EROBERT!!

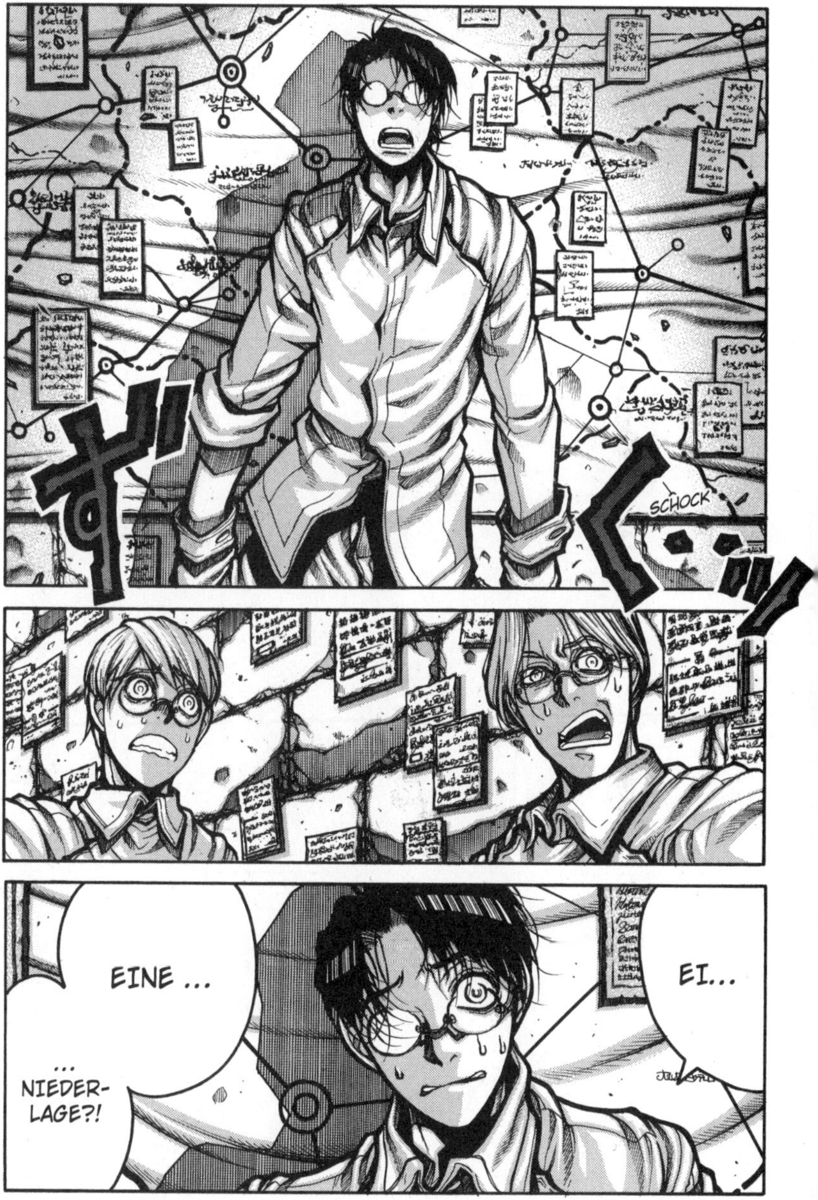

SCHOCK

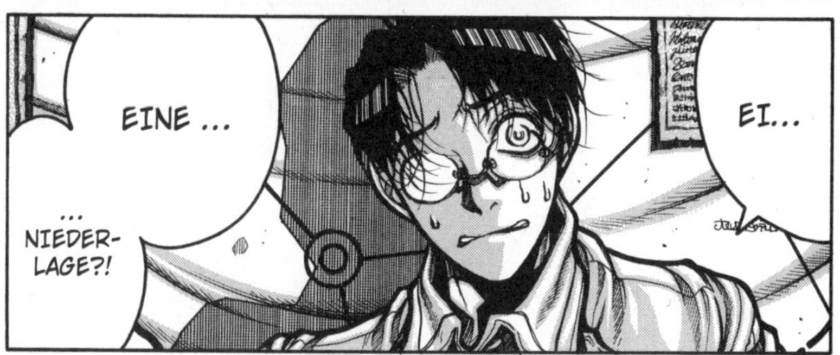

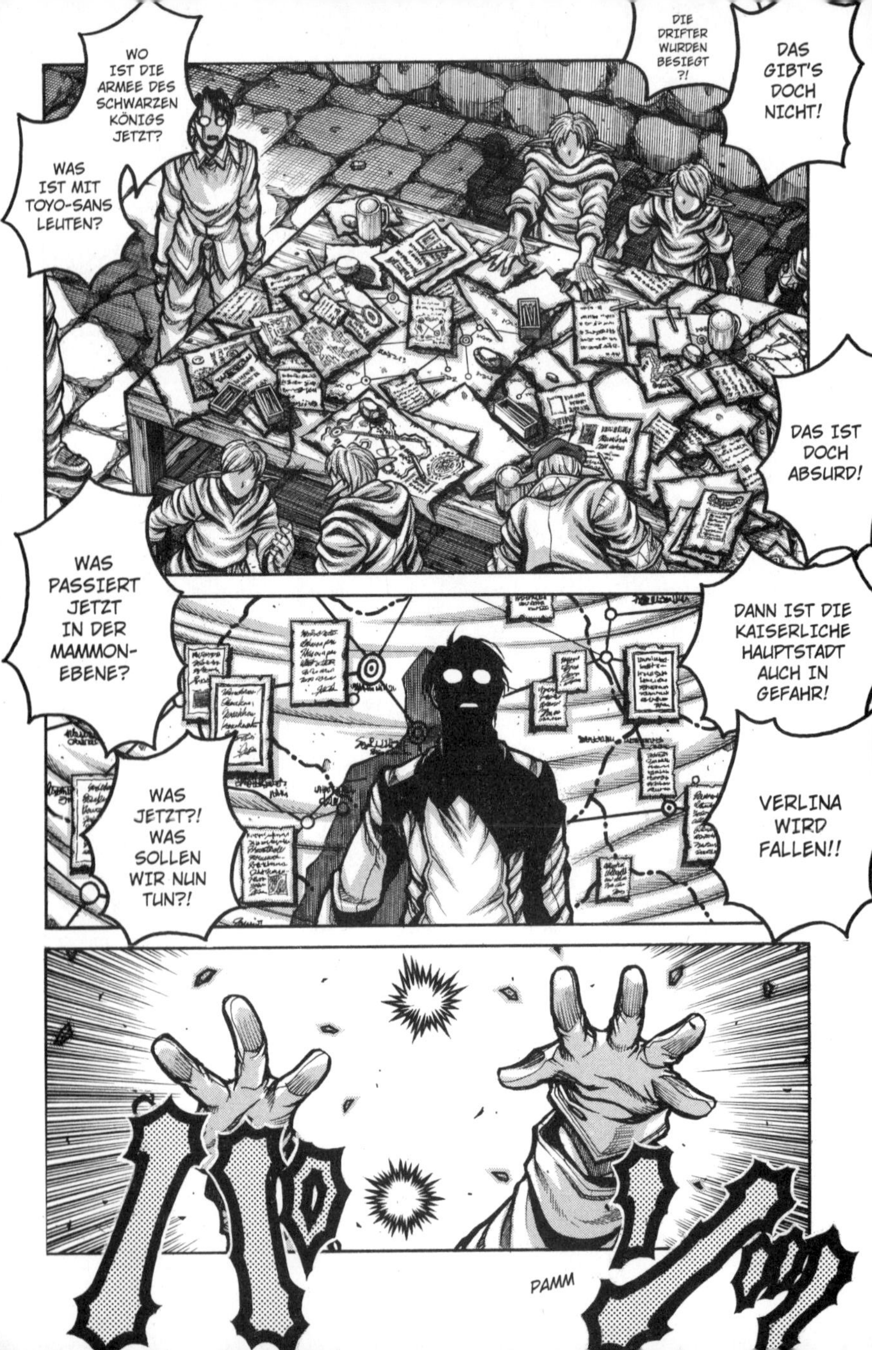
DAS GIBT'S DOCH NICHT!
DIE DRIFTER WURDEN BESIEGT?!
WO IST DIE ARMEE DES SCHWARZEN KÖNIGS JETZT?
WAS IST MIT TOYO-SANS LEUTEN?
DAS IST DOCH ABSURD!
WAS PASSIERT JETZT IN DER MAMMON-EBENE?
DANN IST DIE KAISERLICHE HAUPTSTADT AUCH IN GEFAHR!
VERLINA WIRD FALLEN!!
WAS JETZT?! WAS SOLLEN WIR NUN TUN?!
PAMM

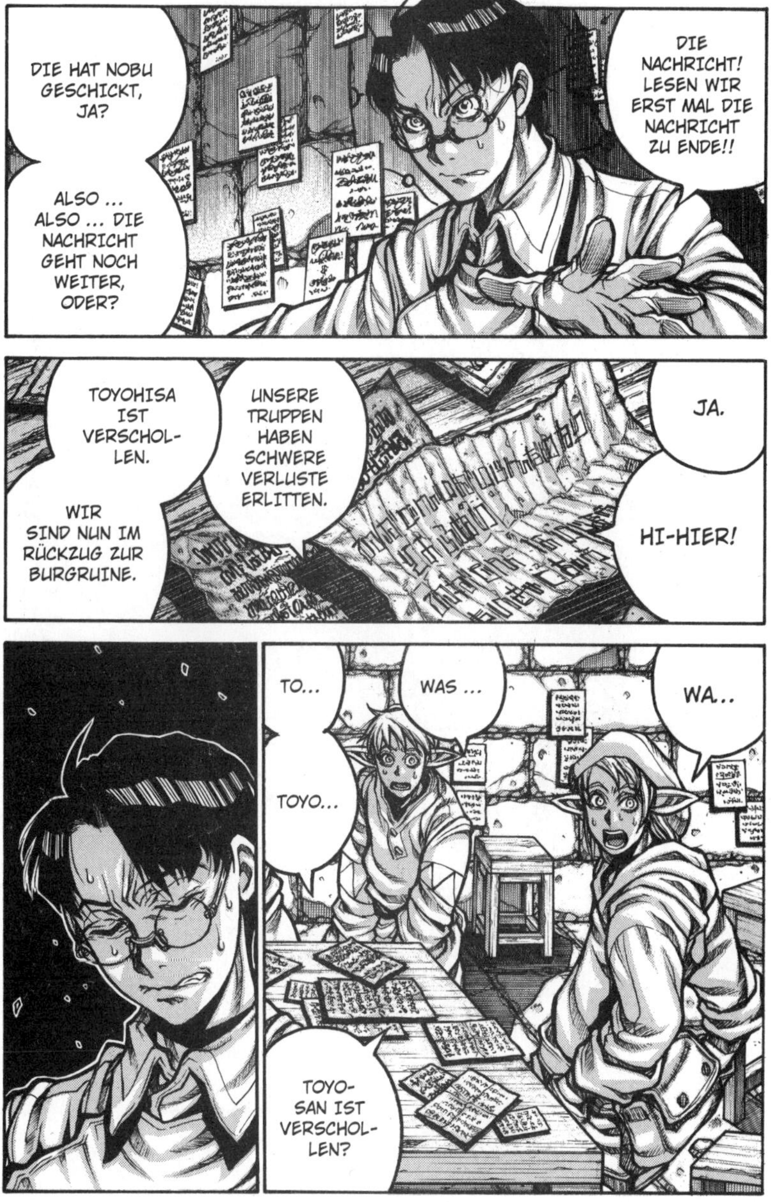

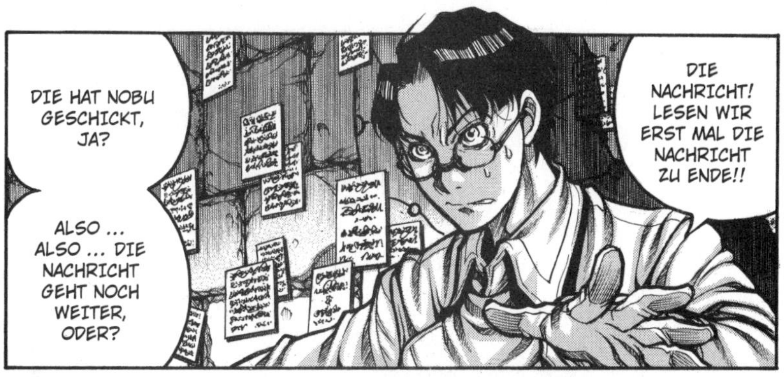
DIE NACHRICHT! LESEN WIR ERST MAL DIE NACHRICHT ZU ENDE!!
DIE HAT NOBU GESCHICKT, JA?
ALSO … ALSO … DIE NACHRICHT GEHT NOCH WEITER, ODER?

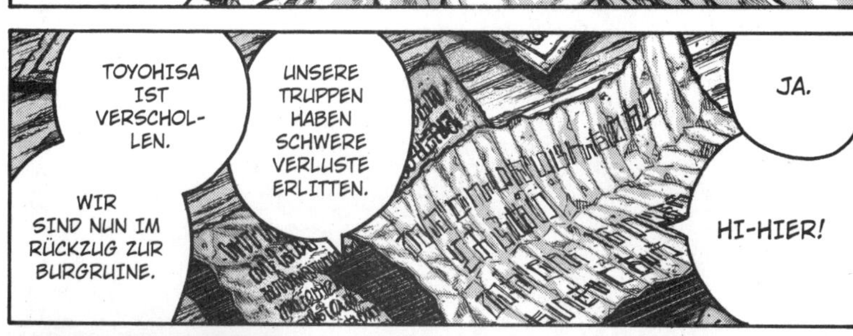
JA.
HI-HIER!
UNSERE TRUPPEN HABEN SCHWERE VERLUSTE ERLITTEN.
TOYOHISA IST VERSCHOL-LEN.
WIR SIND NUN IM RÜCKZUG ZUR BURGRUINE.

WA...
WAS …
TO...
TOYO...
TOYO-SAN IST VERSCHOL-LEN?

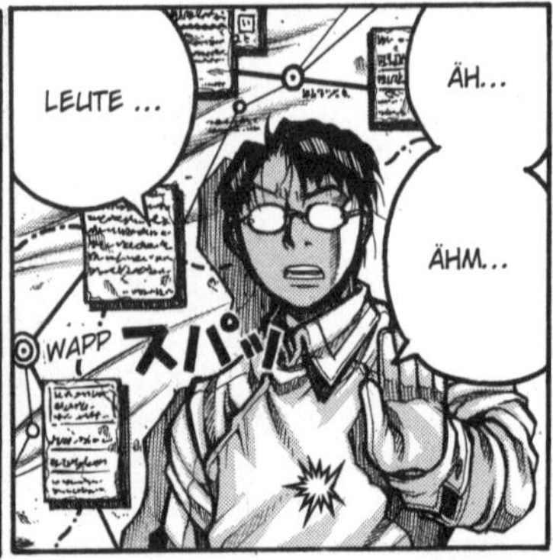
ÄH…
ÄHM…
LEUTE …
WAPP
スパッ

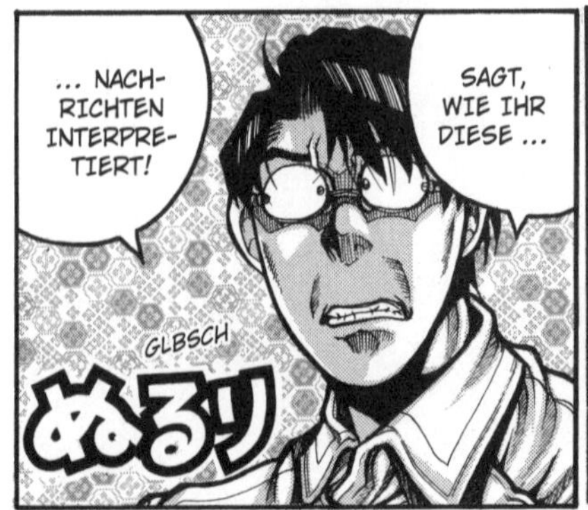
SAGT, WIE IHR DIESE …
… NACH-RICHTEN INTERPRE-TIERT!
GLBSCH
ぬるり

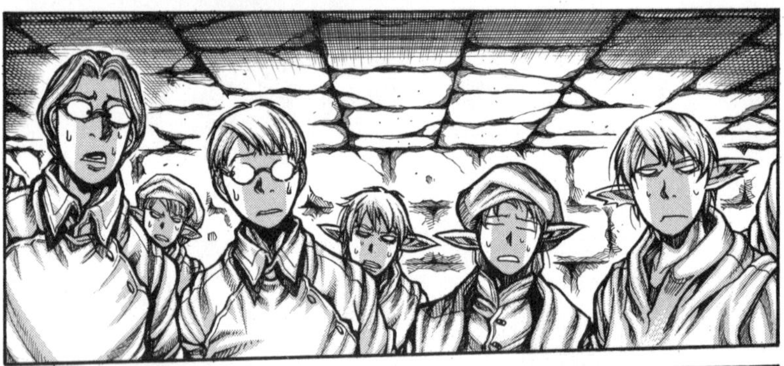

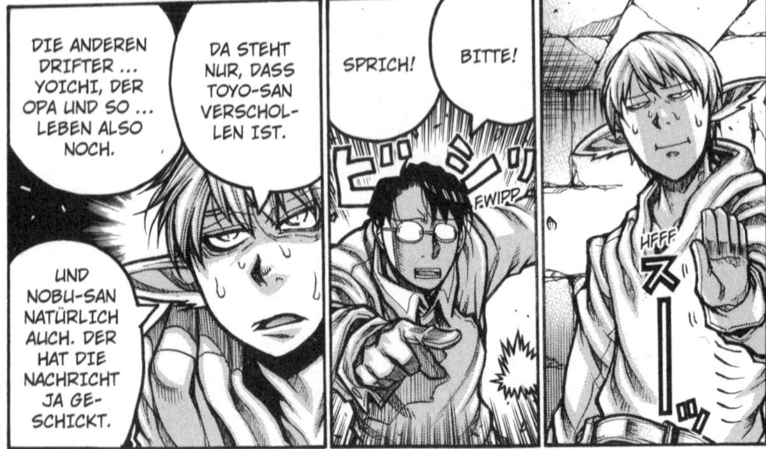
HFFF
スー
BITTE!
SPRICH!
F.WIPP
DA STEHT NUR, DASS TOYO-SAN VERSCHOL-LEN IST.
DIE ANDEREN DRIFTER … YOICHI, DER OPA UND SO … LEBEN ALSO NOCH.
UND NOBU-SAN NATÜRLICH AUCH. DER HAT DIE NACHRICHT JA GE-SCHICKT.

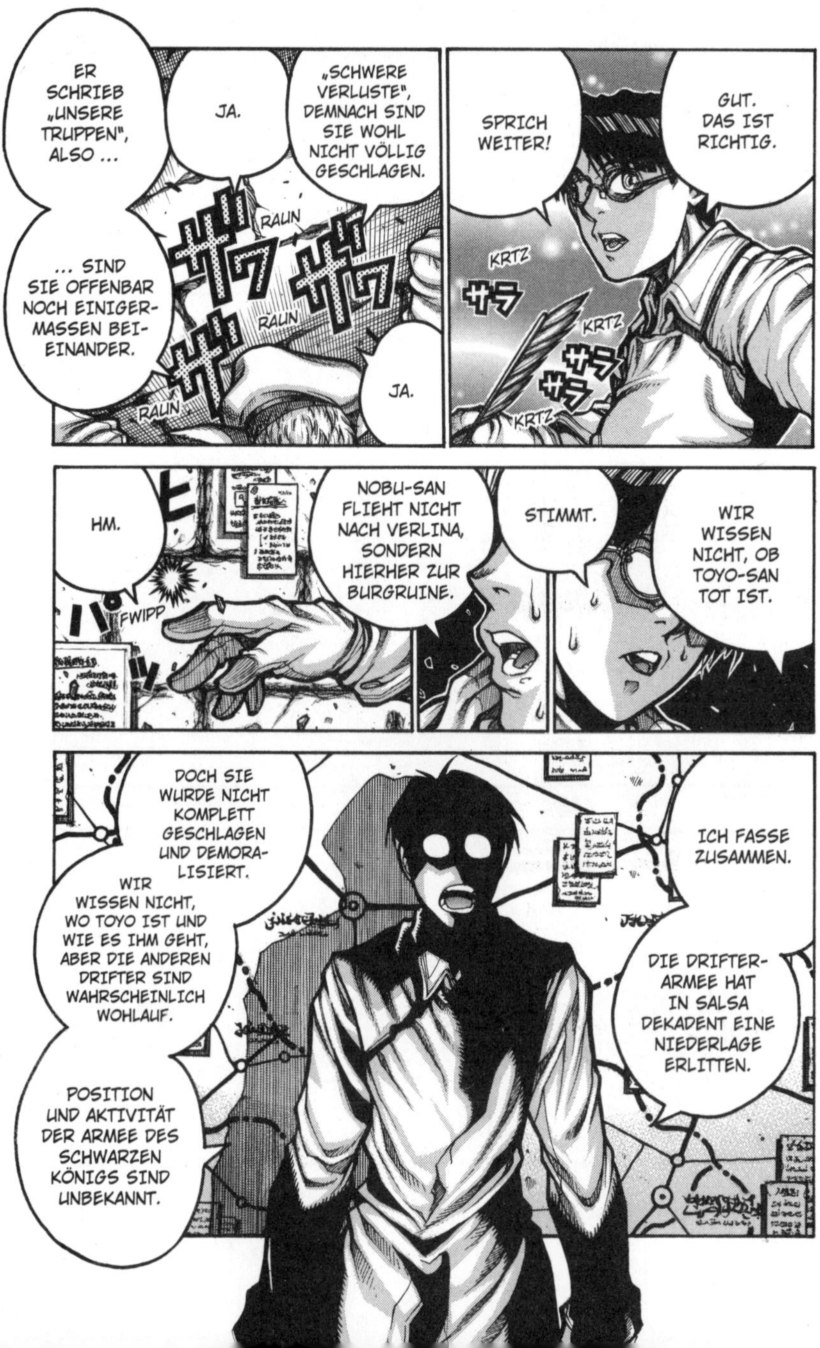

GUT. DAS IST RICHTIG.
SPRICH WEITER!
KRTZ KRTZ KRTZ
„SCHWERE VERLUSTE", DEMNACH SIND SIE WOHL NICHT VÖLLIG GESCHLAGEN.
JA.
ER SCHRIEB „UNSERE TRUPPEN", ALSO ...
RAUN RAUN RAUN
... SIND SIE OFFENBAR NOCH EINIGERMASSEN BEIEINANDER.
JA.
WIR WISSEN NICHT, OB TOYO-SAN TOT IST.
STIMMT.
NOBU-SAN FLIEHT NICHT NACH VERLINA, SONDERN HIERHER ZUR BURGRUINE.
HM.
FWIPP
ICH FASSE ZUSAMMEN.
DIE DRIFTER-ARMEE HAT IN SALSA DEKADENT EINE NIEDERLAGE ERLITTEN.
DOCH SIE WURDE NICHT KOMPLETT GESCHLAGEN UND DEMORALISIERT.
WIR WISSEN NICHT, WO TOYO IST UND WIE ES IHM GEHT, ABER DIE ANDEREN DRIFTER SIND WAHRSCHEINLICH WOHLAUF.
POSITION UND AKTIVITÄT DER ARMEE DES SCHWARZEN KÖNIGS SIND UNBEKANNT.

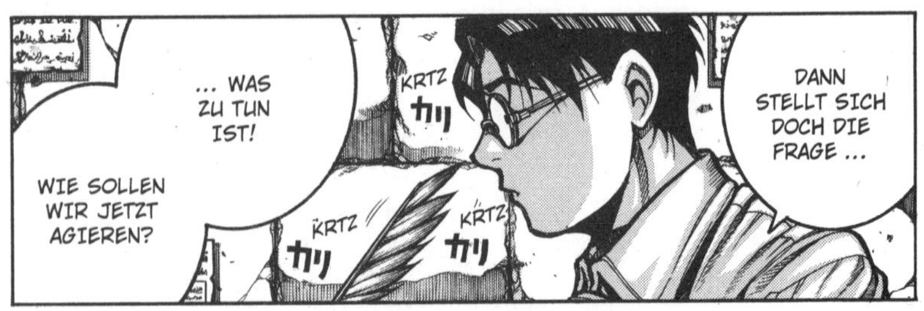
DANN STELLT SICH DOCH DIE FRAGE …
KRTZ カリ
… WAS ZU TUN IST!
KRTZ カリ
KRTZ カリ
WIE SOLLEN WIR JETZT AGIEREN?

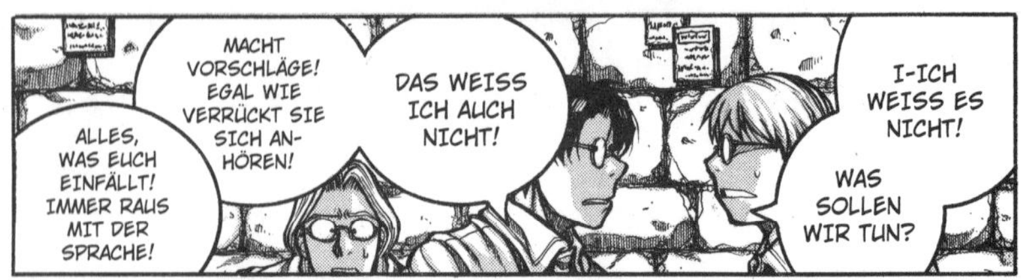
I-ICH WEISS ES NICHT!
WAS SOLLEN WIR TUN?
DAS WEISS ICH AUCH NICHT!
MACHT VORSCHLÄGE! EGAL WIE VERRÜCKT SIE SICH AN-HÖREN!
ALLES, WAS EUCH EINFÄLLT! IMMER RAUS MIT DER SPRACHE!

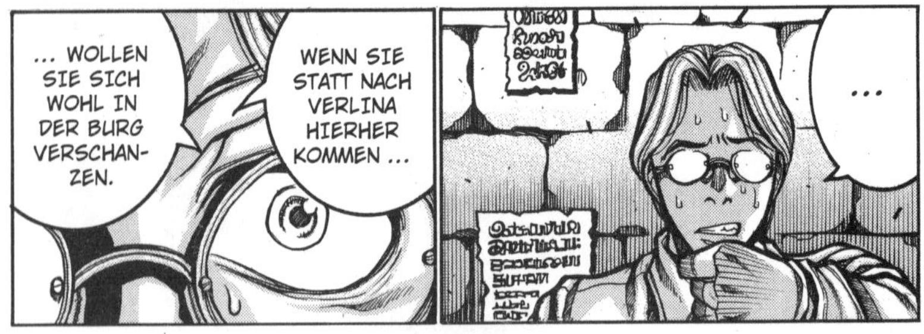
…
WENN SIE STATT NACH VERLINA HIERHER KOMMEN …
… WOLLEN SIE SICH WOHL IN DER BURG VERSCHAN-ZEN.

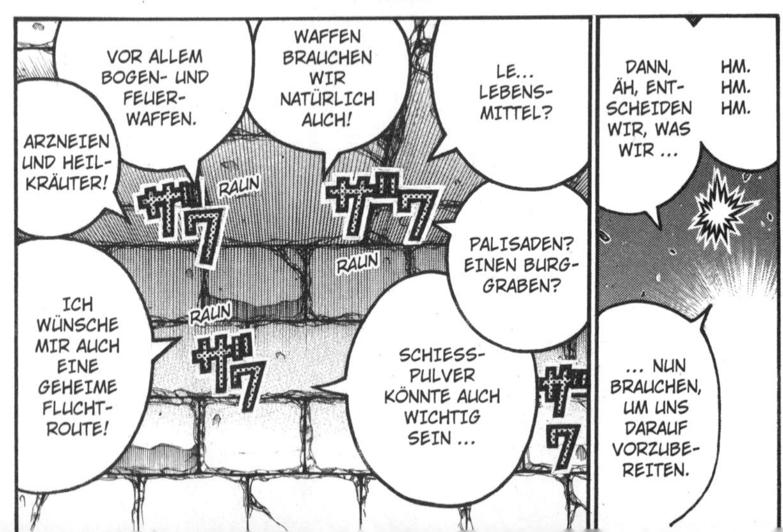
HM. HM. HM.
DANN, ÄH, ENT-SCHEIDEN WIR, WAS WIR …
… NUN BRAUCHEN, UM UNS DARAUF VORZUBE-REITEN.
LE… LEBENS-MITTEL?
WAFFEN BRAUCHEN WIR NATÜRLICH AUCH!
VOR ALLEM BOGEN- UND FEUER-WAFFEN.
ARZNEIEN UND HEIL-KRÄUTER!
RAUN
RAUN
PALISADEN? EINEN BURG-GRABEN?
RAUN
SCHIESS-PULVER KÖNNTE AUCH WICHTIG SEIN …
ICH WÜNSCHE MIR AUCH EINE GEHEIME FLUCHT-ROUTE!

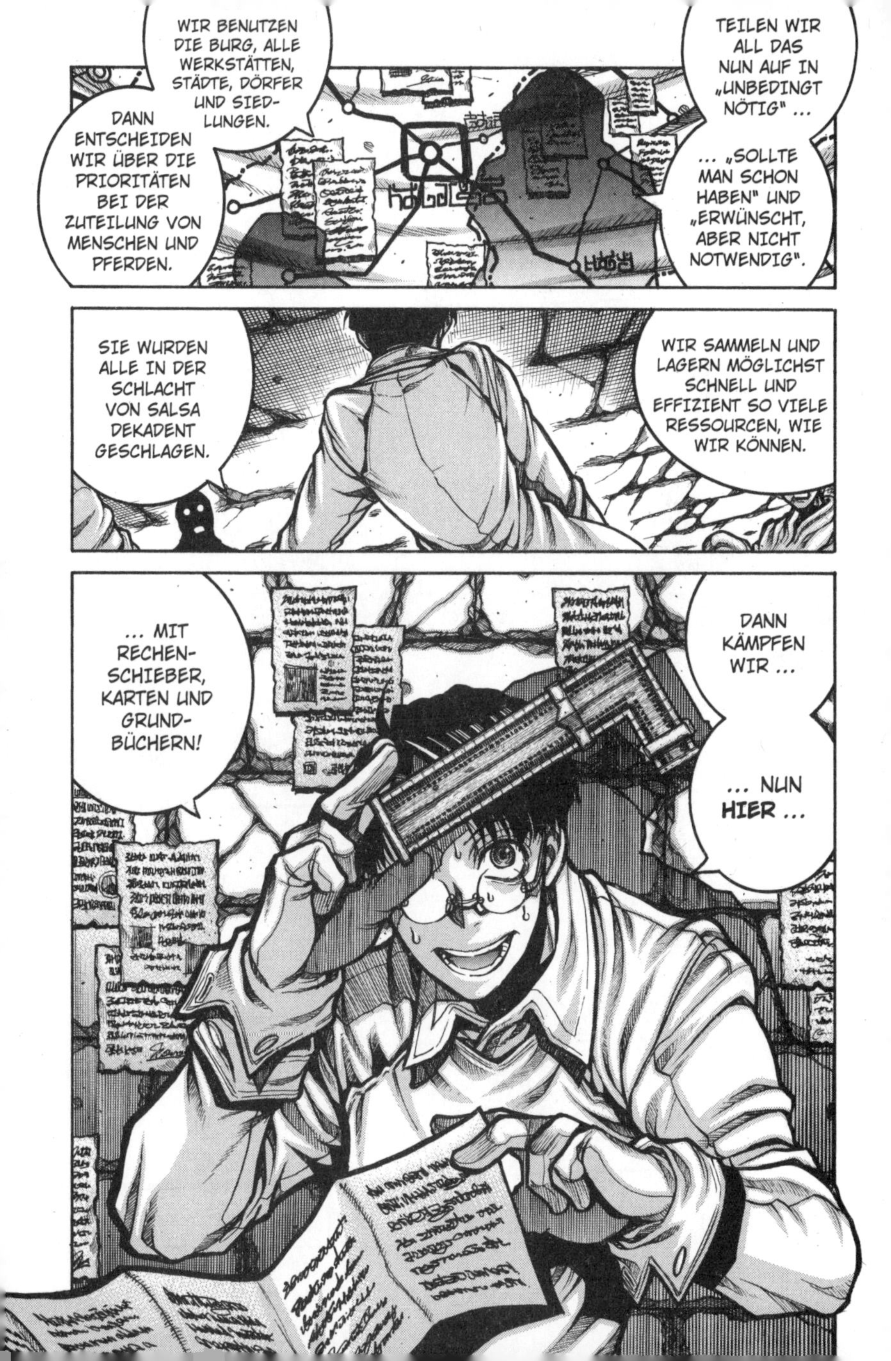

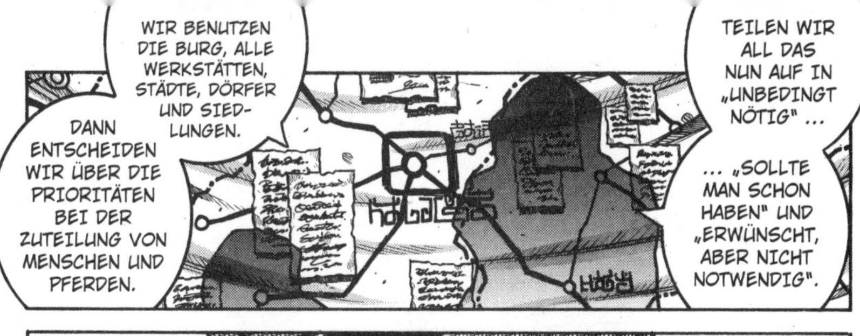

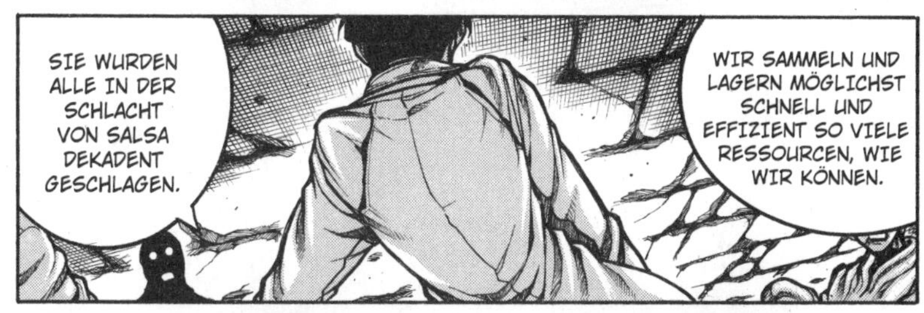

DANN KÄMPFEN WIR ...

... NUN **HIER** ...

... MIT RECHEN-SCHIEBER, KARTEN UND GRUND-BÜCHERN!

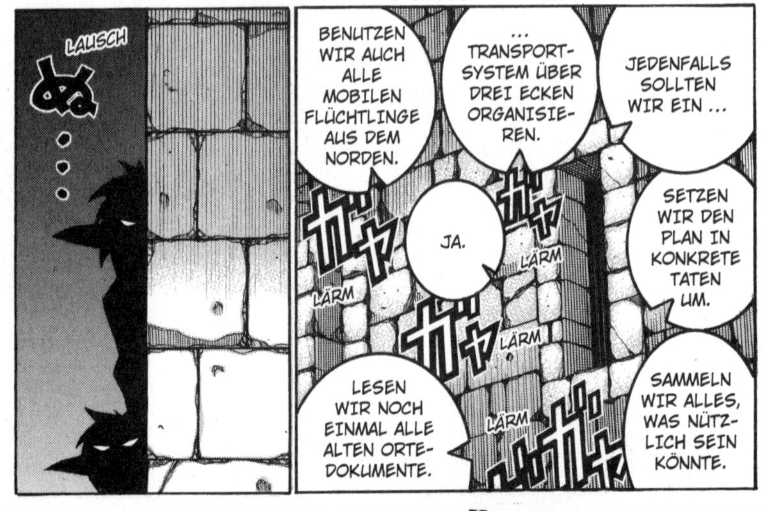
JEDENFALLS SOLLTEN WIR EIN …
… TRANSPORT-SYSTEM ÜBER DREI ECKEN ORGANISIE-REN.
BENUTZEN WIR AUCH ALLE MOBILEN FLÜCHTLINGE AUS DEM NORDEN.
SETZEN WIR DEN PLAN IN KONKRETE TATEN UM.
JA.
LÄRM
LÄRM
LÄRM
LÄRM
SAMMELN WIR ALLES, WAS NÜTZ-LICH SEIN KÖNNTE.
LESEN WIR NOCH EINMAL ALLE ALTEN ORTE-DOKUMENTE.
LAUSCH

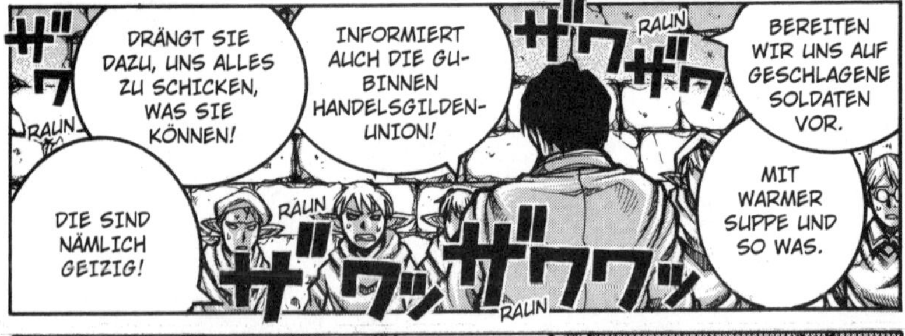
BEREITEN WIR UNS AUF GESCHLAGENE SOLDATEN VOR.
MIT WARMER SUPPE UND SO WAS.
RAUN
INFORMIERT AUCH DIE GU-BINNEN HANDELSGILDEN-UNION!
DRÄNGT SIE DAZU, UNS ALLES ZU SCHICKEN, WAS SIE KÖNNEN!
RAUN
RAUN
RAUN
DIE SIND NÄMLICH GEIZIG!

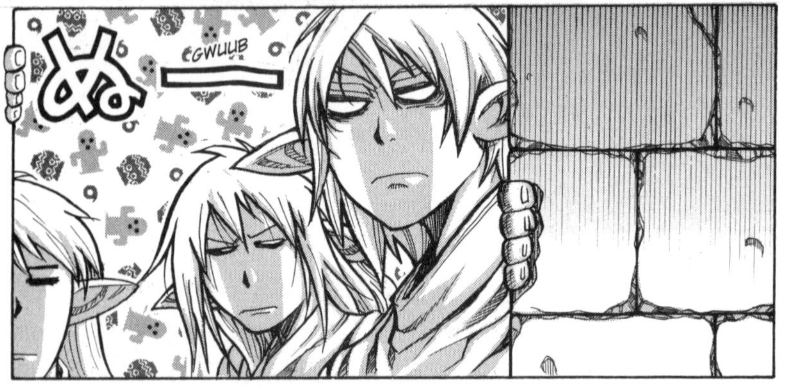
GWUUB

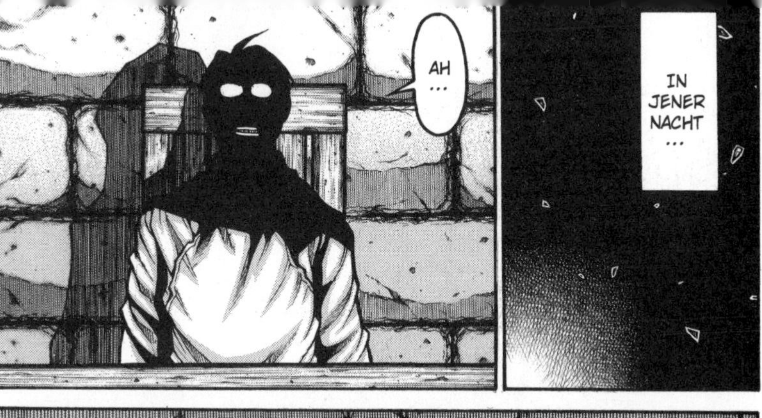
IN JENER NACHT ...
AH ...

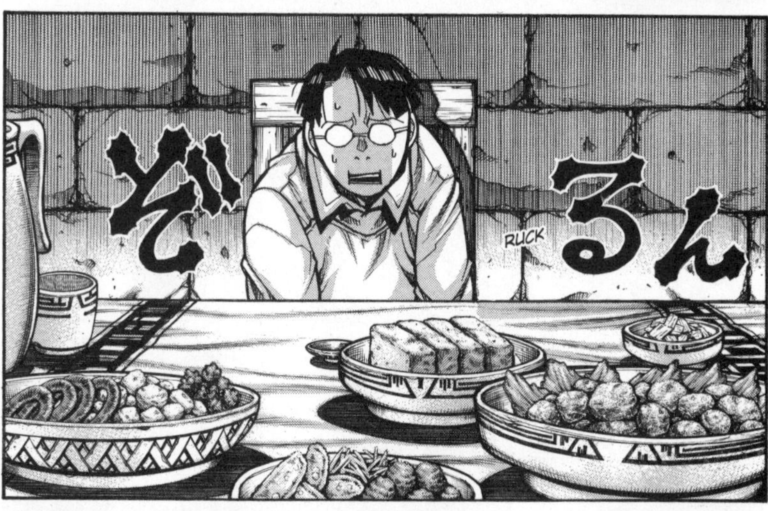
ぞるん
RUCK

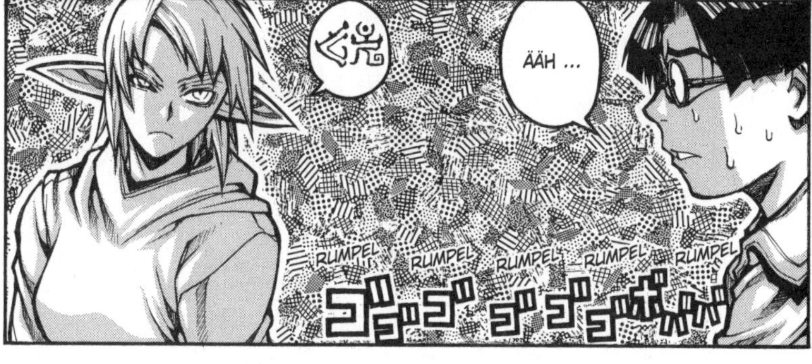
ÄÄH ...
RUMPEL RUMPEL RUMPEL RUMPEL RUMPEL

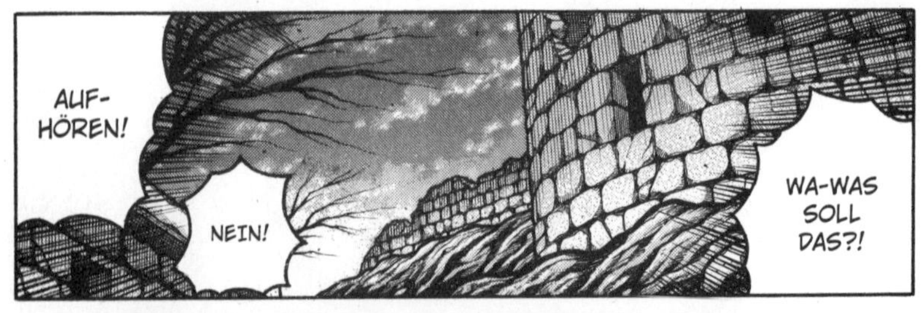
WA-WAS SOLL DAS?!
NEIN!
AUF-HÖREN!

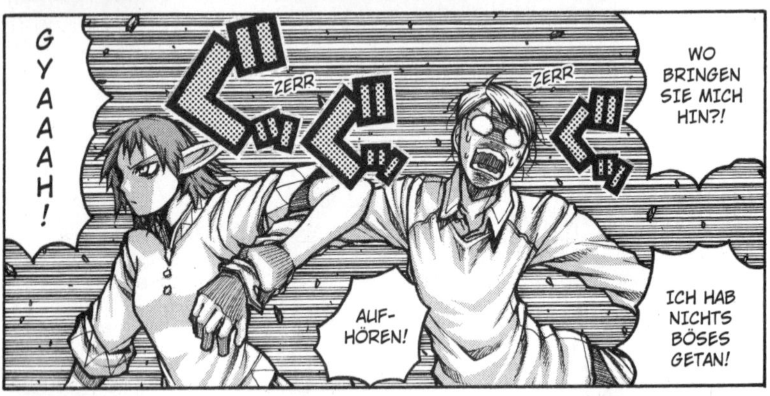
WO BRINGEN SIE MICH HIN?!
ZERR
ZERR
ICH HAB NICHTS BÖSES GETAN!
AUF-HÖREN!
GYAAAAH!

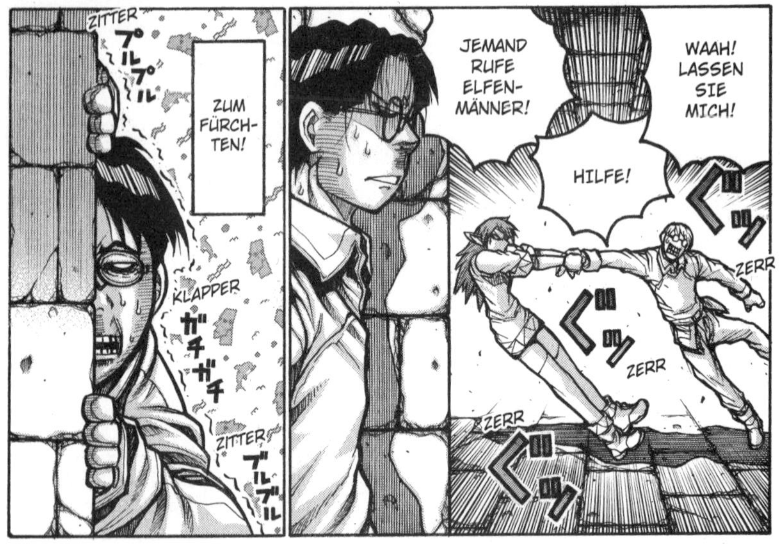
WAAH! LASSEN SIE MICH!
JEMAND RUFE ELFEN-MÄNNER!
HILFE!
ZERR
ZERR
ZERR
ZUM FÜRCHTEN!
ZITTER
KLAPPER
ZITTER

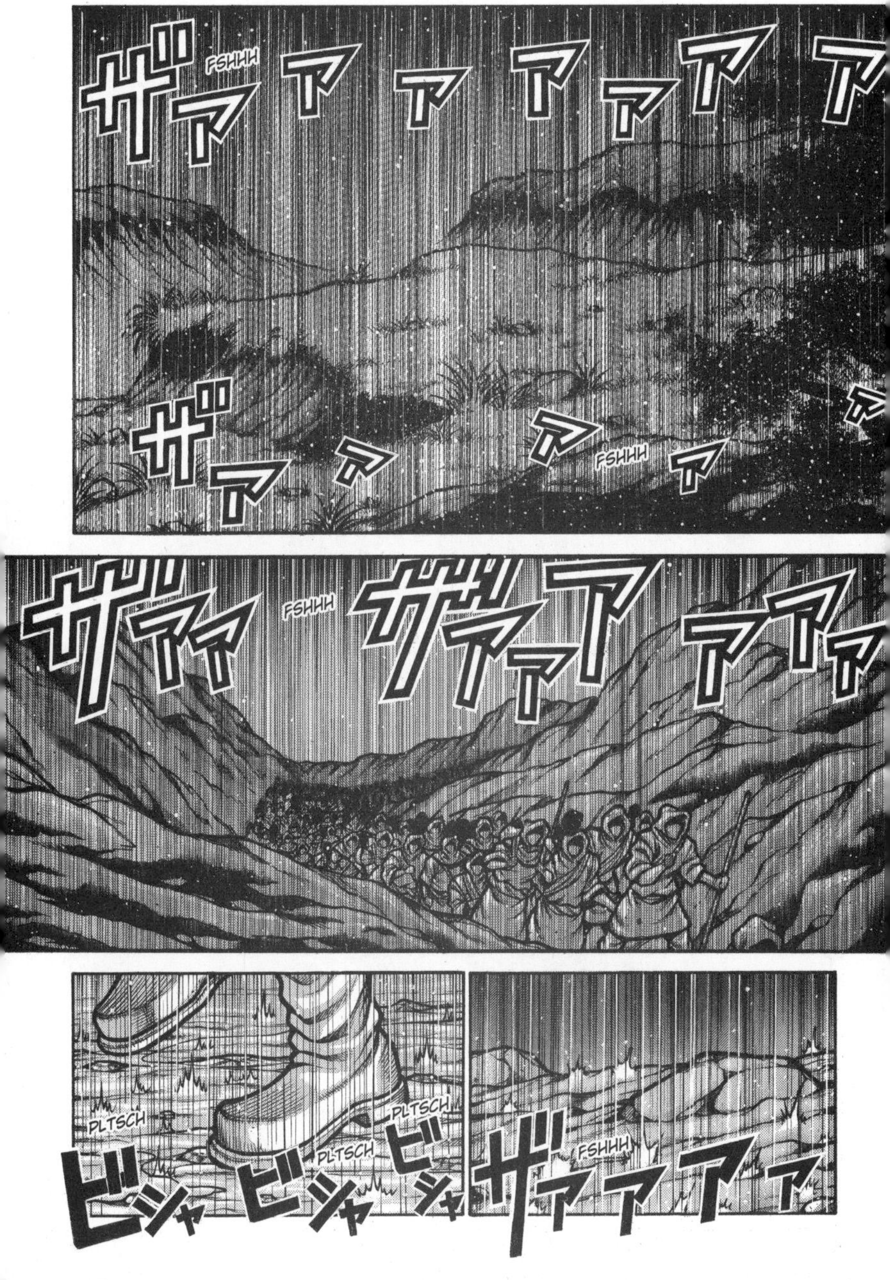

FSHHH
FSHHH

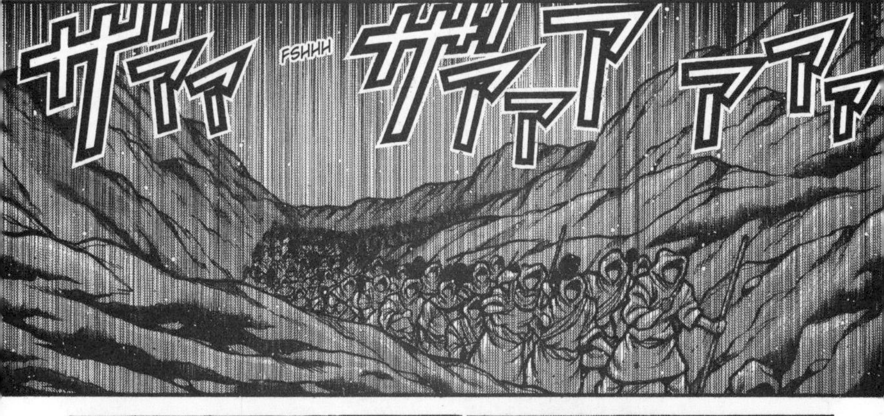
FSHHH

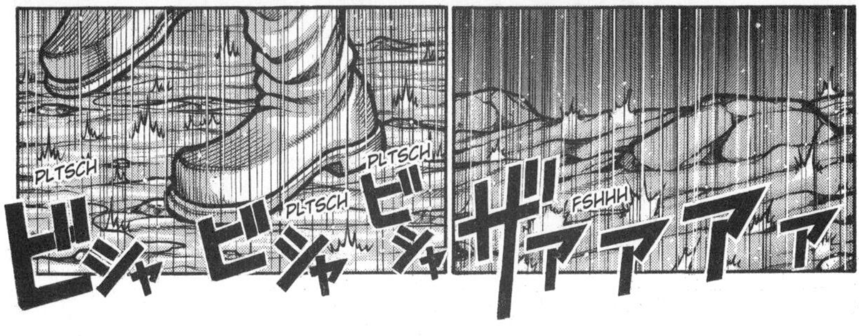
FSHHH
PLTSCH
PLTSCH
PLTSCH

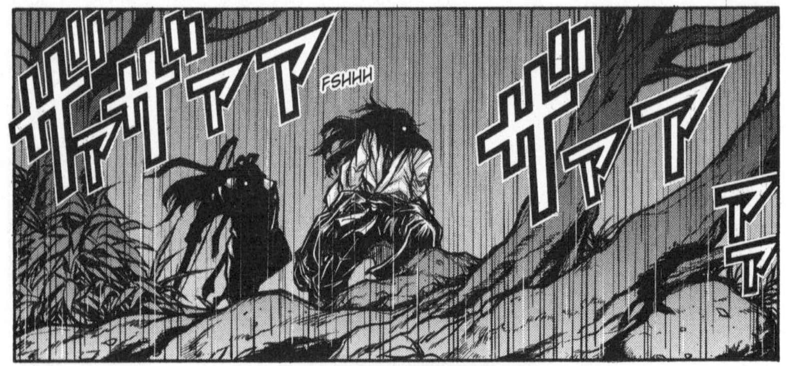
FSHHH

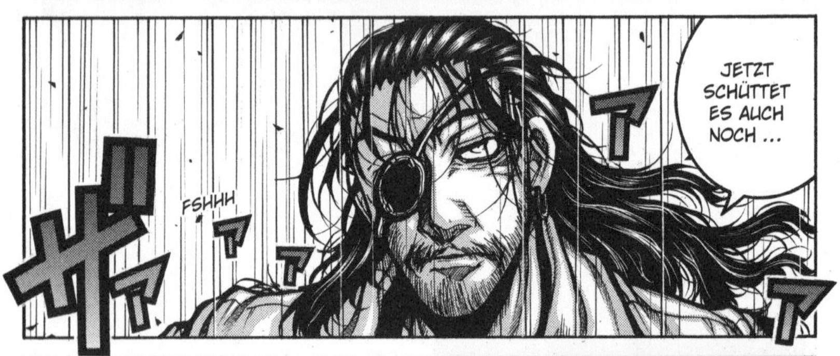
JETZT SCHÜTTET ES AUCH NOCH …
FSHHH

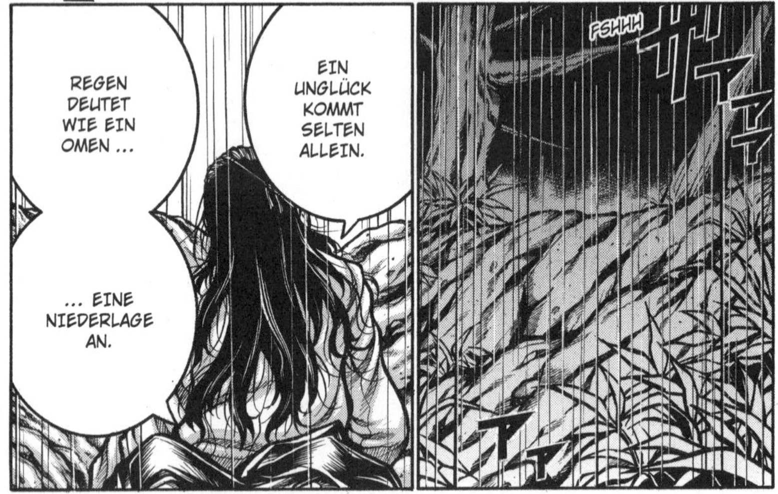
FSHHH
EIN UNGLÜCK KOMMT SELTEN ALLEIN.
REGEN DEUTET WIE EIN OMEN …
… EINE NIEDERLAGE AN.

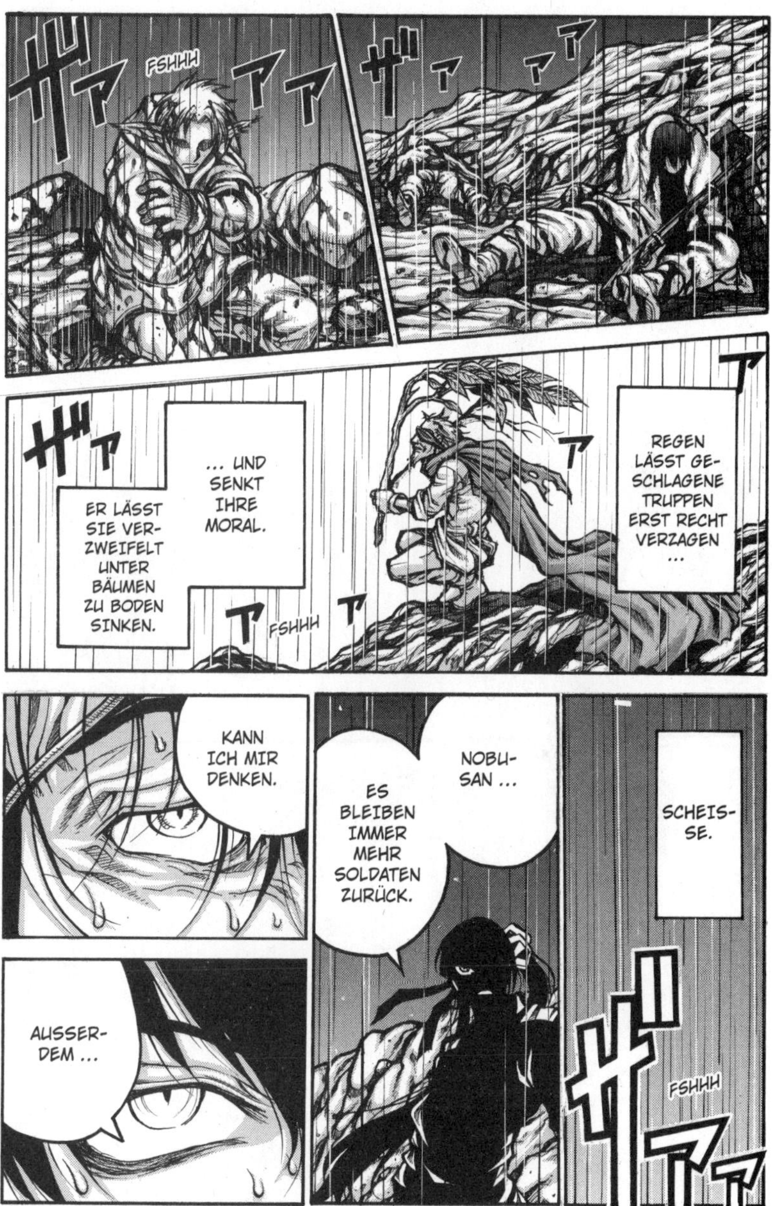
FSHHH
REGEN LÄSST GESCHLAGENE TRUPPEN ERST RECHT VERZAGEN …
… UND SENKT IHRE MORAL.
ER LÄSST SIE VERZWEIFELT UNTER BÄUMEN ZU BODEN SINKEN.
FSHHH
SCHEISSE.
NOBU-SAN …
ES BLEIBEN IMMER MEHR SOLDATEN ZURÜCK.
KANN ICH MIR DENKEN.
AUSSERDEM …
FSHHH

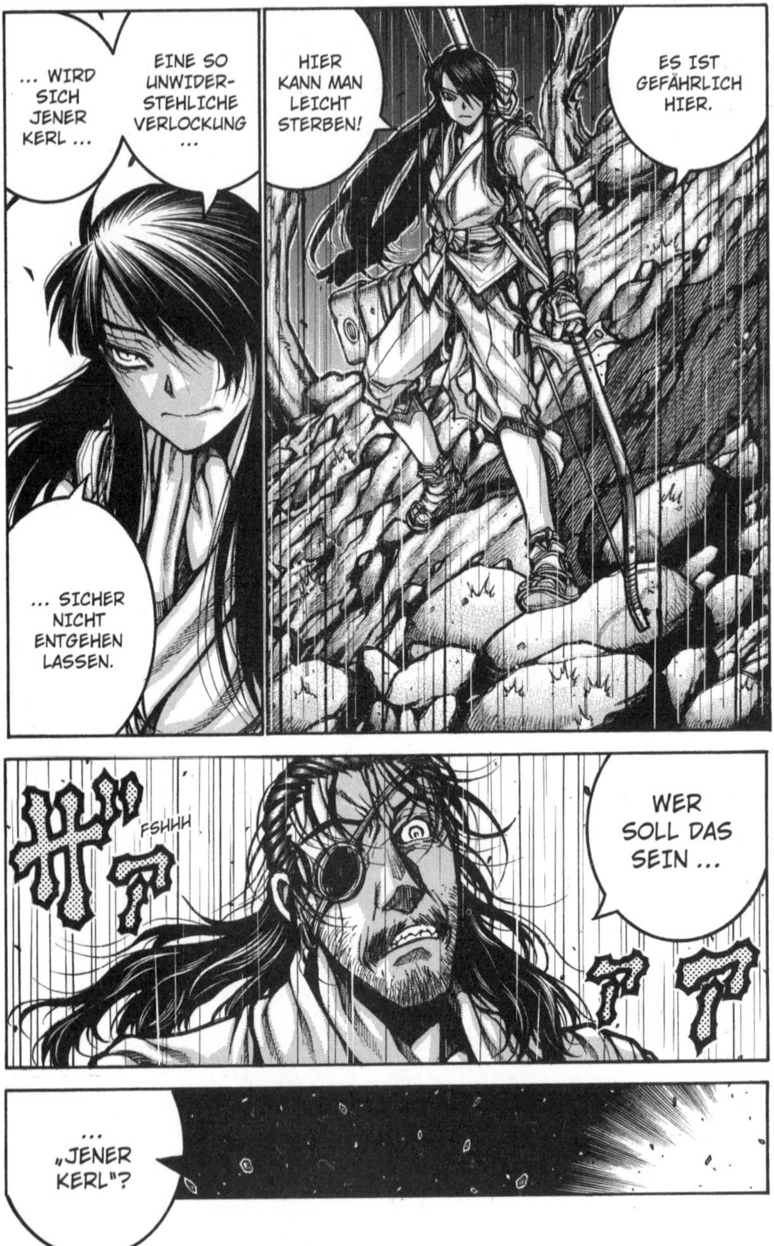

ES IST GEFÄHRLICH HIER.
HIER KANN MAN LEICHT STERBEN!
EINE SO UNWIDER-STEHLICHE VERLOCKUNG ...
... WIRD SICH JENER KERL ...
... SICHER NICHT ENTGEHEN LASSEN.

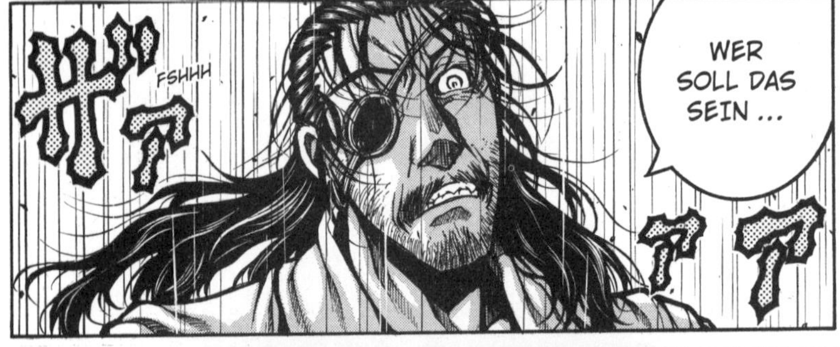

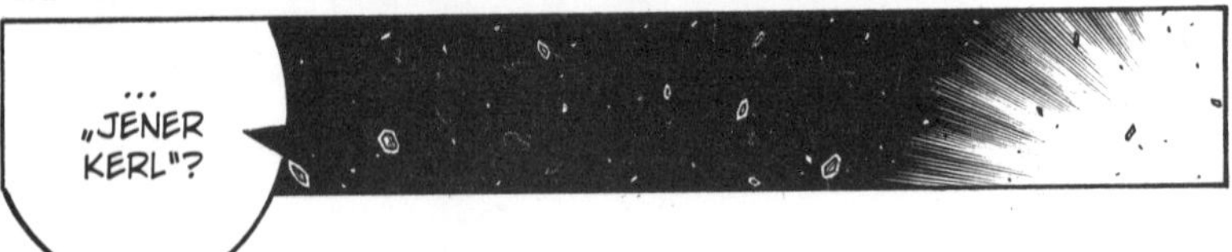

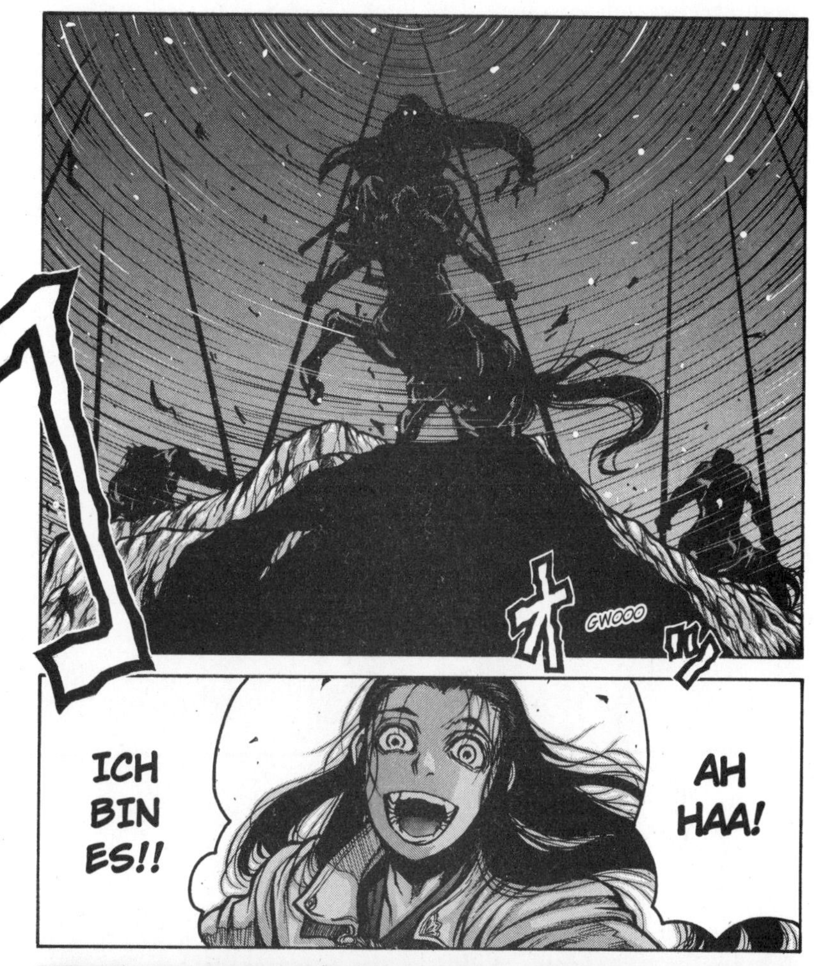

ENDE DES 76. KAPITELS

DRIFTERS

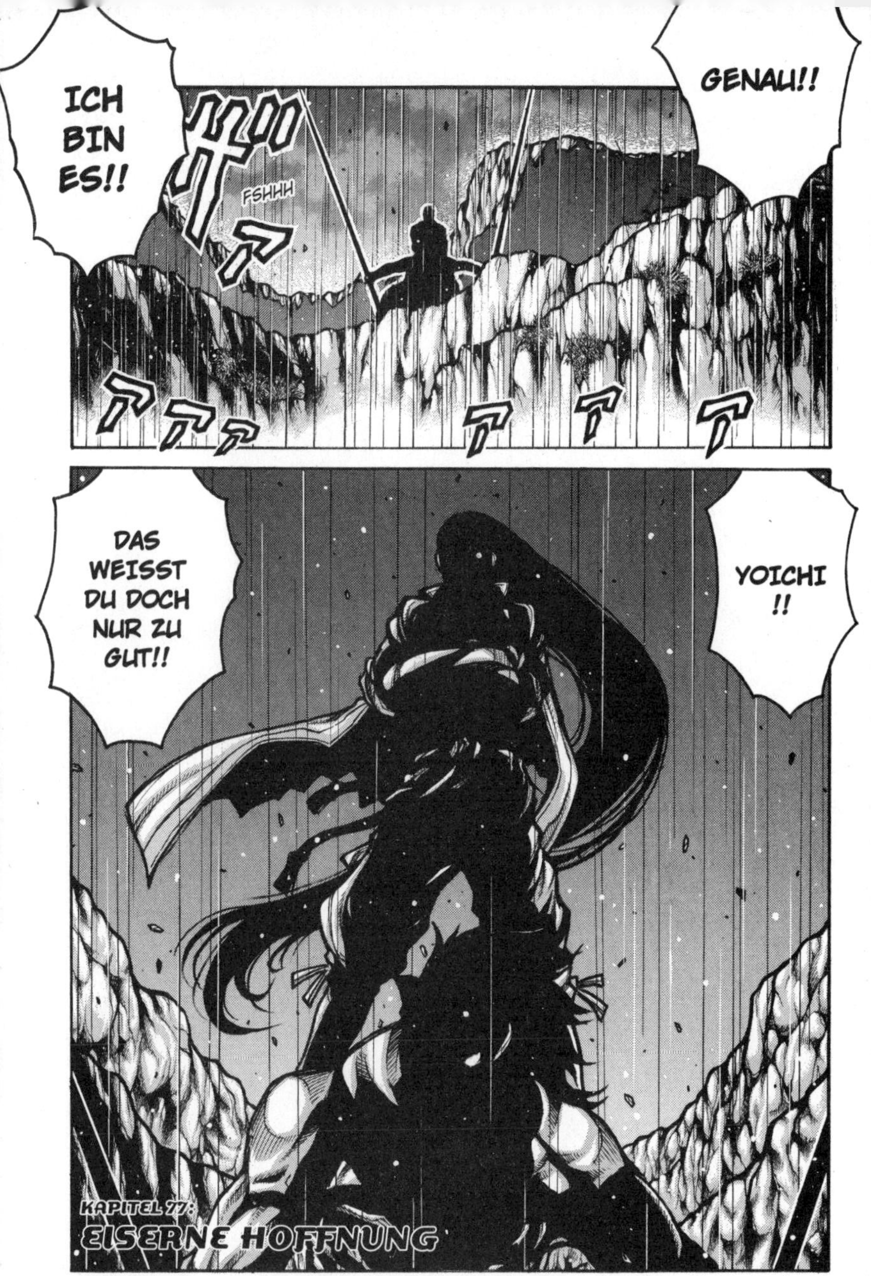

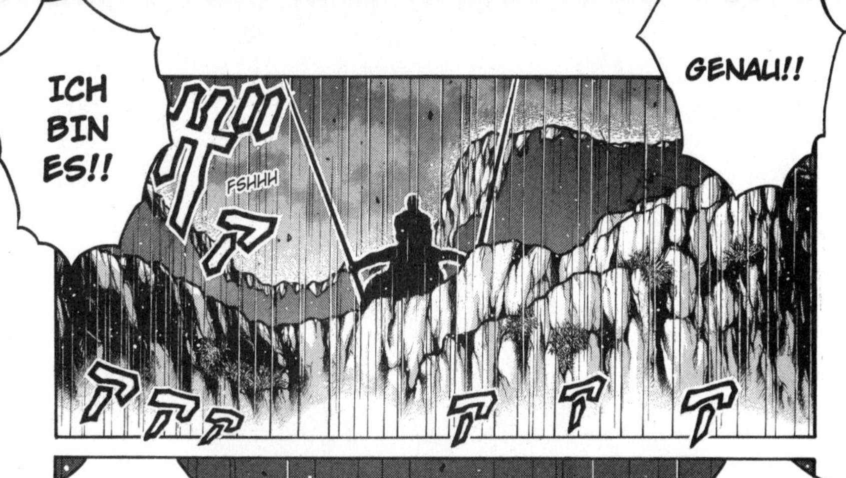

YOICHI !!

DAS WEISST DU DOCH NUR ZU GUT!!

KAPITEL 77: EISERNE HOFFNUNG

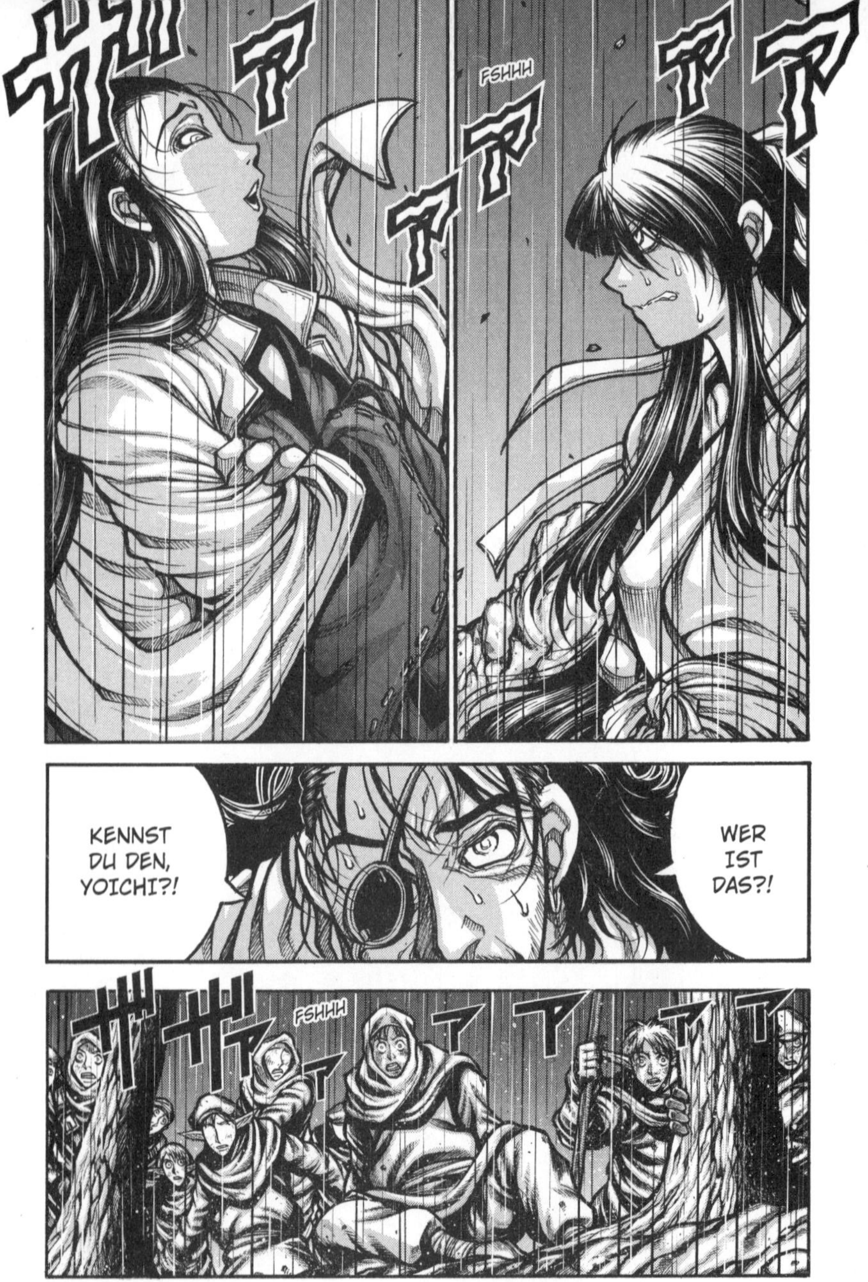

FSHHH

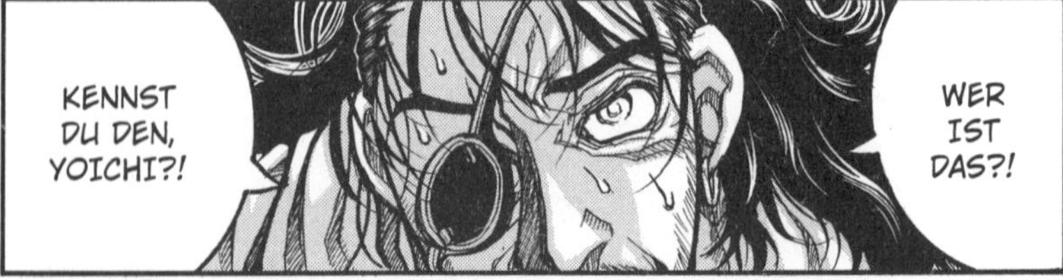
WER IST DAS?!
KENNST DU DEN, YOICHI?!

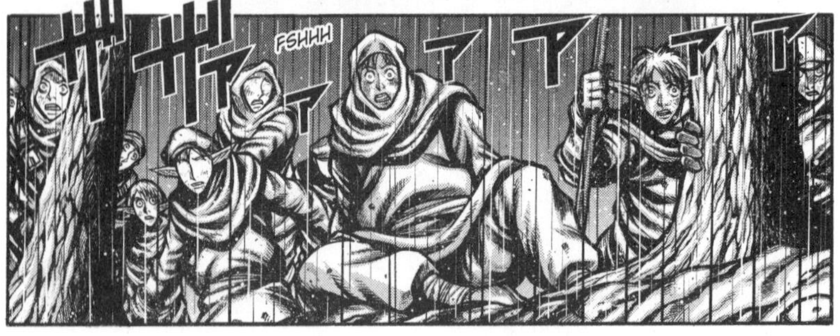
FSHHH

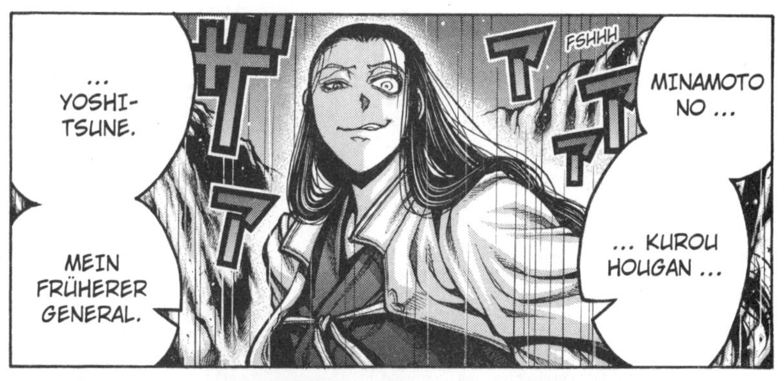

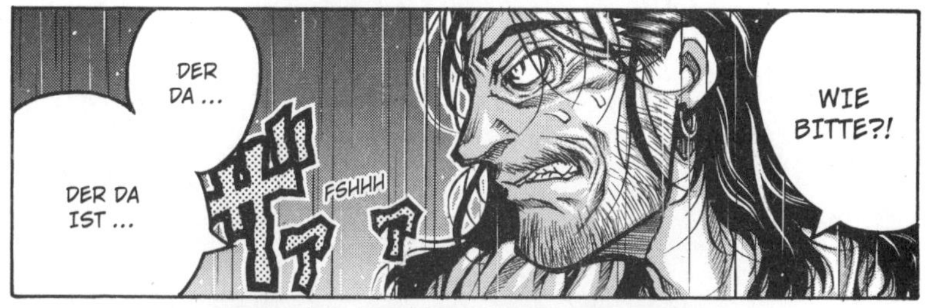

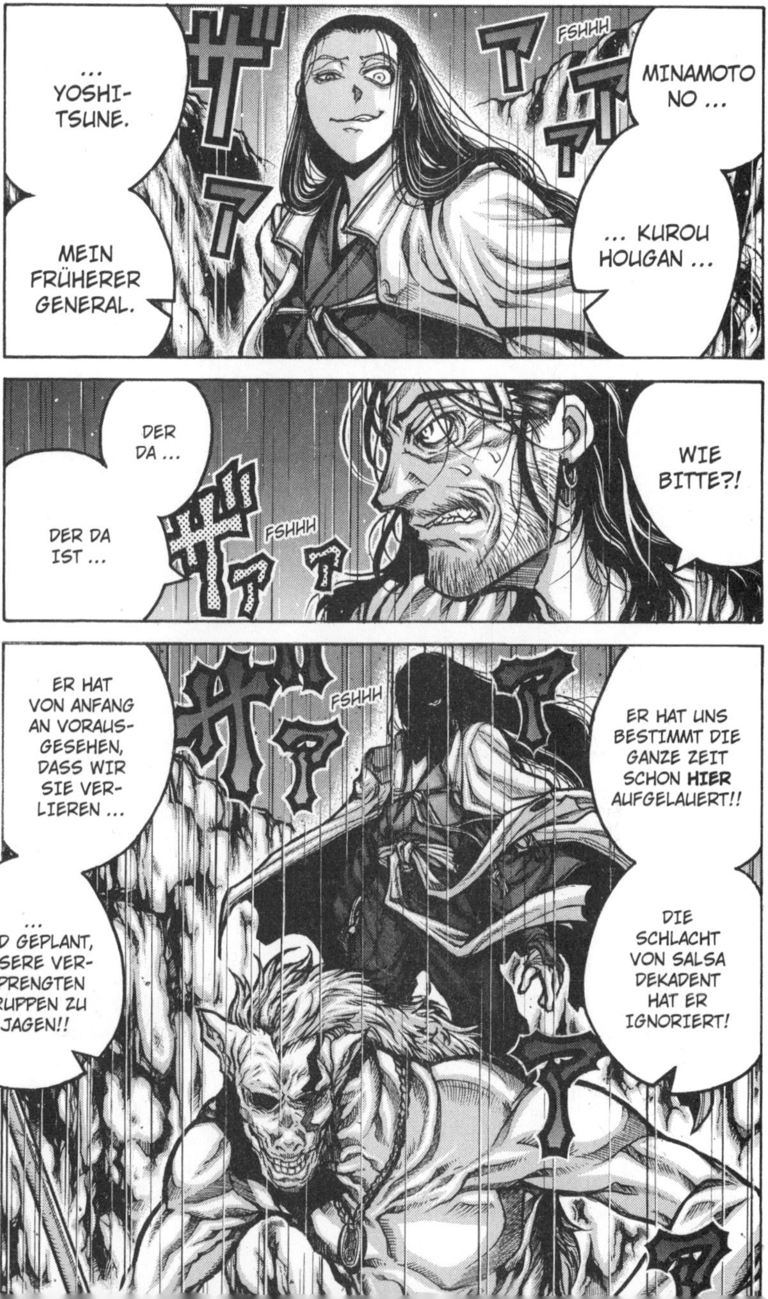

FSHHH

ER HAT UNS BESTIMMT DIE GANZE ZEIT SCHON **HIER** AUFGELAUERT!!

DIE SCHLACHT VON SALSA DEKADENT HAT ER IGNORIERT!

ER HAT VON ANFANG AN VORAUS-GESEHEN, DASS WIR SIE VER-LIEREN ...

... UND GEPLANT, UNSERE VER-SPRENGTEN TRUPPEN ZU JAGEN!!

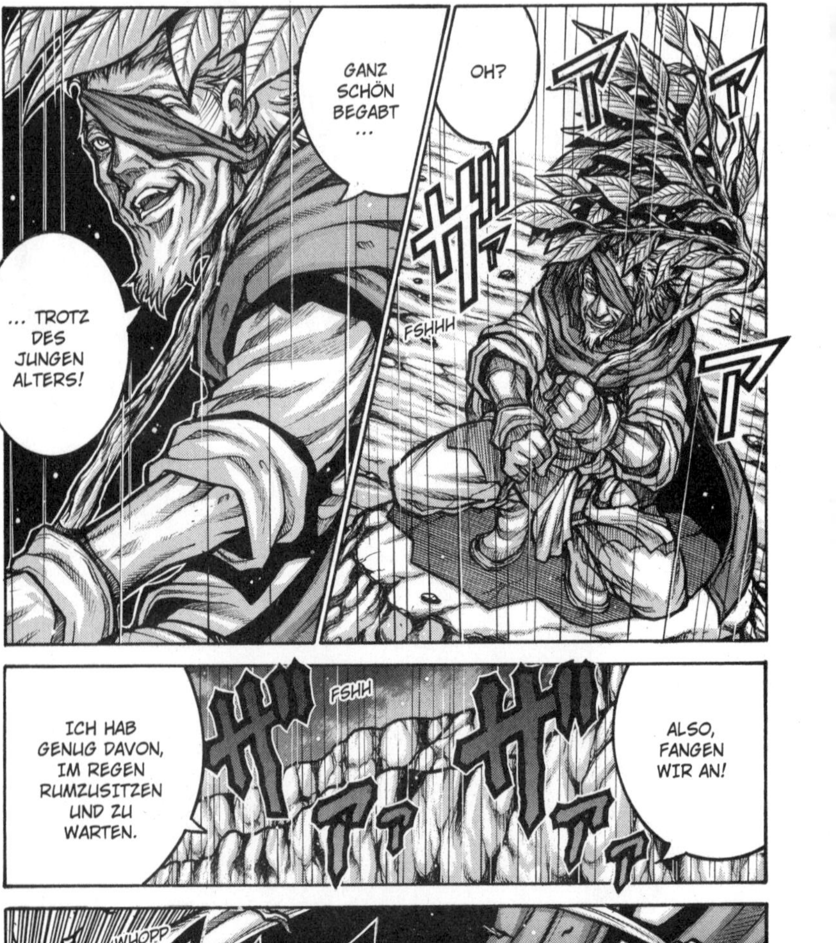

OH?

FSHHH

GANZ SCHÖN BEGABT ...

... TROTZ DES JUNGEN ALTERS!

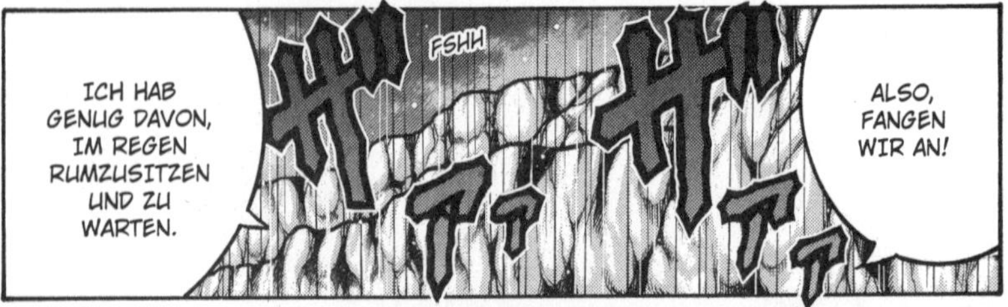

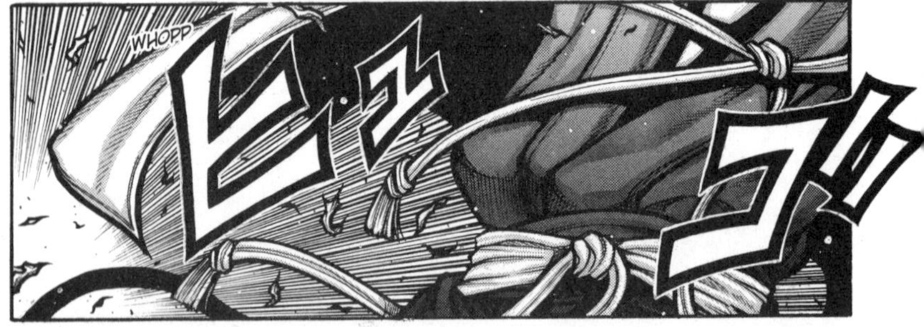

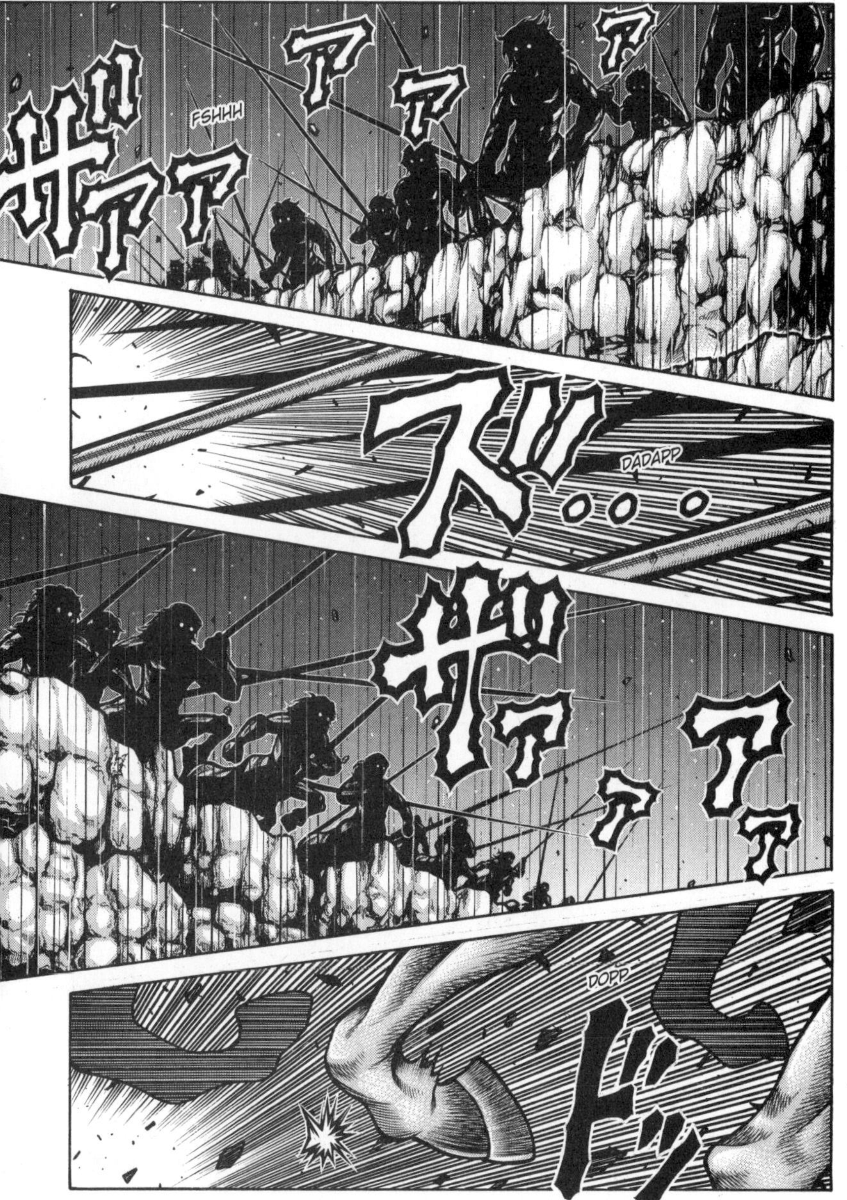
FSHHH
DADAPP
DOPP
ドッ

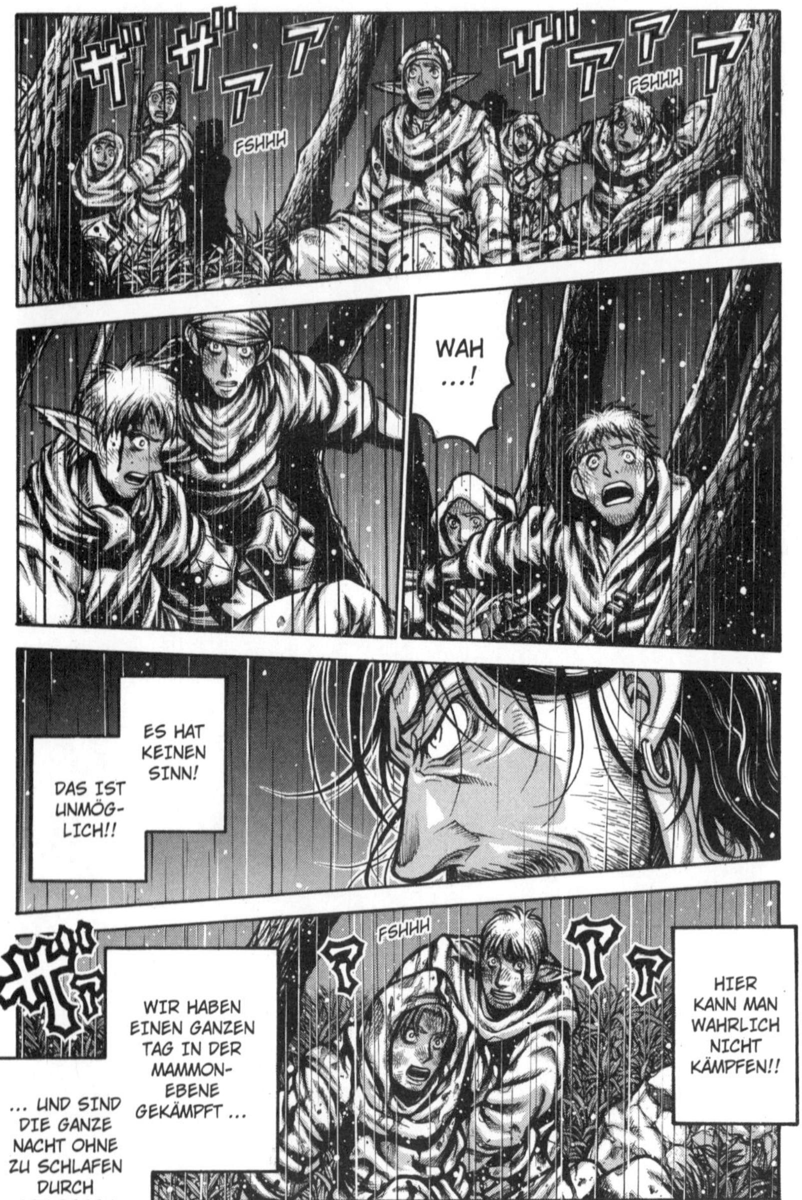
FSHHH
FSHHH
WAH ...!
ES HAT KEINEN SINN!
DAS IST UNMÖG-LICH!!
FSHHH
HIER KANN MAN WAHRLICH NICHT KÄMPFEN!!
WIR HABEN EINEN GANZEN TAG IN DER MAMMON-EBENE GEKÄMPFT ...
... UND SIND DIE GANZE NACHT OHNE ZU SCHLAFEN DURCH DEN REGEN GEFLOHEN!

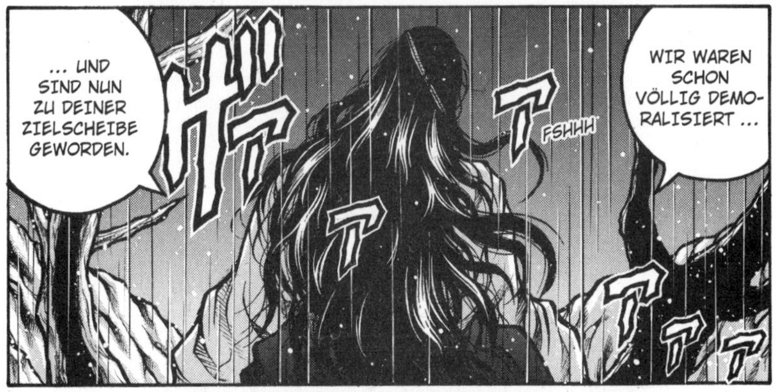
WIR WAREN SCHON VÖLLIG DEMORALISIERT ...
FSHHH
... UND SIND NUN ZU DEINER ZIELSCHEIBE GEWORDEN.

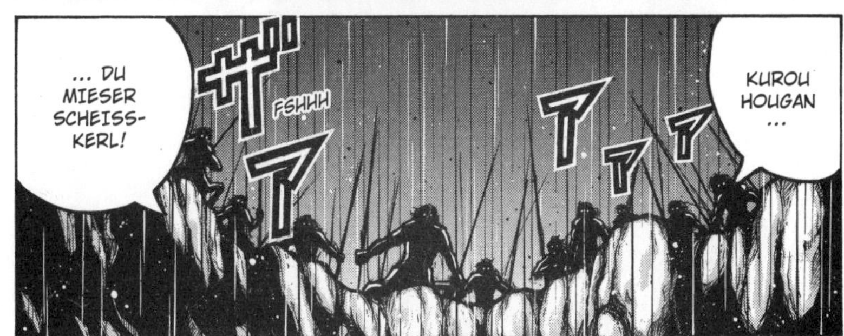
KUROU HOUGAN ...
FSHHH
... DU MIESER SCHEISSKERL!

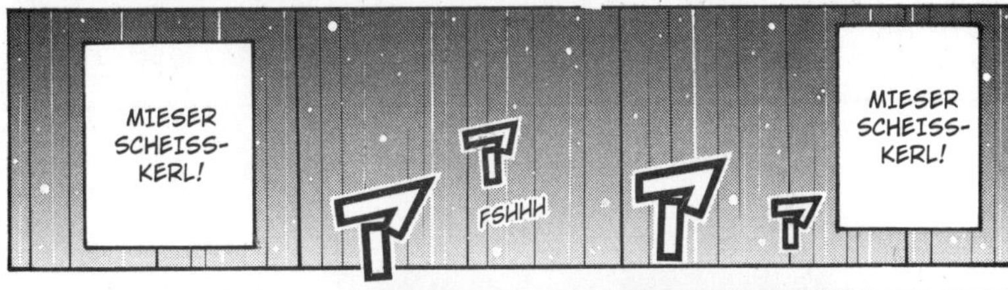
MIESER SCHEISSKERL!
FSHHH
MIESER SCHEISSKERL!

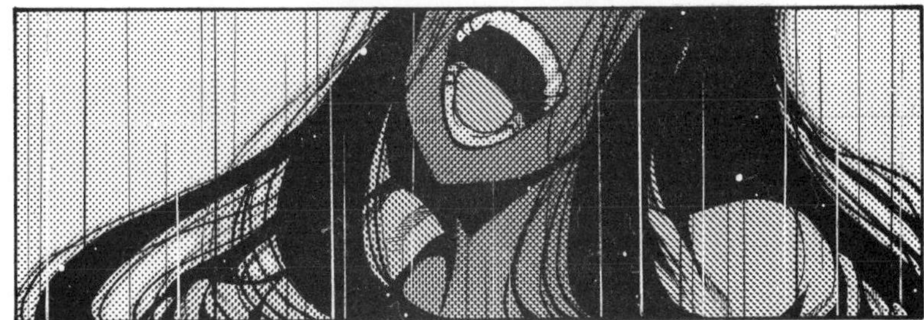

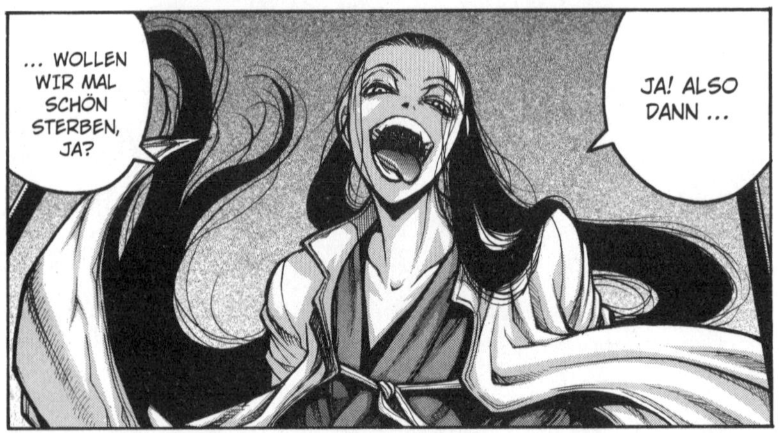

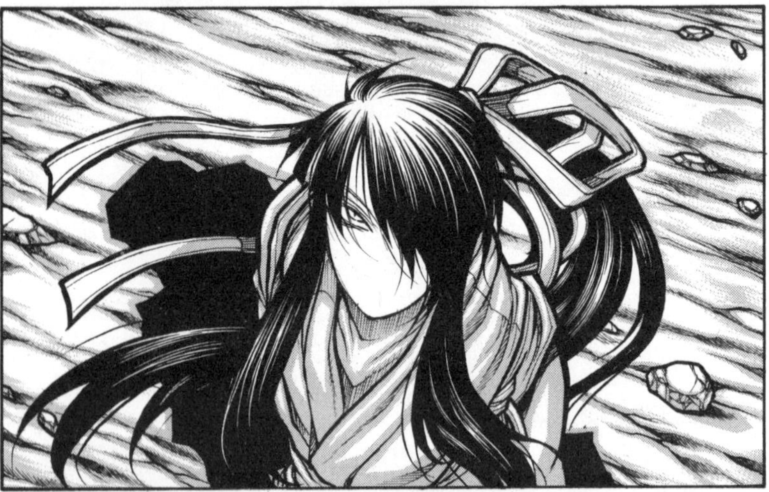

ENDE DES 77. KAPITELS

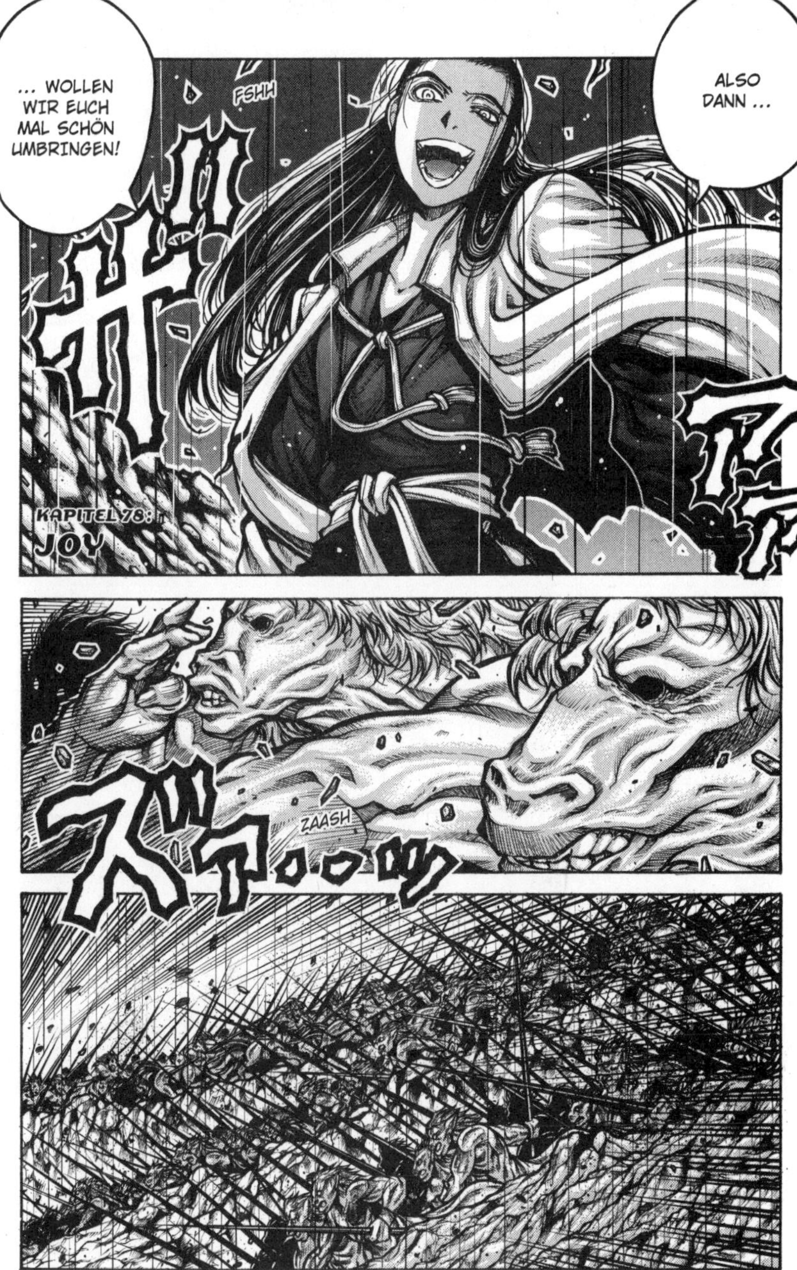
ALSO DANN ...
... WOLLEN WIR EUCH MAL SCHÖN UMBRINGEN!
FSHH
KAPITEL 78: JOY
ZAASH

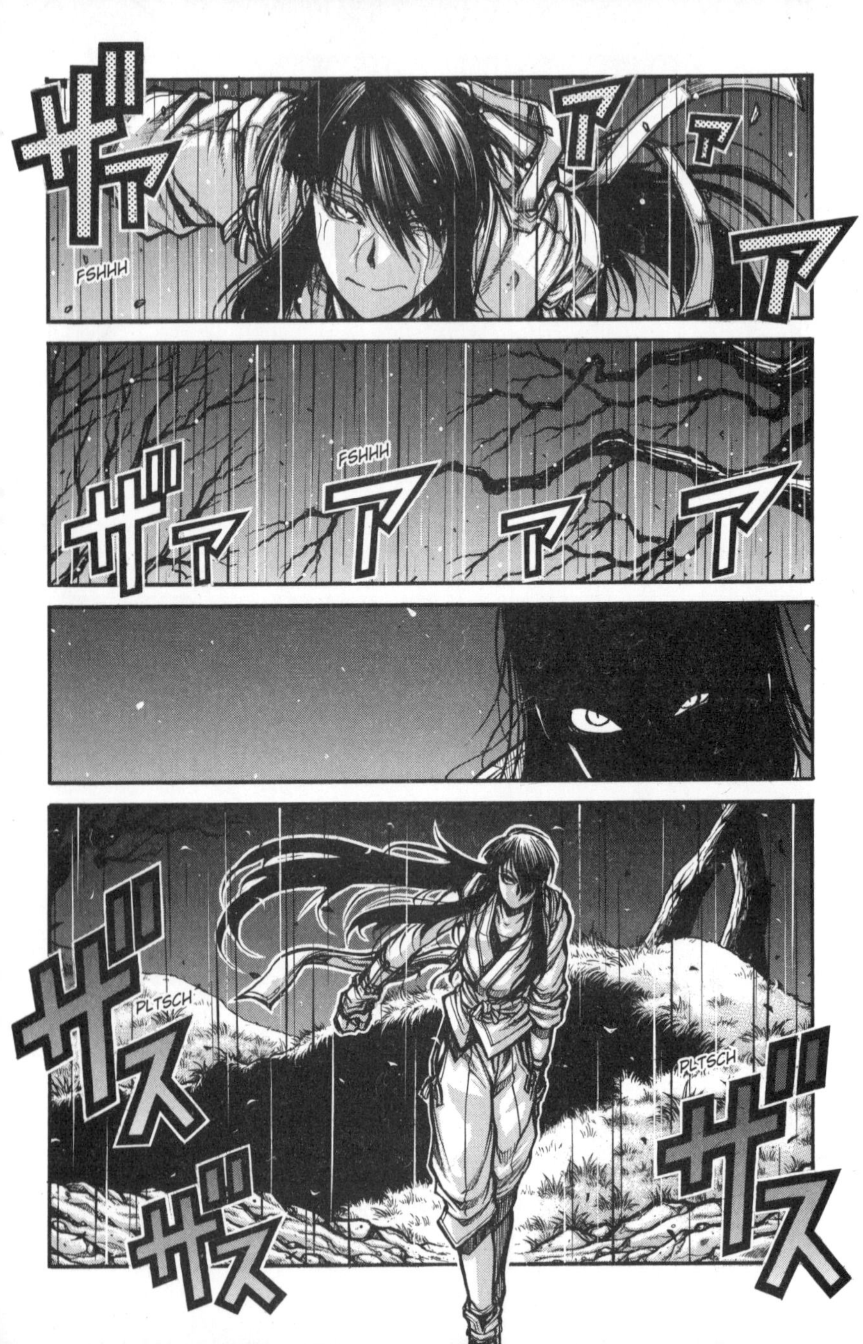
ザァァァア
FSHHH
ザァアァア
FSHHH
ザズ
PLTSCH
ザズ
PLTSCH
ザズ

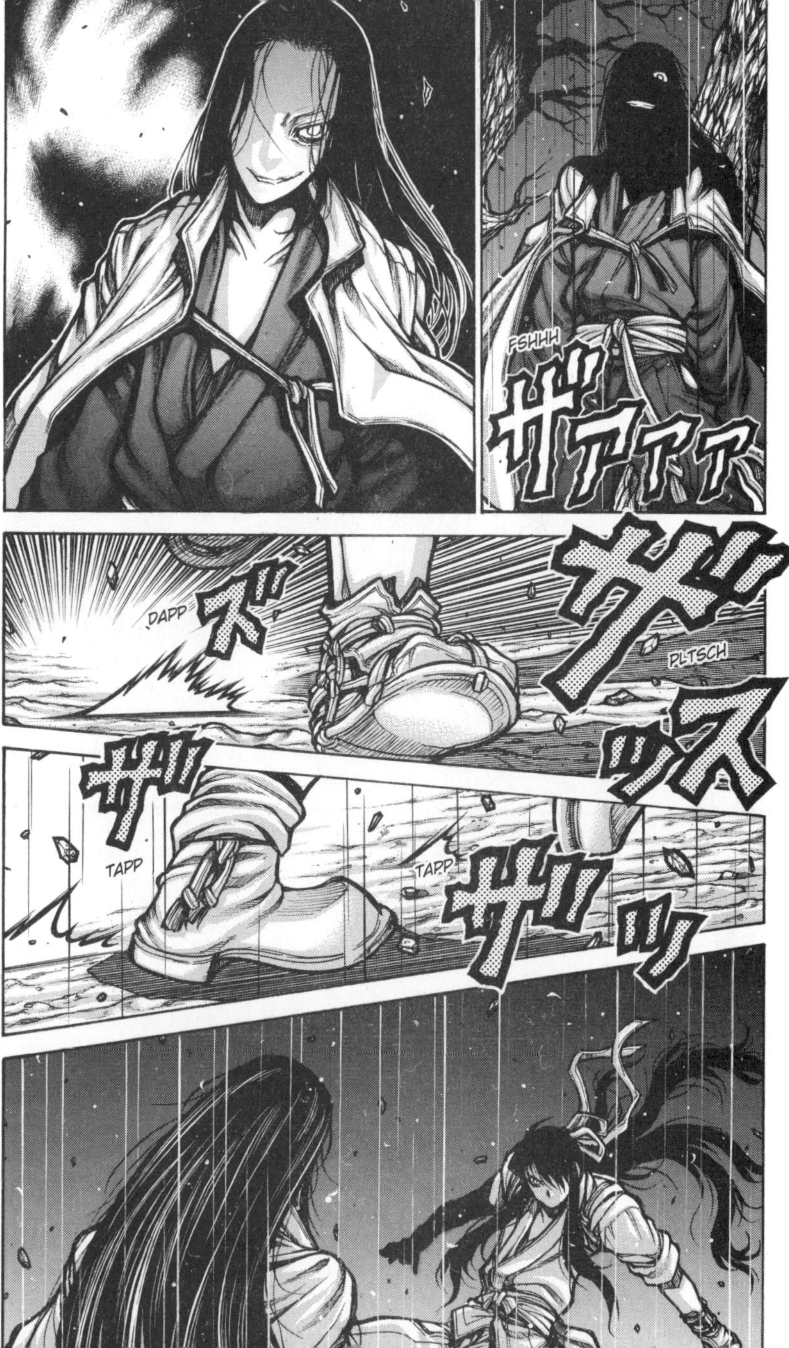
FSHHH
ザアァァ
ザッス
PLTSCH
ズ
DAPP
ザリ
TAPP
TAPP
ザリッ

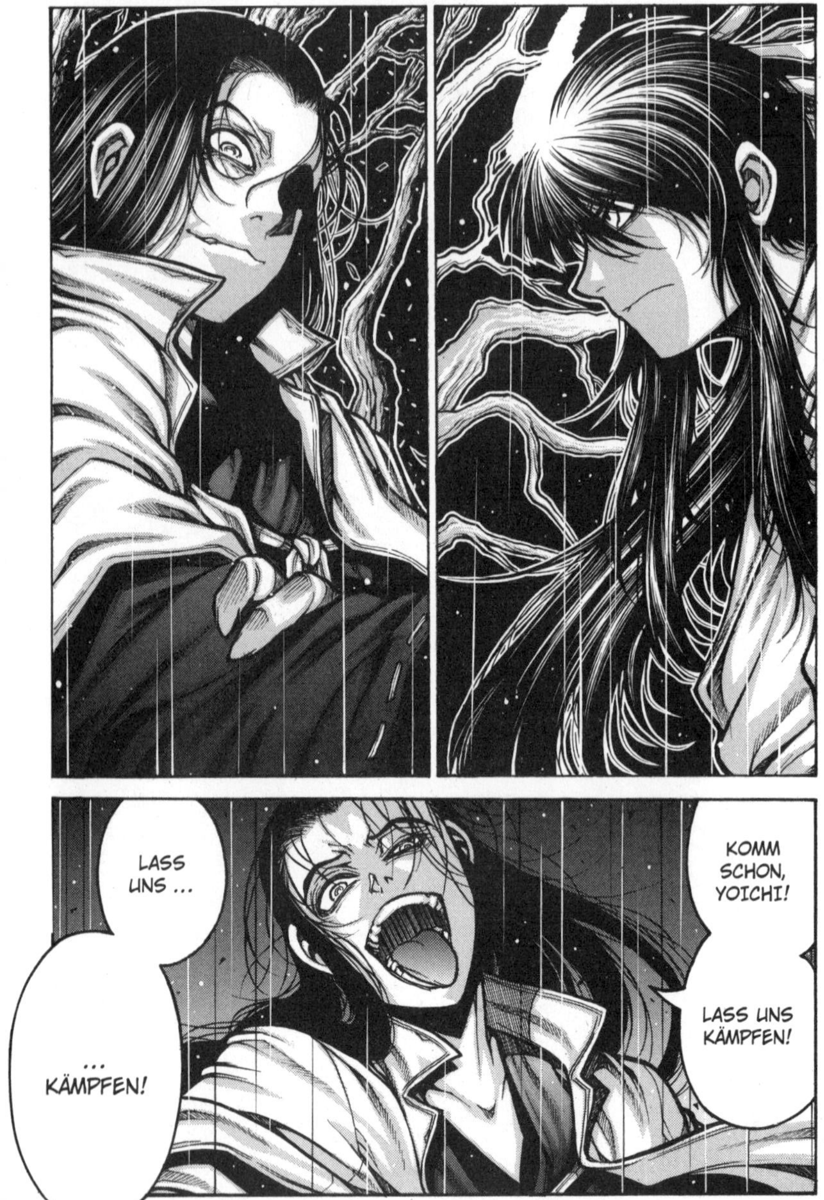

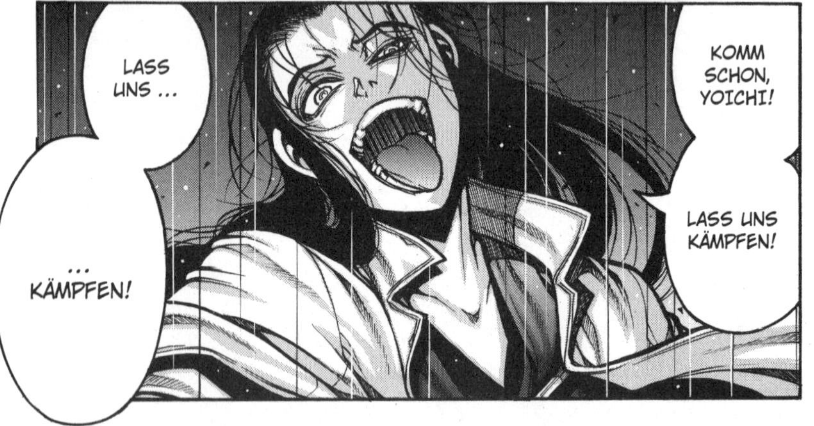
KOMM SCHON, YOICHI!
LASS UNS KÄMPFEN!
LASS UNS ...
... KÄMPFEN!

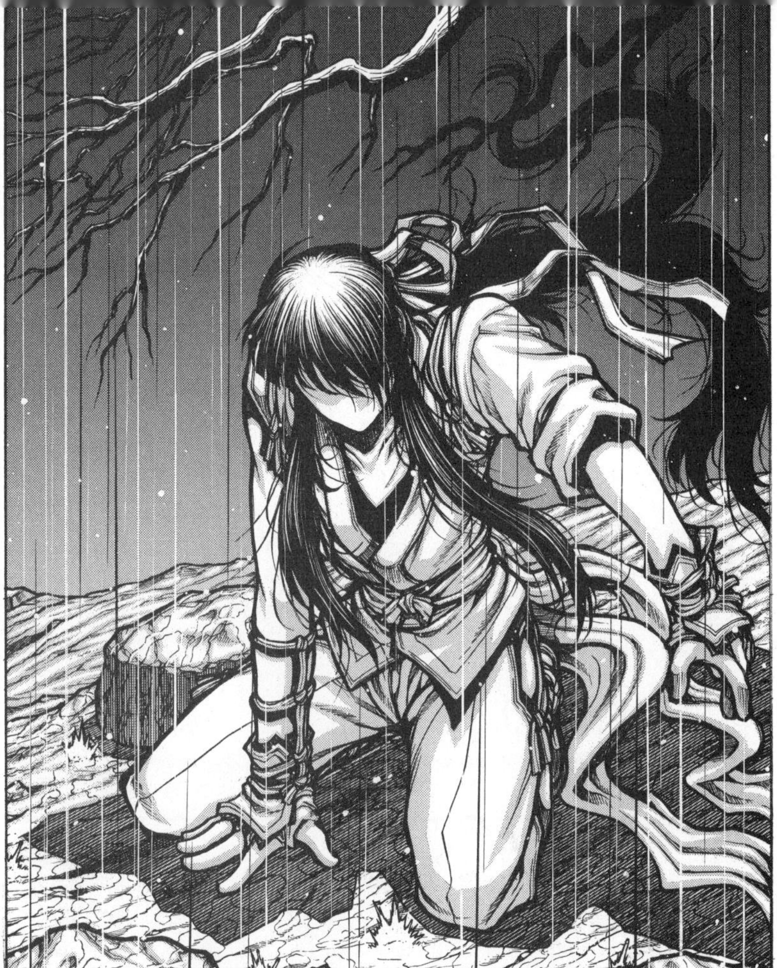

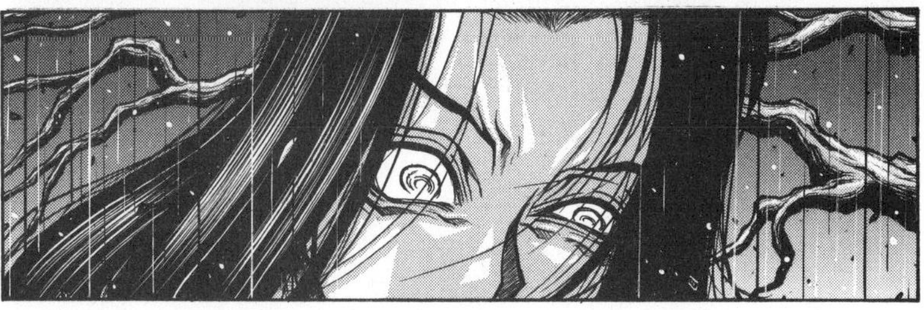

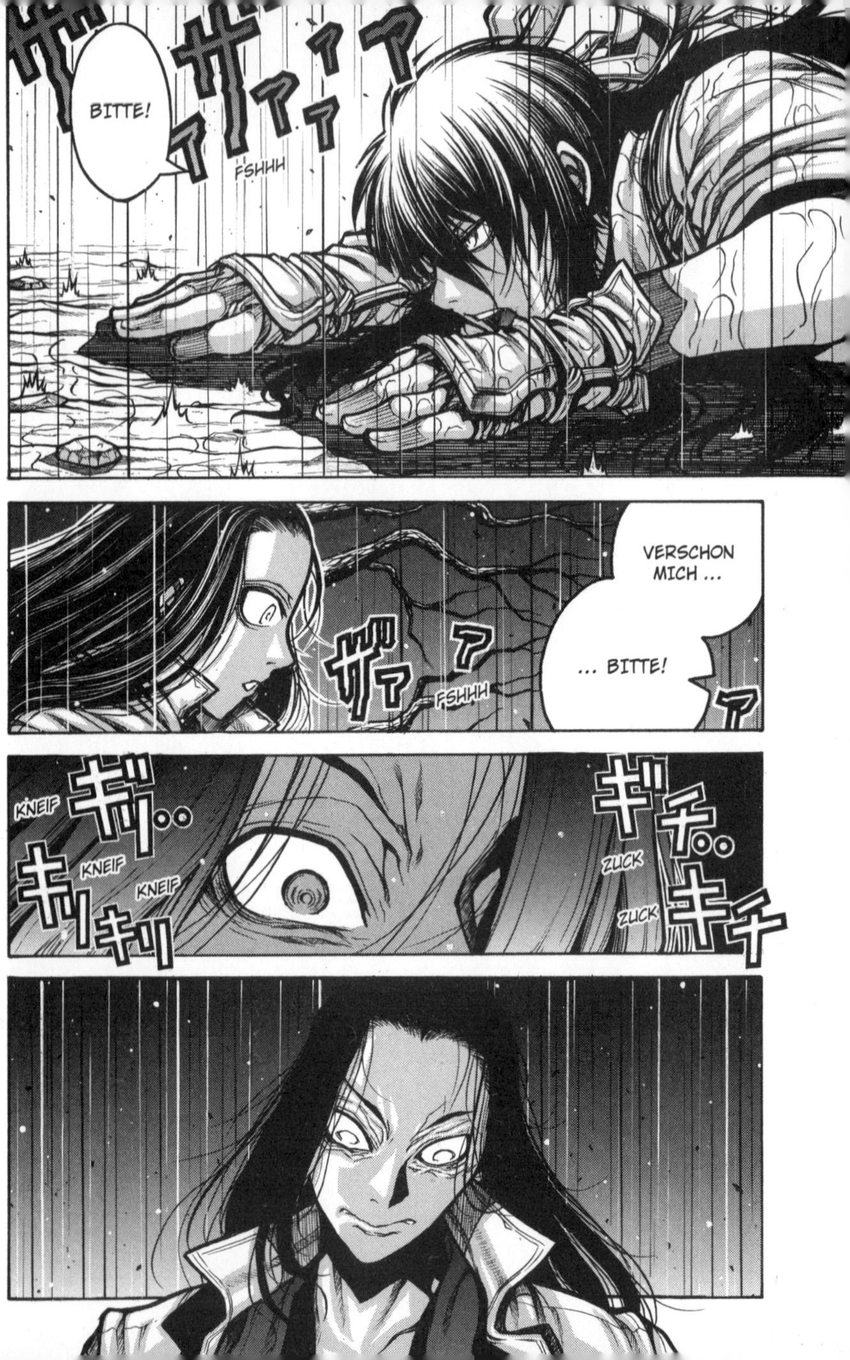

BITTE!

FSHHH

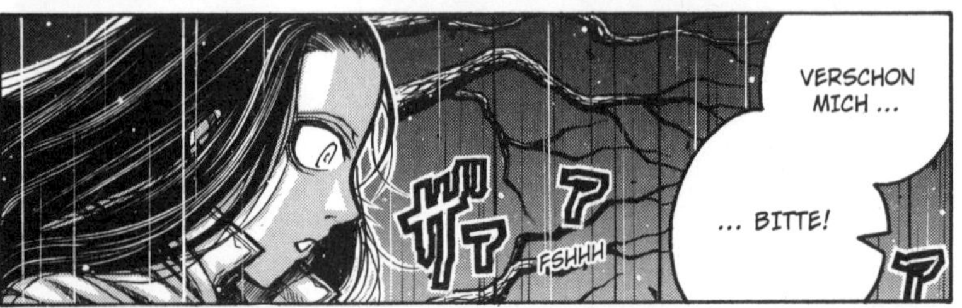

VERSCHON MICH …
… BITTE!
ザァ
ア
FSHHH

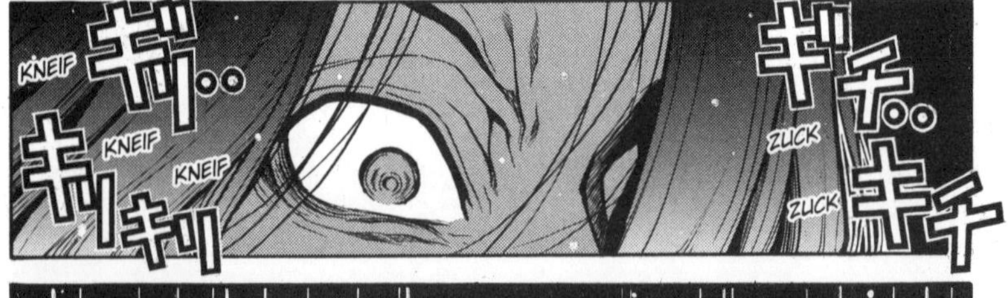

ギチ..
ZUCK
キチ
ZUCK
ギリ..
KNEIF
キリキリ
KNEIF
KNEIF

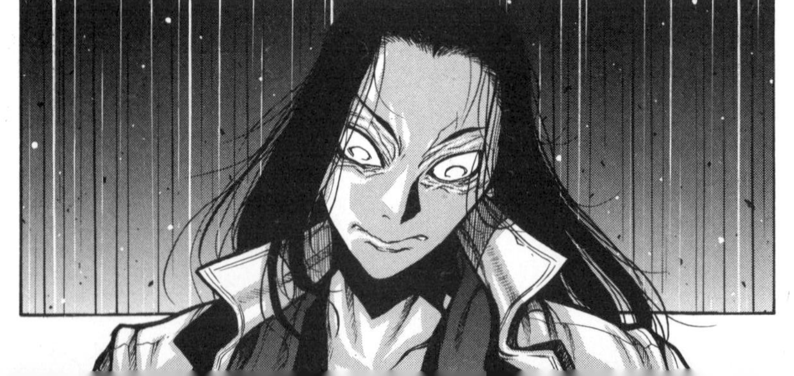

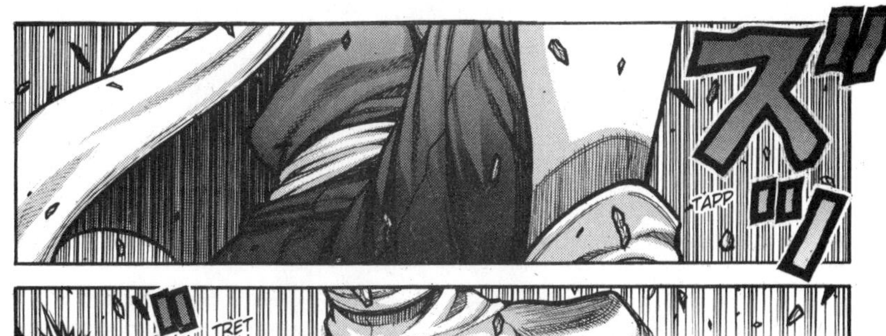

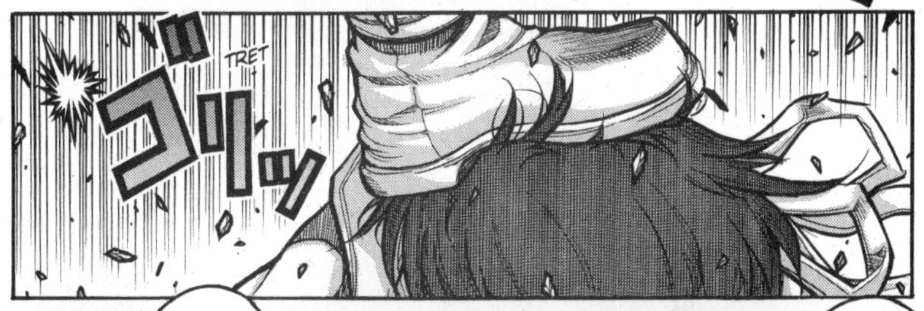

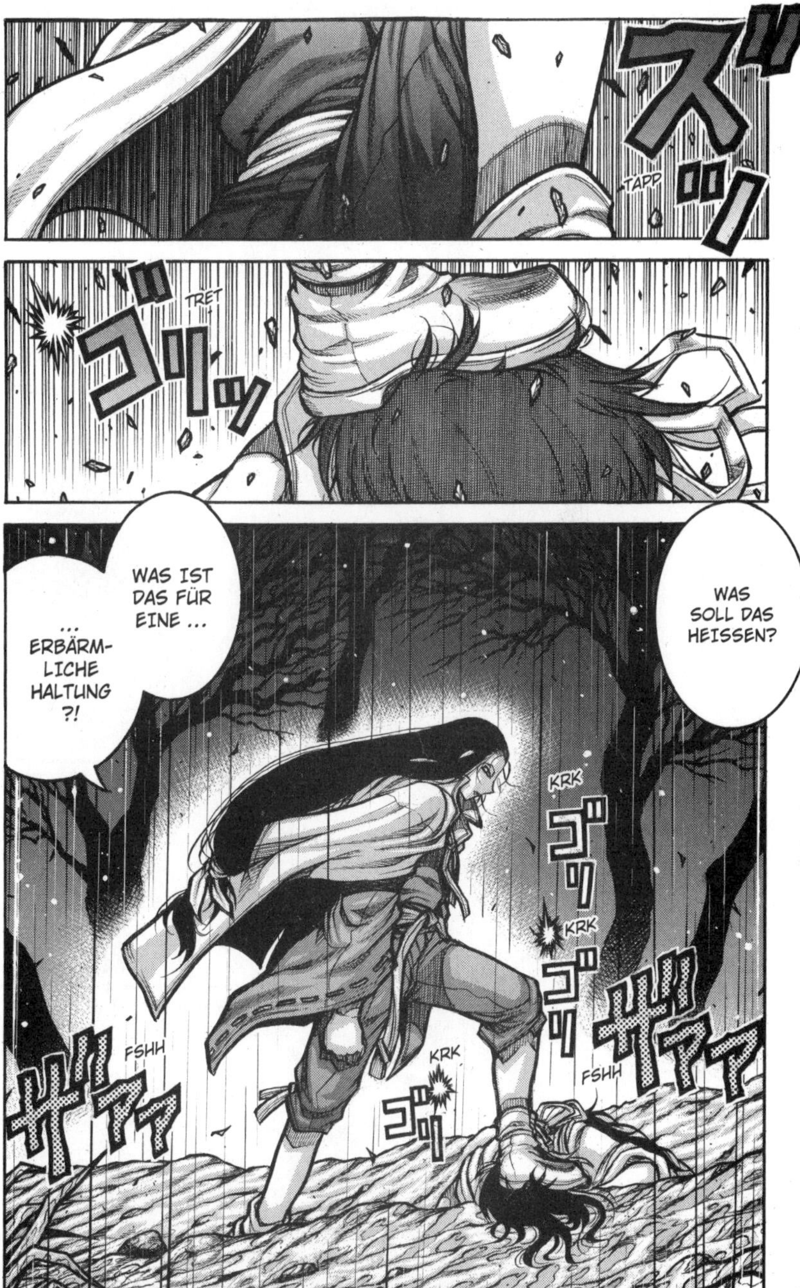

WAS SOLL DAS HEISSEN?

WAS IST DAS FÜR EINE ...

... ERBÄRM-LICHE HALTUNG ?!

KRK
ゴリ
KRK
ゴリ
ザァァ
FSHH
KRK
ゴリ
ザァァ
FSHH

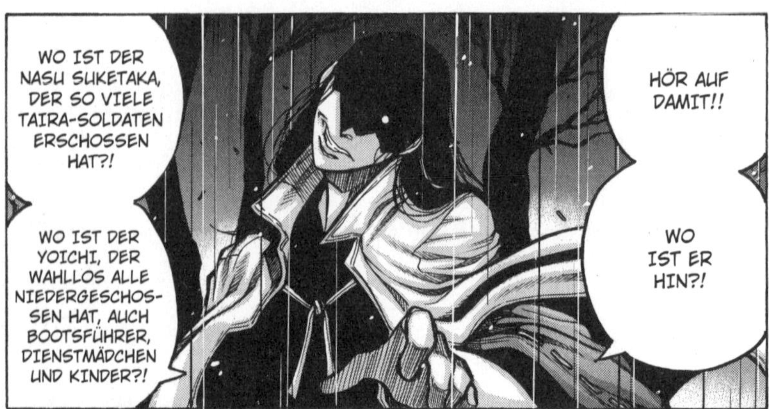
HÖR AUF DAMIT!!
WO IST ER HIN?!
WO IST DER NASU SUKETAKA, DER SO VIELE TAIRA-SOLDATEN ERSCHOSSEN HAT?!
WO IST DER YOICHI, DER WAHLLOS ALLE NIEDERGESCHOS-SEN HAT, AUCH BOOTSFÜHRER, DIENSTMÄDCHEN UND KINDER?!

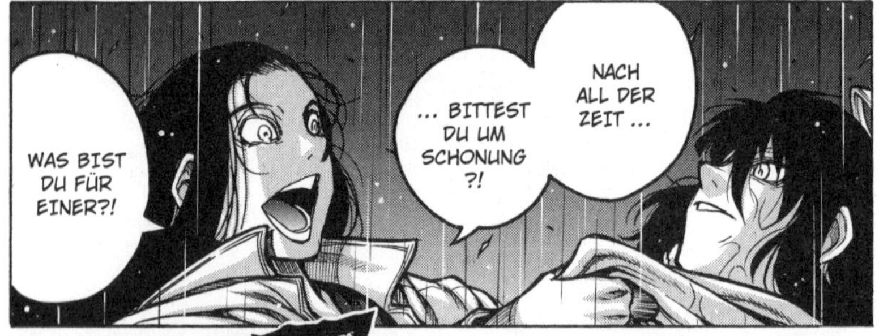
NACH ALL DER ZEIT …
… BITTEST DU UM SCHONUNG ?!
WAS BIST DU FÜR EINER?!

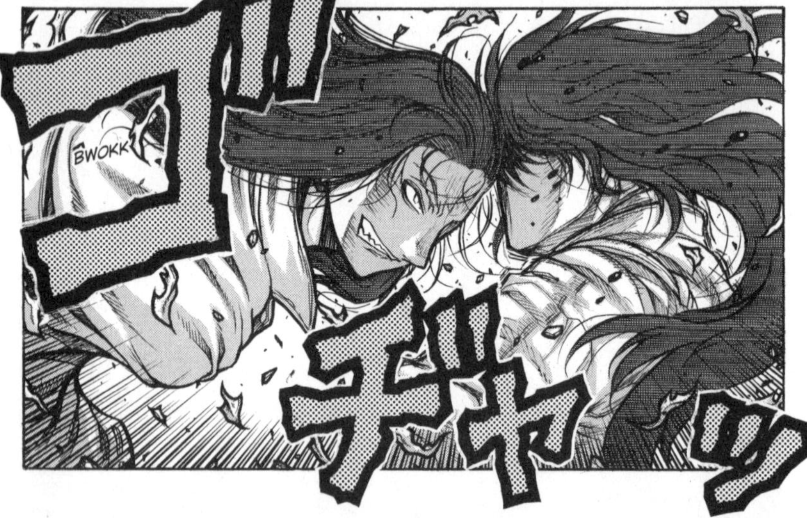
BWOKK

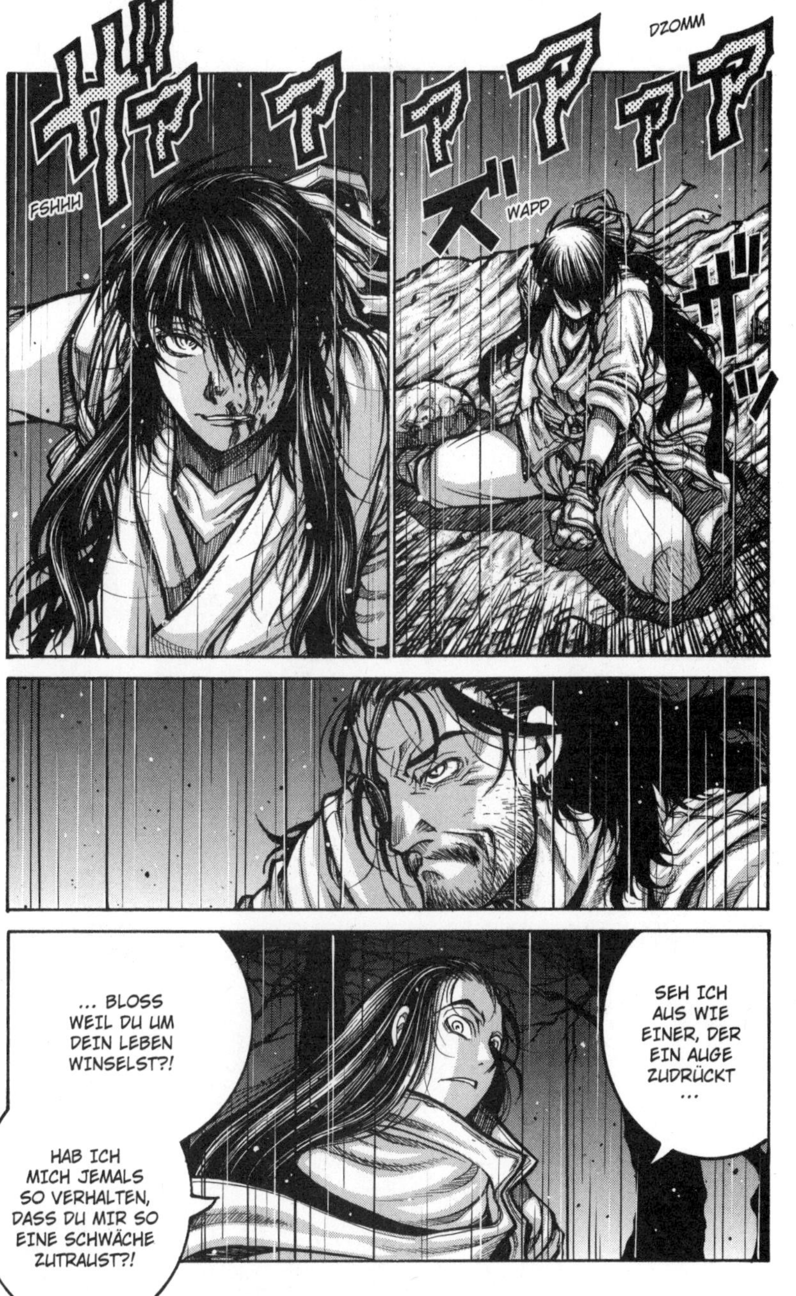

DZOMM

WAPP

FSHHH

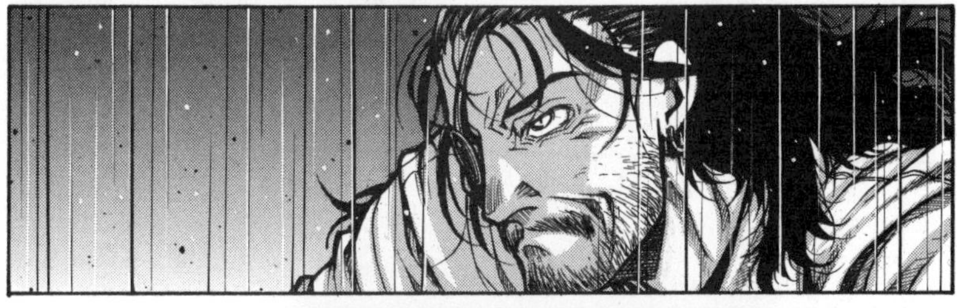

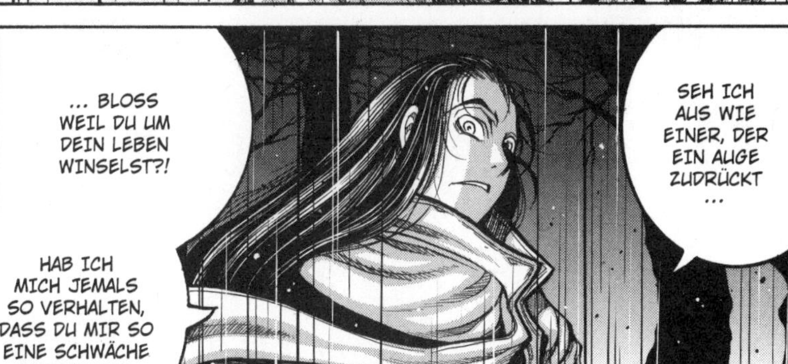

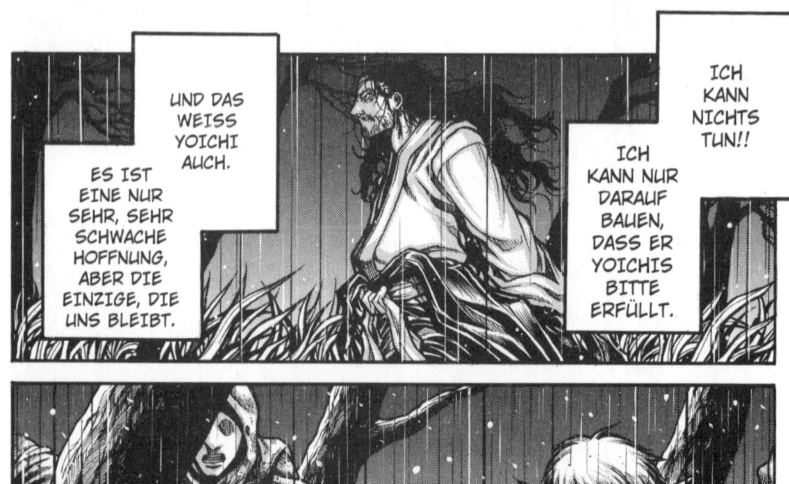
ICH KANN NICHTS TUN!!
ICH KANN NUR DARAUF BAUEN, DASS ER YOICHIS BITTE ERFÜLLT.
UND DAS WEISS YOICHI AUCH.
ES IST EINE NUR SEHR, SEHR SCHWACHE HOFFNUNG, ABER DIE EINZIGE, DIE UNS BLEIBT.

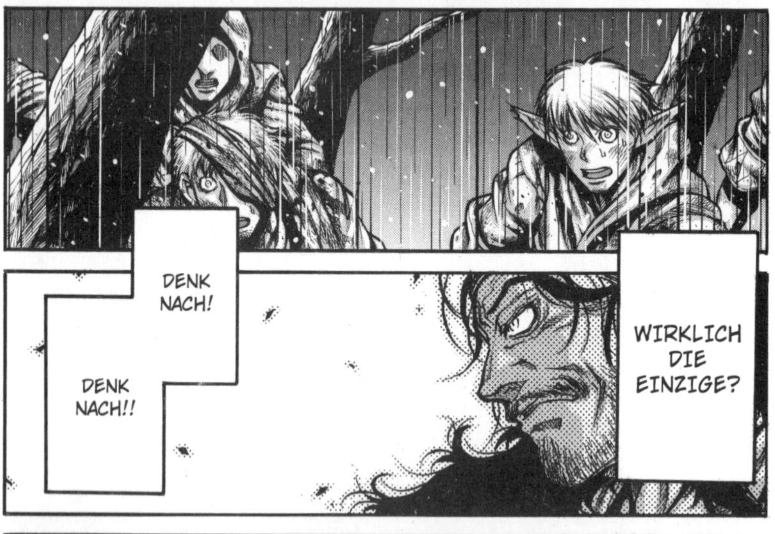
WIRKLICH DIE EINZIGE?
DENK NACH!
DENK NACH!!

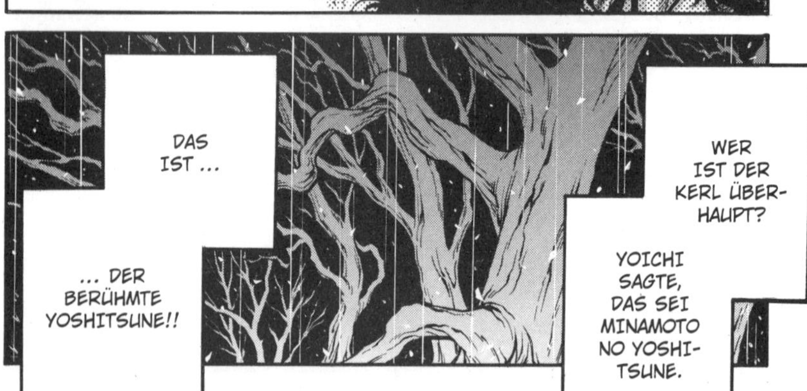
WER IST DER KERL ÜBER-HAUPT?
YOICHI SAGTE, DAS SEI MINAMOTO NO YOSHI-TSUNE.
DAS IST ...
... DER BERÜHMTE YOSHITSUNE!!

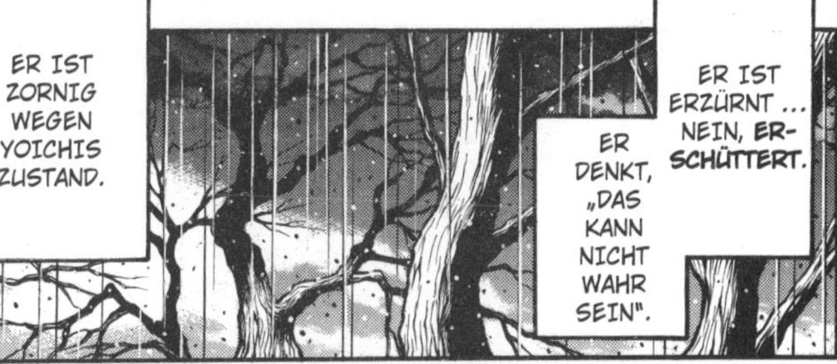
ER IST ERZÜRNT … NEIN, **ERSCHÜTTERT**.
ER DENKT, „DAS KANN NICHT WAHR SEIN".
ER IST ZORNIG WEGEN YOICHIS ZUSTAND.

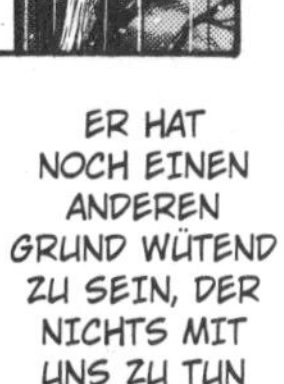
ER HAT NOCH EINEN ANDEREN GRUND WÜTEND ZU SEIN, DER NICHTS MIT UNS ZU TUN HAT.

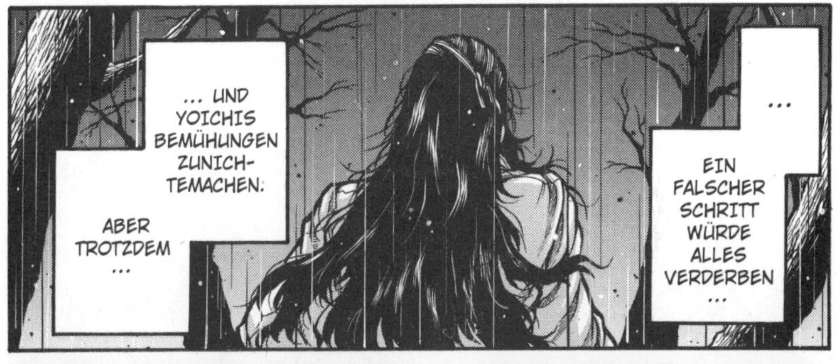
…
EIN FALSCHER SCHRITT WÜRDE ALLES VERDERBEN …
… UND YOICHIS BEMÜHUNGEN ZUNICH-TEMACHEN.
ABER TROTZDEM …

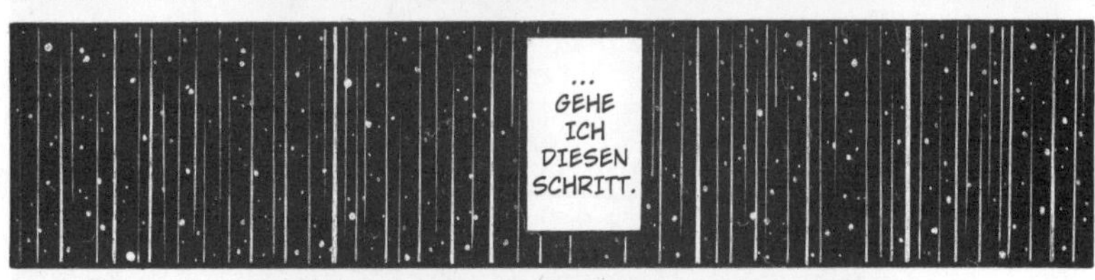
… GEHE ICH DIESEN SCHRITT.

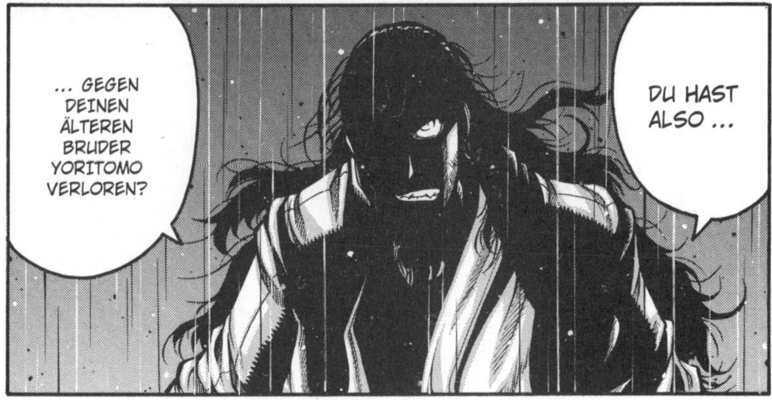
DU HAST ALSO …
… GEGEN DEINEN ÄLTEREN BRUDER YORITOMO VERLOREN?

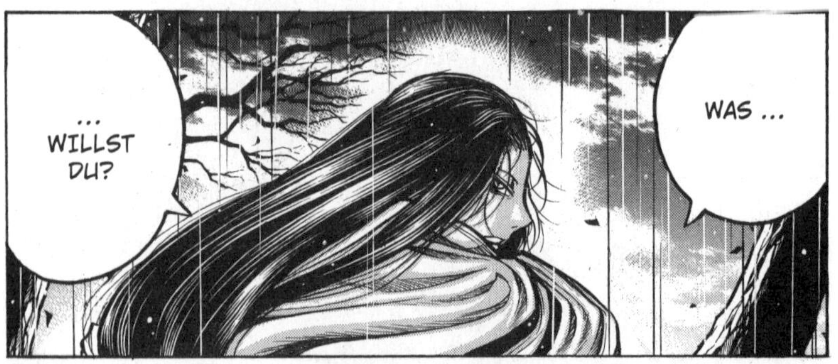
WAS ...
... WILLST DU?

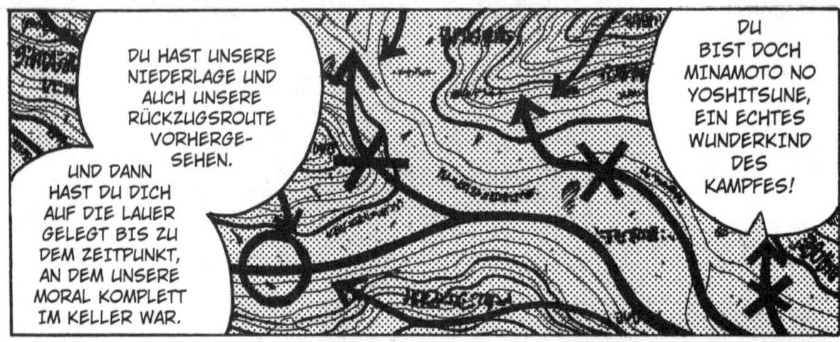
DU BIST DOCH MINAMOTO NO YOSHITSUNE, EIN ECHTES WUNDERKIND DES KAMPFES!
DU HAST UNSERE NIEDERLAGE UND AUCH UNSERE RÜCKZUGSROUTE VORHERGE-SEHEN.
UND DANN HAST DU DICH AUF DIE LAUER GELEGT BIS ZU DEM ZEITPUNKT, AN DEM UNSERE MORAL KOMPLETT IM KELLER WAR.

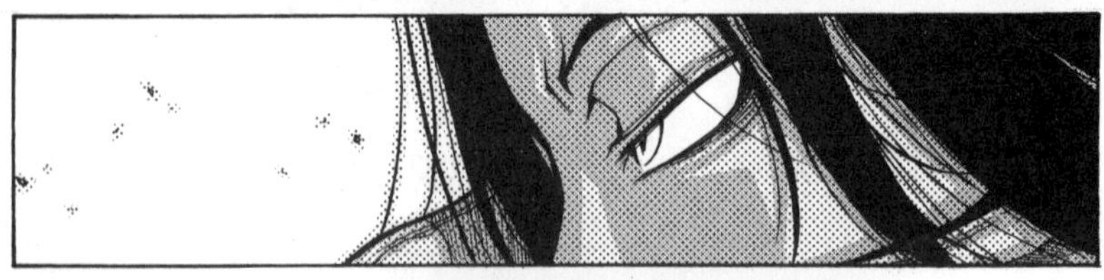

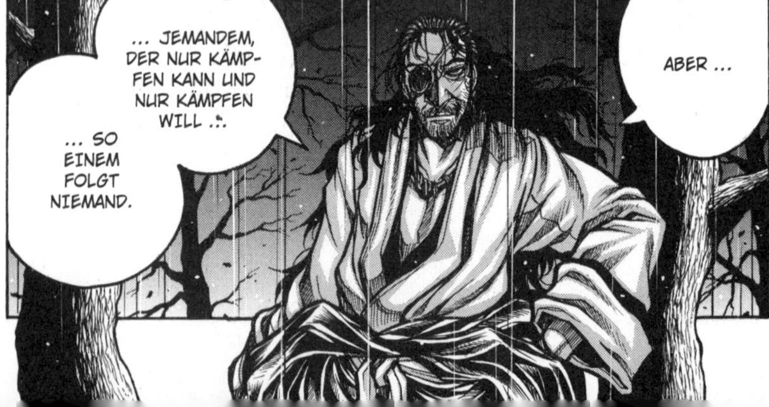
ABER ...
... JEMANDEM, DER NUR KÄMP-FEN KANN UND NUR KÄMPFEN WILL ...
... SO EINEM FOLGT NIEMAND.

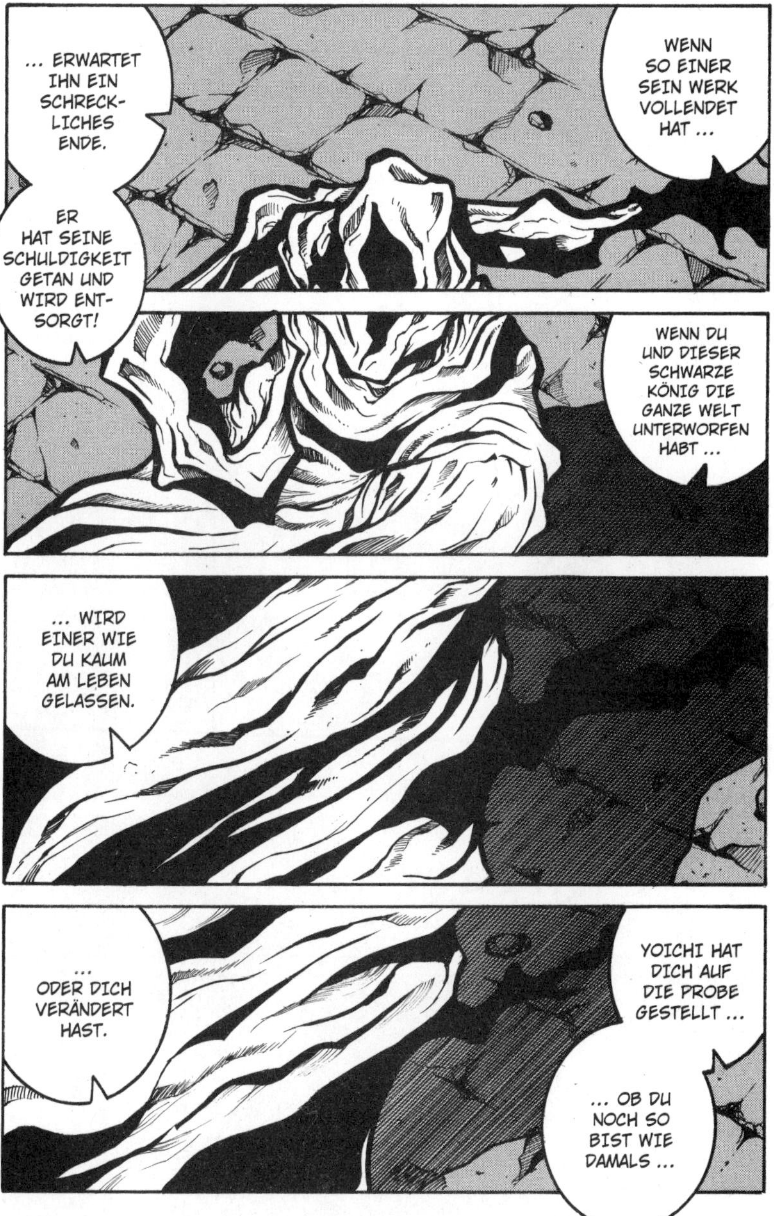

WENN SO EINER SEIN WERK VOLLENDET HAT ...

... ERWARTET IHN EIN SCHRECKLICHES ENDE.

ER HAT SEINE SCHULDIGKEIT GETAN UND WIRD ENTSORGT!

WENN DU UND DIESER SCHWARZE KÖNIG DIE GANZE WELT UNTERWORFEN HABT ...

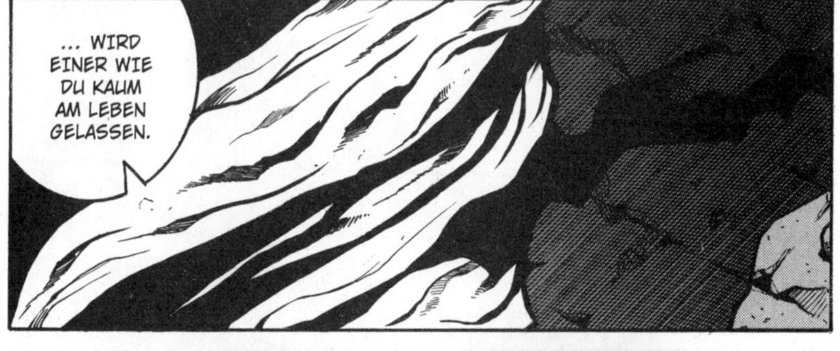

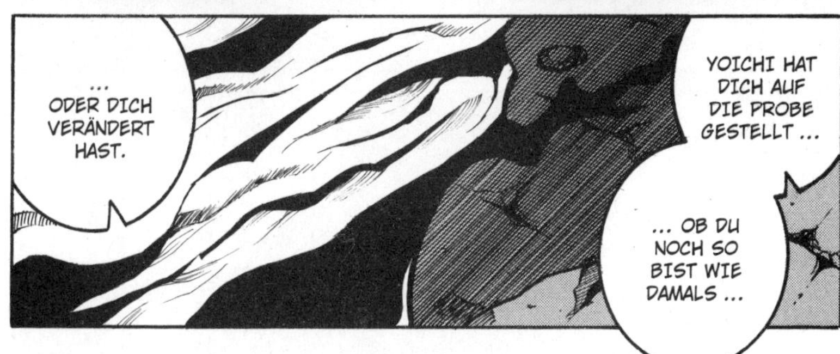

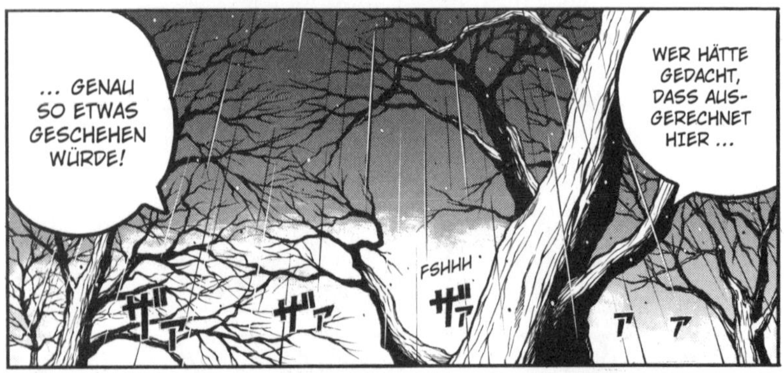
WER HÄTTE GEDACHT, DASS AUS-GERECHNET HIER …
FSHHH
… GENAU SO ETWAS GESCHEHEN WÜRDE!

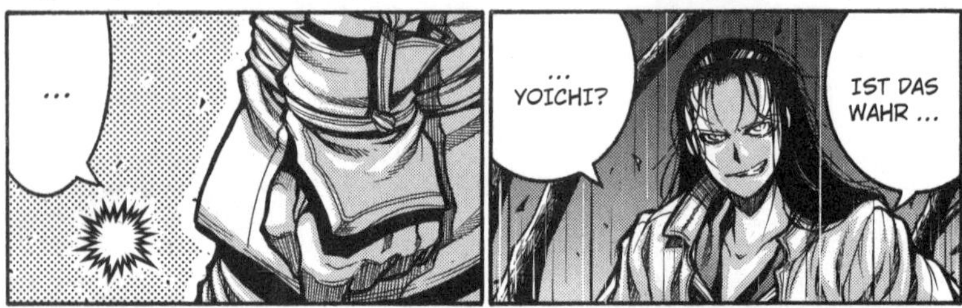
IST DAS WAHR …
… YOICHI?
…

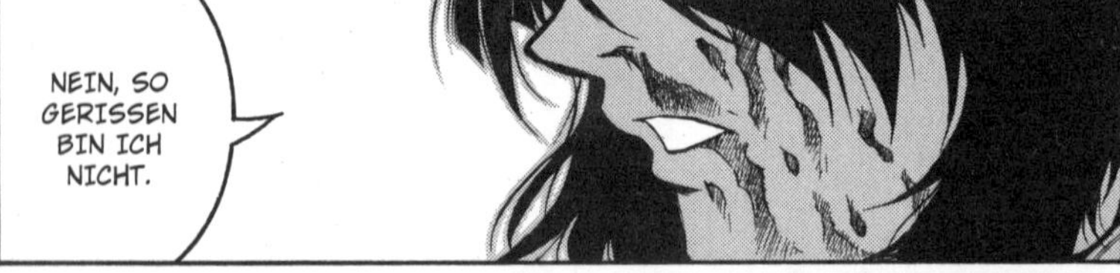
NEIN, SO GERISSEN BIN ICH NICHT.

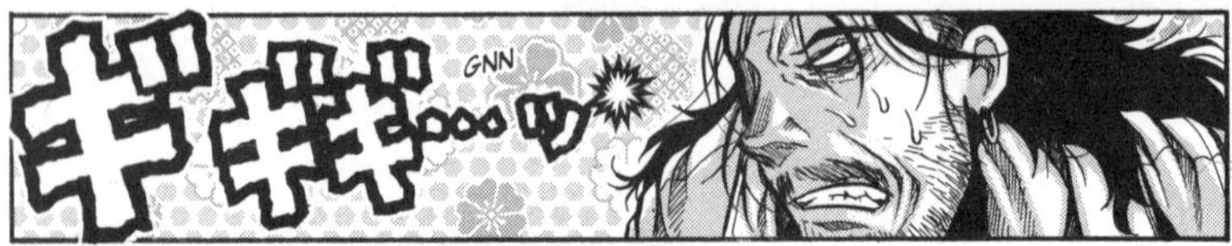
GNN

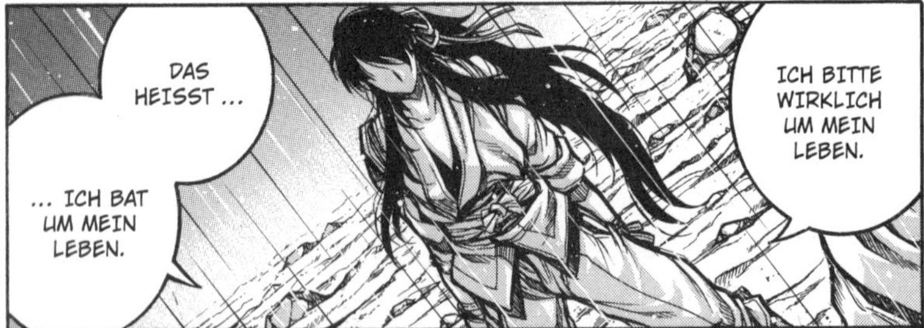
ICH BITTE WIRKLICH UM MEIN LEBEN.
DAS HEISST …
… ICH BAT UM MEIN LEBEN.

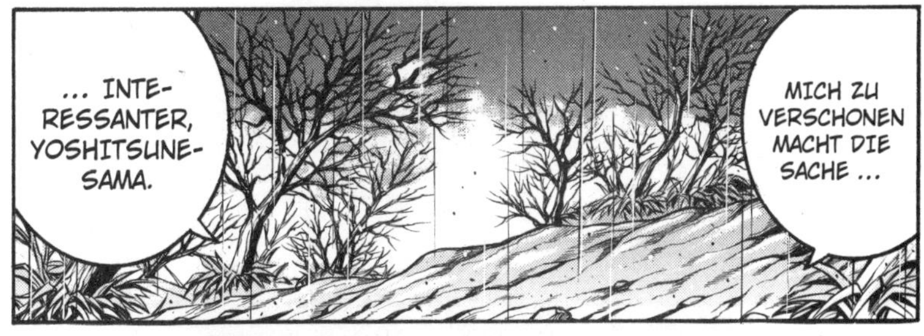

MICH ZU VERSCHONEN MACHT DIE SACHE …
… INTERESSANTER, YOSHITSUNE-SAMA.

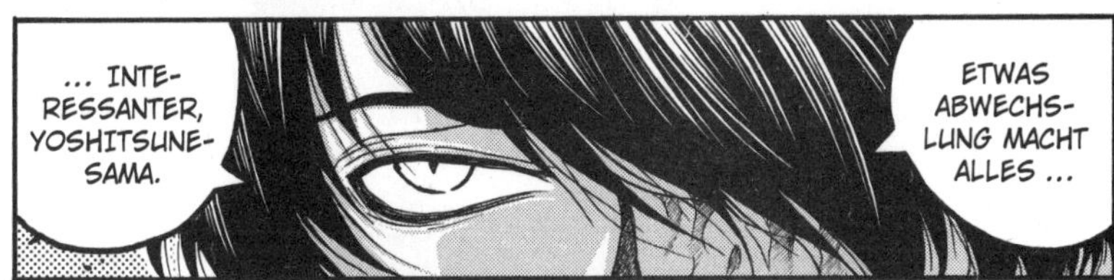

ETWAS ABWECHSLUNG MACHT ALLES …
… INTERESSANTER, YOSHITSUNE-SAMA.

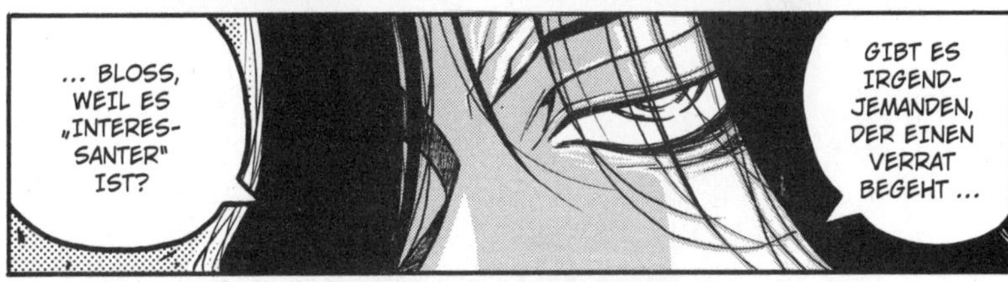

GIBT ES IRGENDJEMANDEN, DER EINEN VERRAT BEGEHT …
… BLOSS, WEIL ES „INTERESSANTER" IST?

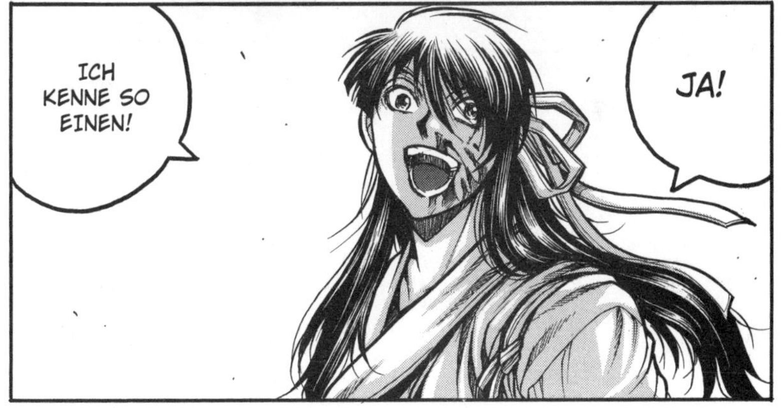

JA!
ICH KENNE SO EINEN!

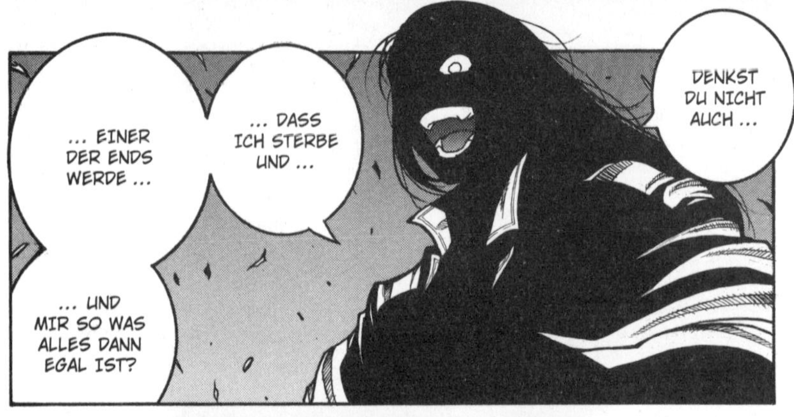

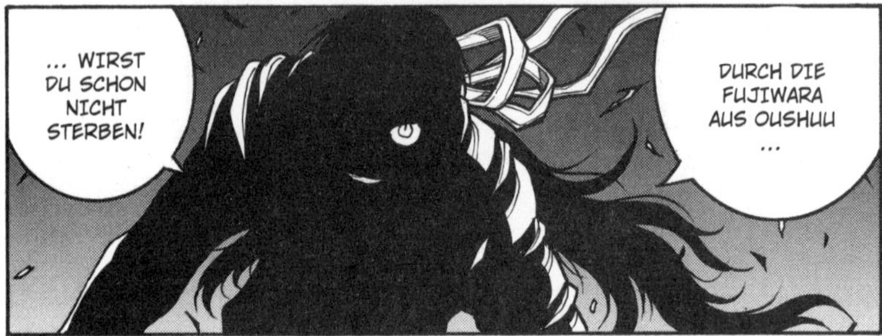

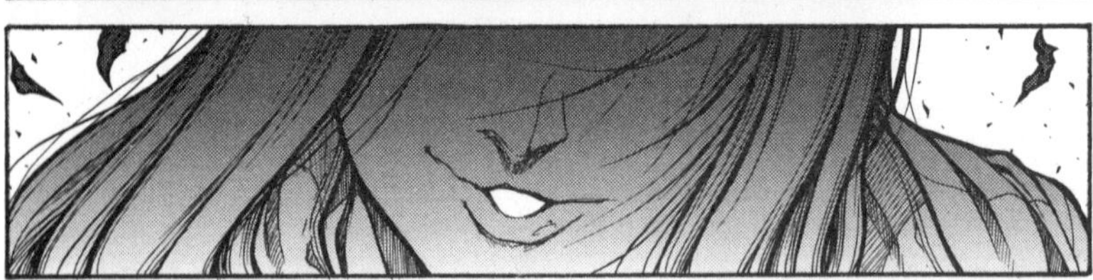

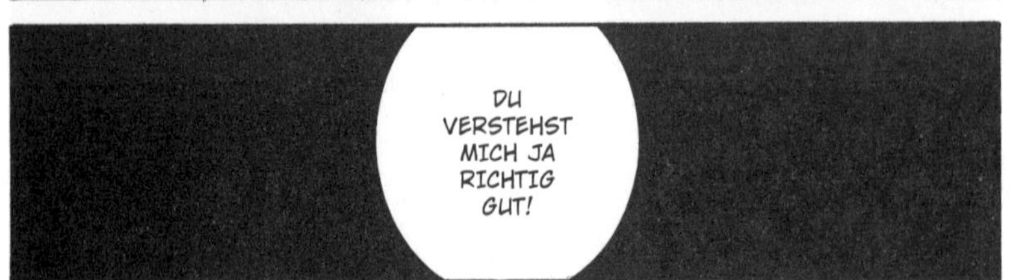

ENDE DES 78. KAPITELS

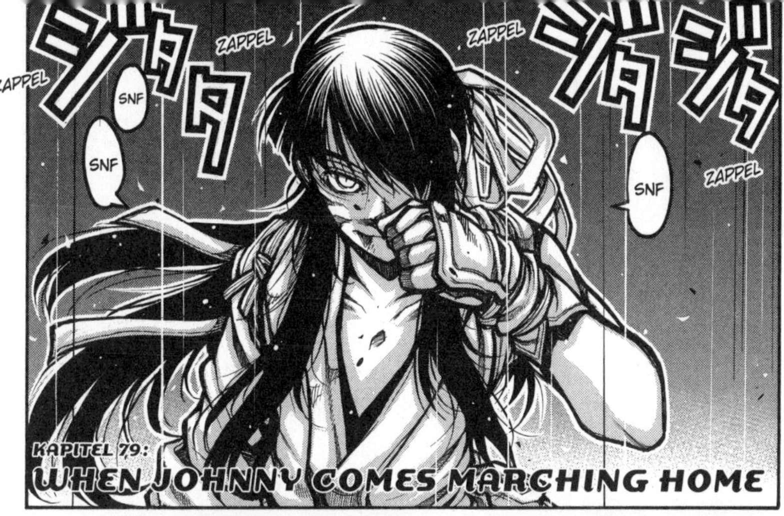
ZAPPEL
SNF
ZAPPEL
ZAPPEL
SNF
SNF
ZAPPEL
KAPITEL 79:
WHEN JOHNNY COMES MARCHING HOME

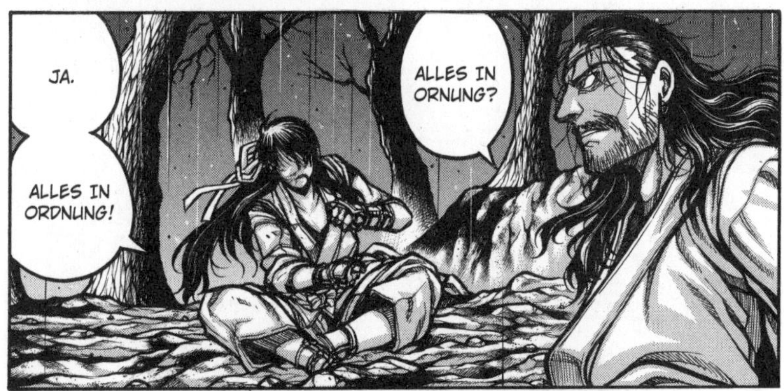
ALLES IN ORNUNG?
JA.
ALLES IN ORDNUNG!

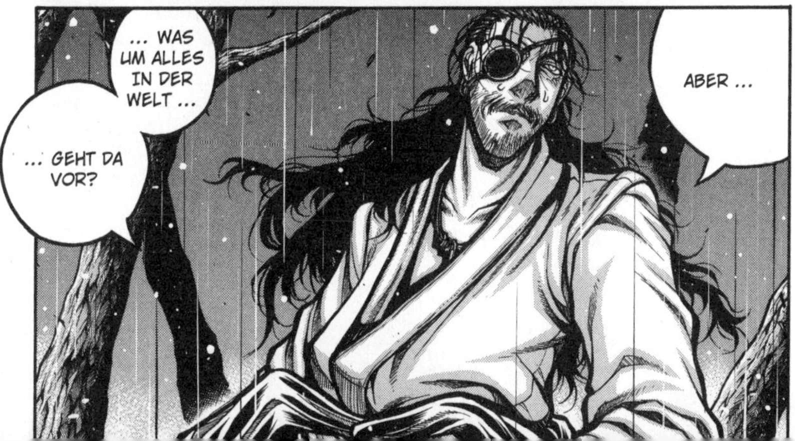
ABER …
… WAS UM ALLES IN DER WELT …
… GEHT DA VOR?

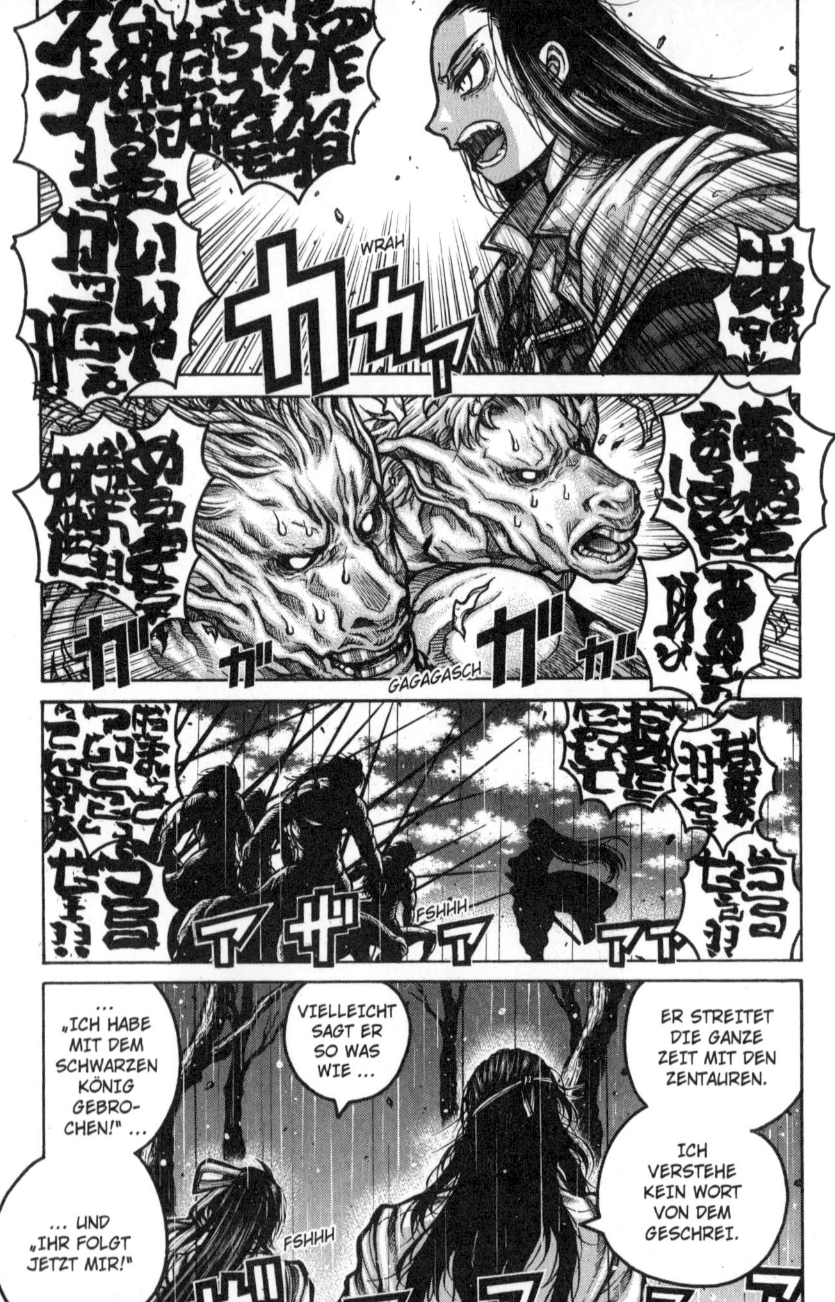
WRAH
GAGAGASCH
FSHHH
ER STREITET DIE GANZE ZEIT MIT DEN ZENTAUREN.
ICH VERSTEHE KEIN WORT VON DEM GESCHREI.
VIELLEICHT SAGT ER SO WAS WIE …
… „ICH HABE MIT DEM SCHWARZEN KÖNIG GEBROCHEN!“ …
… UND „IHR FOLGT JETZT MIR!“
FSHHH

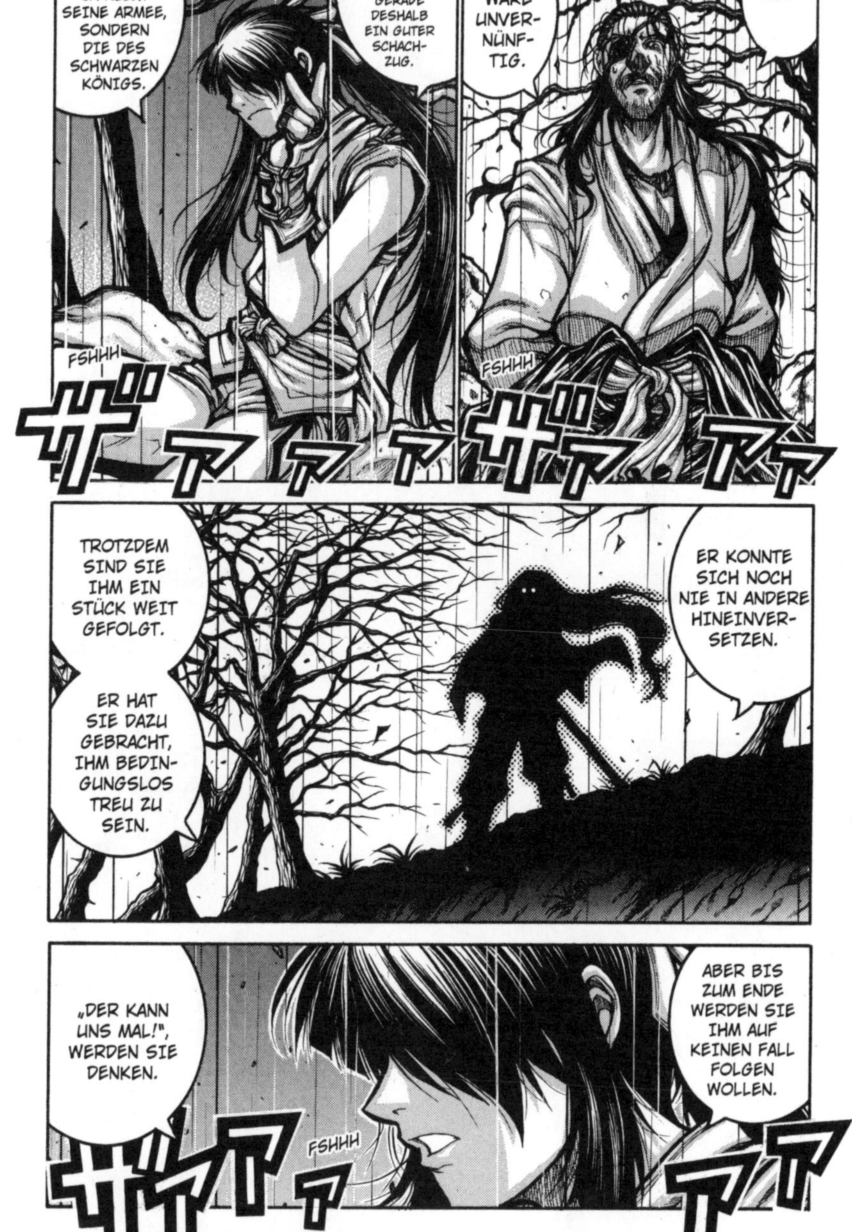
...
DAS WÄRE UNVER-NÜNF-TIG.
FSHHH
ABER VIELLEICHT GERADE DESHALB EIN GUTER SCHACH-ZUG.
ES IST JA NICHT SEINE ARMEE, SONDERN DIE DES SCHWARZEN KÖNIGS.
FSHHH
ER KONNTE SICH NOCH NIE IN ANDERE HINEINVER-SETZEN.
TROTZDEM SIND SIE IHM EIN STÜCK WEIT GEFOLGT.
ER HAT SIE DAZU GEBRACHT, IHM BEDIN-GUNGSLOS TREU ZU SEIN.
ABER BIS ZUM ENDE WERDEN SIE IHM AUF KEINEN FALL FOLGEN WOLLEN.
„DER KANN UNS MAL!", WERDEN SIE DENKEN.
FSHHH

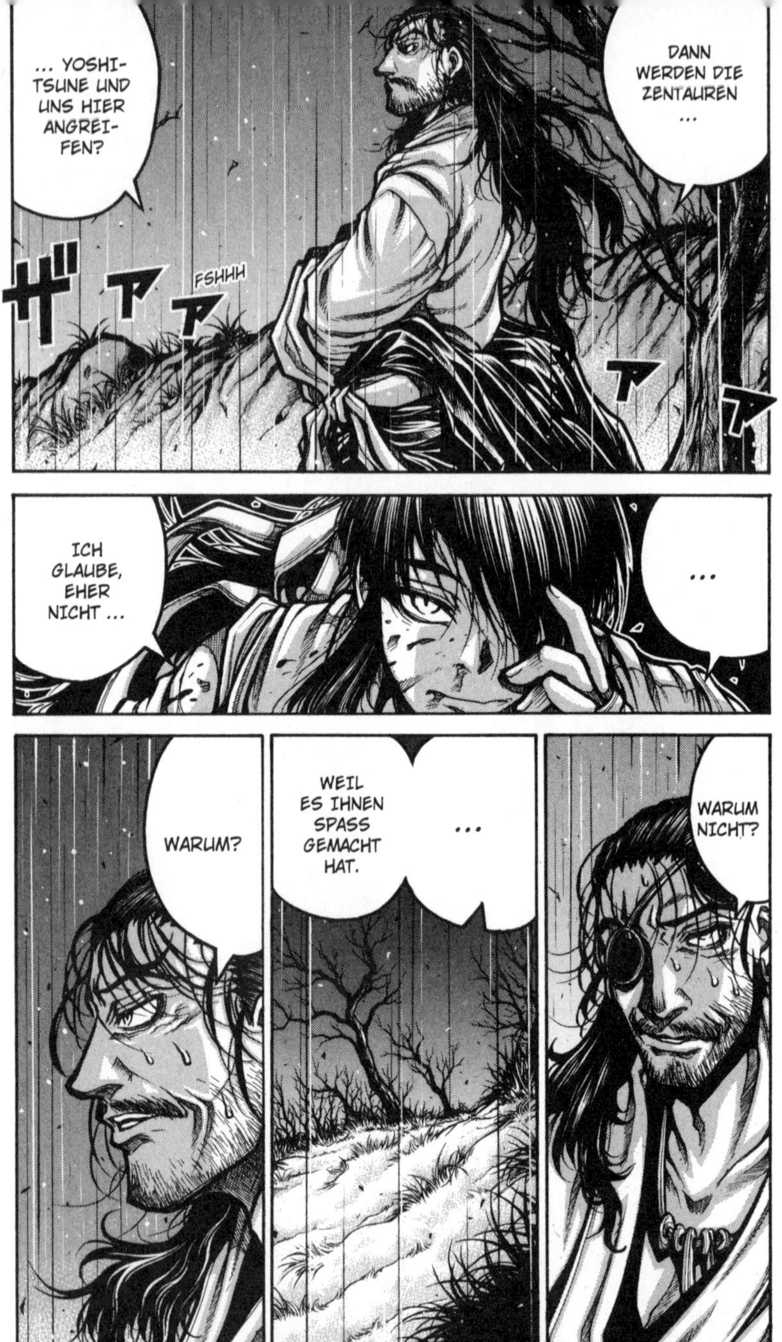

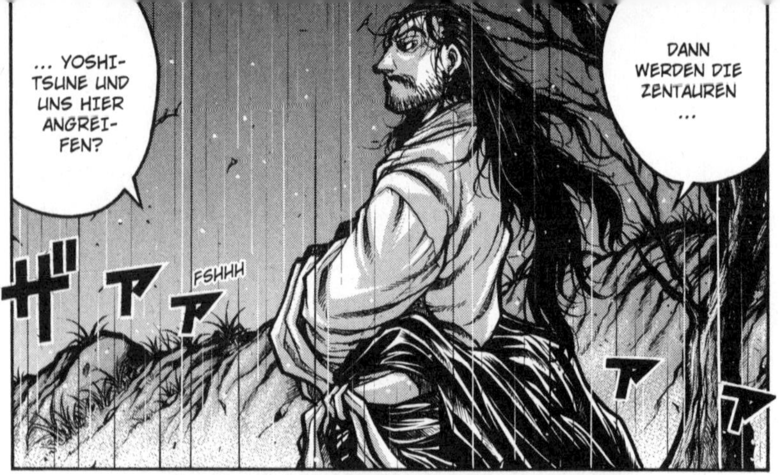

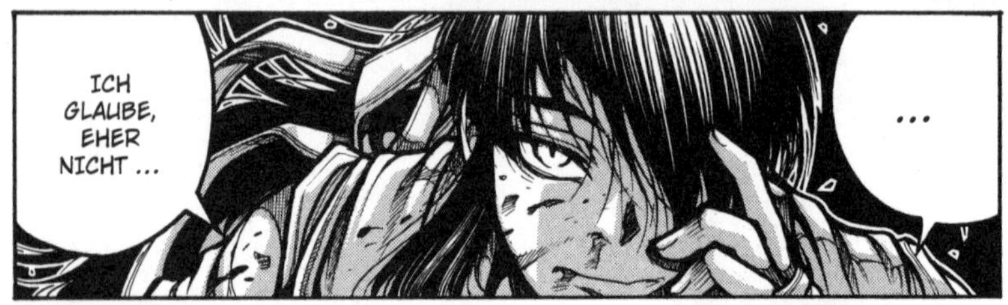

WARUM NICHT?

...

WEIL ES IHNEN SPASS GEMACHT HAT.

WARUM?

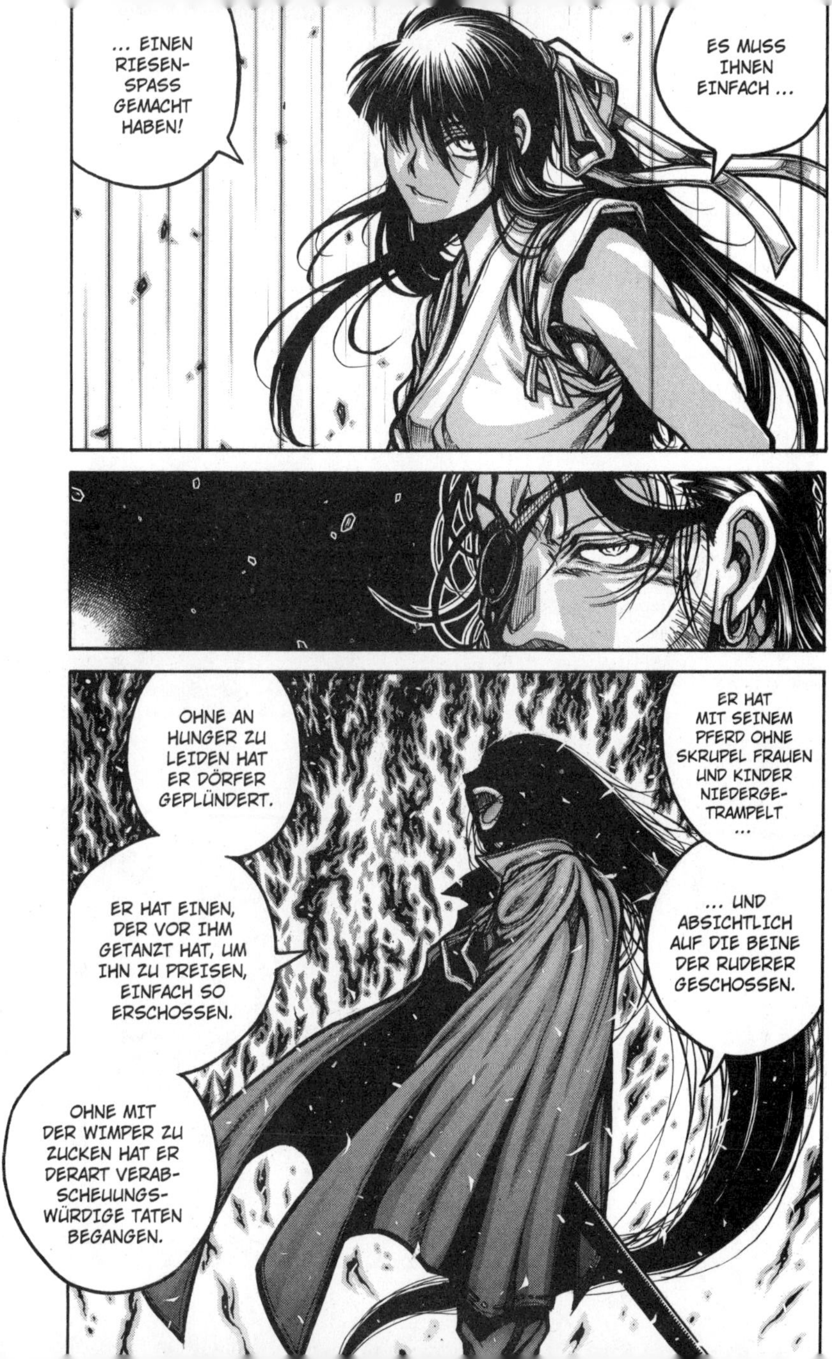

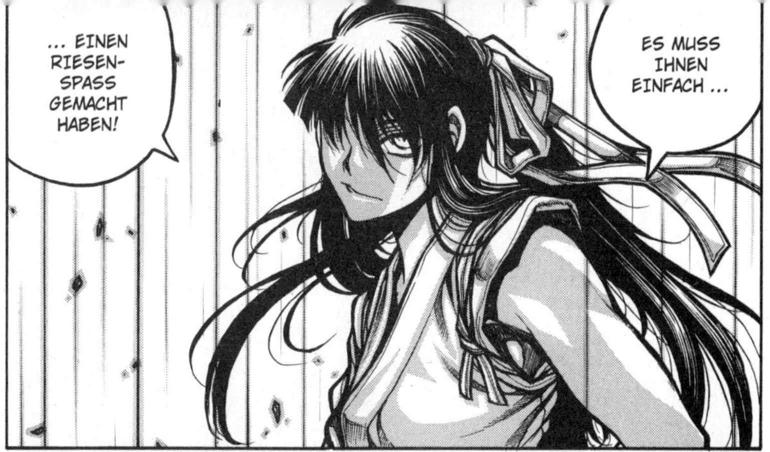
ES MUSS IHNEN EINFACH ...
... EINEN RIESEN-SPASS GEMACHT HABEN!

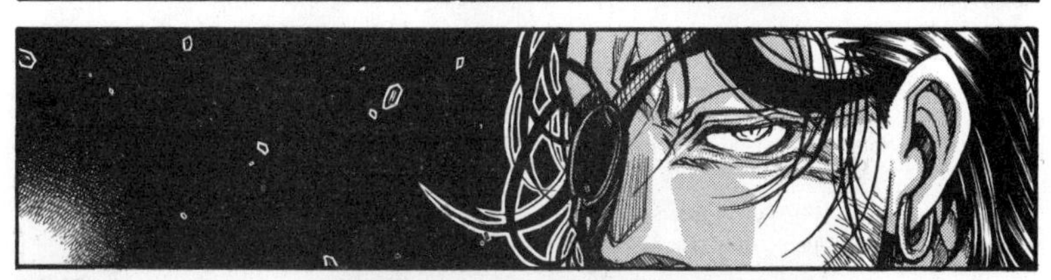

ER HAT MIT SEINEM PFERD OHNE SKRUPEL FRAUEN UND KINDER NIEDERGE-TRAMPELT ...
OHNE AN HUNGER ZU LEIDEN HAT ER DÖRFER GEPLÜNDERT.
... UND ABSICHTLICH AUF DIE BEINE DER RUDERER GESCHOSSEN.
ER HAT EINEN, DER VOR IHM GETANZT HAT, UM IHN ZU PREISEN, EINFACH SO ERSCHOSSEN.
OHNE MIT DER WIMPER ZU ZUCKEN HAT ER DERART VERAB-SCHEUUNGS-WÜRDIGE TATEN BEGANGEN.

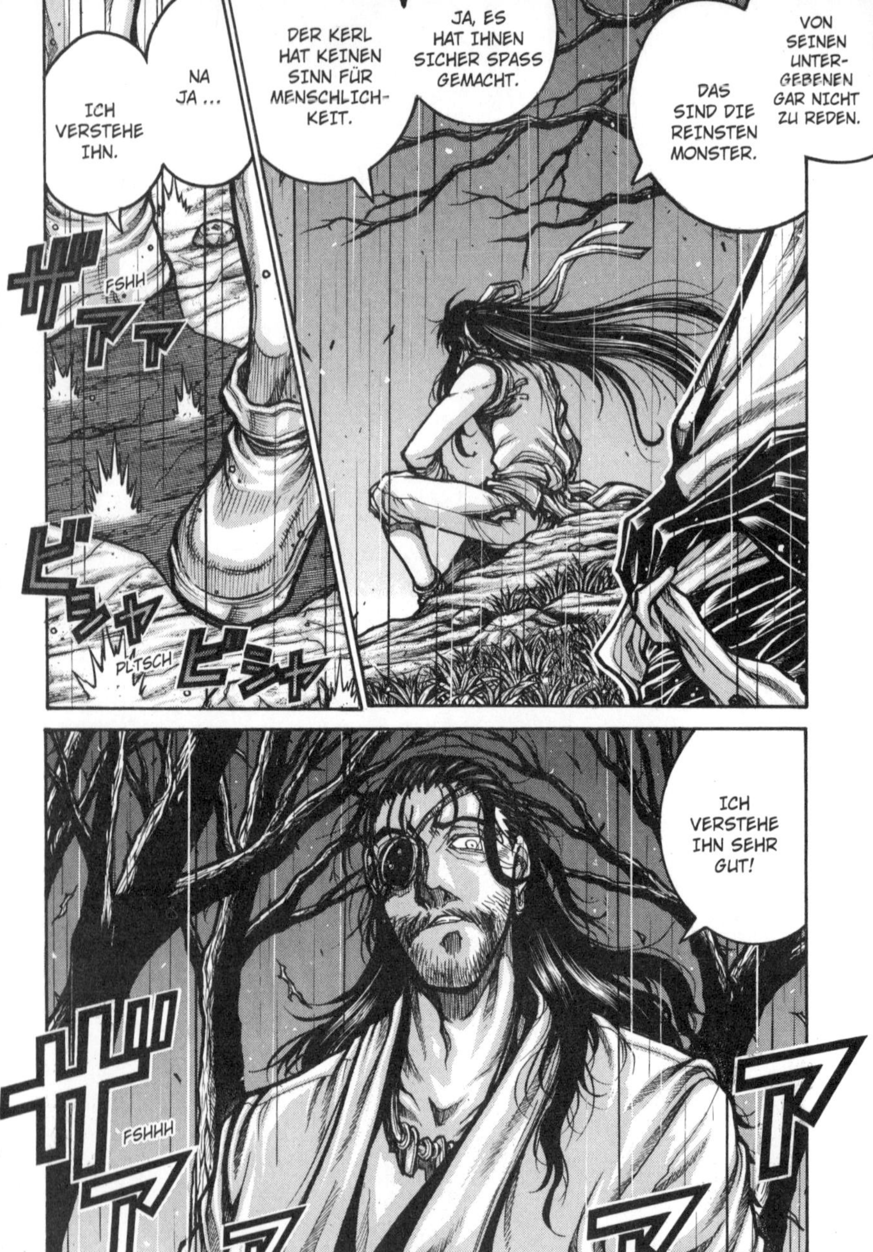
VON SEINEN UNTER-GEBENEN GAR NICHT ZU REDEN.
DAS SIND DIE REINSTEN MONSTER.
JA, ES HAT IHNEN SICHER SPASS GEMACHT.
DER KERL HAT KEINEN SINN FÜR MENSCHLICH-KEIT.
NA JA …
ICH VERSTEHE IHN.
FSHH
PLITSCH
ICH VERSTEHE IHN SEHR GUT!
FSHHH

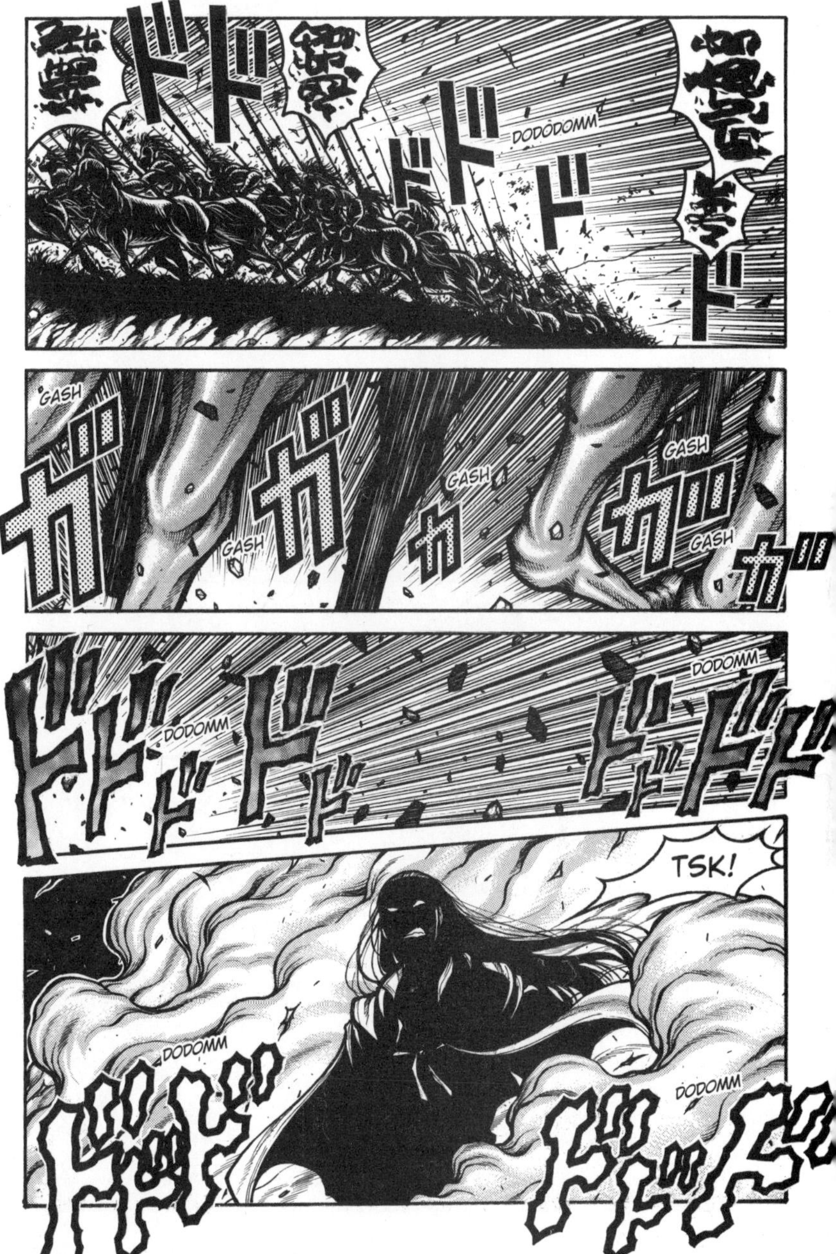

DODOMM
DODODOMM
GASH
GASH
GASH
GASH
GASH
DODOMM
DODOMM
TSK!
DODOMM
DODOMM

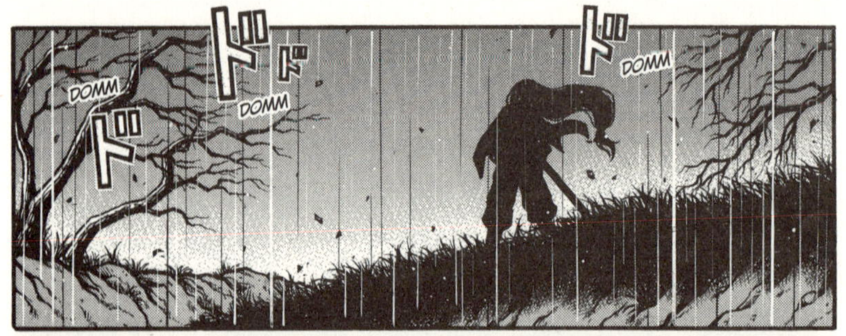
DOMM
DOMM
DOMM
DOMM

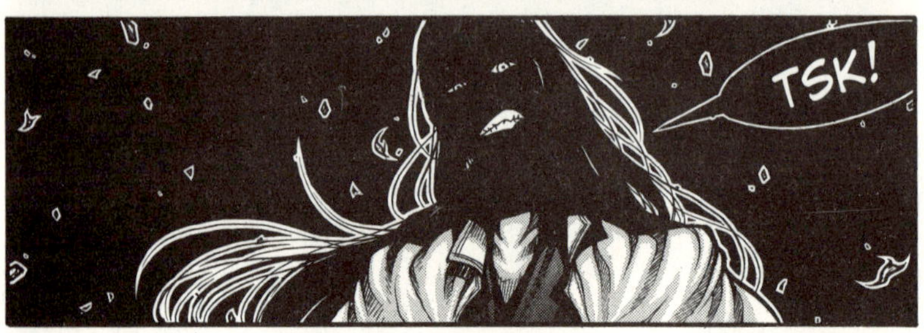
TSK!

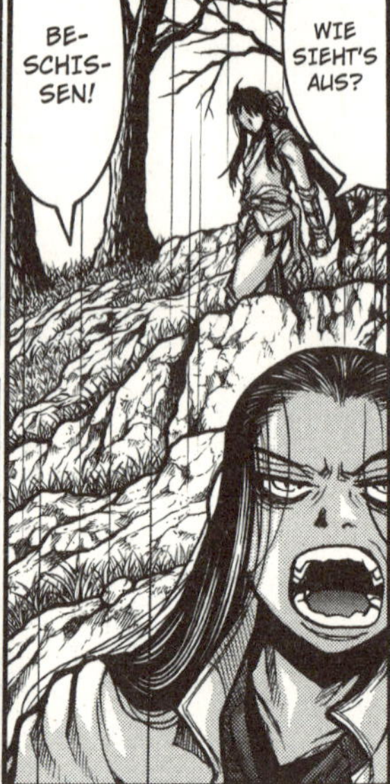
WIE SIEHT'S AUS?
BE-SCHIS-SEN!

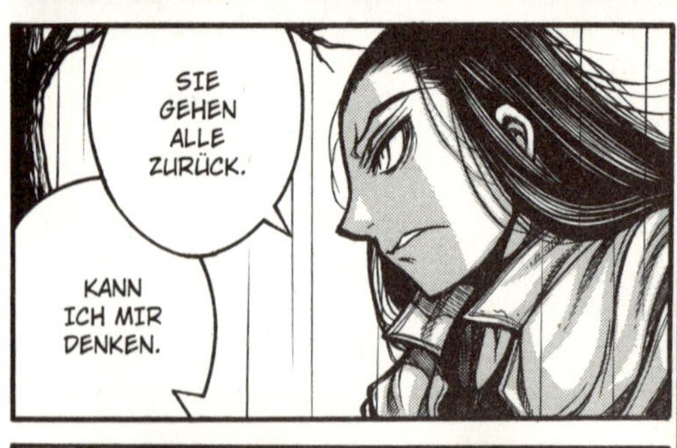
SIE GEHEN ALLE ZURÜCK.
KANN ICH MIR DENKEN.

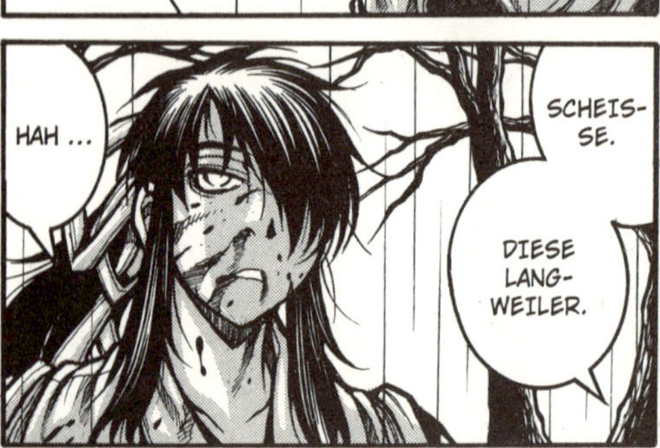
SCHEIS-SE.
DIESE LANG-WEILER.
HAH …

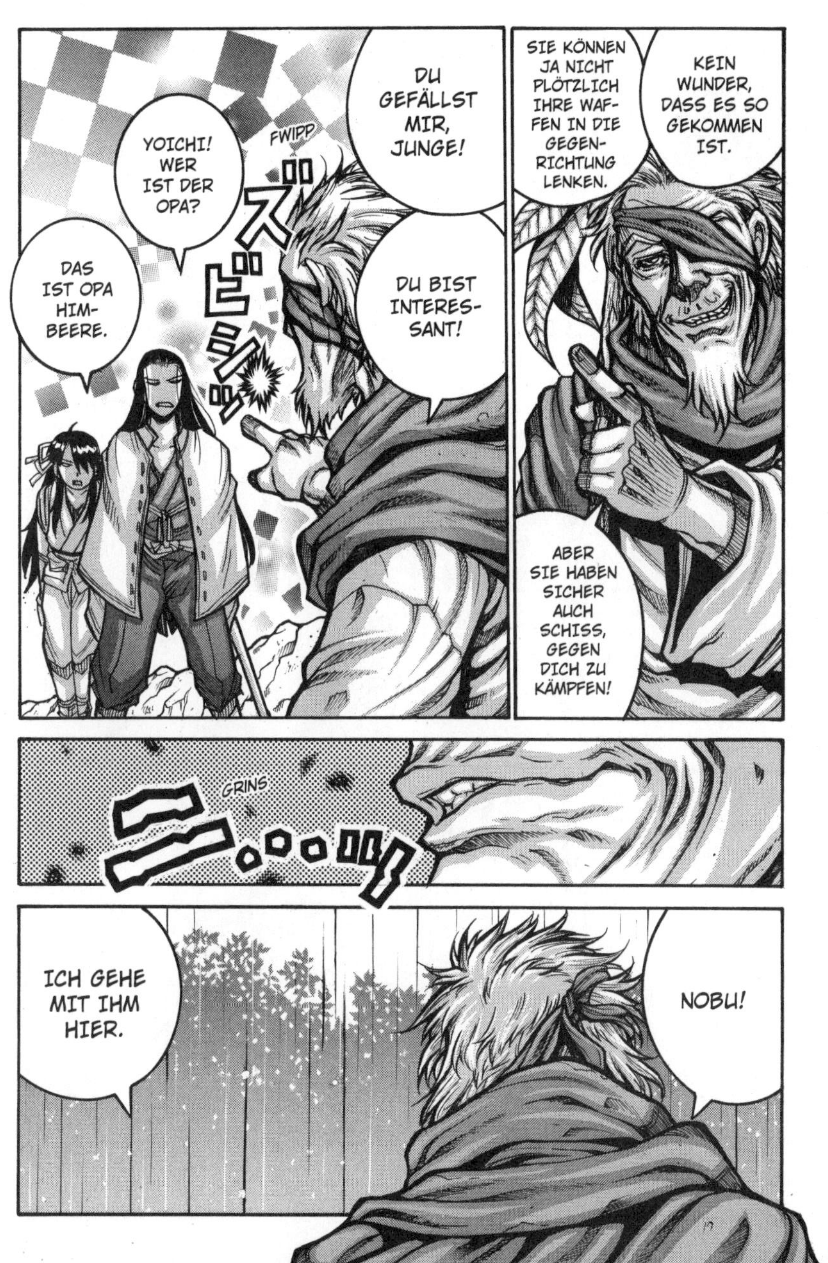

KEIN WUNDER, DASS ES SO GEKOMMEN IST.
SIE KÖNNEN JA NICHT PLÖTZLICH IHRE WAFFEN IN DIE GEGENRICHTUNG LENKEN.
ABER SIE HABEN SICHER AUCH SCHISS, GEGEN DICH ZU KÄMPFEN!
DU GEFÄLLST MIR, JUNGE!
DU BIST INTERESSANT!
FWIPP
YOICHI! WER IST DER OPA?
DAS IST OPA HIMBEERE.
GRINS
NOBU!
ICH GEHE MIT IHM HIER.

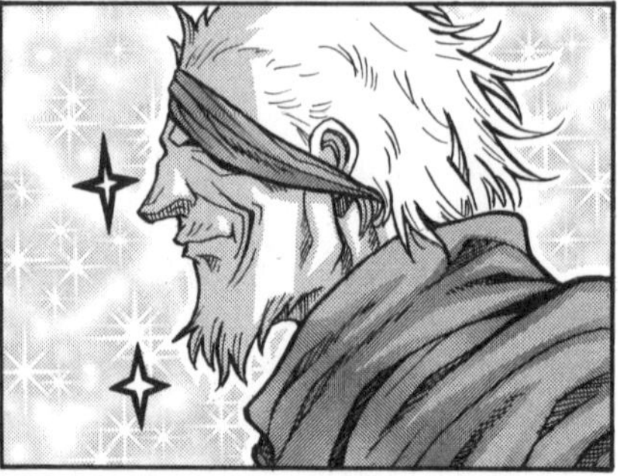

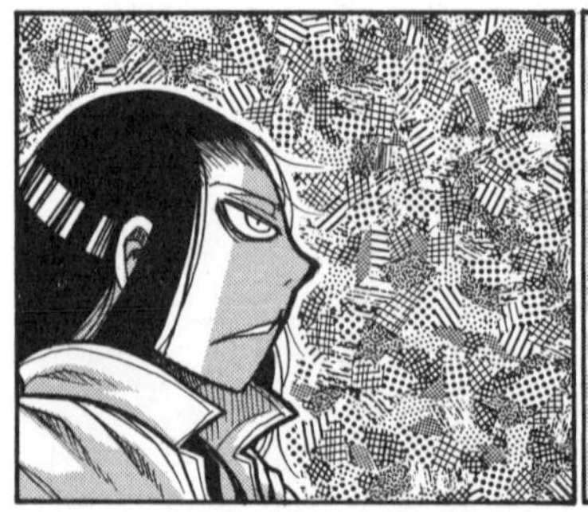

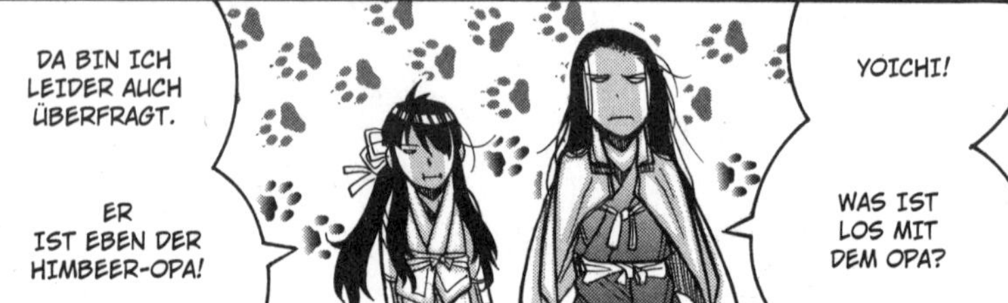

YOICHI!
WAS IST LOS MIT DEM OPA?
DA BIN ICH LEIDER AUCH ÜBERFRAGT.
ER IST EBEN DER HIMBEER-OPA!

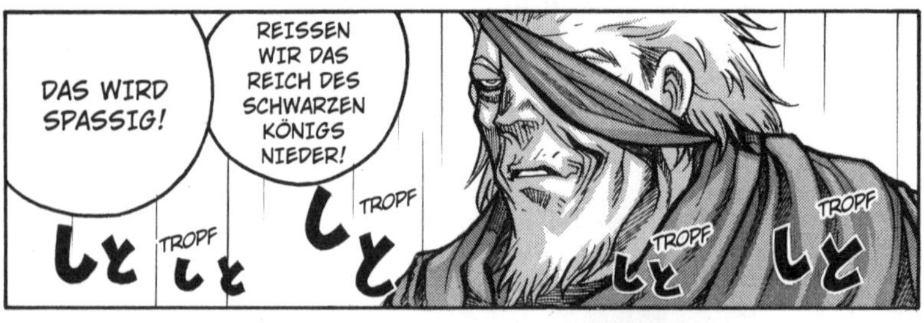

REISSEN WIR DAS REICH DES SCHWARZEN KÖNIGS NIEDER!
DAS WIRD SPASSIG!
しと TROPF
しと TROPF
しと TROPF
しと TROPF
しと

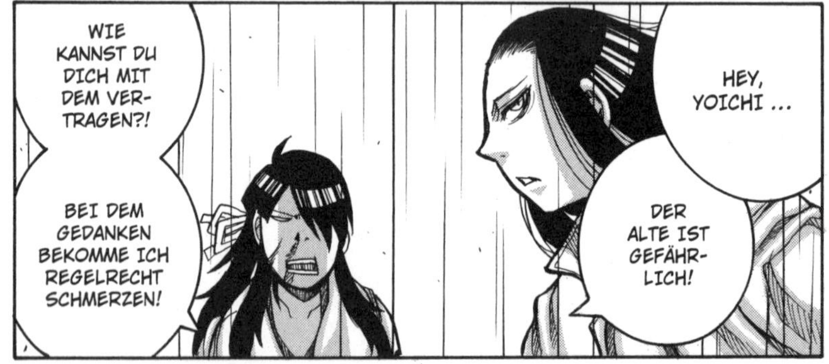

HEY, YOICHI ...
DER ALTE IST GEFÄHR-LICH!
WIE KANNST DU DICH MIT DEM VER-TRAGEN?!
BEI DEM GEDANKEN BEKOMME ICH REGELRECHT SCHMERZEN!

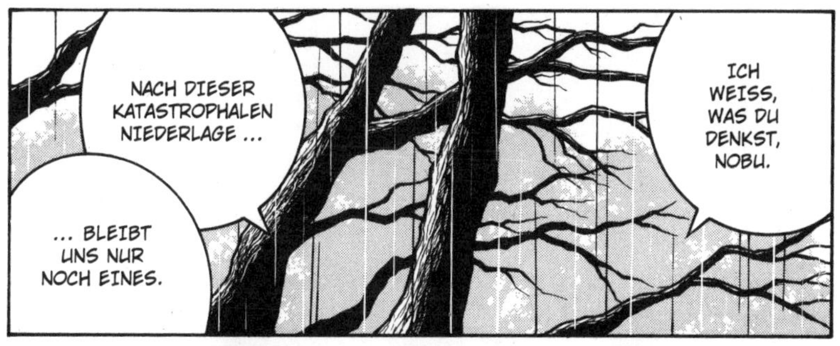
ICH WEISS, WAS DU DENKST, NOBU.
NACH DIESER KATASTROPHALEN NIEDERLAGE ...
... BLEIBT UNS NUR NOCH EINES.

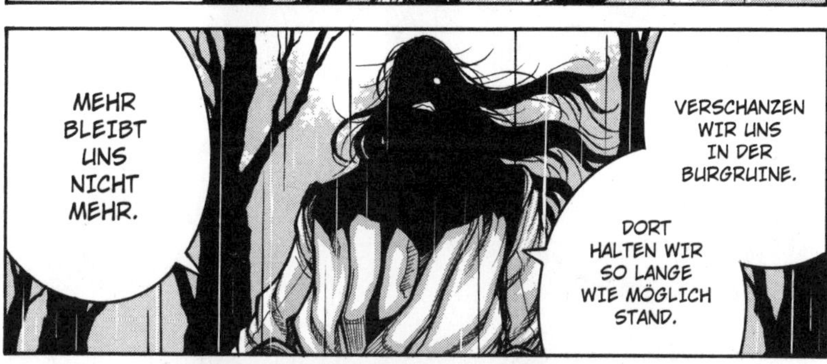
VERSCHANZEN WIR UNS IN DER BURGRUINE.
DORT HALTEN WIR SO LANGE WIE MÖGLICH STAND.
MEHR BLEIBT UNS NICHT MEHR.

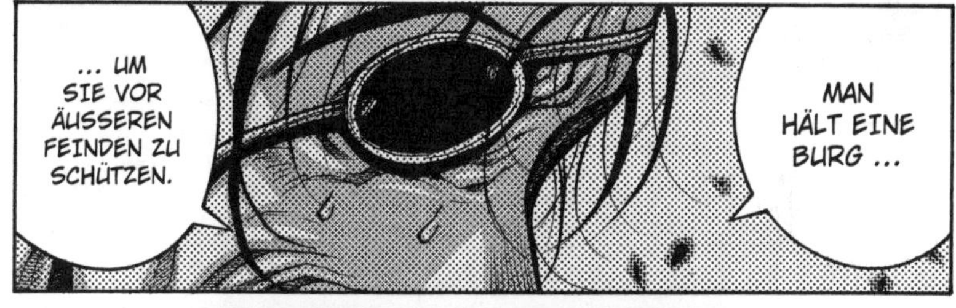
MAN HÄLT EINE BURG ...
... UM SIE VOR ÄUSSEREN FEINDEN ZU SCHÜTZEN.

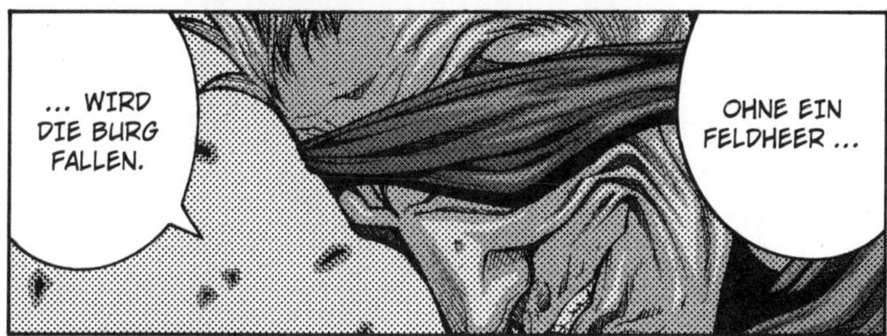
OHNE EIN FELDHEER ...
... WIRD DIE BURG FALLEN.

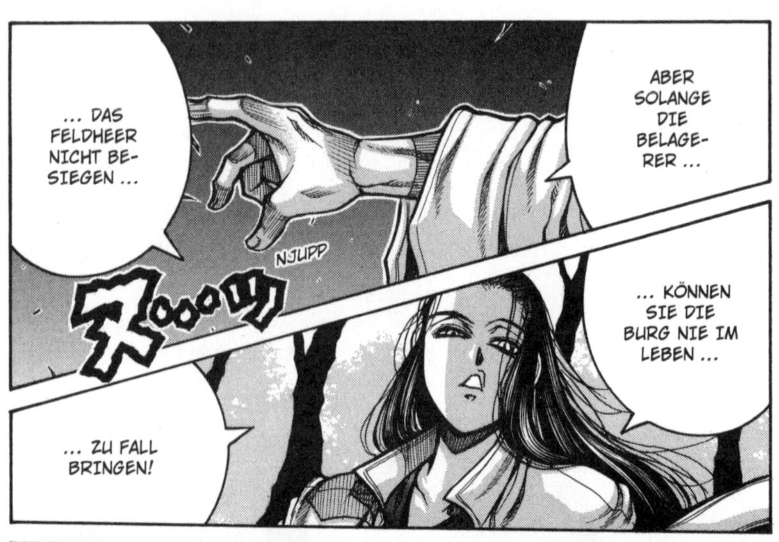
ABER SOLANGE DIE BELAGE-RER ...
... DAS FELDHEER NICHT BE-SIEGEN ...
NJUPP
Zooom
... KÖNNEN SIE DIE BURG NIE IM LEBEN ...
... ZU FALL BRINGEN!

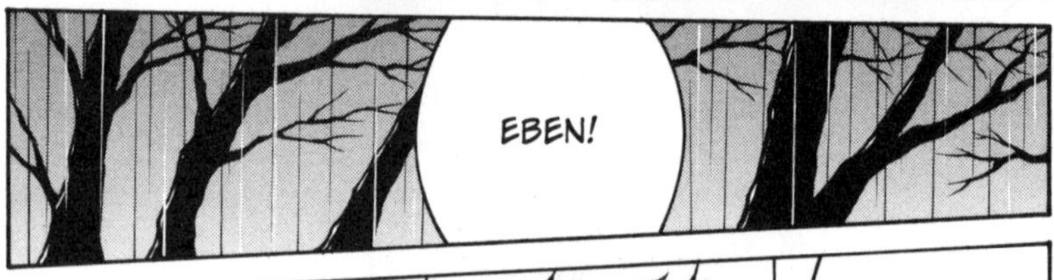
EBEN!

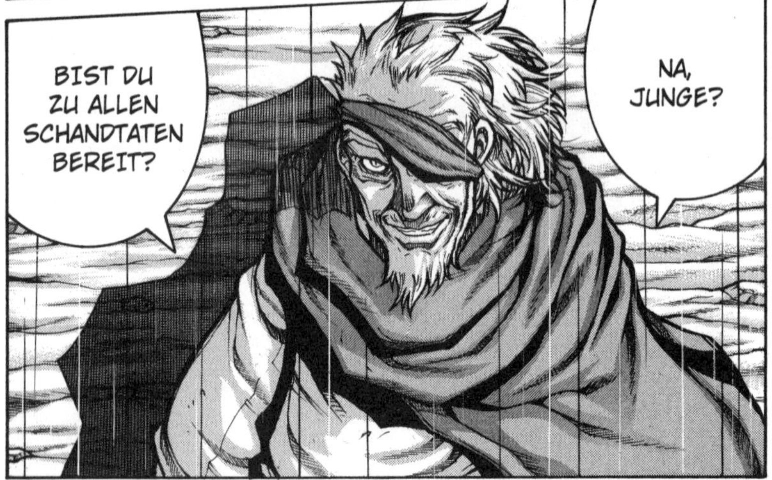
NA, JUNGE?
BIST DU ZU ALLEN SCHANDTATEN BEREIT?

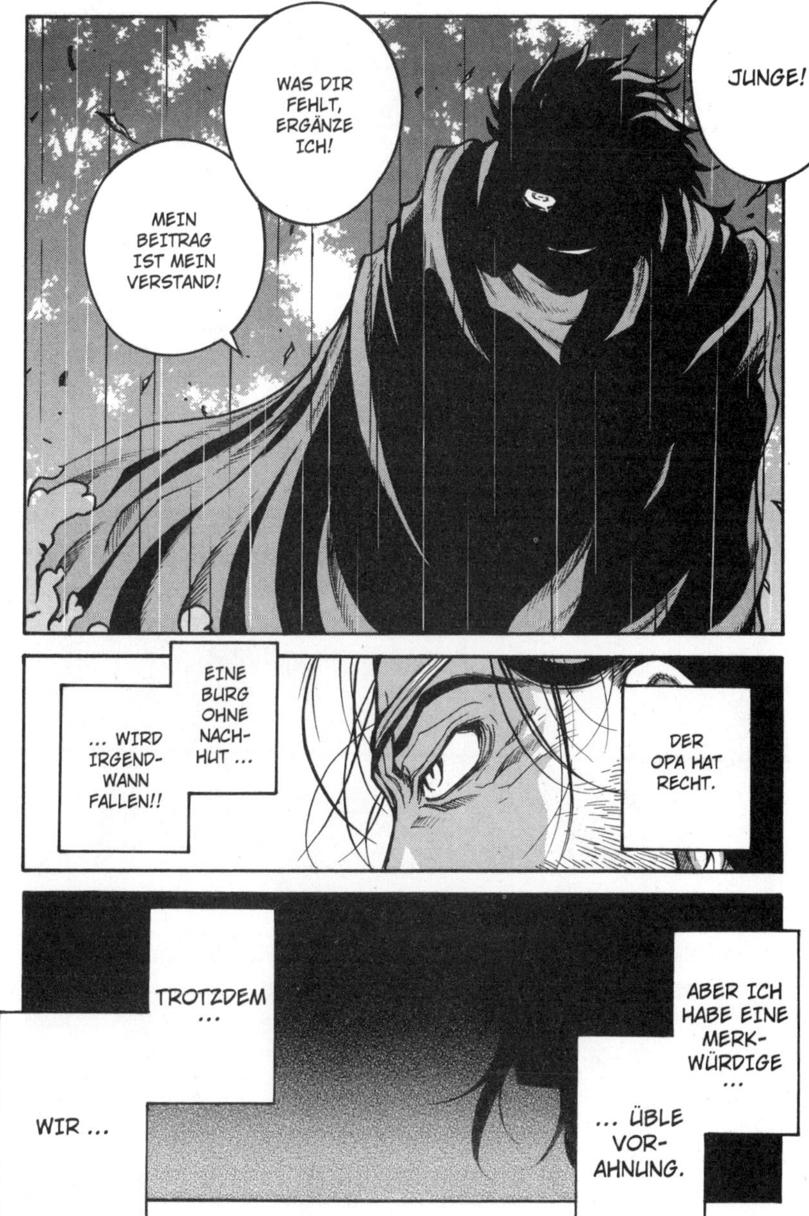
JUNGE!
WAS DIR FEHLT, ERGÄNZE ICH!
MEIN BEITRAG IST MEIN VERSTAND!
DER OPA HAT RECHT.
EINE BURG OHNE NACHHUT …
… WIRD IRGENDWANN FALLEN!!
ABER ICH HABE EINE MERKWÜRDIGE …
… ÜBLE VORAHNUNG.
TROTZDEM …
WIR …

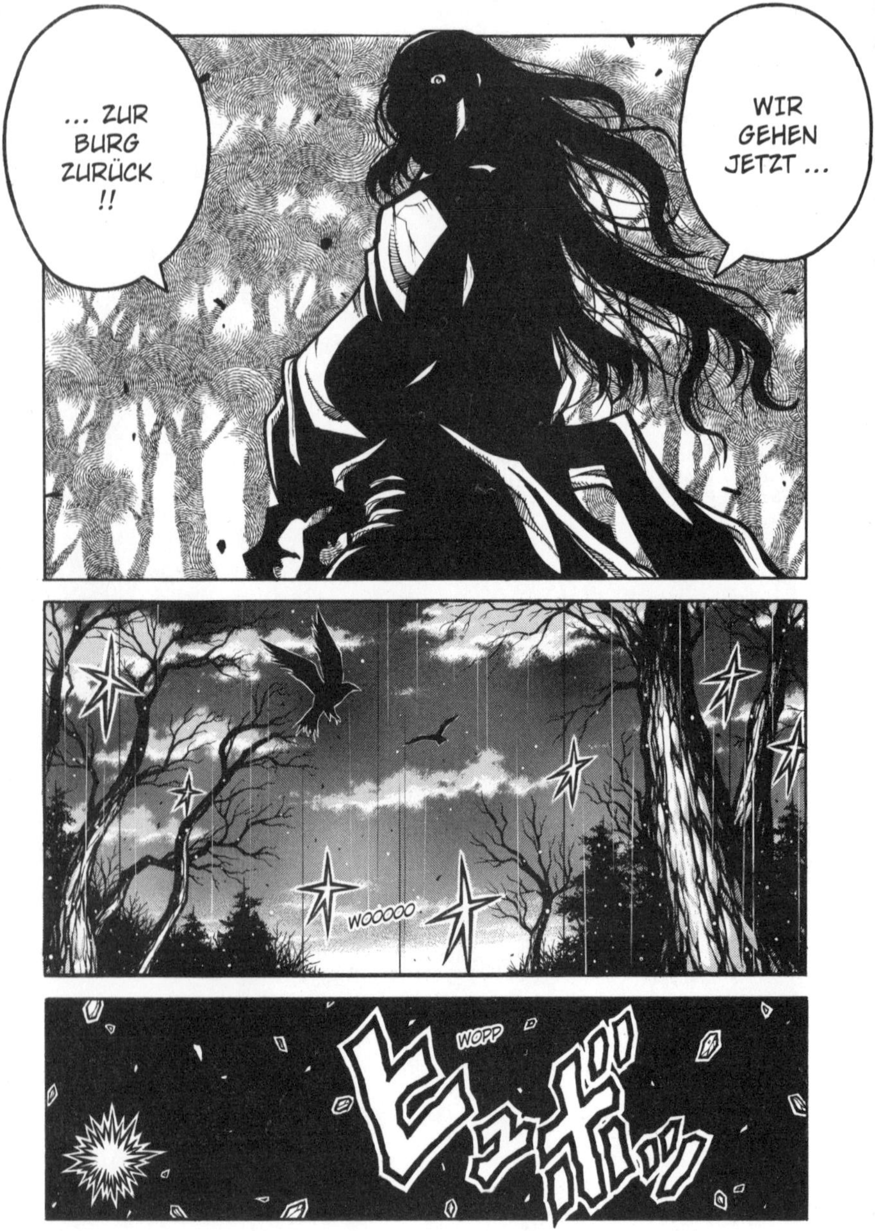

WIR GEHEN JETZT ...

... ZUR BURG ZURÜCK !!

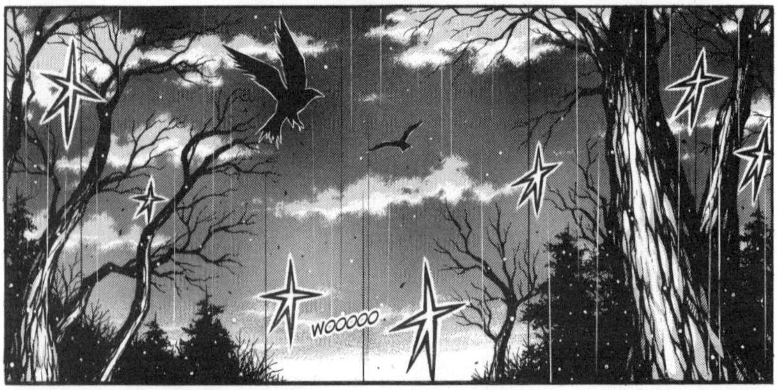

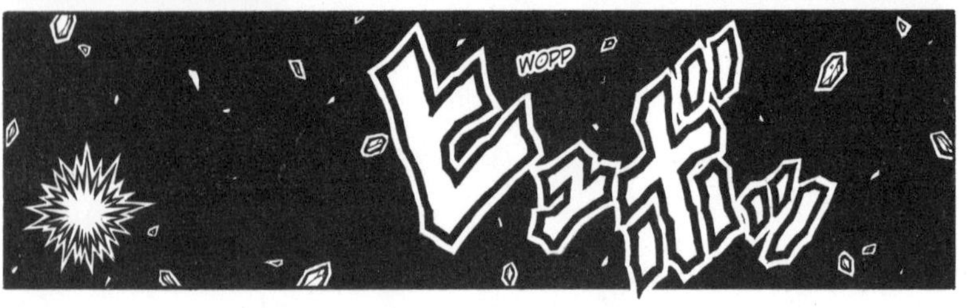

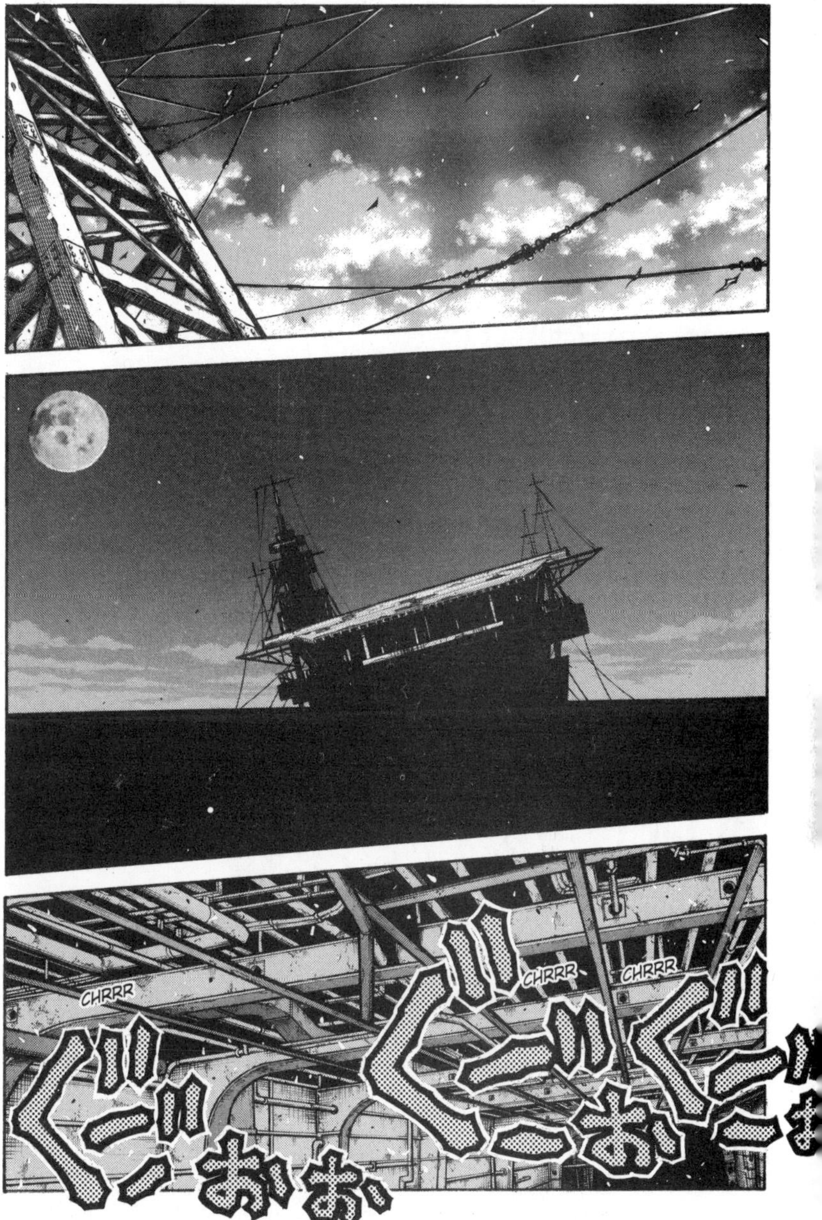

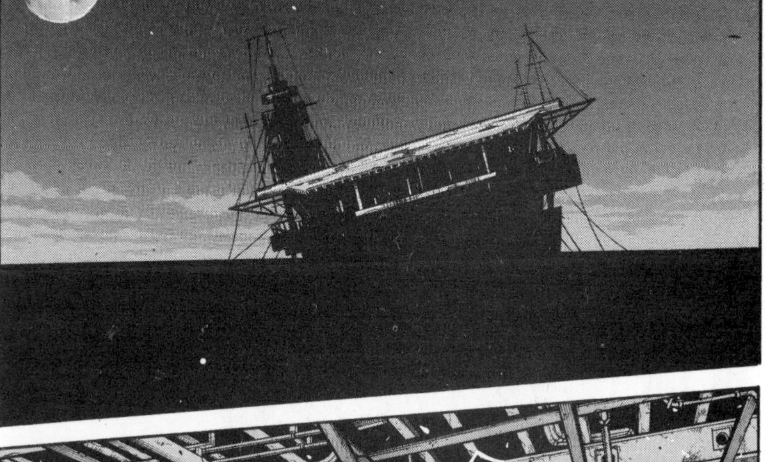

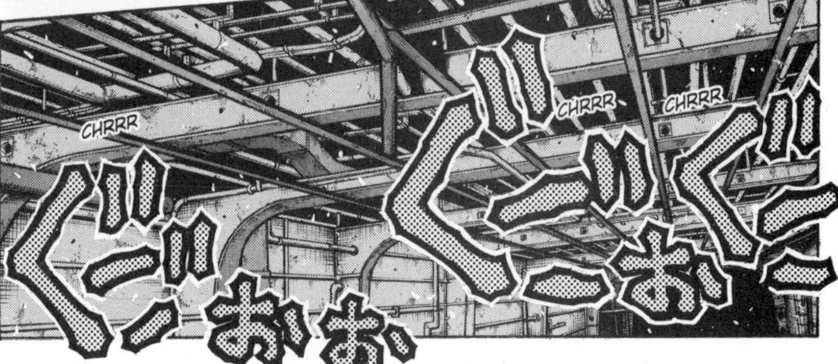
CHRRR
CHRRR
CHRRR
ぐーお
ぐーおお

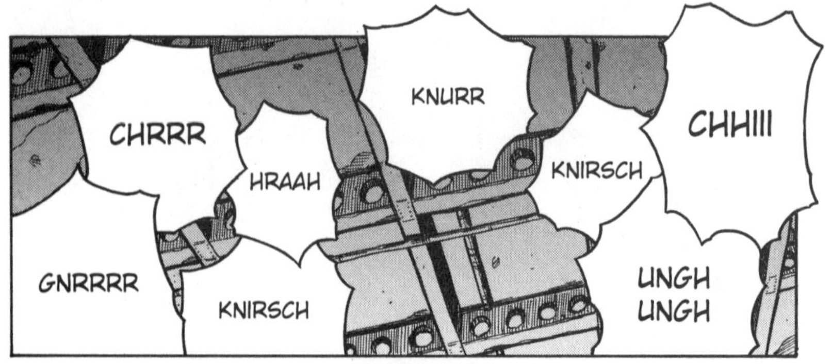

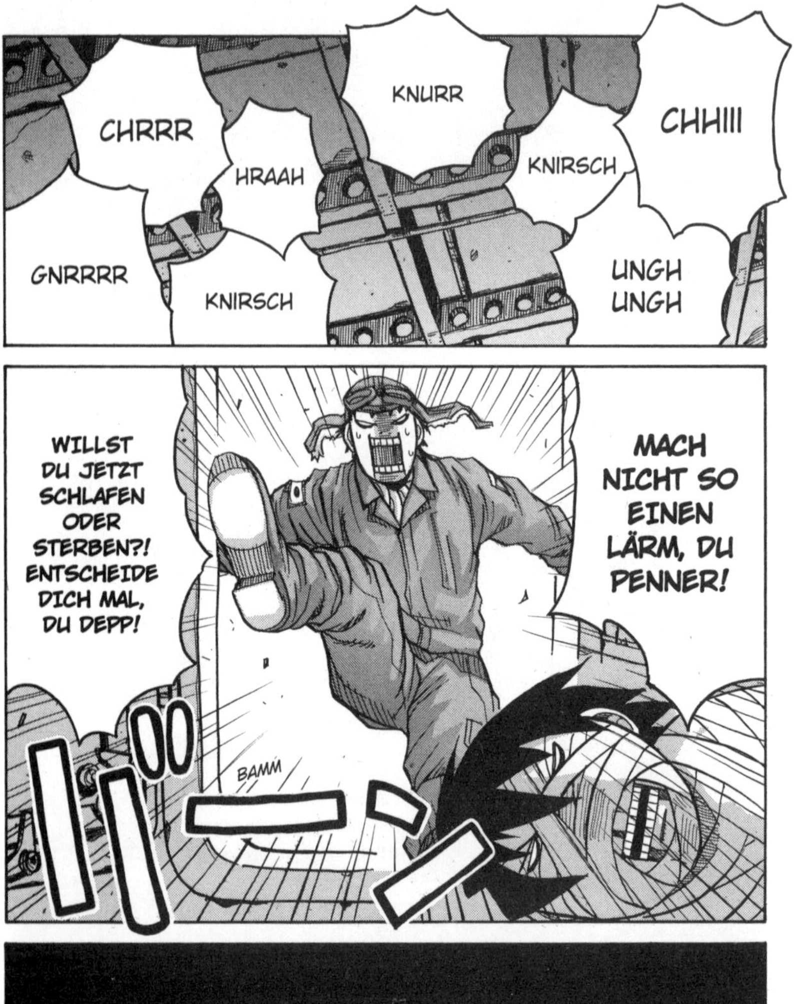

MACH NICHT SO EINEN LÄRM, DU PENNER!

WILLST DU JETZT SCHLAFEN ODER STERBEN?! ENTSCHEIDE DICH MAL, DU DEPP!

BAMM

ENDE DES 79. KAPITELS

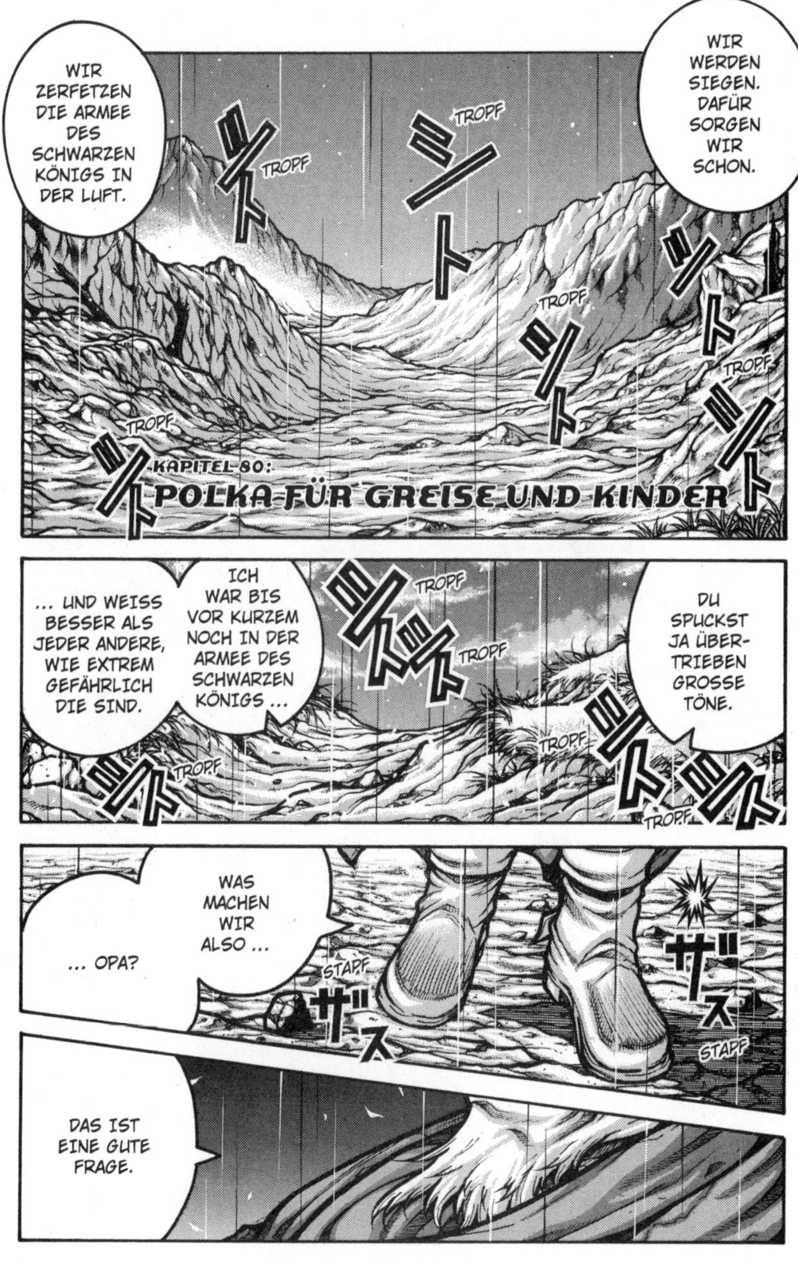
WIR WERDEN SIEGEN. DAFÜR SORGEN WIR SCHON.
WIR ZERFETZEN DIE ARMEE DES SCHWARZEN KÖNIGS IN DER LUFT.
TROPF
TROPF
TROPF
TROPF
TROPF
KAPITEL 80:
POLKA FÜR GREISE UND KINDER
DU SPUCKST JA ÜBERTRIEBEN GROSSE TÖNE.
TROPF
TROPF
ICH WAR BIS VOR KURZEM NOCH IN DER ARMEE DES SCHWARZEN KÖNIGS ...
... UND WEISS BESSER ALS JEDER ANDERE, WIE EXTREM GEFÄHRLICH DIE SIND.
TROPF
TROPF
TROPF
STAPF
STAPF
WAS MACHEN WIR ALSO ...
... OPA?
DAS IST EINE GUTE FRAGE.

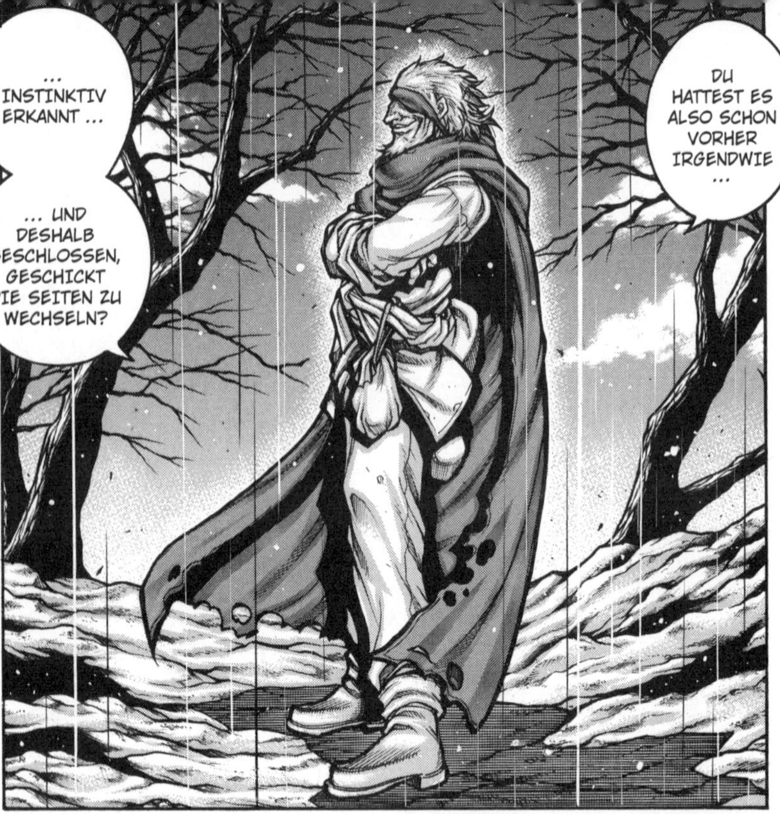

DU HATTEST ES ALSO SCHON VORHER IRGENDWIE …
… INSTINKTIV ERKANNT …
… UND DESHALB BESCHLOSSEN, GESCHICKT DIE SEITEN ZU WECHSELN?

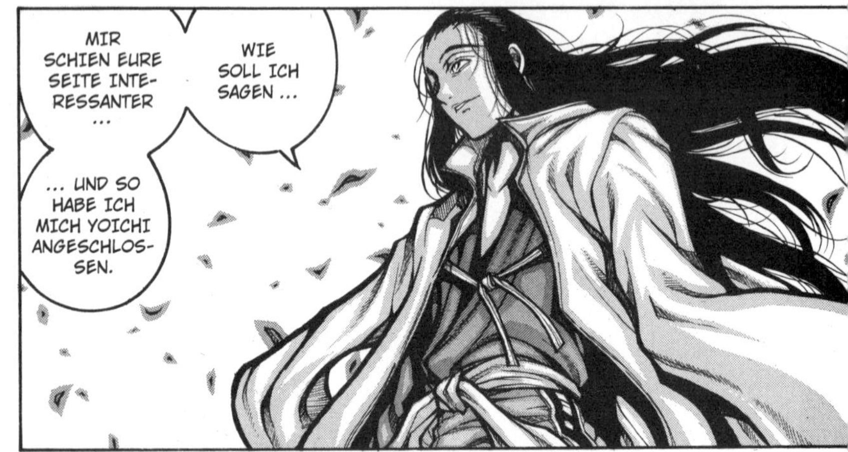

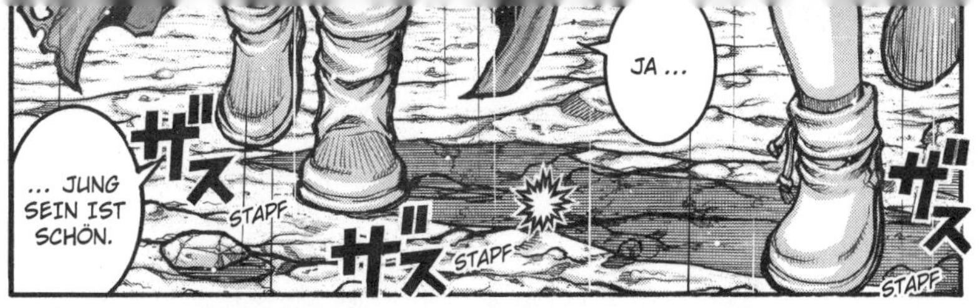
JA …
… JUNG SEIN IST SCHÖN.
ザス
STAPF
ザス
STAPF
ザス
STAPF

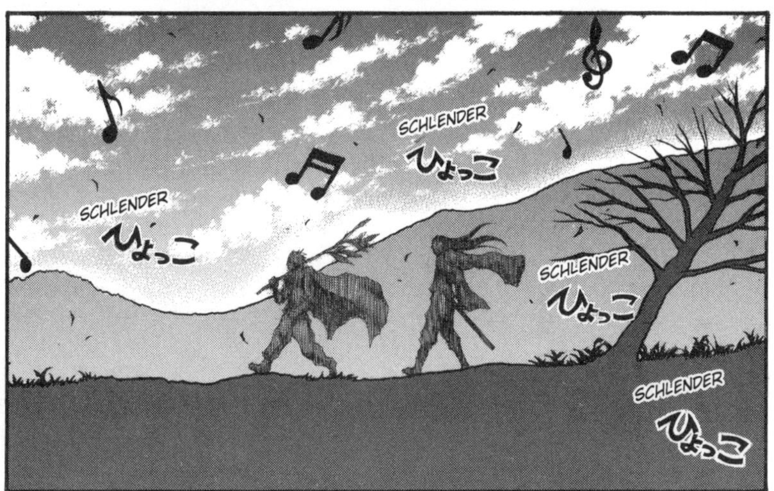
SCHLENDER
ひょっこ
SCHLENDER
ひょっこ
SCHLENDER
ひょっこ
SCHLENDER
ひょっこ

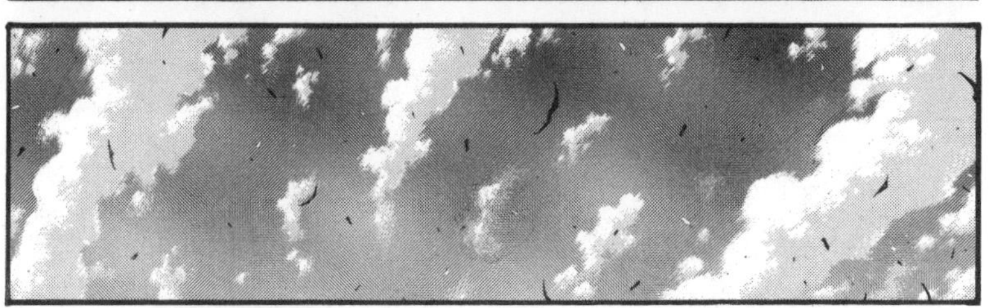

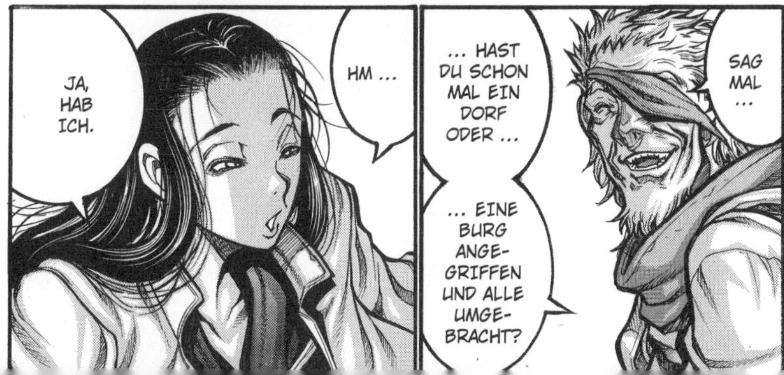
SAG MAL …
… HAST DU SCHON MAL EIN DORF ODER …
… EINE BURG ANGE-GRIFFEN UND ALLE UMGE-BRACHT?
HM …
JA, HAB ICH.

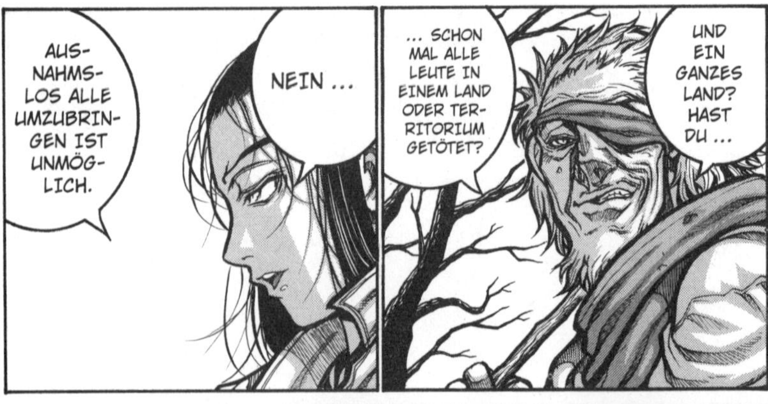
UND EIN GANZES LAND? HAST DU …
… SCHON MAL ALLE LEUTE IN EINEM LAND ODER TERRITORIUM GETÖTET?
NEIN …
AUSNAHMSLOS ALLE UMZUBRINGEN IST UNMÖGLICH.

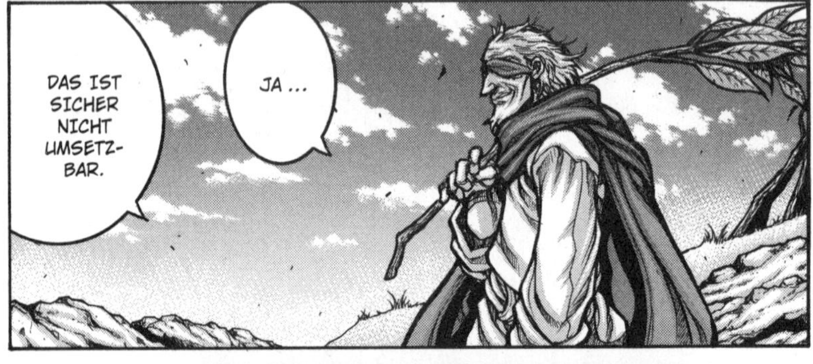
JA …
DAS IST SICHER NICHT UMSETZBAR.

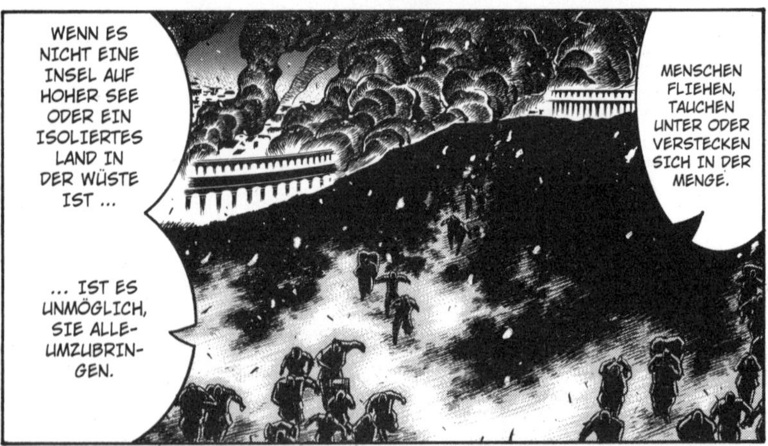
MENSCHEN FLIEHEN, TAUCHEN UNTER ODER VERSTECKEN SICH IN DER MENGE.
WENN ES NICHT EINE INSEL AUF HOHER SEE ODER EIN ISOLIERTES LAND IN DER WÜSTE IST …
… IST ES UNMÖGLICH, SIE ALLE UMZUBRINGEN.

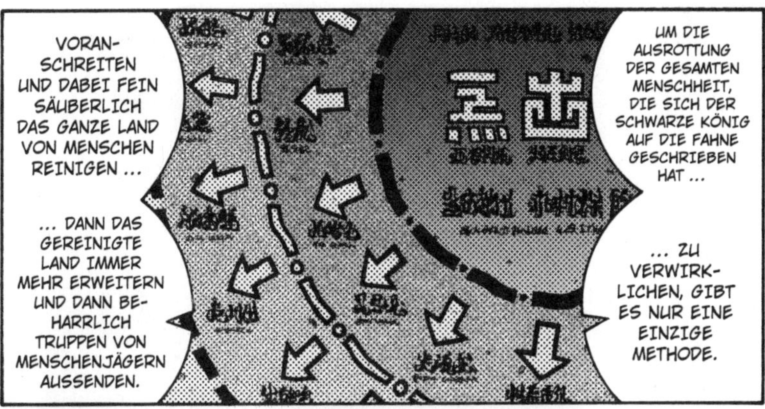
UM DIE AUSROTTUNG DER GESAMTEN MENSCHHEIT, DIE SICH DER SCHWARZE KÖNIG AUF DIE FAHNE GESCHRIEBEN HAT …
… ZU VERWIRK-LICHEN, GIBT ES NUR EINE EINZIGE METHODE.
VORAN-SCHREITEN UND DABEI FEIN SÄUBERLICH DAS GANZE LAND VON MENSCHEN REINIGEN …
… DANN DAS GEREINIGTE LAND IMMER MEHR ERWEITERN UND DANN BE-HARRLICH TRUPPEN VON MENSCHENJÄGERN AUSSENDEN.

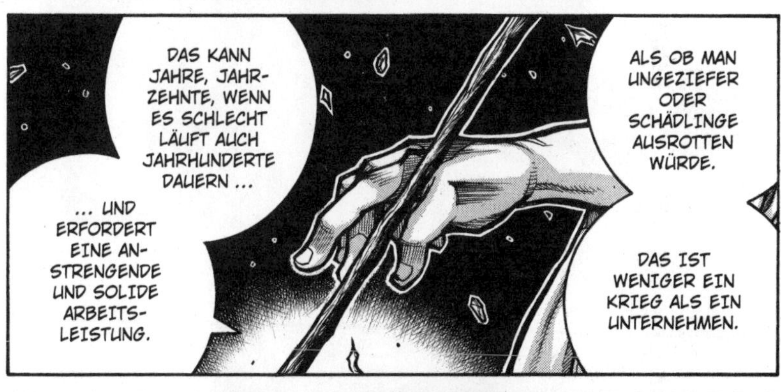
ALS OB MAN UNGEZIEFER ODER SCHÄDLINGE AUSROTTEN WÜRDE.
DAS IST WENIGER EIN KRIEG ALS EIN UNTERNEHMEN.
DAS KANN JAHRE, JAHR-ZEHNTE, WENN ES SCHLECHT LÄUFT AUCH JAHRHUNDERTE DAUERN …
… UND ERFORDERT EINE AN-STRENGENDE UND SOLIDE ARBEITS-LEISTUNG.

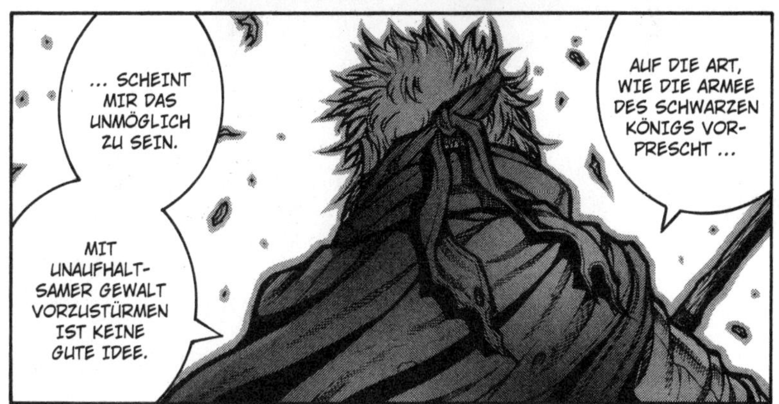
AUF DIE ART, WIE DIE ARMEE DES SCHWARZEN KÖNIGS VOR-PRESCHT …
… SCHEINT MIR DAS UNMÖGLICH ZU SEIN.
MIT UNAUFHALT-SAMER GEWALT VORZUSTÜRMEN IST KEINE GUTE IDEE.

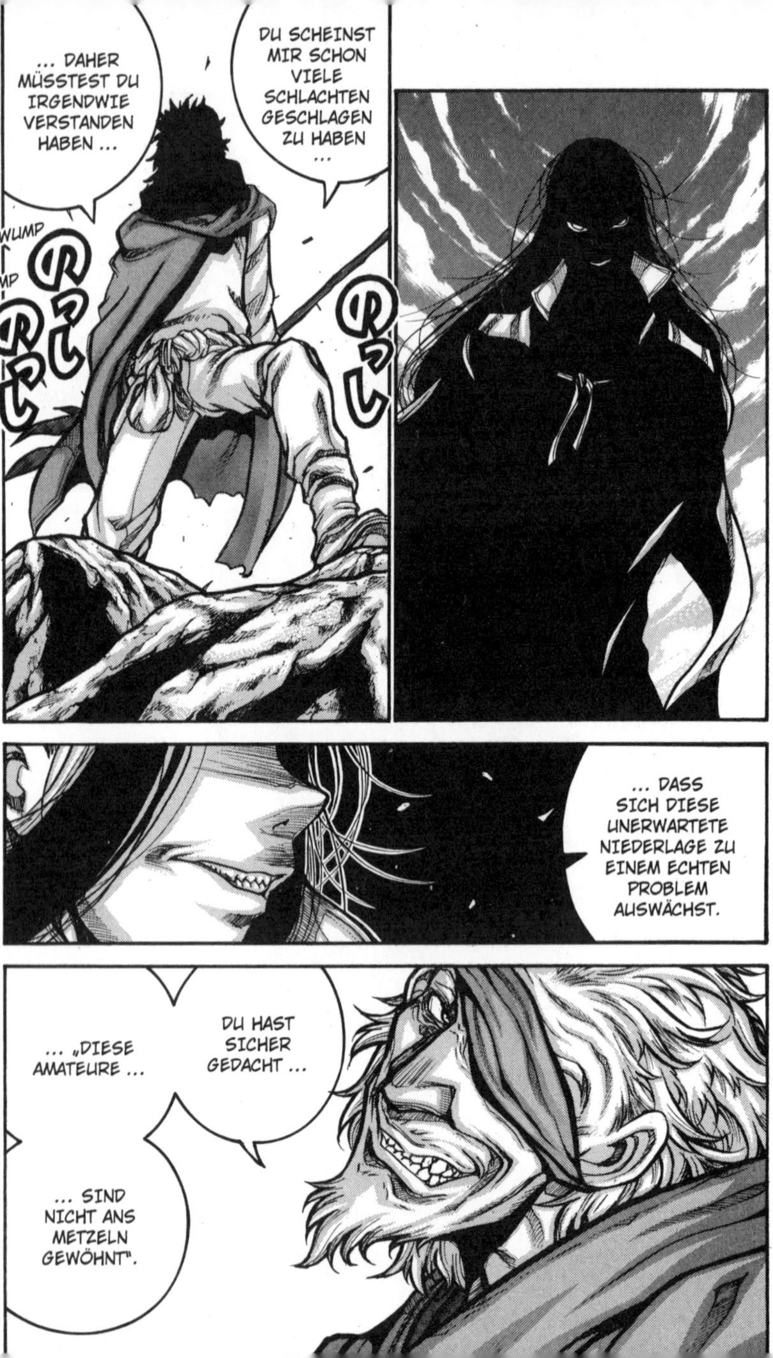

DU SCHEINST MIR SCHON VIELE SCHLACHTEN GESCHLAGEN ZU HABEN ...
... DAHER MÜSSTEST DU IRGENDWIE VERSTANDEN HABEN ...
WUMP
WUMP

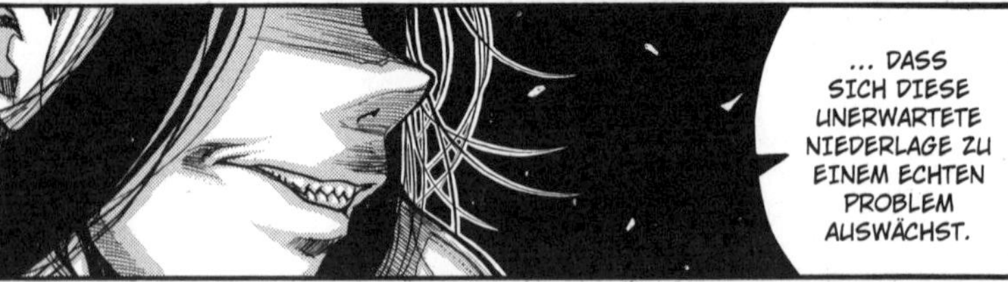

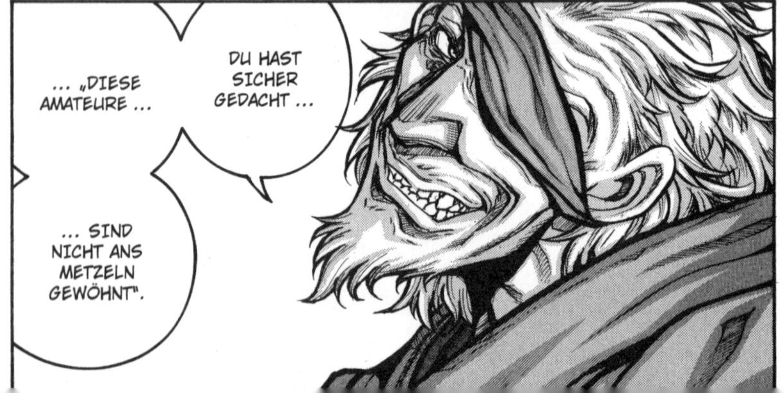

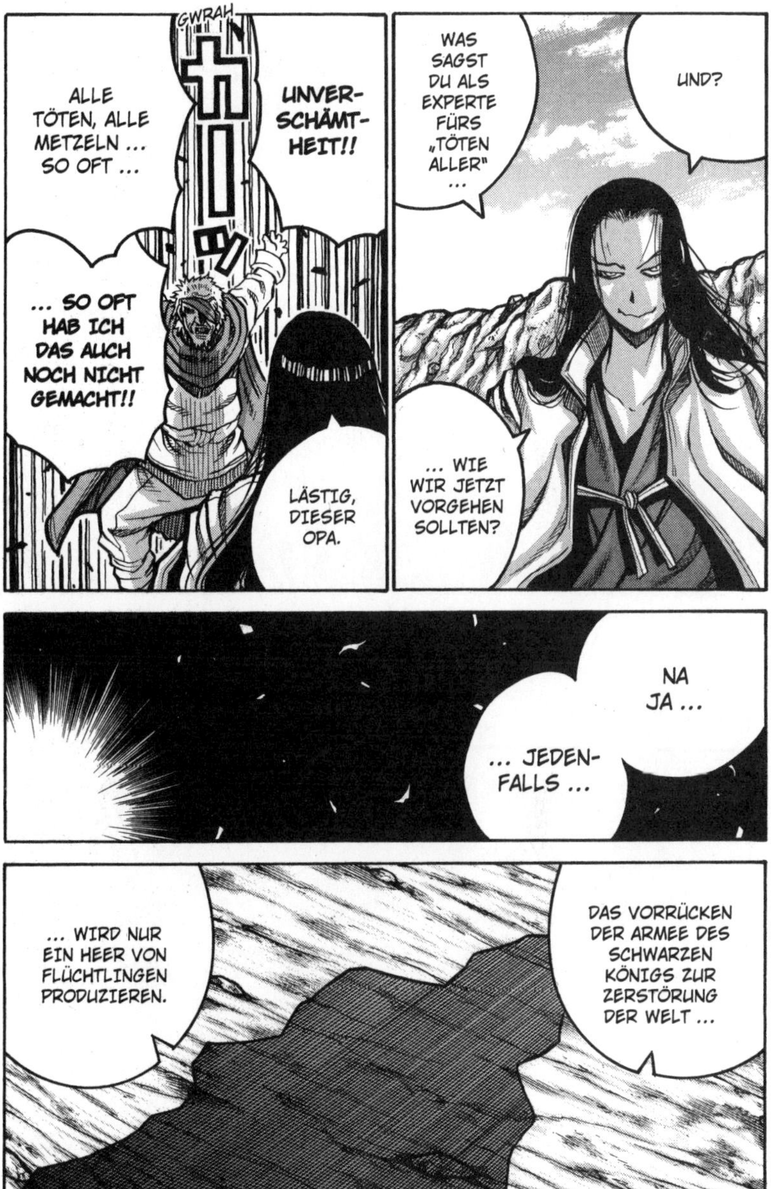

UND?

WAS SAGST DU ALS EXPERTE FÜRS „TÖTEN ALLER“ …

… WIE WIR JETZT VORGEHEN SOLLTEN?

UNVER-SCHÄMT-HEIT!!

GWRAH

ALLE TÖTEN, ALLE METZELN … SO OFT …

… SO OFT HAB ICH DAS AUCH NOCH NICHT GEMACHT!!

LÄSTIG, DIESER OPA.

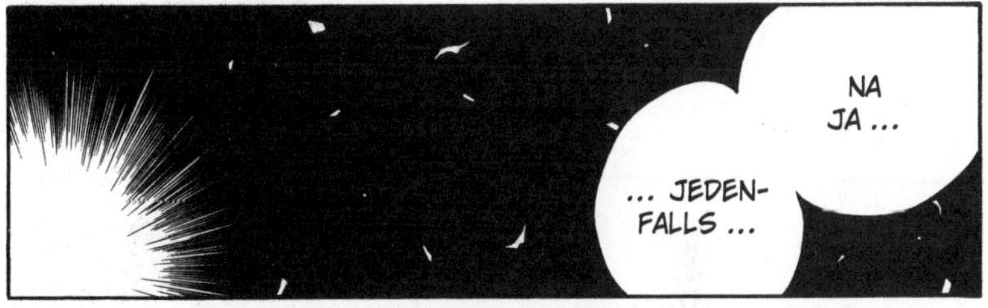

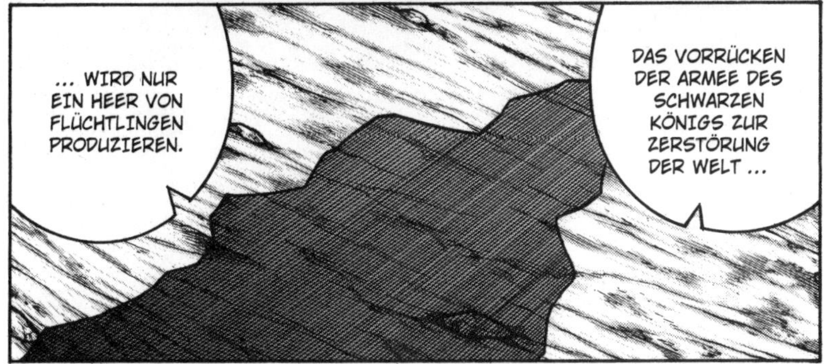

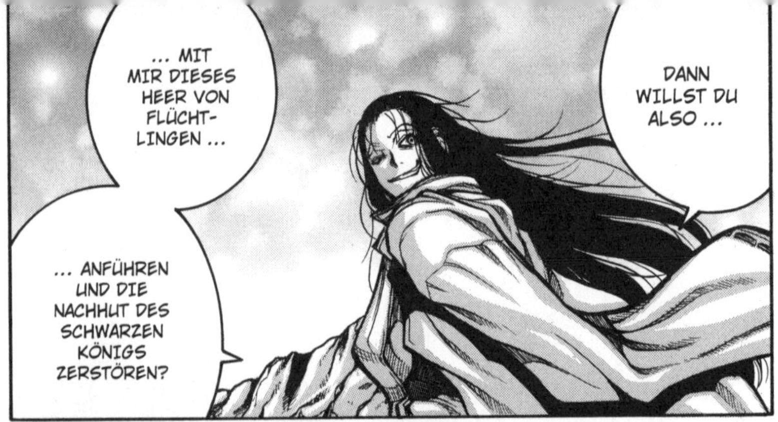
DANN WILLST DU ALSO ...
... MIT MIR DIESES HEER VON FLÜCHT-LINGEN ...
... ANFÜHREN UND DIE NACHHUT DES SCHWARZEN KÖNIGS ZERSTÖREN?

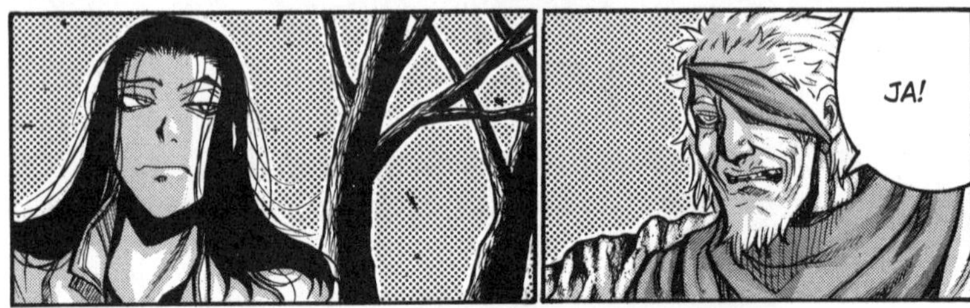
JA!

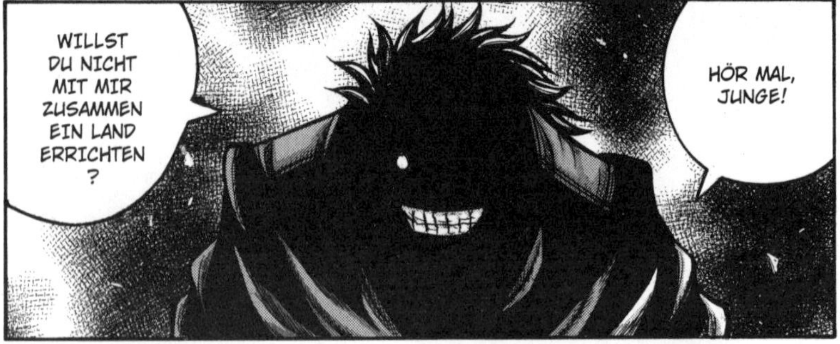
HÖR MAL, JUNGE!
WILLST DU NICHT MIT MIR ZUSAMMEN EIN LAND ERRICHTEN ?

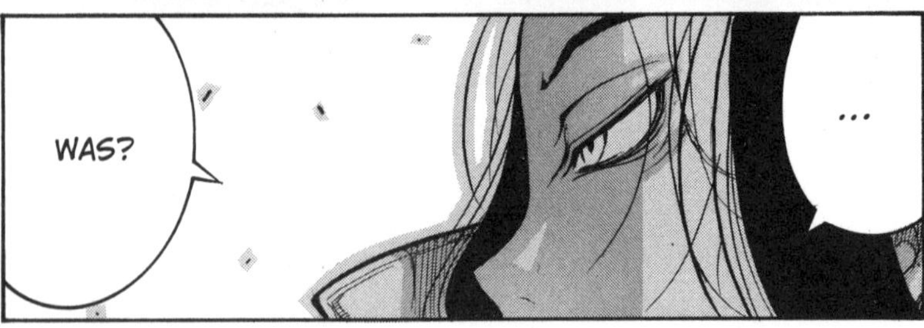
...
WAS?

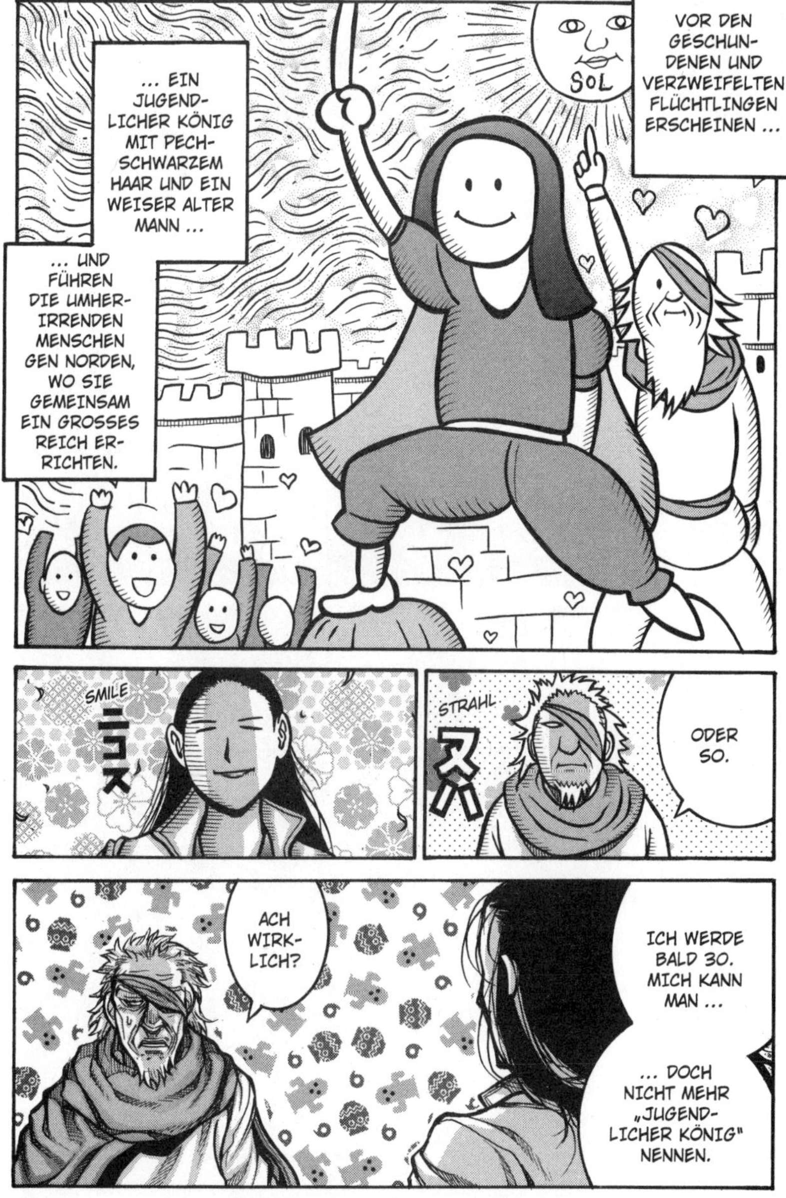

VOR DEN GESCHUNDENEN UND VERZWEIFELTEN FLÜCHTLINGEN ERSCHEINEN ...
SOL
... EIN JUGENDLICHER KÖNIG MIT PECHSCHWARZEM HAAR UND EIN WEISER ALTER MANN ...
... UND FÜHREN DIE UMHERIRRENDEN MENSCHEN GEN NORDEN, WO SIE GEMEINSAM EIN GROSSES REICH ERRICHTEN.
ODER SO.
STRAHL
SMILE
ICH WERDE BALD 30. MICH KANN MAN ...
... DOCH NICHT MEHR „JUGENDLICHER KÖNIG" NENNEN.
ACH WIRKLICH?

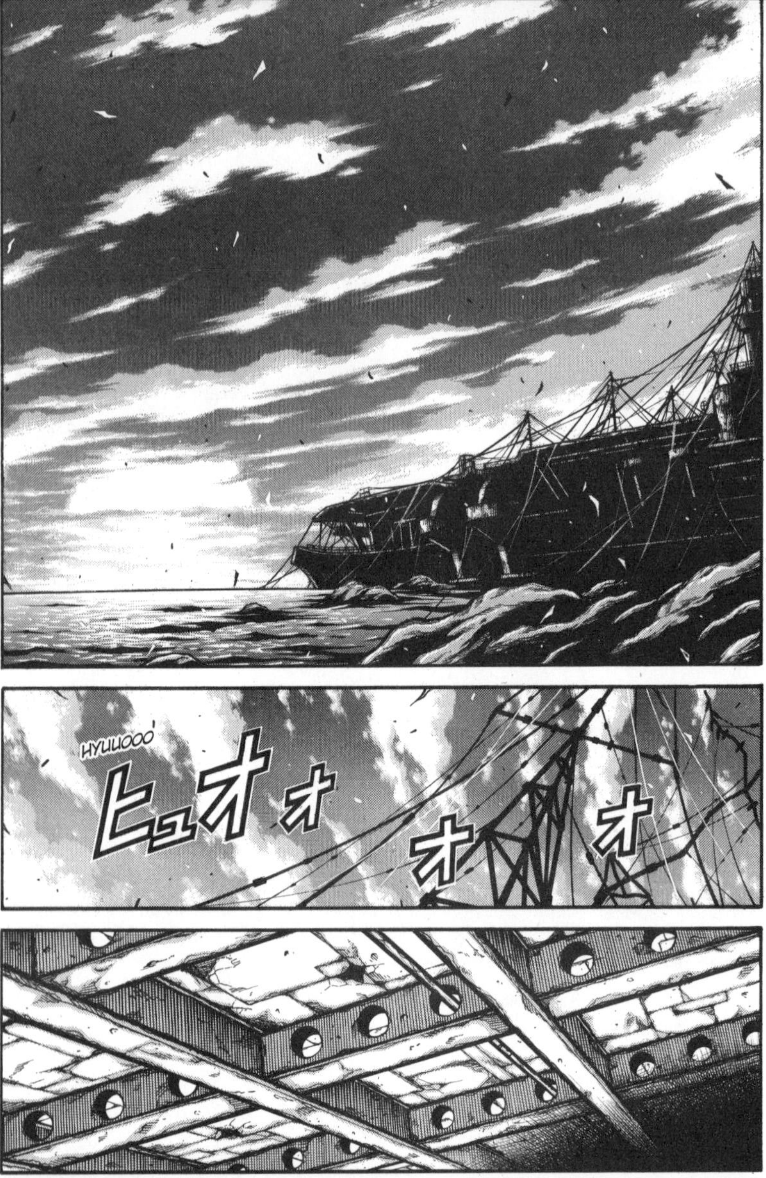

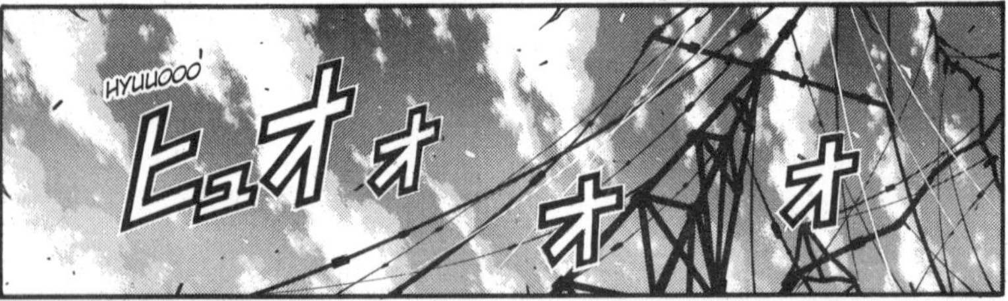

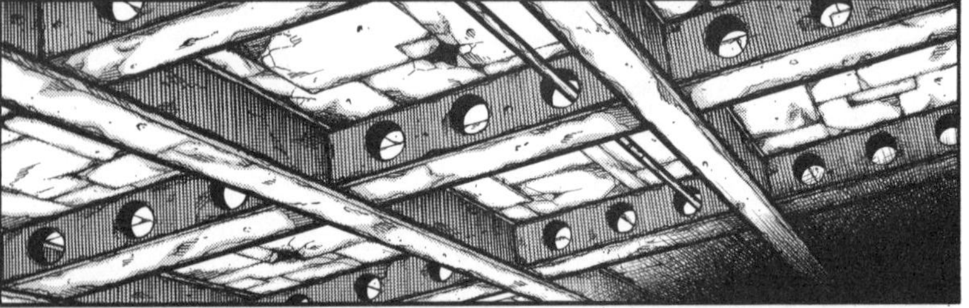

ENDE DES 80. KAPITELS

DRIFTERS

DRIFTERS

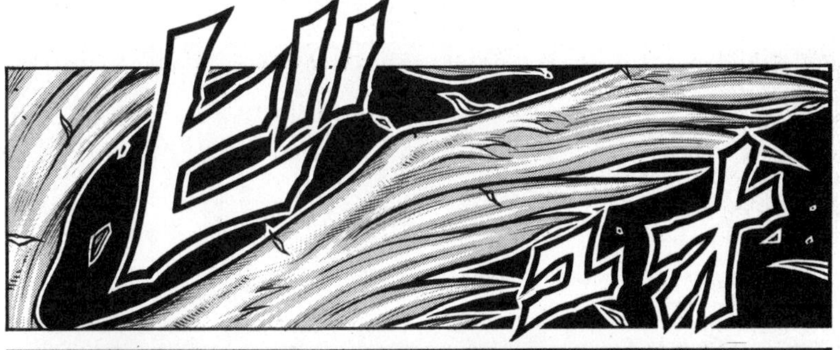

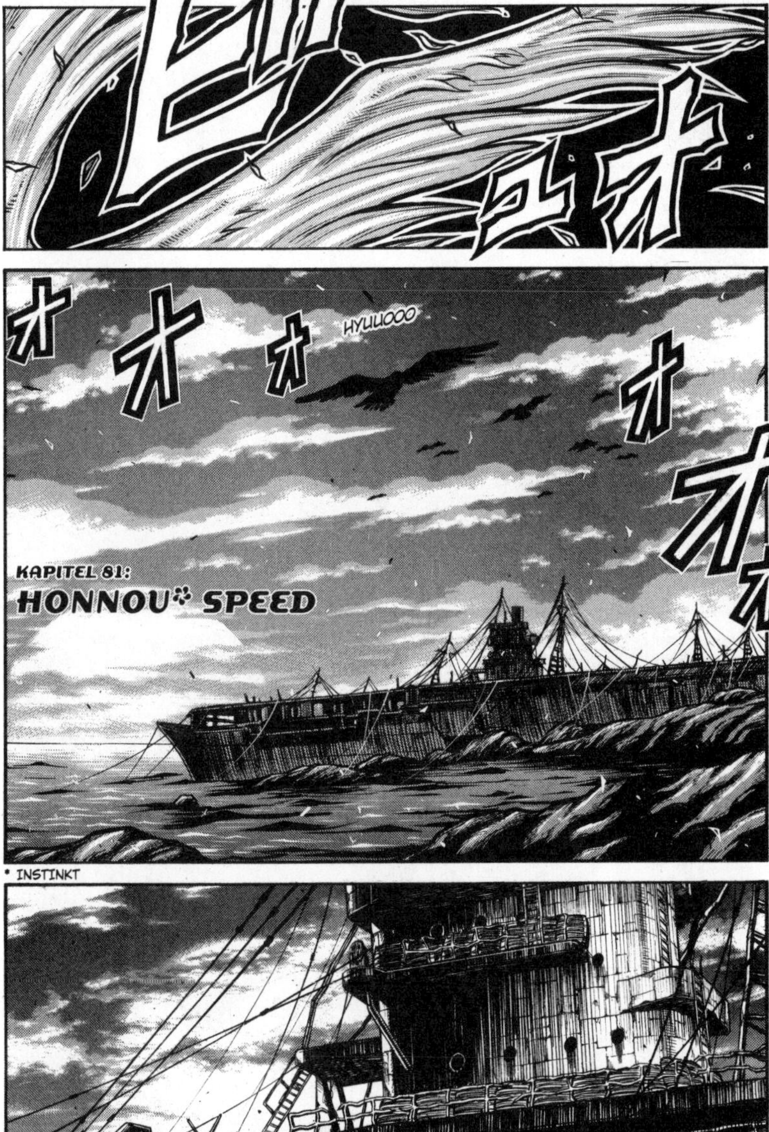

Kapitel 81: Honnou* Speed

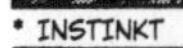

* Instinkt

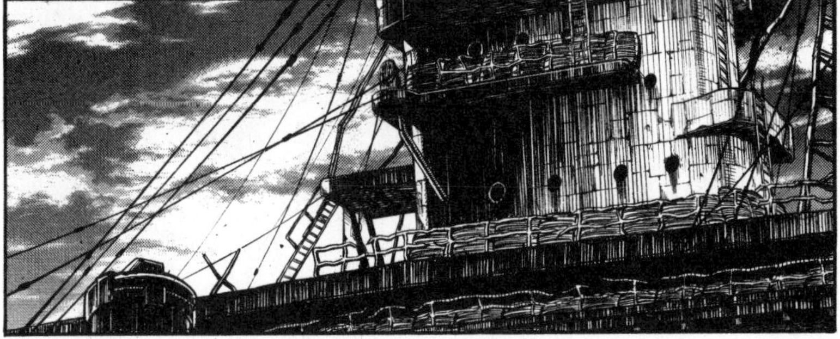

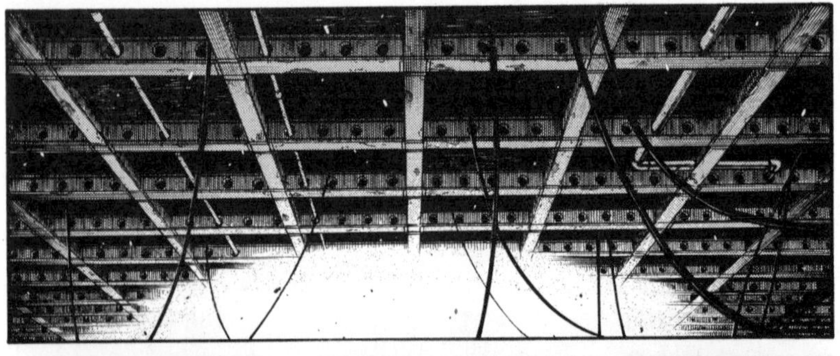

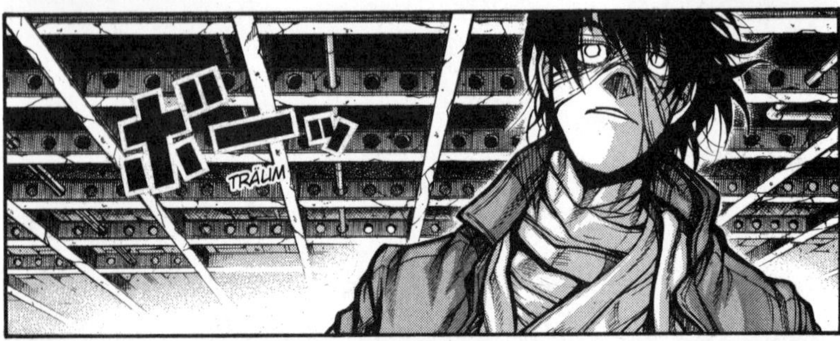

ボーッ
TRÄUM

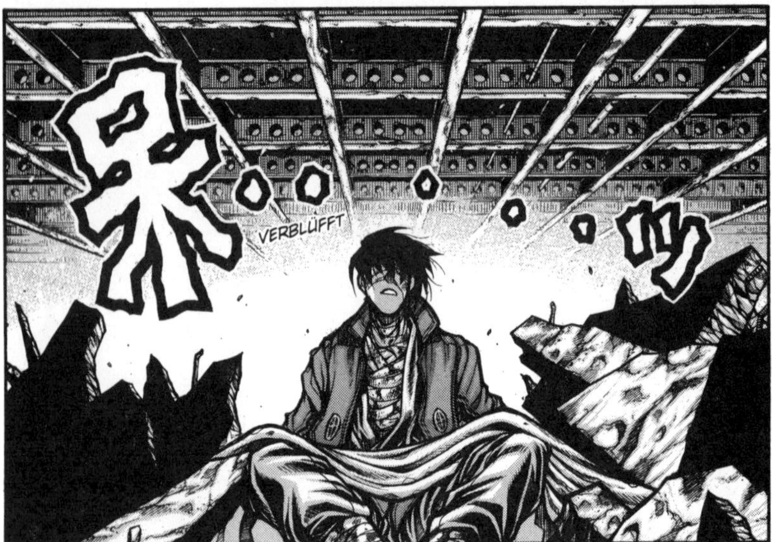

呆・・・・・・ッ
VERBLÜFFT

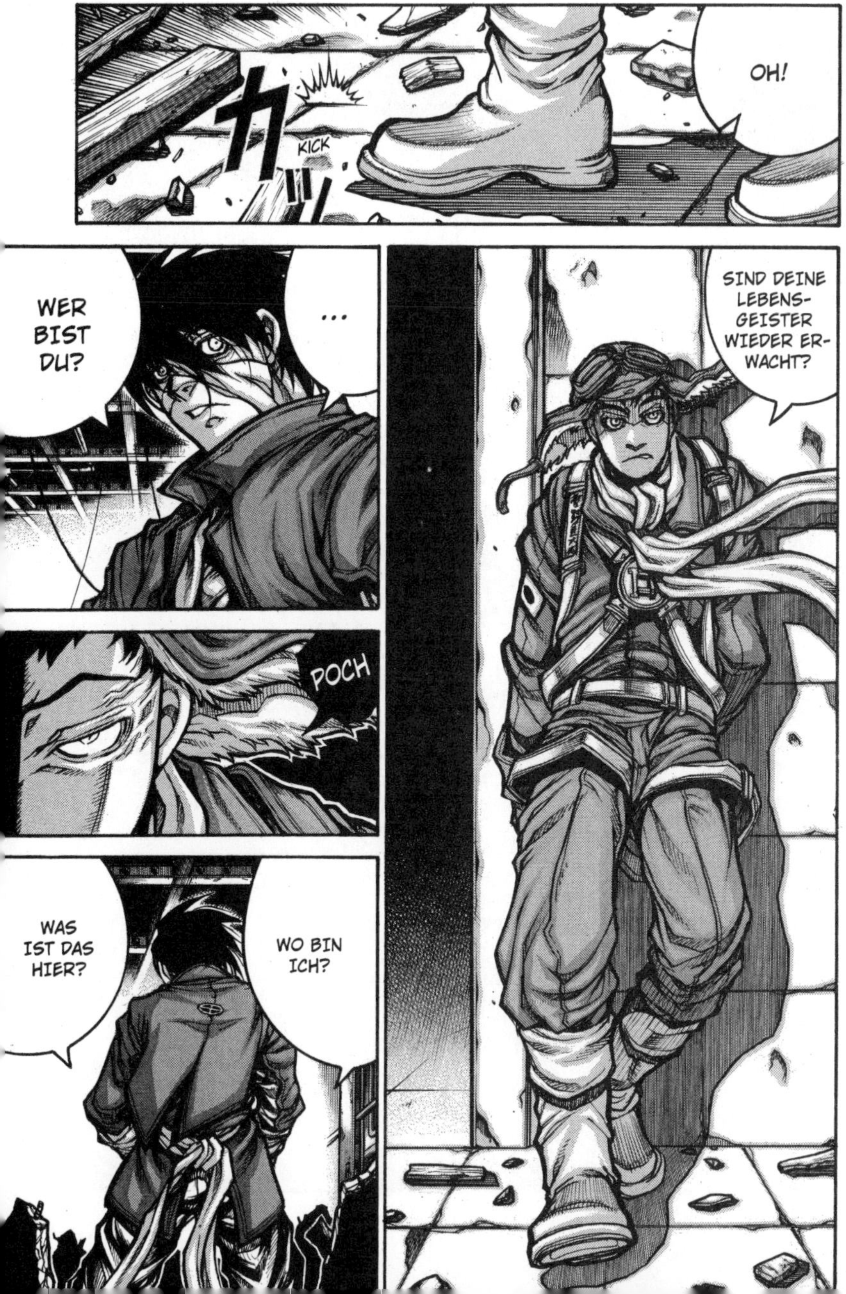

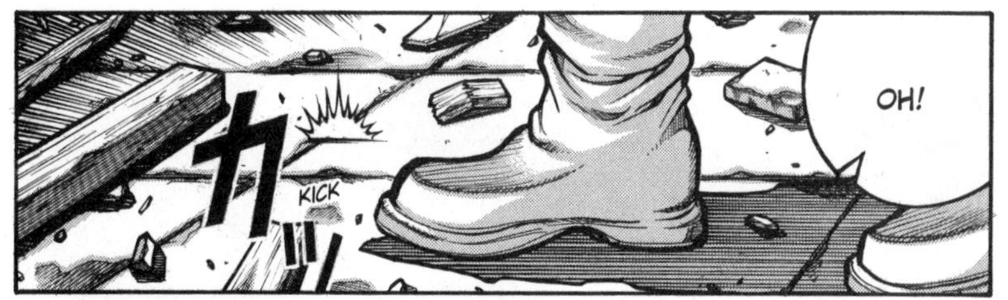

SIND DEINE LEBENS-GEISTER WIEDER ER-WACHT?

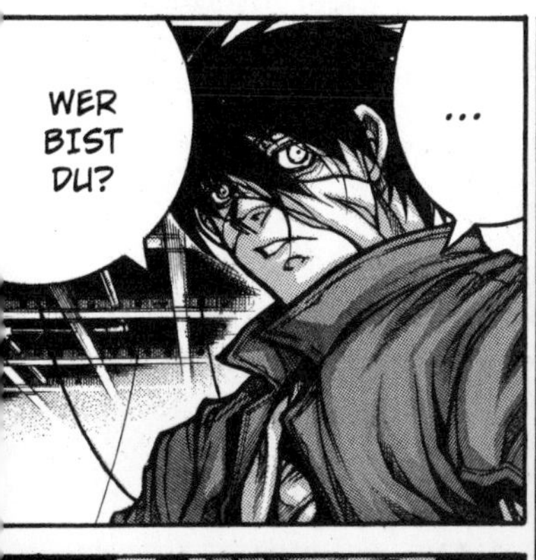

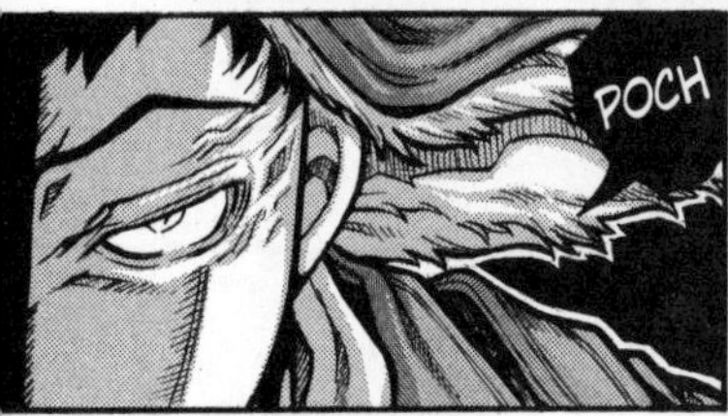

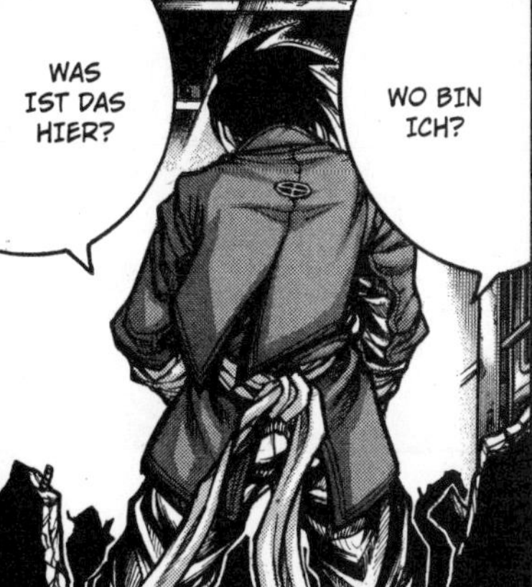

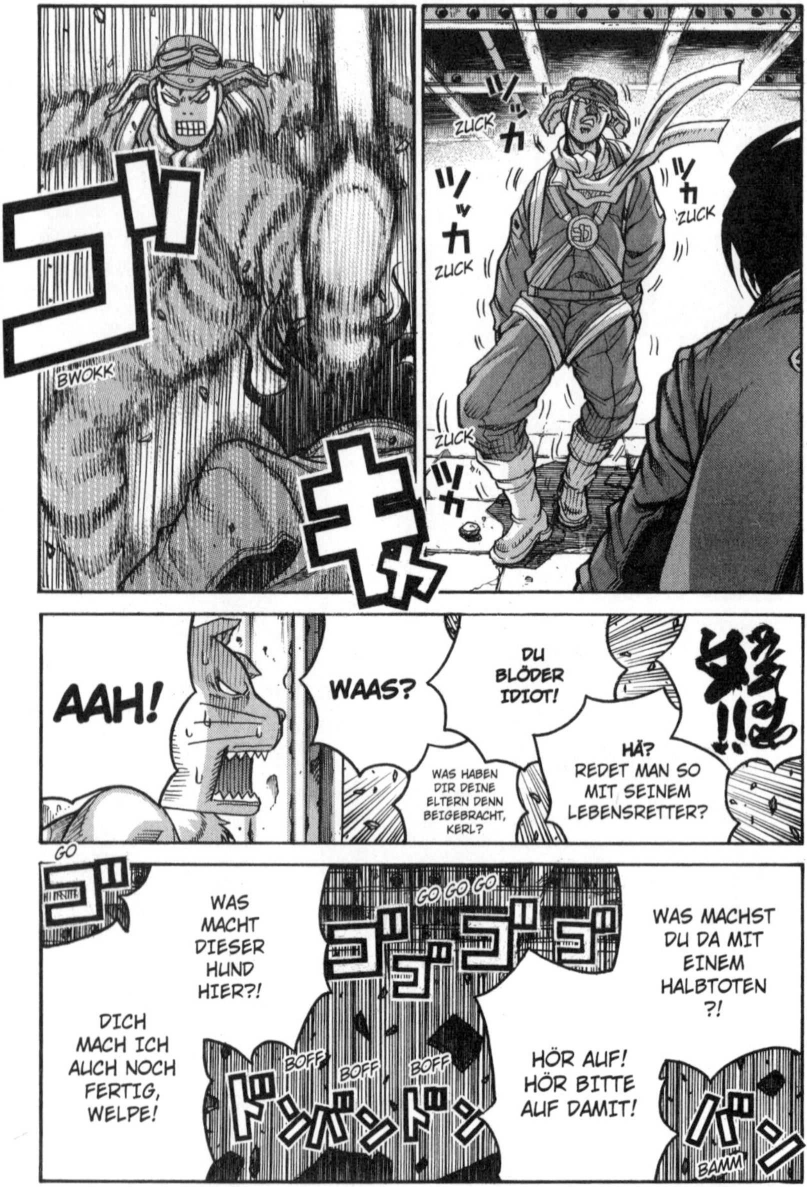

ZUCK
ZUCK
ZUCK
ZUCK
BWOKK

HÄ? REDET MAN SO MIT SEINEM LEBENSRETTER?
WAS HABEN DIR DEINE ELTERN DENN BEIGEBRACHT, KERL?
DU BLÖDER IDIOT!
WAAS?
AAH!

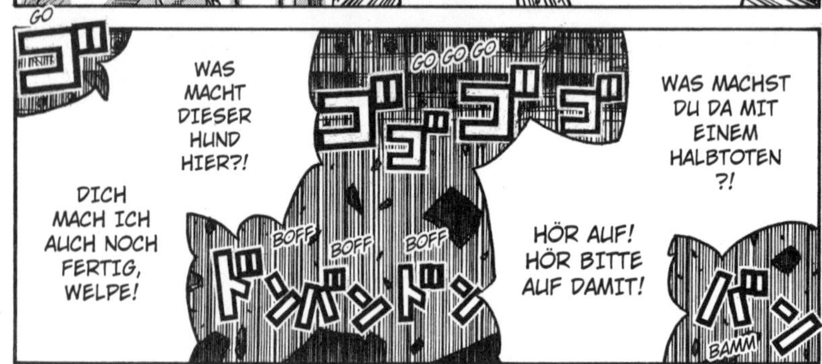

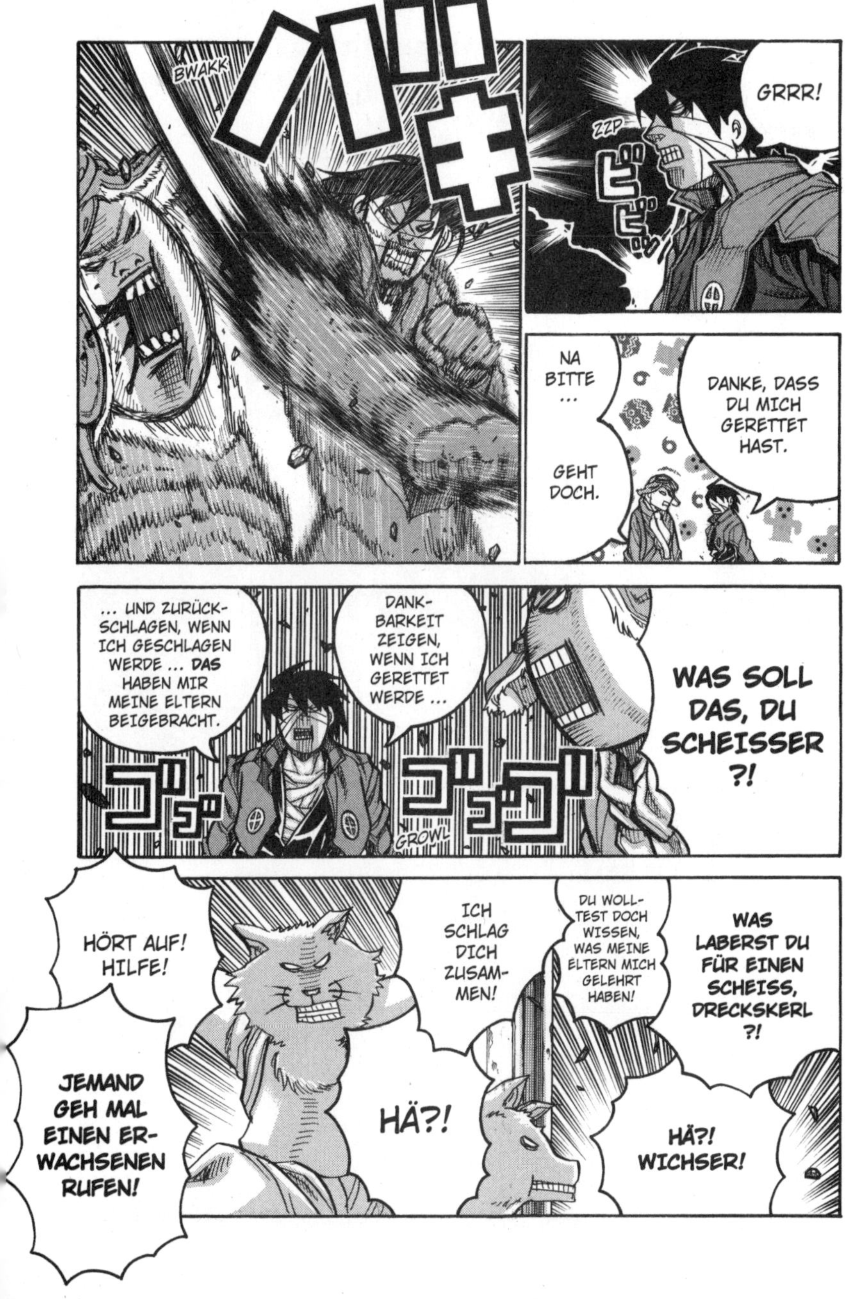

GRRR!

ZZP

DANKE, DASS DU MICH GERETTET HAST.

NA BITTE …

GEHT DOCH.

BWAKK

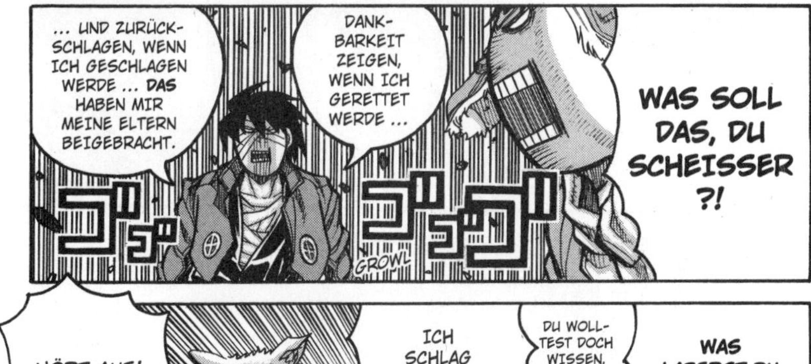

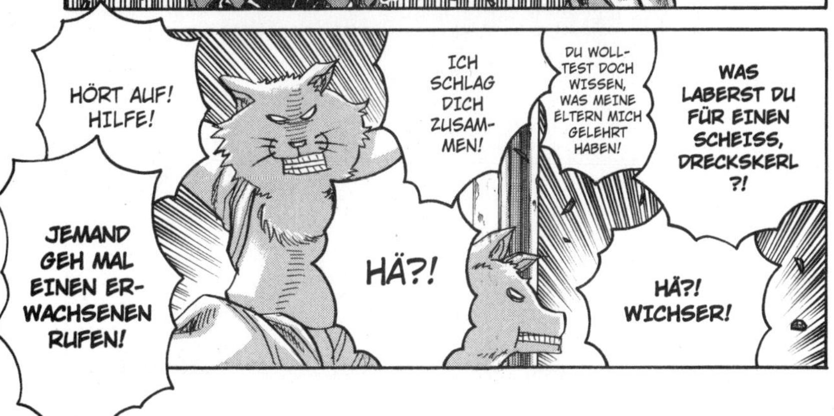

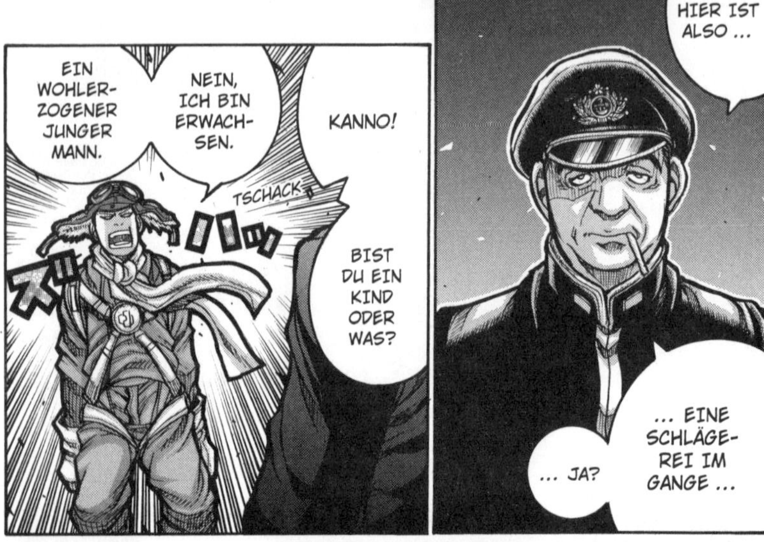
HIER IST ALSO ...
... EINE SCHLÄGEREI IM GANGE ...
... JA?
KANNO!
BIST DU EIN KIND ODER WAS?
NEIN, ICH BIN ERWACHSEN.
EIN WOHLERZOGENER JUNGER MANN.
TSCHACK

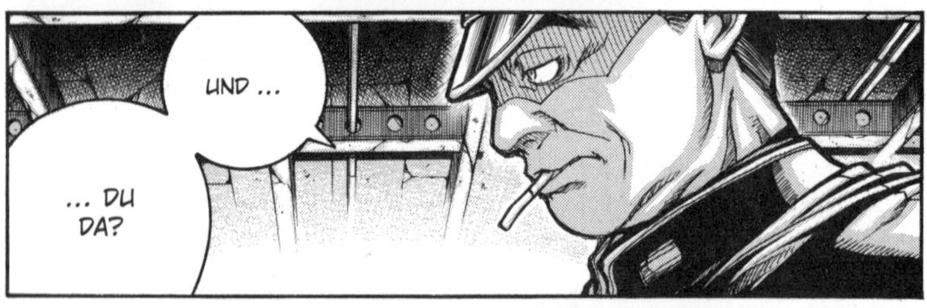
UND ...
... DU DA?

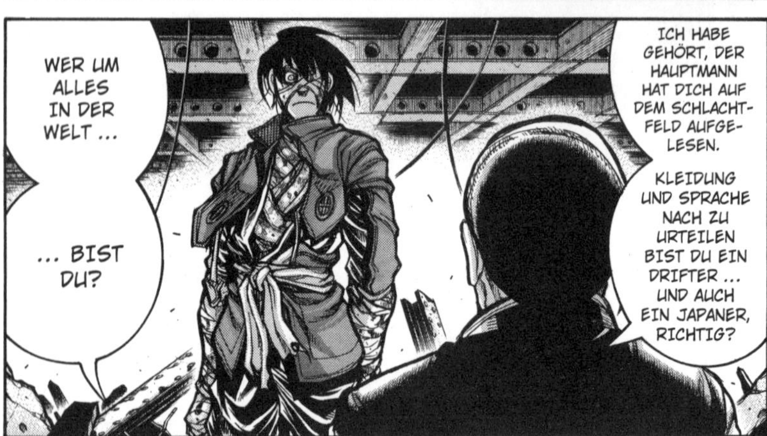
ICH HABE GEHÖRT, DER HAUPTMANN HAT DICH AUF DEM SCHLACHTFELD AUFGELESEN.
KLEIDUNG UND SPRACHE NACH ZU URTEILEN BIST DU EIN DRIFTER ... UND AUCH EIN JAPANER, RICHTIG?
WER UM ALLES IN DER WELT ...
... BIST DU?

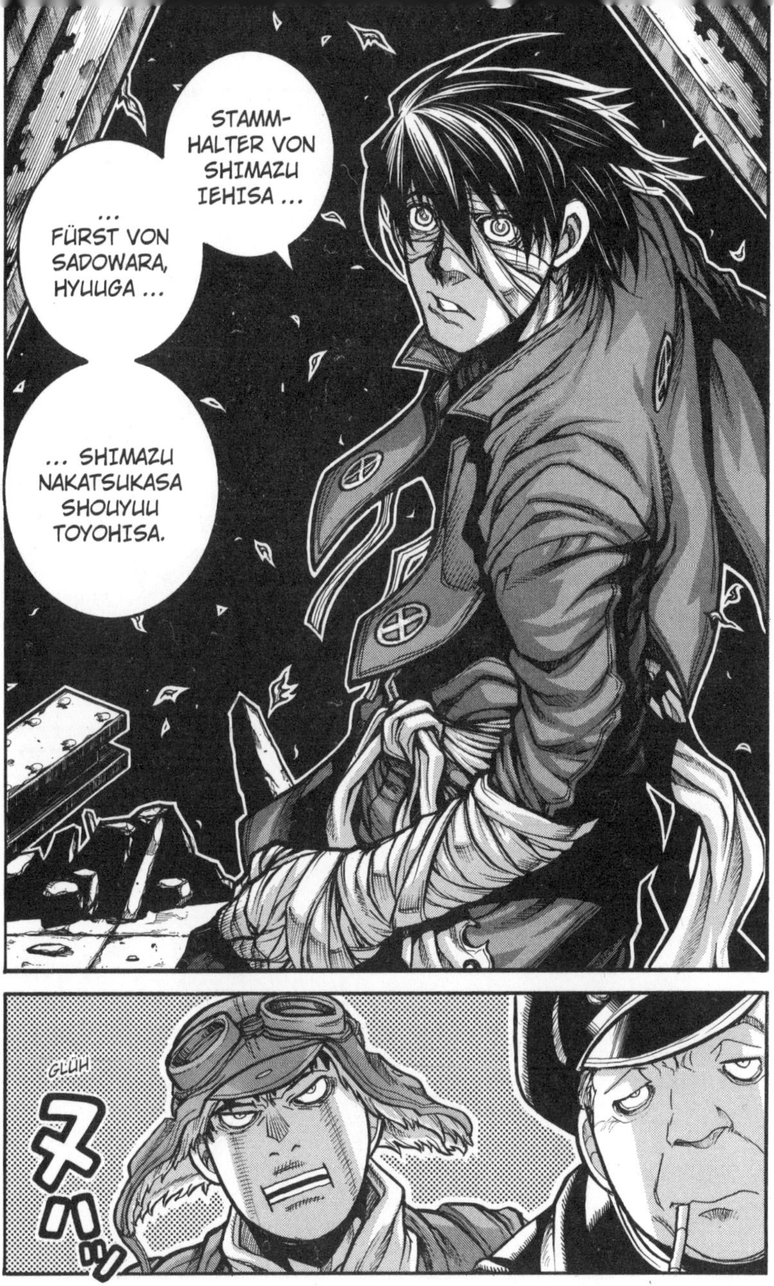

STAMM-HALTER VON SHIMAZU IEHISA …

… FÜRST VON SADOWARA, HYUUGA …

… SHIMAZU NAKATSUKASA SHOUYUU TOYOHISA.

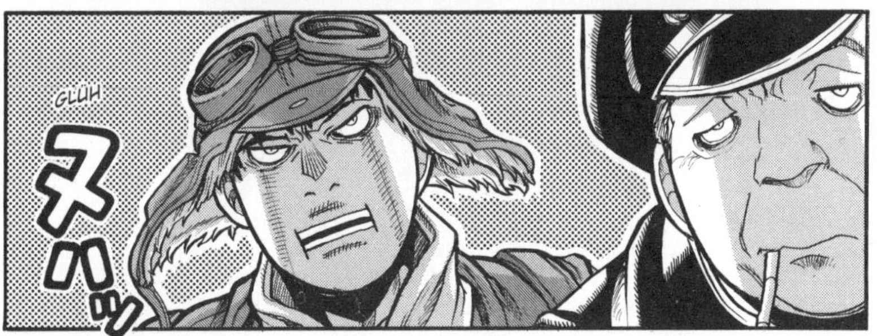

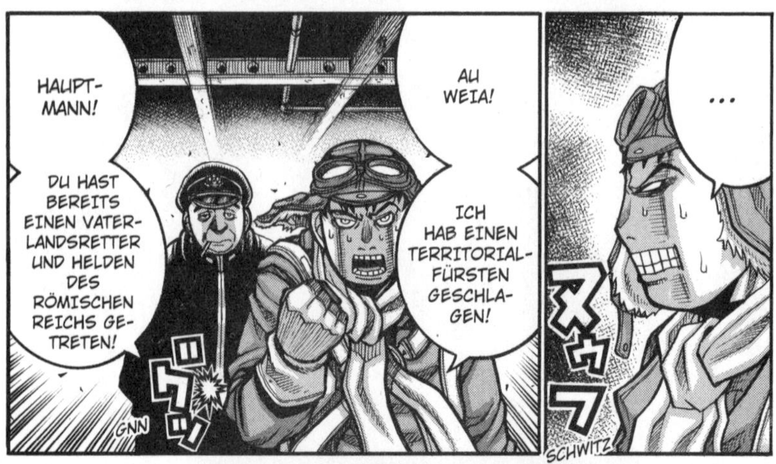

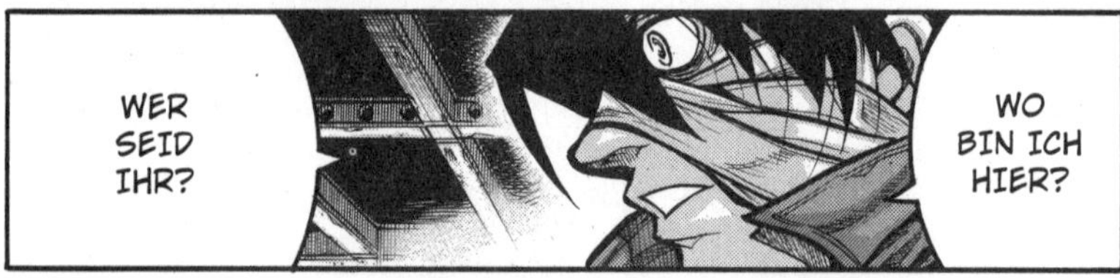

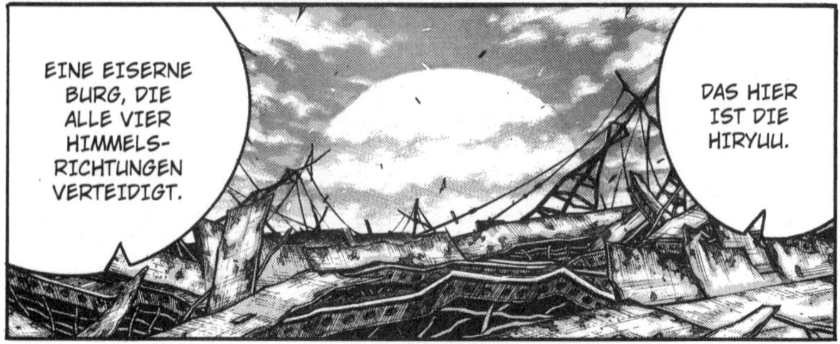

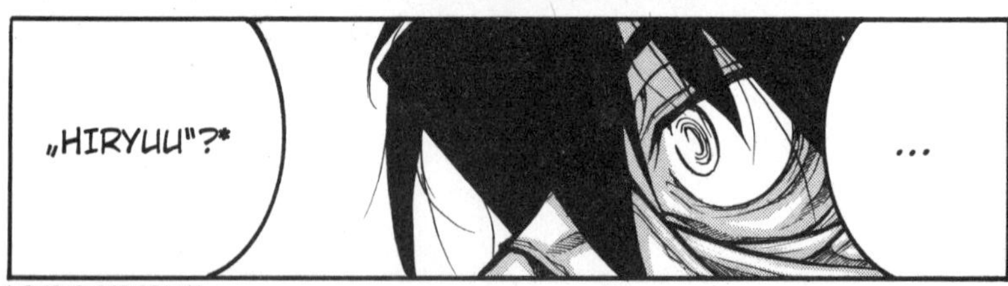

* FLIEGENDER DRACHE

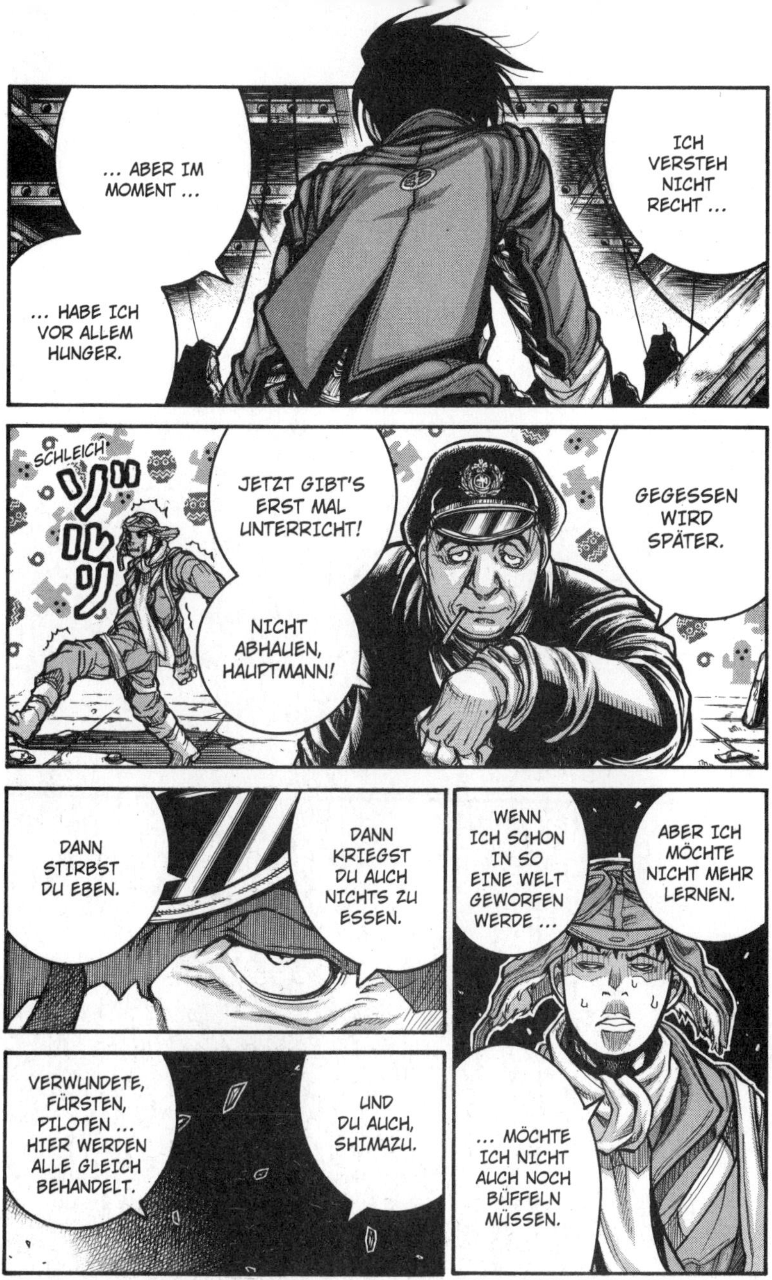

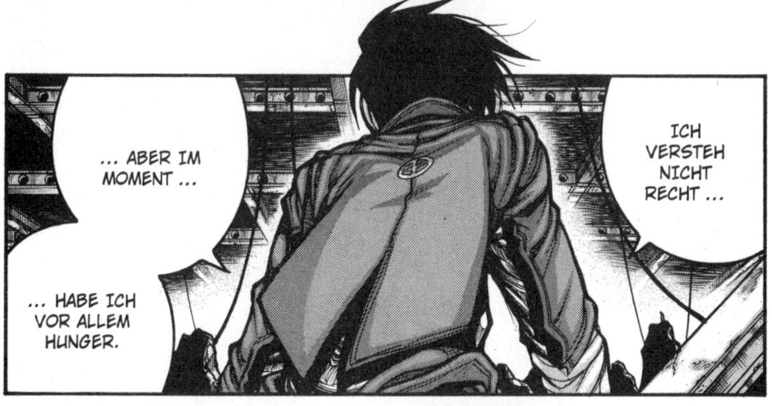

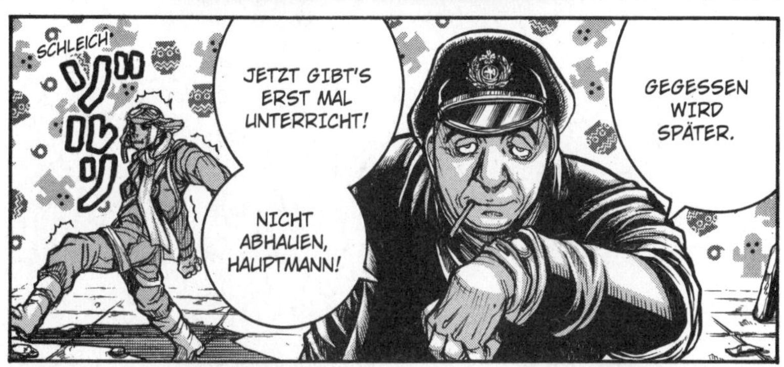

ABER ICH MÖCHTE NICHT MEHR LERNEN.

WENN ICH SCHON IN SO EINE WELT GEWORFEN WERDE …

… MÖCHTE ICH NICHT AUCH NOCH BÜFFELN MÜSSEN.

DANN KRIEGST DU AUCH NICHTS ZU ESSEN.

DANN STIRBST DU EBEN.

UND DU AUCH, SHIMAZU.

VERWUNDETE, FÜRSTEN, PILOTEN … HIER WERDEN ALLE GLEICH BEHANDELT.

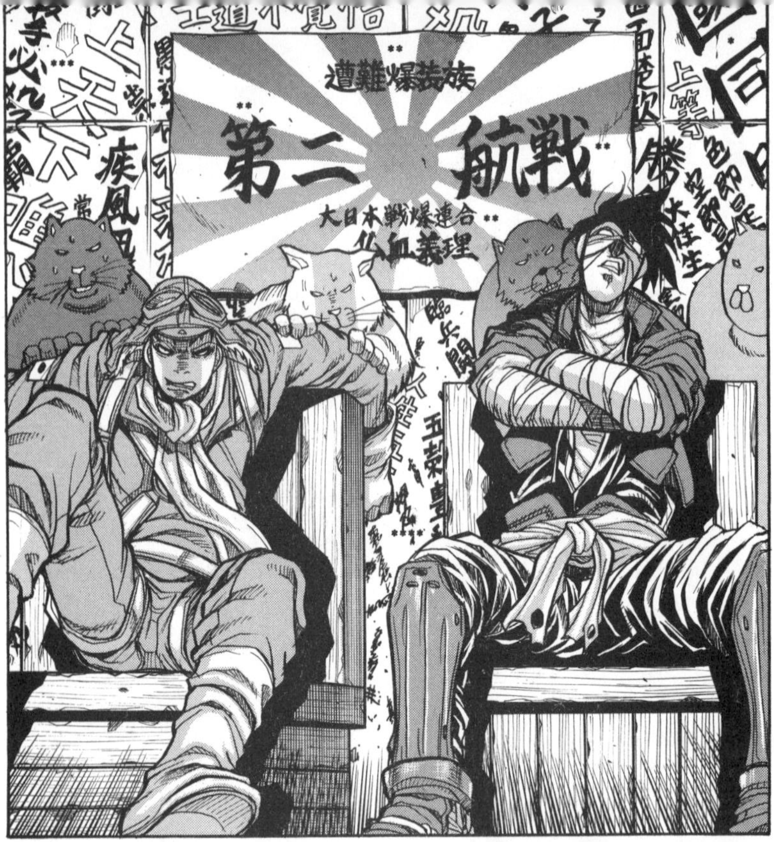

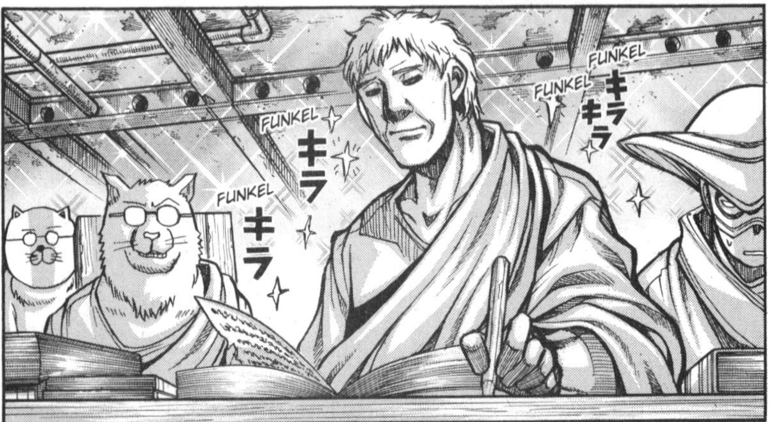

* DREIMÄCHTEPAKT; ISOLIERT UND VON FEINDEN UMGEBEN; „NUR ZU!"; SIEG; „FORM IST LEERE, LEERE IST FORM"; FRIEDLICHER TOD ** PARODIE/ANSPIELUNG AUF DEN MANGA „SHOUNAN BAKUSOUZOKU": „SCHIFFBRUCH-KRIEGERBANDE"; „ZWEITE TRÄGERDIVISION"; „GROSSJAPANISCHE-KAMPFBOMBER-VEREINIGUNG"; „MIT GROSSEM VORSPRUNG" *** TENJOUTENGEYUIGADOKUSON" (LEGENDÄRER AUSSPRUCH DES BUDDHA BEI SEINER GEBURT); VERHALTEN GEGEN DEN BUSHIDO-KODEX; TÖTEN MIT EINEM SCHLAG; SCHNELL WIE DER WIND **** „RINPYOUTOUJAKAIJIN" (BESCHWÖRUNGSFORMEL ZUR GEFAHRENABWEHR)

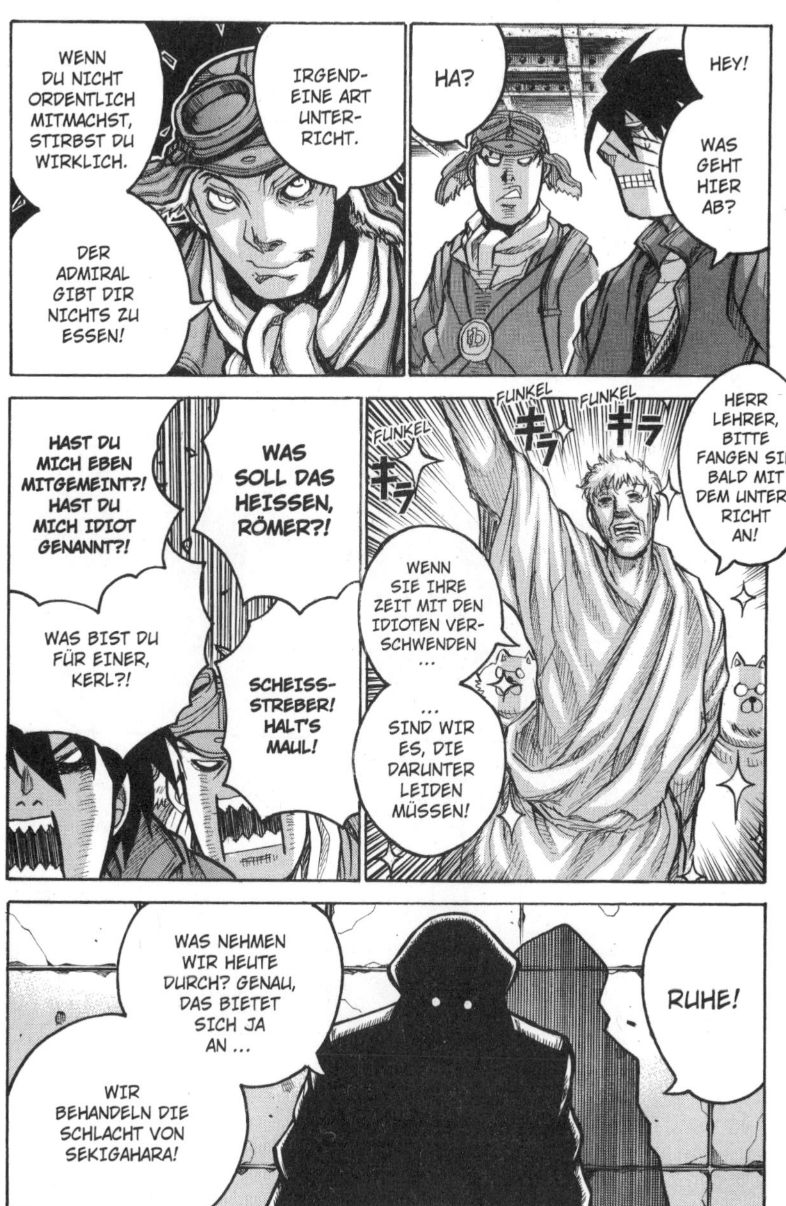

HEY!
WAS GEHT HIER AB?
HA?
IRGEND-EINE ART UNTER-RICHT.
WENN DU NICHT ORDENTLICH MITMACHST, STIRBST DU WIRKLICH.
DER ADMIRAL GIBT DIR NICHTS ZU ESSEN!
HERR LEHRER, BITTE FANGEN SIE BALD MIT DEM UNTER-RICHT AN!
FUNKEL
FUNKEL
FUNKEL
WENN SIE IHRE ZEIT MIT DEN IDIOTEN VER-SCHWENDEN …
… SIND WIR ES, DIE DARUNTER LEIDEN MÜSSEN!
WAS SOLL DAS HEISSEN, RÖMER?!
HAST DU MICH EBEN MITGEMEINT?! HAST DU MICH IDIOT GENANNT?!
SCHEISS-STREBER! HALT'S MAUL!
WAS BIST DU FÜR EINER, KERL?!
RUHE!
WAS NEHMEN WIR HEUTE DURCH? GENAU, DAS BIETET SICH JA AN …
WIR BEHANDELN DIE SCHLACHT VON SEKIGAHARA!

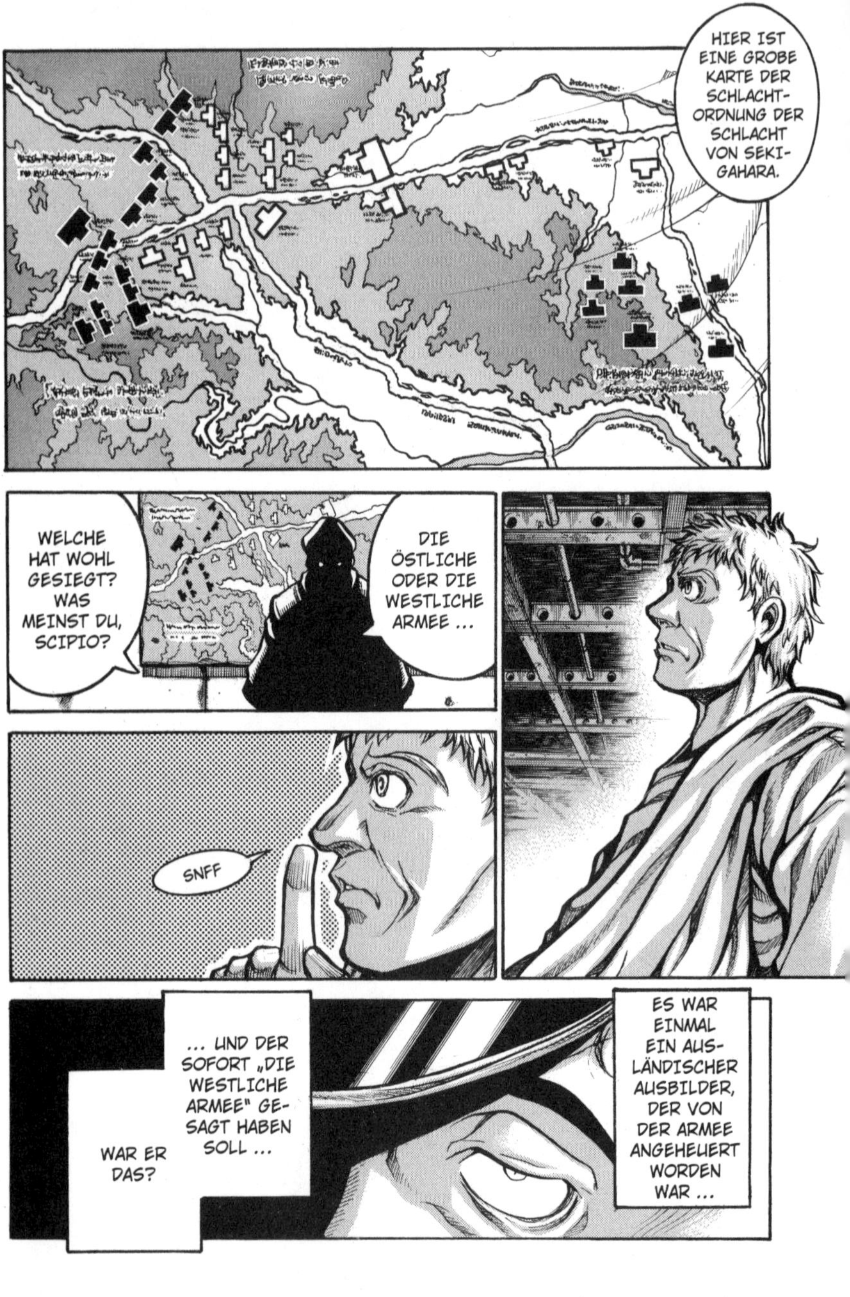

HIER IST EINE GROBE KARTE DER SCHLACHTORDNUNG DER SCHLACHT VON SEKIGAHARA.

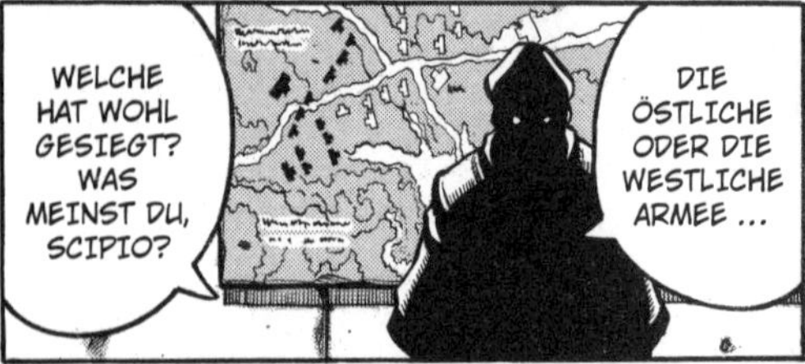

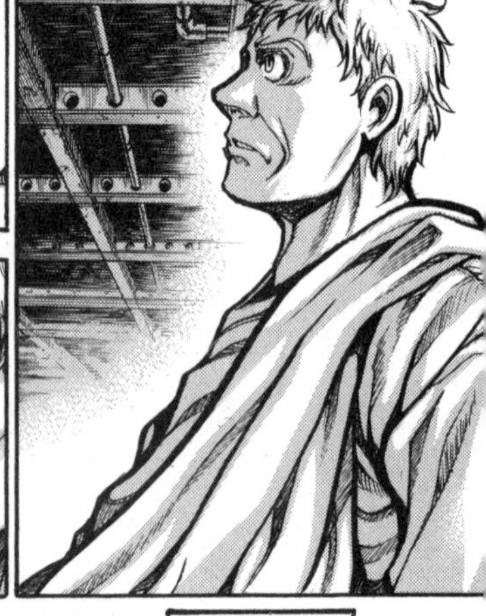

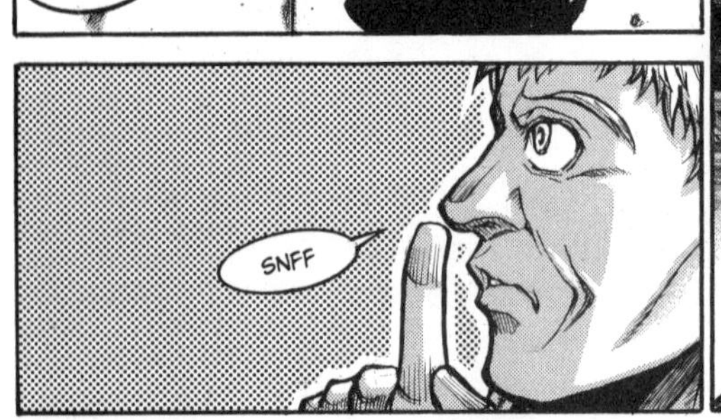

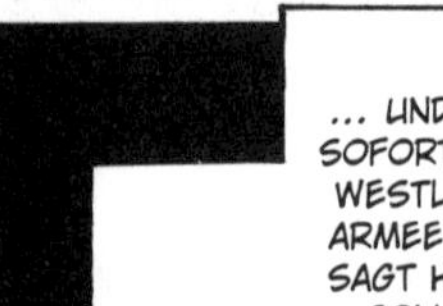

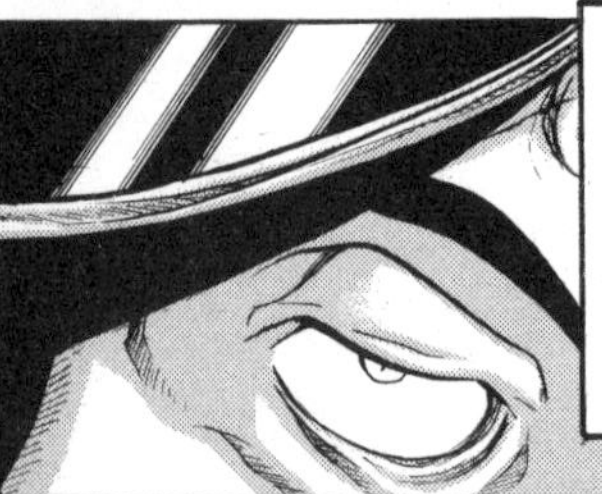

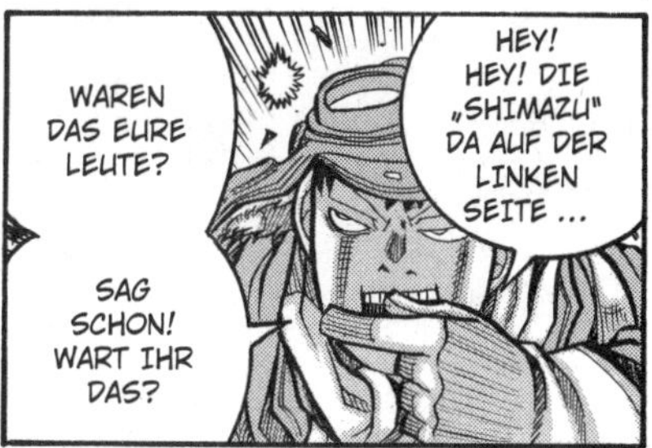
HEY! HEY! DIE „SHIMAZU" DA AUF DER LINKEN SEITE …
WAREN DAS EURE LEUTE?
SAG SCHON! WART IHR DAS?

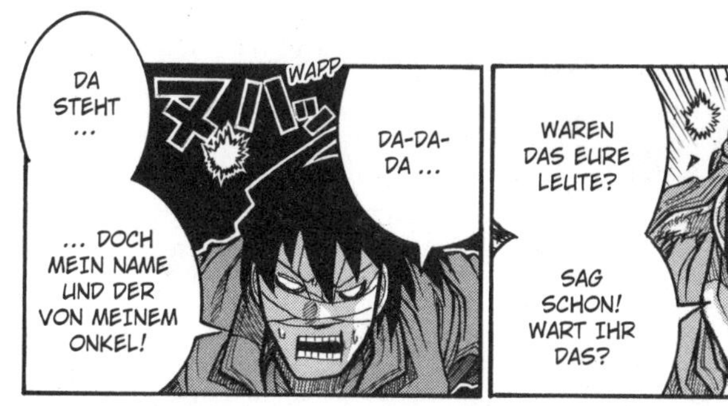
WAPP
DA-DA-DA …
DA STEHT …
… DOCH MEIN NAME UND DER VON MEINEM ONKEL!

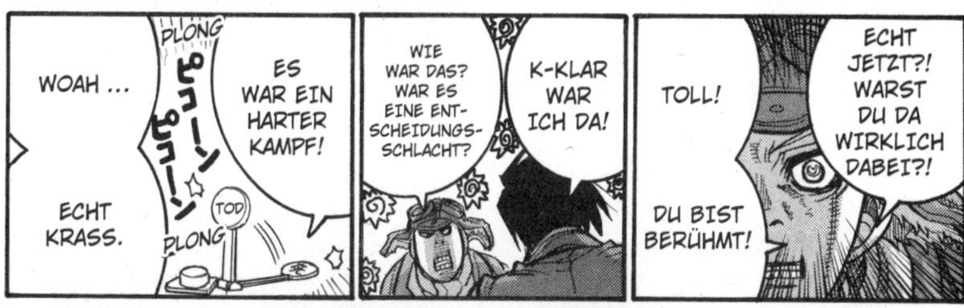
ECHT JETZT?! WARST DU DA WIRKLICH DABEI?!
TOLL!
DU BIST BERÜHMT!
K-KLAR WAR ICH DA!
WIE WAR DAS? WAR ES EINE ENTSCHEIDUNGSSCHLACHT?
ES WAR EIN HARTER KAMPF!
PLONG
PLONG
TOD
WOAH …
ECHT KRASS.

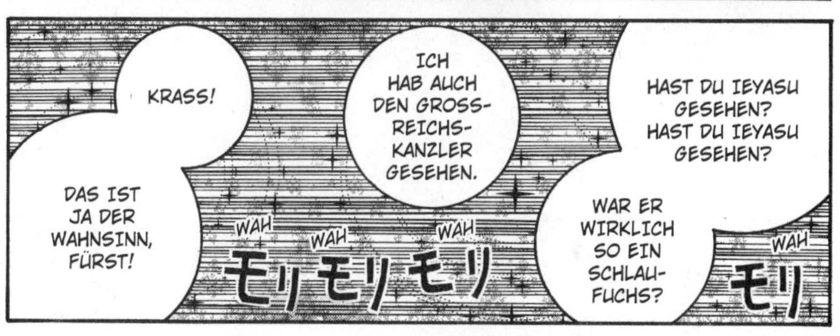
HAST DU IEYASU GESEHEN? HAST DU IEYASU GESEHEN?
WAR ER WIRKLICH SO EIN SCHLAUFUCHS?
WAH
ICH HAB AUCH DEN GROSSREICHSKANZLER GESEHEN.
WAH
WAH
WAH
KRASS!
DAS IST JA DER WAHNSINN, FÜRST!

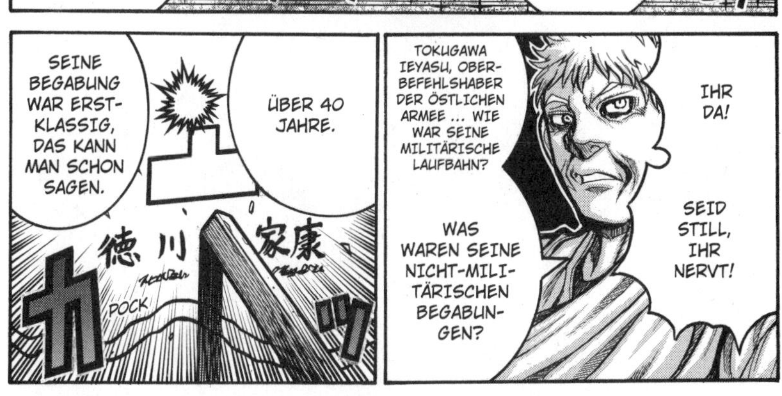
IHR DA!
TOKUGAWA IEYASU, OBERBEFEHLSHABER DER ÖSTLICHEN ARMEE … WIE WAR SEINE MILITÄRISCHE LAUFBAHN?
SEID STILL, IHR NERVT!
WAS WAREN SEINE NICHT-MILITÄRISCHEN BEGABUNGEN?
ÜBER 40 JAHRE.
SEINE BEGABUNG WAR ERSTKLASSIG, DAS KANN MAN SCHON SAGEN.
徳川家康
POCK

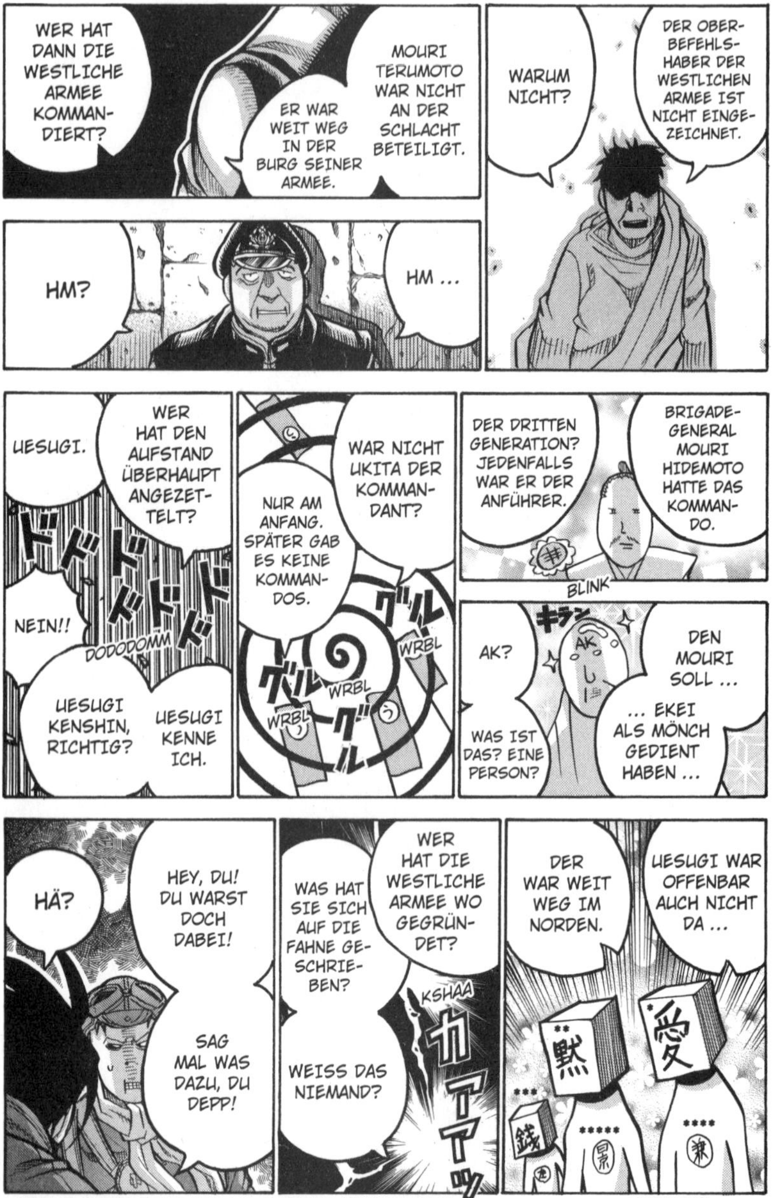

DER OBERBEFEHLSHABER DER WESTLICHEN ARMEE IST NICHT EINGEZEICHNET.
WARUM NICHT?
MOURI TERUMOTO WAR NICHT AN DER SCHLACHT BETEILIGT.
ER WAR WEIT WEG IN DER BURG SEINER ARMEE.
WER HAT DANN DIE WESTLICHE ARMEE KOMMANDIERT?
HM ...
HM?

BRIGADEGENERAL MOURI HIDEMOTO HATTE DAS KOMMANDO.
DER DRITTEN GENERATION? JEDENFALLS WAR ER DER ANFÜHRER.
BLINK
DEN MOURI SOLL ...
... EKEI ALS MÖNCH GEDIENT HABEN ...
キラン
AK
AK?
WAS IST DAS? EINE PERSON?
WAR NICHT UKITA DER KOMMANDANT?
NUR AM ANFANG. SPÄTER GAB ES KEINE KOMMANDOS.
グル
WRBL
グル
WRBL
グル
WRBL
WER HAT DEN AUFSTAND ÜBERHAUPT ANGEZETTELT?
UESUGI.
ドドドドドドド
DODODOMM
NEIN!!
UESUGI KENNE ICH.
UESUGI KENSHIN, RICHTIG?

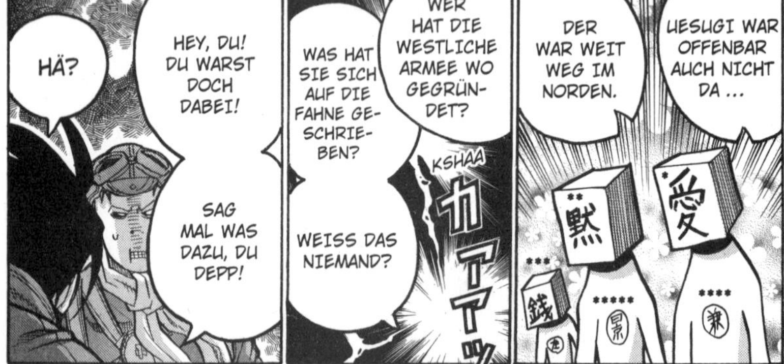

* LIEBE ** SCHWEIGEN *** GELD **** KANETSUGU *****KAGEKATSU

WAS'N DAS?

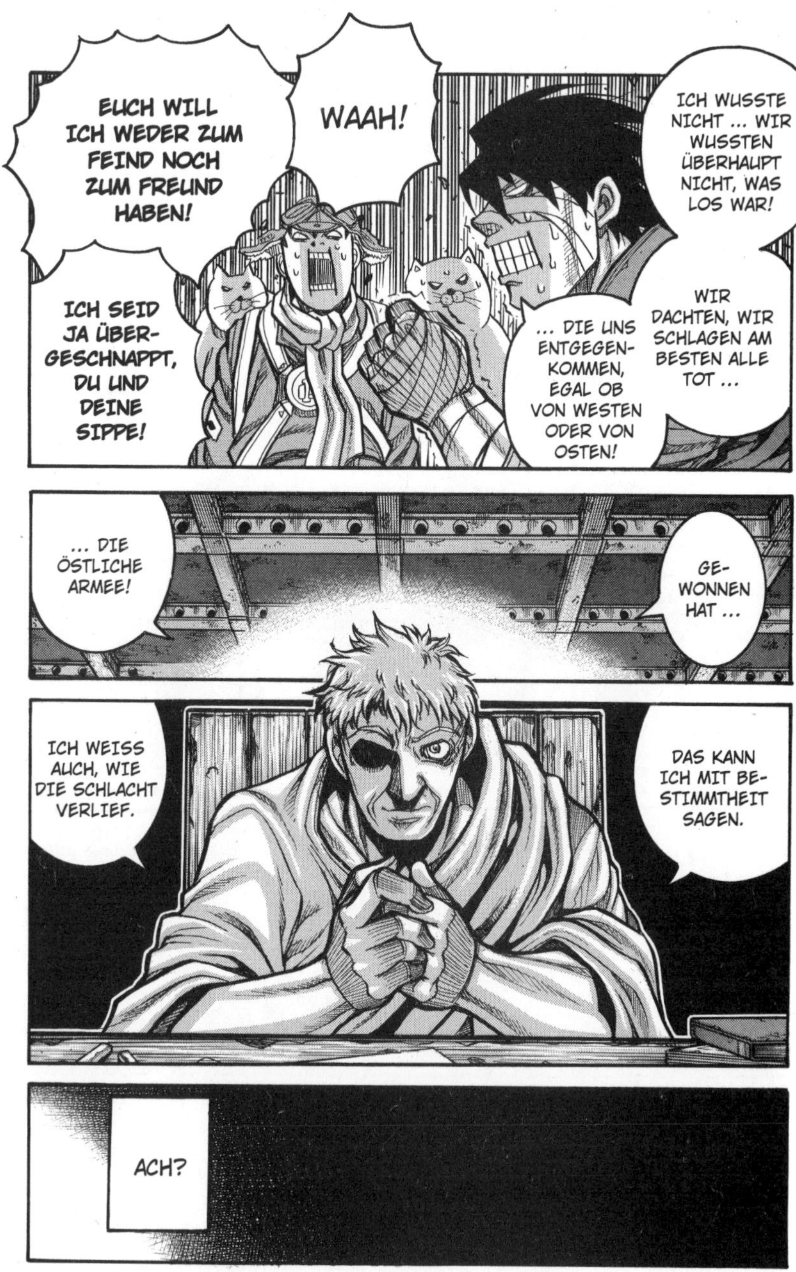

ICH WUSSTE NICHT ... WIR WUSSTEN ÜBERHAUPT NICHT, WAS LOS WAR!
WIR DACHTEN, WIR SCHLAGEN AM BESTEN ALLE TOT ...
... DIE UNS ENTGEGEN-KOMMEN, EGAL OB VON WESTEN ODER VON OSTEN!
WAAH!
EUCH WILL ICH WEDER ZUM FEIND NOCH ZUM FREUND HABEN!
ICH SEID JA ÜBER-GESCHNAPPT, DU UND DEINE SIPPE!

GE-WONNEN HAT ...
... DIE ÖSTLICHE ARMEE!

DAS KANN ICH MIT BE-STIMMTHEIT SAGEN.
ICH WEISS AUCH, WIE DIE SCHLACHT VERLIEF.

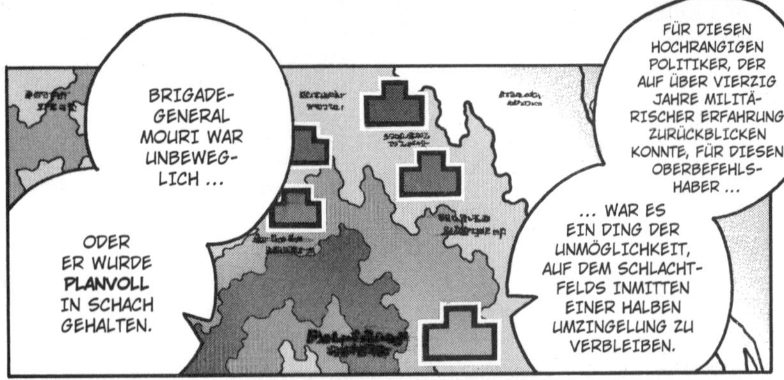

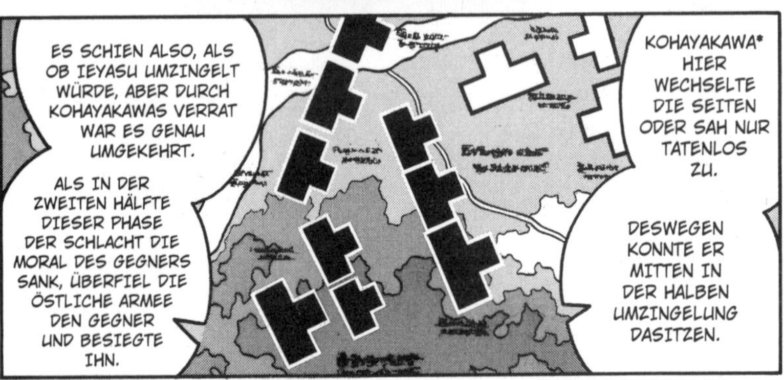

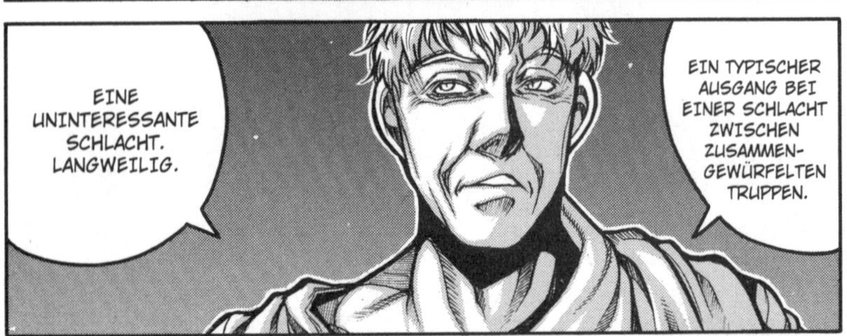

ENDE DES 81. KAPITELS

* GEMEINT IST WAHRSCHEINLICH KOBAYAKAWA HIDEAKI.

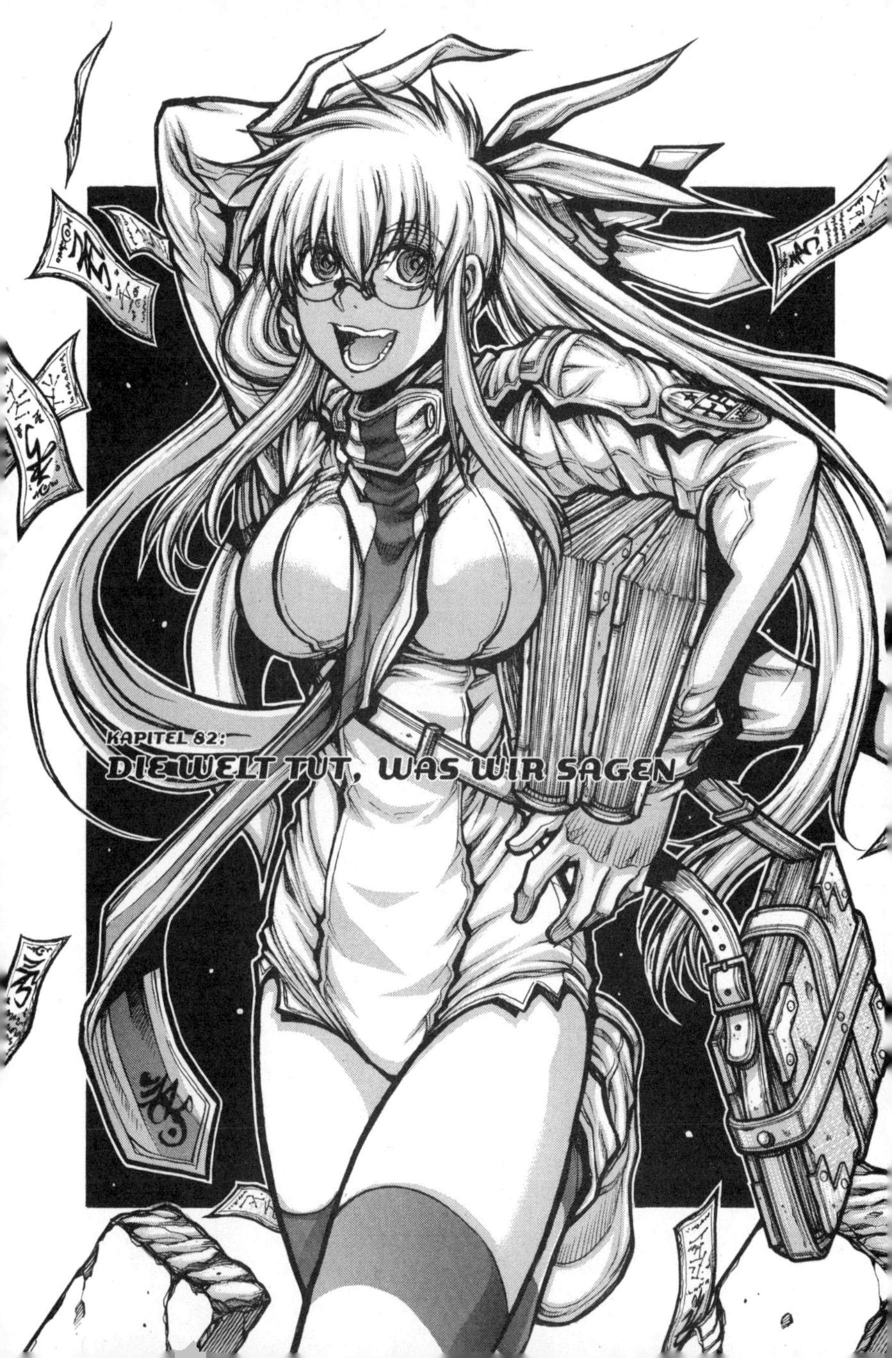
KAPITEL 82:
DIE WELT TUT, WAS WIR SAGEN

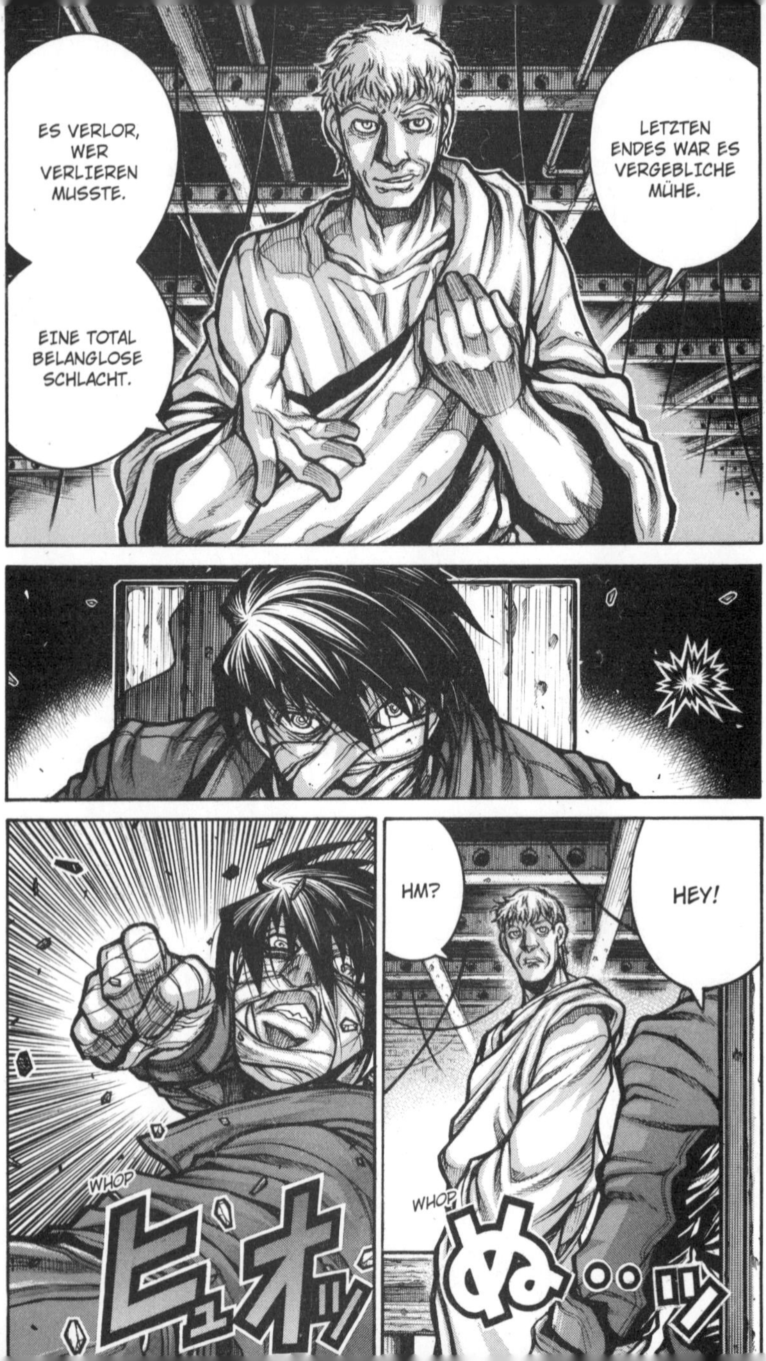

LETZTEN ENDES WAR ES VERGEBLICHE MÜHE.
ES VERLOR, WER VERLIEREN MUSSTE.
EINE TOTAL BELANGLOSE SCHLACHT.

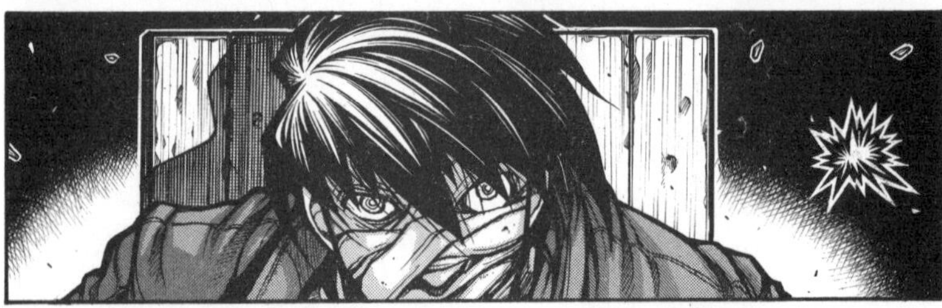

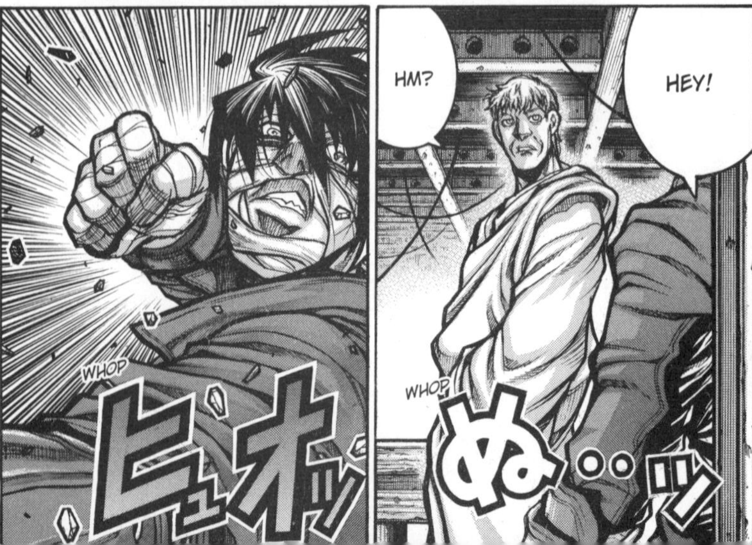

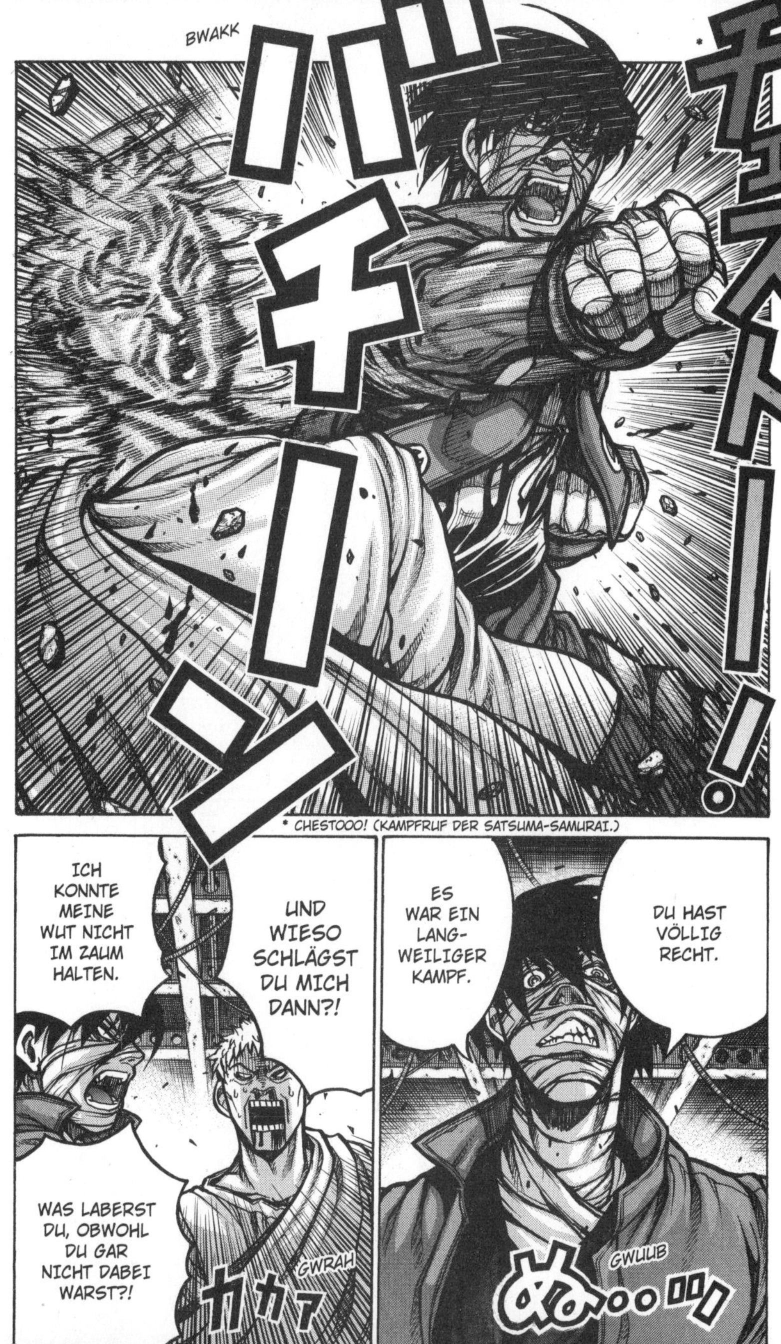
BWAKK
バ
チ
ー
ン
チェスト ー！
* CHESTOOO! (KAMPFRUF DER SATSUMA-SAMURAI.)
DU HAST VÖLLIG RECHT.
ES WAR EIN LANG-WEILIGER KAMPF.
UND WIESO SCHLÄGST DU MICH DANN?!
ICH KONNTE MEINE WUT NICHT IM ZAUM HALTEN.
GWUUB
ぬ…っ
WAS LABERST DU, OBWOHL DU GAR NICHT DABEI WARST?!
GWRAH
カカァ

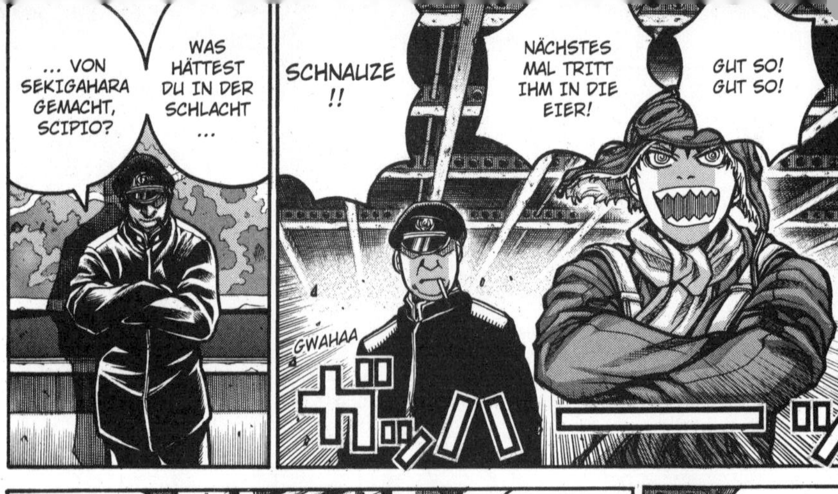
GUT SO! GUT SO!
NÄCHSTES MAL TRITT IHM IN DIE EIER!
SCHNAUZE !!
GWAHAA
WAS HÄTTEST DU IN DER SCHLACHT …
… VON SEKIGAHARA GEMACHT, SCIPIO?

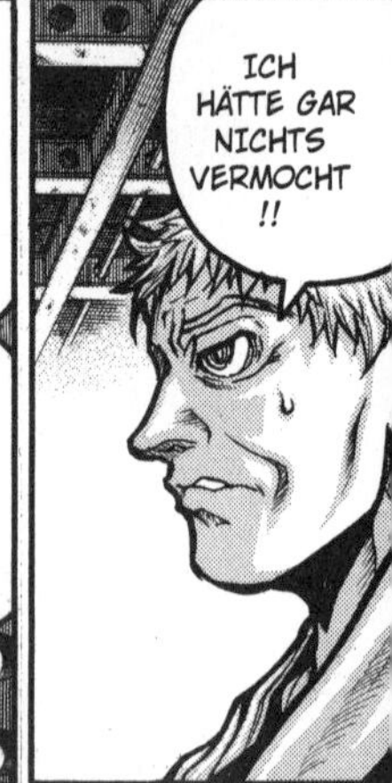
ICH HÄTTE GAR NICHTS VERMOCHT !!

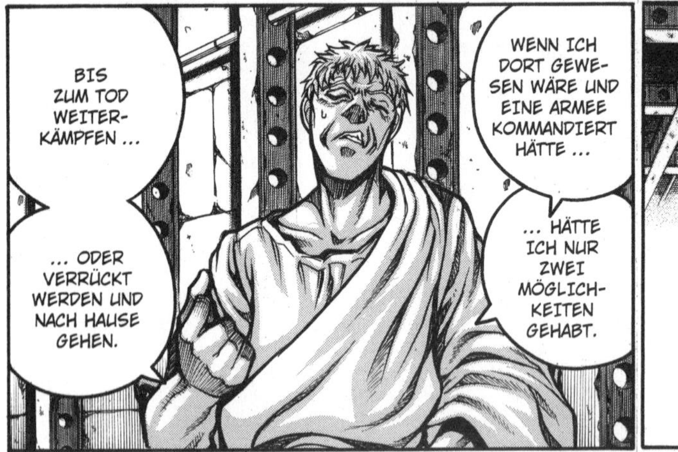
WENN ICH DORT GEWESEN WÄRE UND EINE ARMEE KOMMANDIERT HÄTTE …
… HÄTTE ICH NUR ZWEI MÖGLICHKEITEN GEHABT.
BIS ZUM TOD WEITERKÄMPFEN …
… ODER VERRÜCKT WERDEN UND NACH HAUSE GEHEN.

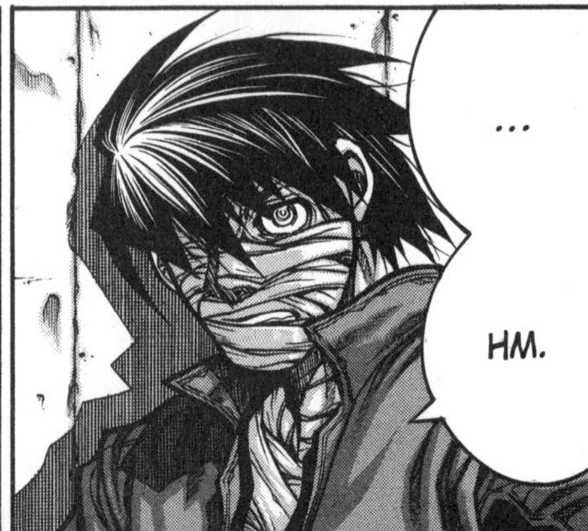
…
HM.

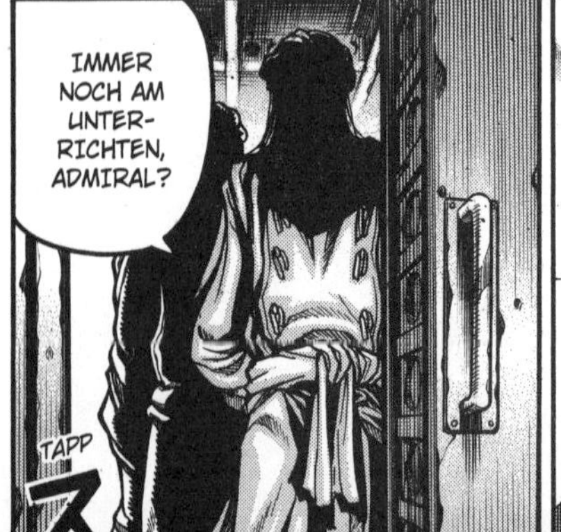
IMMER NOCH AM UNTERRICHTEN, ADMIRAL?
TAPP

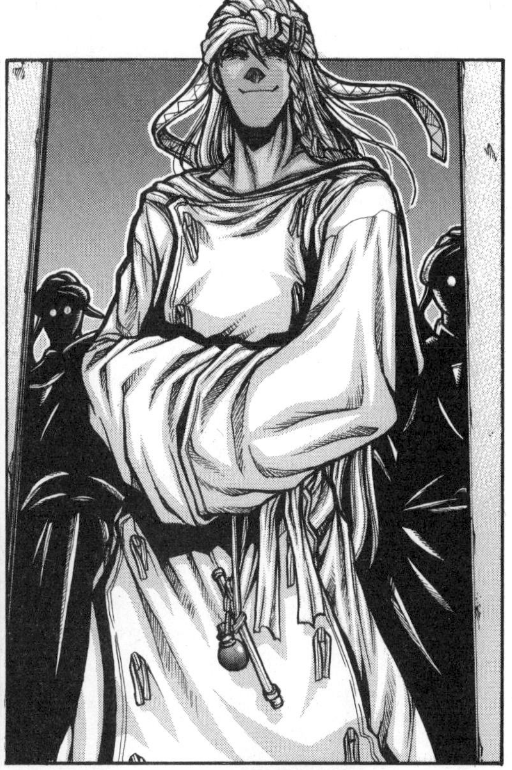

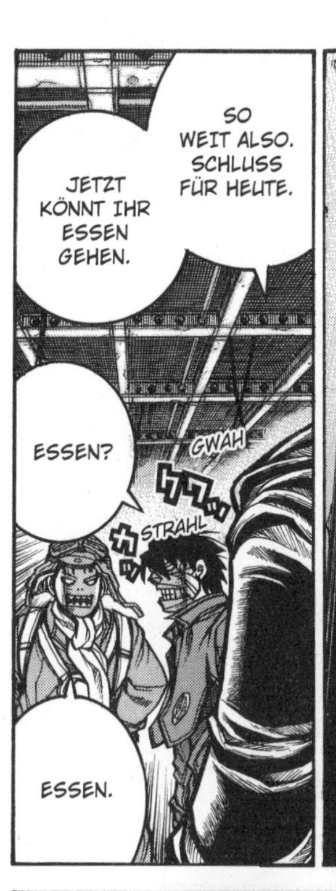
SO WEIT ALSO. SCHLUSS FÜR HEUTE.
JETZT KÖNNT IHR ESSEN GEHEN.
ESSEN?
GWAH
STRAHL
ESSEN.

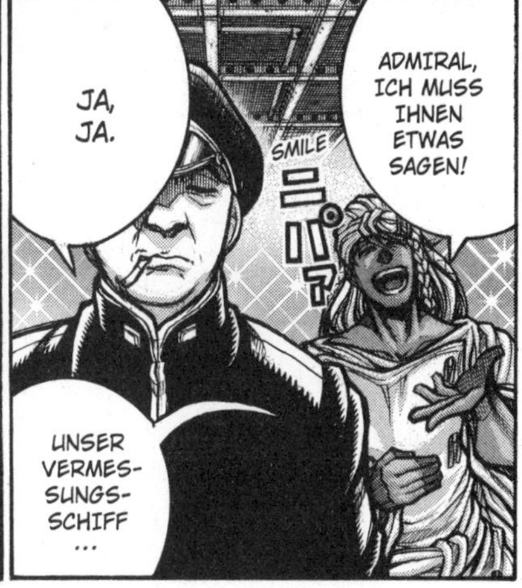
ADMIRAL, ICH MUSS IHNEN ETWAS SAGEN!
SMILE
JA, JA.
UNSER VERMES-SUNGS-SCHIFF …

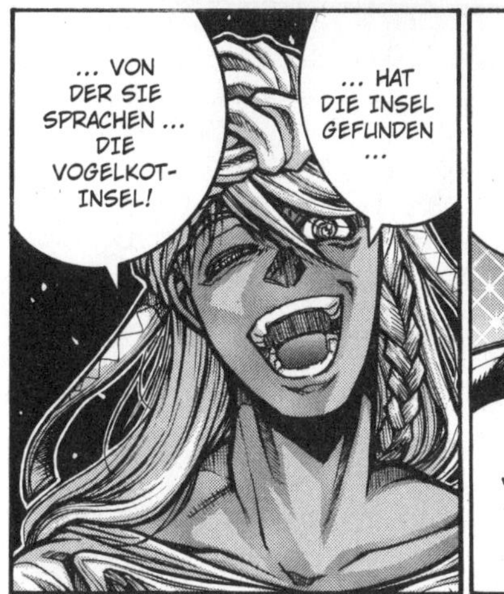
… HAT DIE INSEL GEFUNDEN …
… VON DER SIE SPRACHEN … DIE VOGELKOT-INSEL!

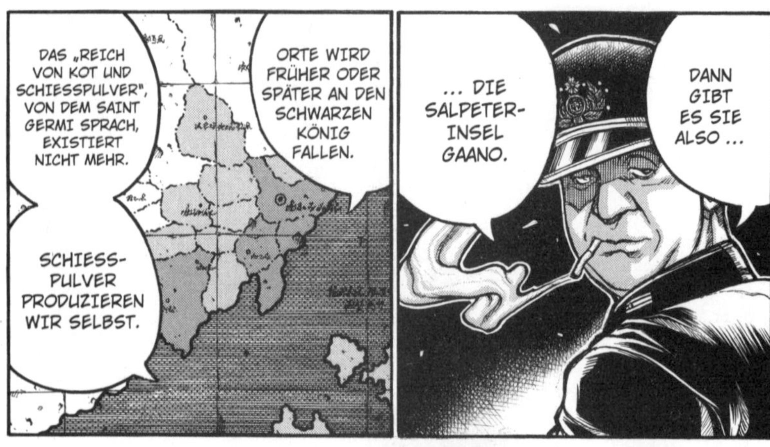
DANN GIBT ES SIE ALSO ...
... DIE SALPETER-INSEL GAANO.
DAS „REICH VON KOT UND SCHIESSPULVER", VON DEM SAINT GERMI SPRACH, EXISTIERT NICHT MEHR.
SCHIESS-PULVER PRODUZIEREN WIR SELBST.
ORTE WIRD FRÜHER ODER SPÄTER AN DEN SCHWARZEN KÖNIG FALLEN.

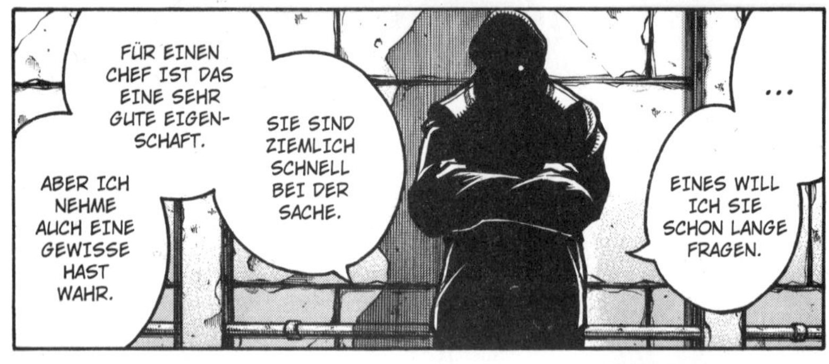
...
EINES WILL ICH SIE SCHON LANGE FRAGEN.
SIE SIND ZIEMLICH SCHNELL BEI DER SACHE.
FÜR EINEN CHEF IST DAS EINE SEHR GUTE EIGEN-SCHAFT.
ABER ICH NEHME AUCH EINE GEWISSE HAST WAHR.

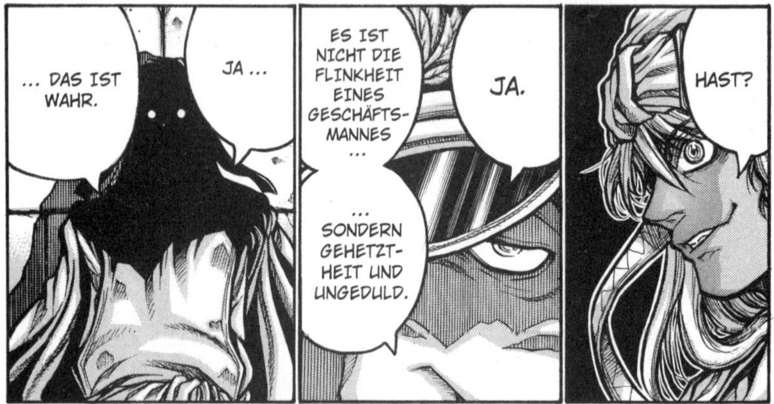
HAST?
JA.
ES IST NICHT DIE FLINKHEIT EINES GESCHÄFTS-MANNES ...
... SONDERN GEHETZT-HEIT UND UNGEDULD.
JA ...
... DAS IST WAHR.

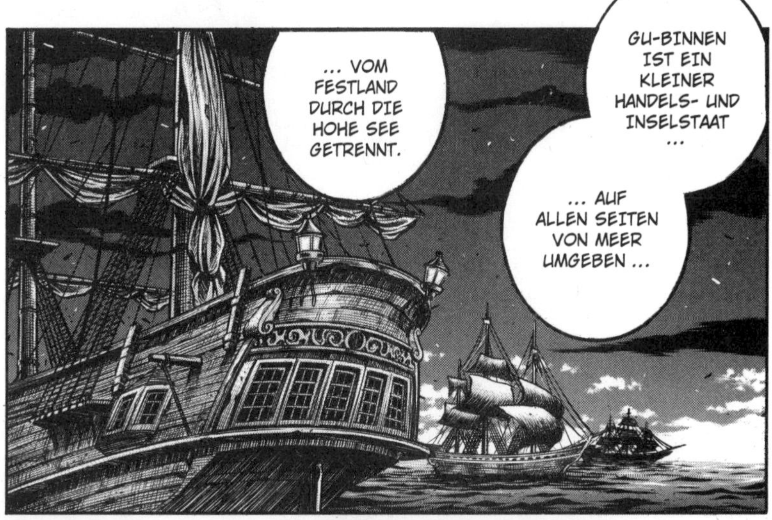
GU-BINNEN IST EIN KLEINER HANDELS- UND INSELSTAAT ...
... AUF ALLEN SEITEN VON MEER UMGEBEN ...
... VOM FESTLAND DURCH DIE HOHE SEE GETRENNT.

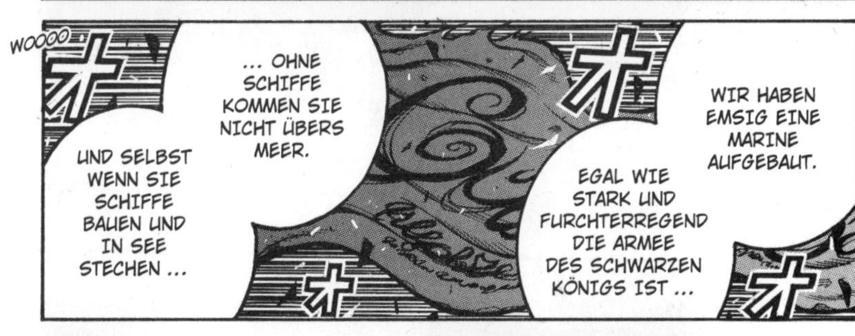
WOOOO
WIR HABEN EMSIG EINE MARINE AUFGEBAUT.
EGAL WIE STARK UND FURCHTERREGEND DIE ARMEE DES SCHWARZEN KÖNIGS IST ...
... OHNE SCHIFFE KOMMEN SIE NICHT ÜBERS MEER.
UND SELBST WENN SIE SCHIFFE BAUEN UND IN SEE STECHEN ...

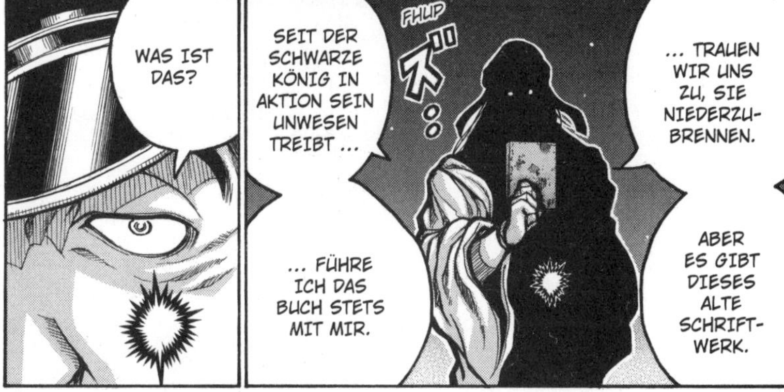
... TRAUEN WIR UNS ZU, SIE NIEDERZU-BRENNEN.
ABER ES GIBT DIESES ALTE SCHRIFT-WERK.
FHUP
SEIT DER SCHWARZE KÖNIG IN AKTION SEIN UNWESEN TREIBT ...
... FÜHRE ICH DAS BUCH STETS MIT MIR.
WAS IST DAS?

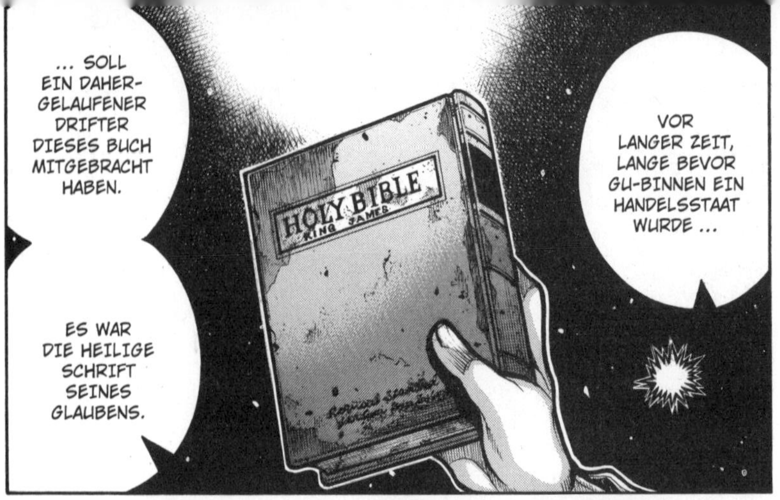
VOR LANGER ZEIT, LANGE BEVOR GU-BINNEN EIN HANDELSSTAAT WURDE …
… SOLL EIN DAHER-GELAUFENER DRIFTER DIESES BUCH MITGEBRACHT HABEN.
HOLY BIBLE
KING JAMES
ES WAR DIE HEILIGE SCHRIFT SEINES GLAUBENS.

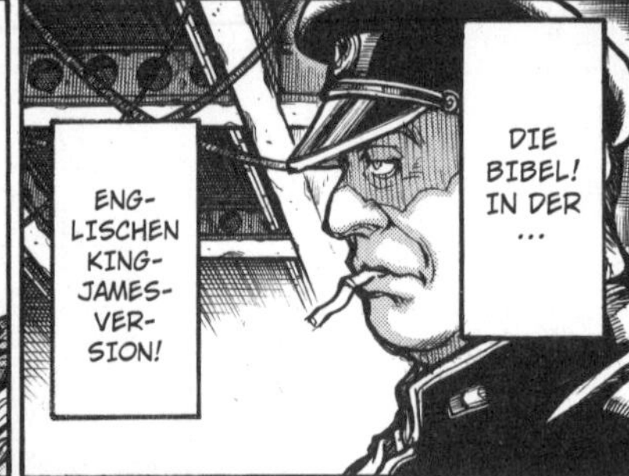
DIE BIBEL! IN DER …
ENG-LISCHEN KING-JAMES-VER-SION!

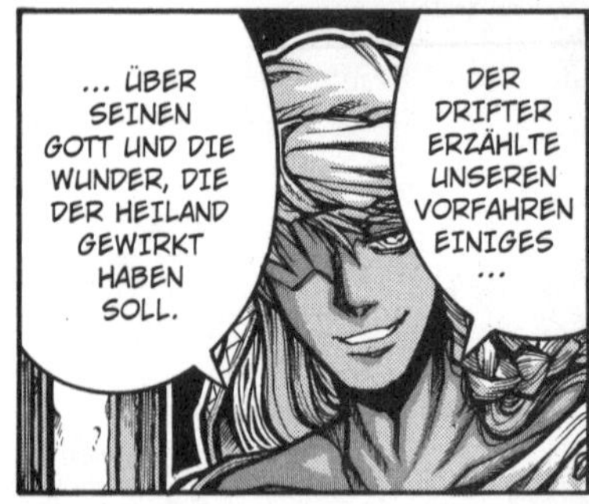
DER DRIFTER ERZÄHLTE UNSEREN VORFAHREN EINIGES …
… ÜBER SEINEN GOTT UND DIE WUNDER, DIE DER HEILAND GEWIRKT HABEN SOLL.

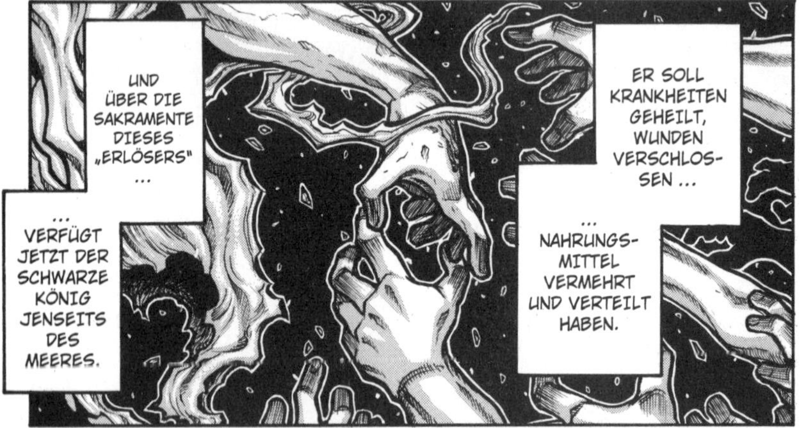
ER SOLL KRANKHEITEN GEHEILT, WUNDEN VERSCHLOS-SEN …
… NAHRUNGS-MITTEL VERMEHRT UND VERTEILT HABEN.
UND ÜBER DIE SAKRAMENTE DIESES „ERLÖSERS" …
… VERFÜGT JETZT DER SCHWARZE KÖNIG JENSEITS DES MEERES.

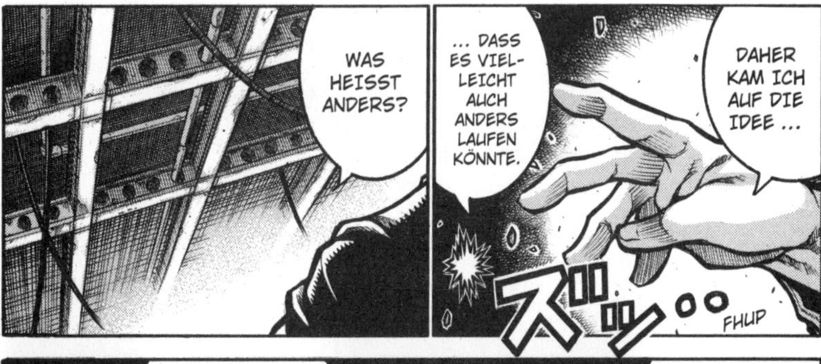
DAHER KAM ICH AUF DIE IDEE ...
... DASS ES VIELLEICHT AUCH ANDERS LAUFEN KÖNNTE.
FHUP
WAS HEISST ANDERS?

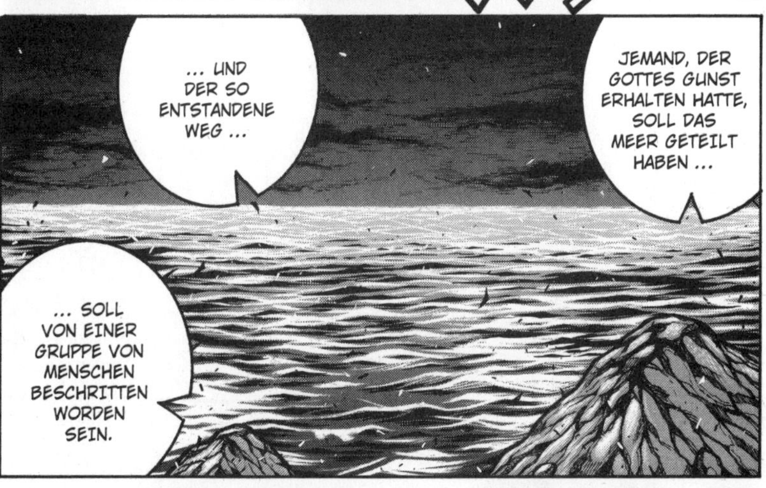
JEMAND, DER GOTTES GUNST ERHALTEN HATTE, SOLL DAS MEER GETEILT HABEN ...
... UND DER SO ENTSTANDENE WEG ...
... SOLL VON EINER GRUPPE VON MENSCHEN BESCHRITTEN WORDEN SEIN.

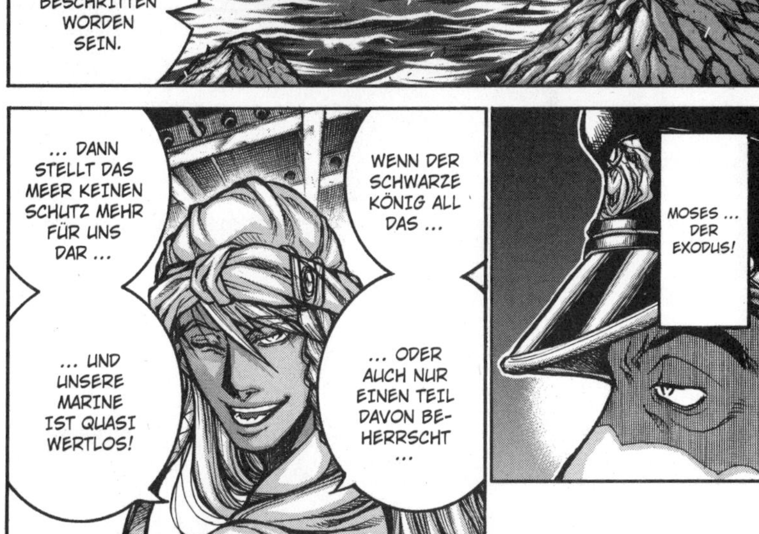
MOSES ... DER EXODUS!
WENN DER SCHWARZE KÖNIG ALL DAS ...
... ODER AUCH NUR EINEN TEIL DAVON BEHERRSCHT ...
... DANN STELLT DAS MEER KEINEN SCHUTZ MEHR FÜR UNS DAR ...
... UND UNSERE MARINE IST QUASI WERTLOS!

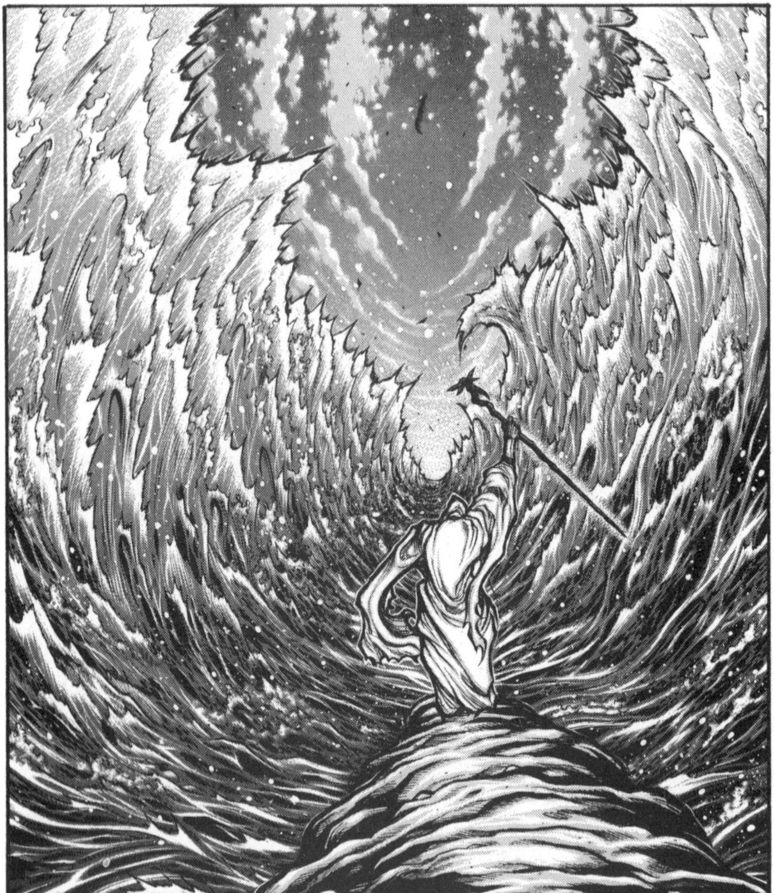

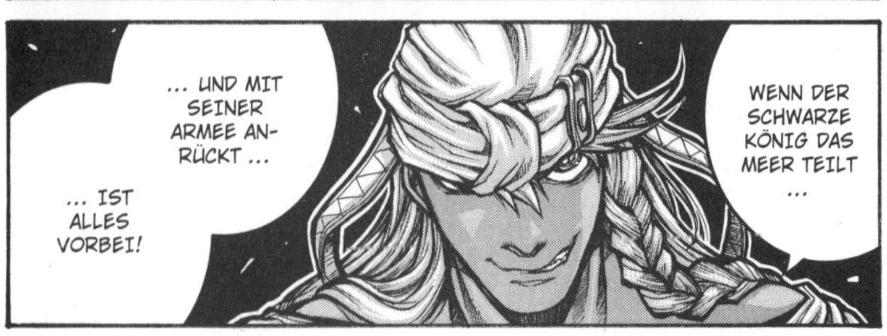
WENN DER SCHWARZE KÖNIG DAS MEER TEILT ...
... UND MIT SEINER ARMEE AN-RÜCKT ...
... IST ALLES VORBEI!

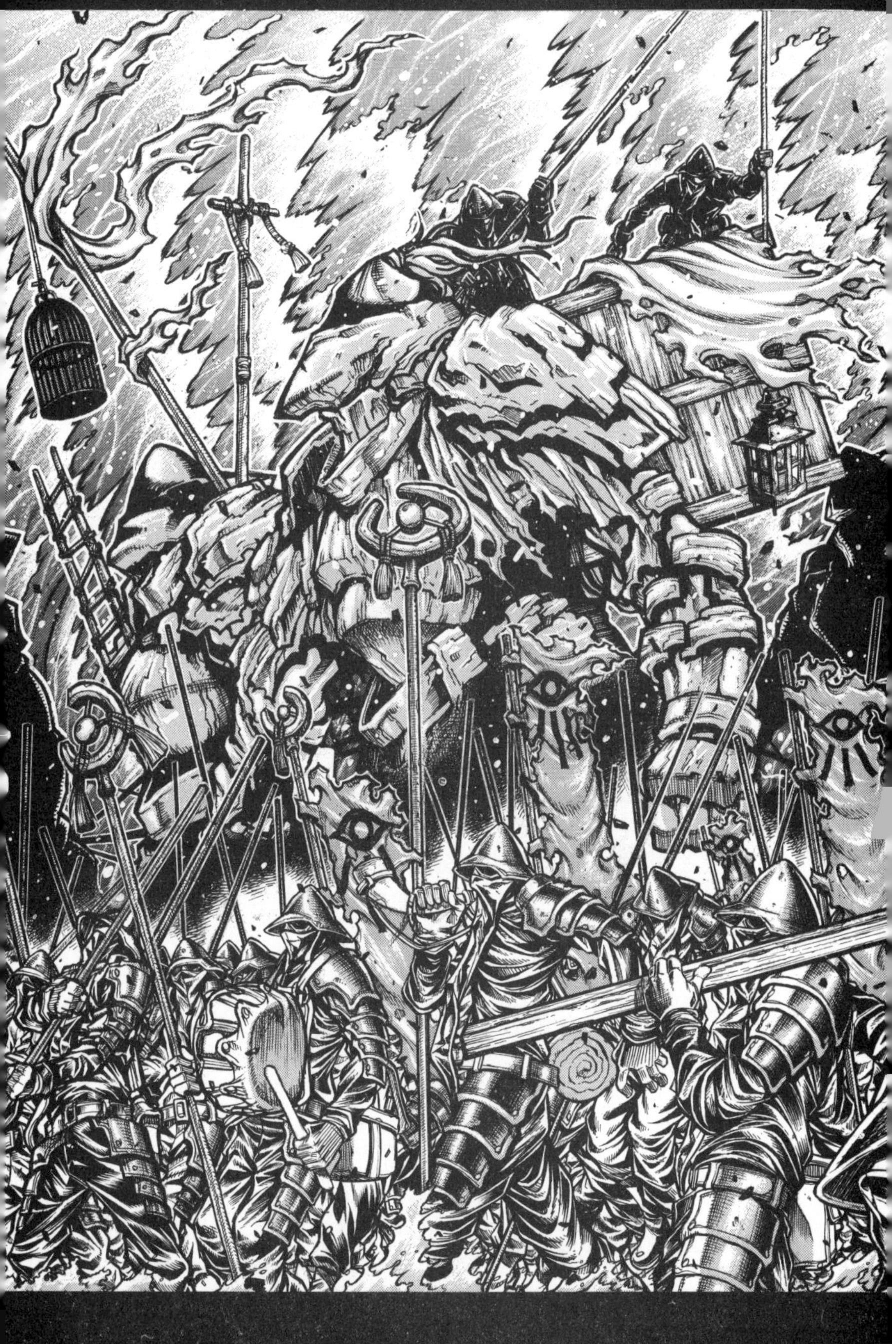

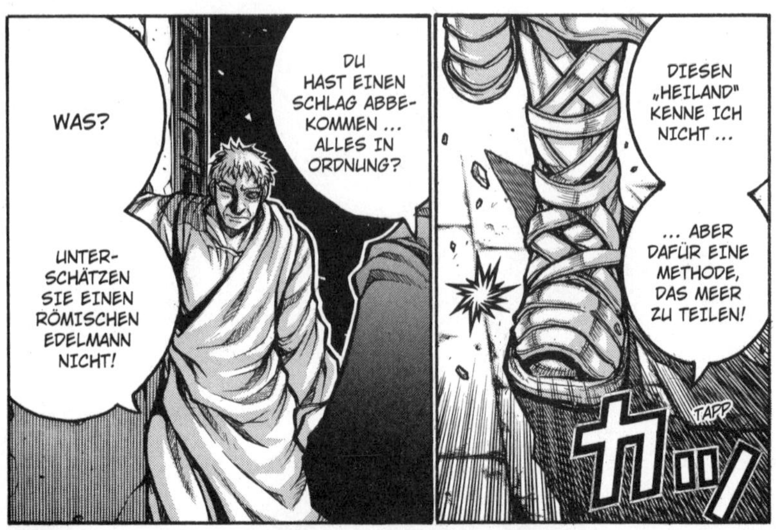
DIESEN „HEILAND“ KENNE ICH NICHT …
… ABER DAFÜR EINE METHODE, DAS MEER ZU TEILEN!
TAPP
カッ
DU HAST EINEN SCHLAG ABBE-KOMMEN … ALLES IN ORDNUNG?
WAS?
UNTER-SCHÄTZEN SIE EINEN RÖMISCHEN EDELMANN NICHT!

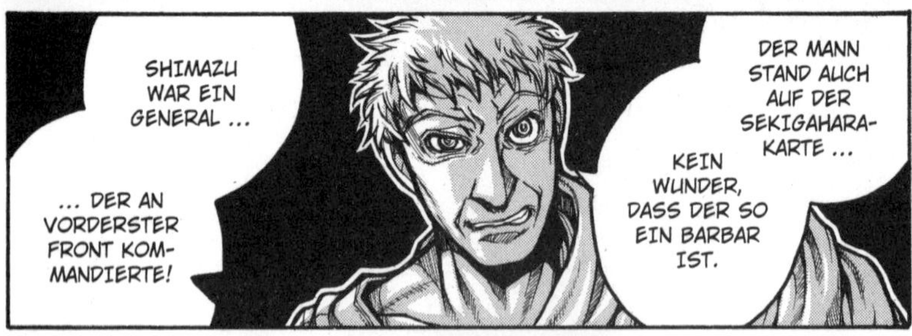
DER MANN STAND AUCH AUF DER SEKIGAHARA-KARTE …
KEIN WUNDER, DASS DER SO EIN BARBAR IST.
SHIMAZU WAR EIN GENERAL …
… DER AN VORDERSTER FRONT KOM-MANDIERTE!

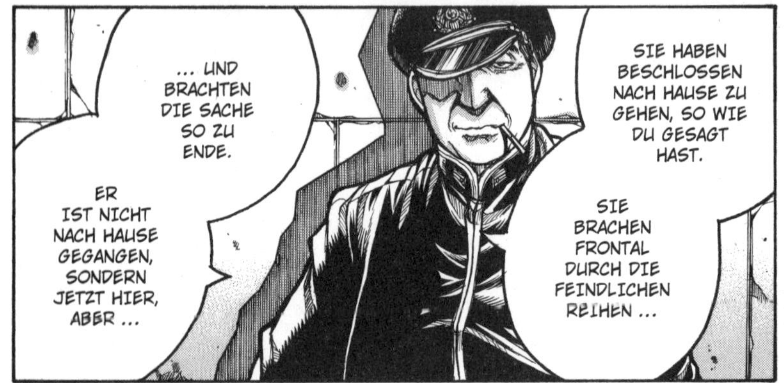
SIE HABEN BESCHLOSSEN NACH HAUSE ZU GEHEN, SO WIE DU GESAGT HAST.
SIE BRACHEN FRONTAL DURCH DIE FEINDLICHEN REIHEN …
… UND BRACHTEN DIE SACHE SO ZU ENDE.
ER IST NICHT NACH HAUSE GEGANGEN, SONDERN JETZT HIER, ABER …

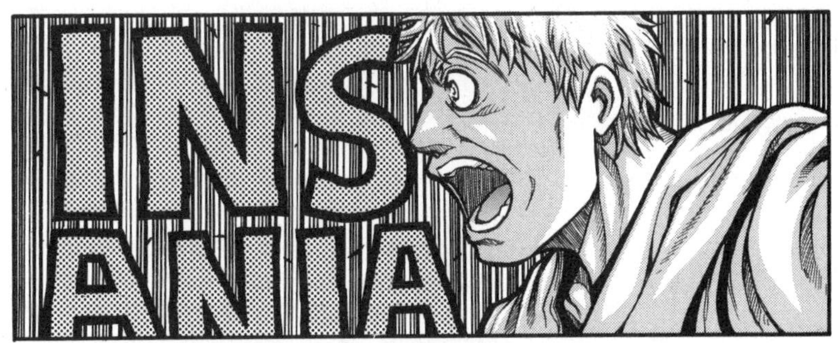
INS
ANIA

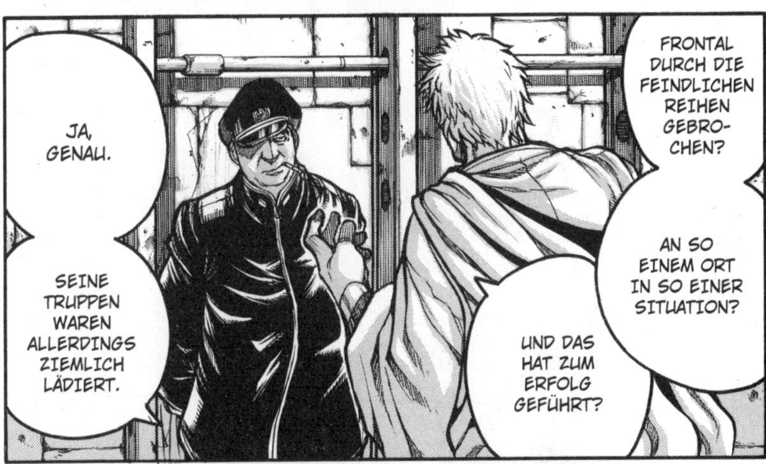
FRONTAL DURCH DIE FEINDLICHEN REIHEN GEBRO-CHEN?
AN SO EINEM ORT IN SO EINER SITUATION?
UND DAS HAT ZUM ERFOLG GEFÜHRT?
JA, GENAU.
SEINE TRUPPEN WAREN ALLERDINGS ZIEMLICH LÄDIERT.

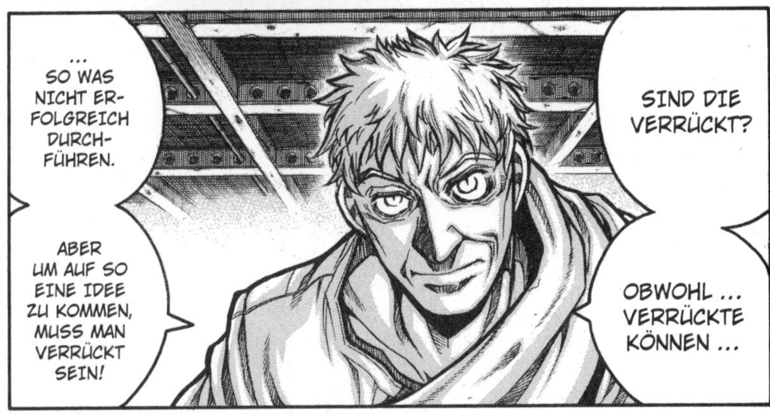
SIND DIE VERRÜCKT?
OBWOHL … VERRÜCKTE KÖNNEN …
… SO WAS NICHT ER-FOLGREICH DURCH-FÜHREN.
ABER UM AUF SO EINE IDEE ZU KOMMEN, MUSS MAN VERRÜCKT SEIN!

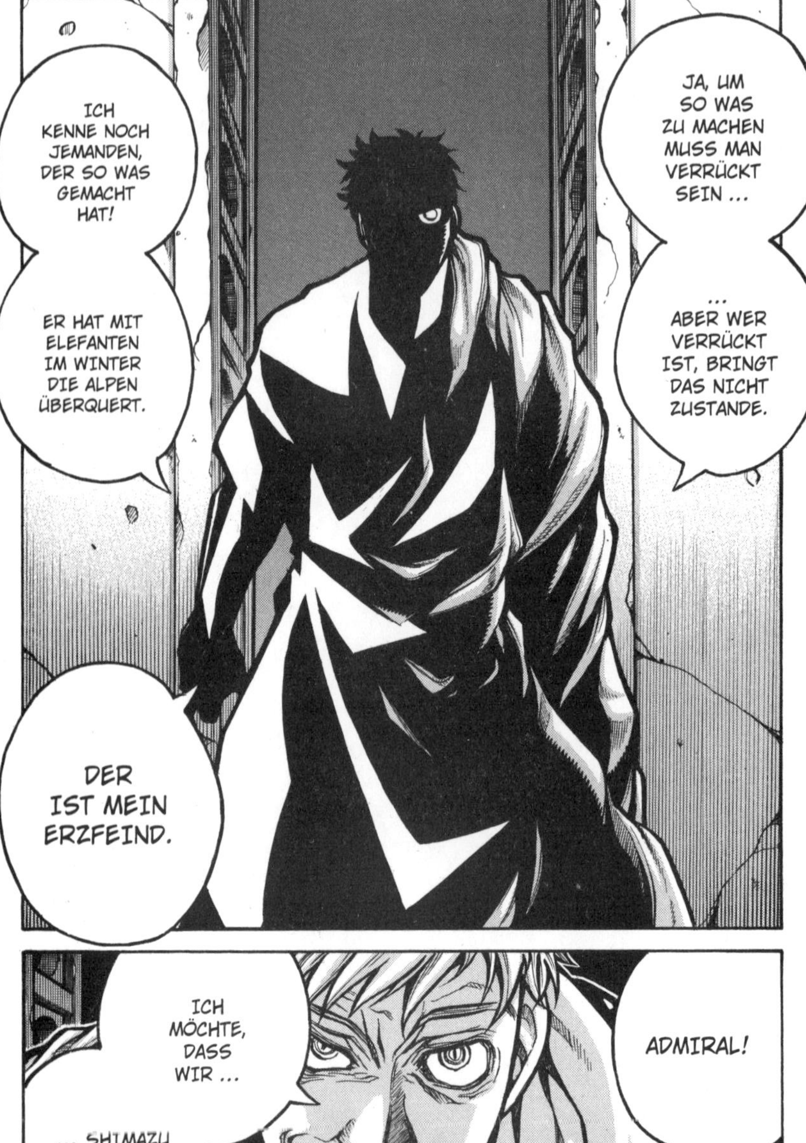
JA, UM SO WAS ZU MACHEN MUSS MAN VERRÜCKT SEIN …
… ABER WER VERRÜCKT IST, BRINGT DAS NICHT ZUSTANDE.
ICH KENNE NOCH JEMANDEN, DER SO WAS GEMACHT HAT!
ER HAT MIT ELEFANTEN IM WINTER DIE ALPEN ÜBERQUERT.
DER IST MEIN ERZFEIND.
ADMIRAL!
ICH MÖCHTE, DASS WIR …
… SHIMAZU DAS MACHEN LASSEN!

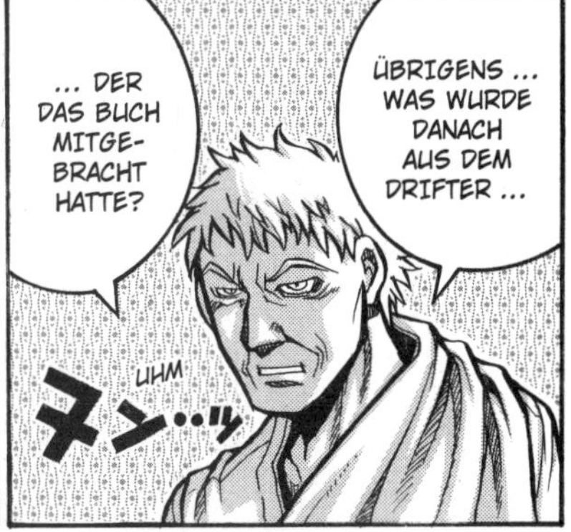
ÜBRIGENS … WAS WURDE DANACH AUS DEM DRIFTER …
… DER DAS BUCH MITGEBRACHT HATTE?
UHM
ヌン…ッ

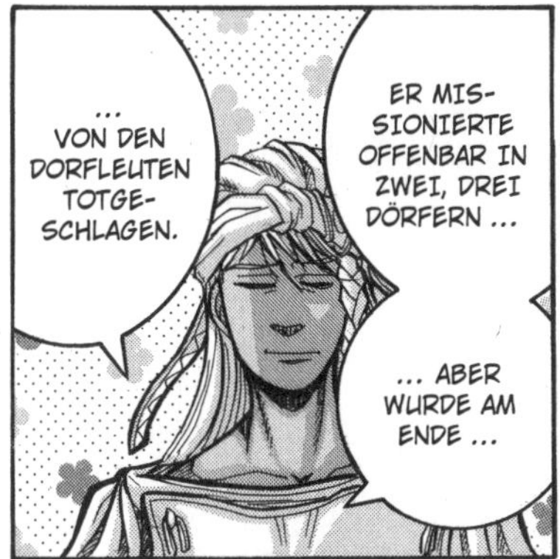
ER MISSIONIERTE OFFENBAR IN ZWEI, DREI DÖRFERN …
… ABER WURDE AM ENDE …
… VON DEN DORFLEUTEN TOTGESCHLAGEN.

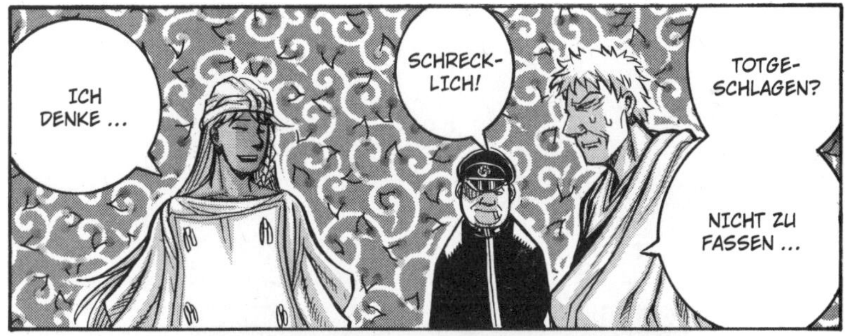
TOTGESCHLAGEN?
NICHT ZU FASSEN …
SCHRECKLICH!
ICH DENKE …

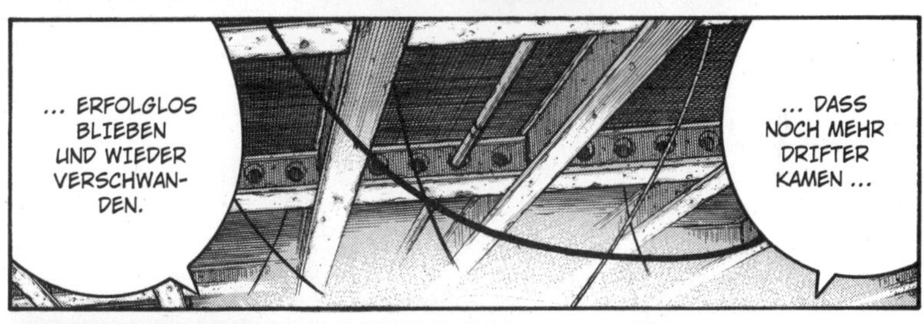
… DASS NOCH MEHR DRIFTER KAMEN …
… ERFOLGLOS BLIEBEN UND WIEDER VERSCHWANDEN.

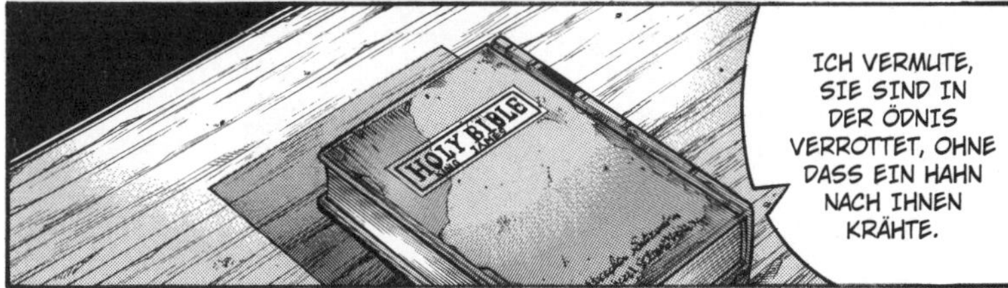
ICH VERMUTE, SIE SIND IN DER ÖDNIS VERROTTET, OHNE DASS EIN HAHN NACH IHNEN KRÄHTE.
HOLY BIBLE

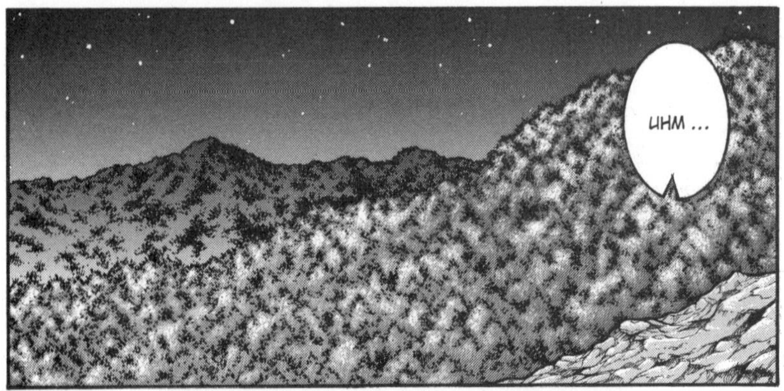

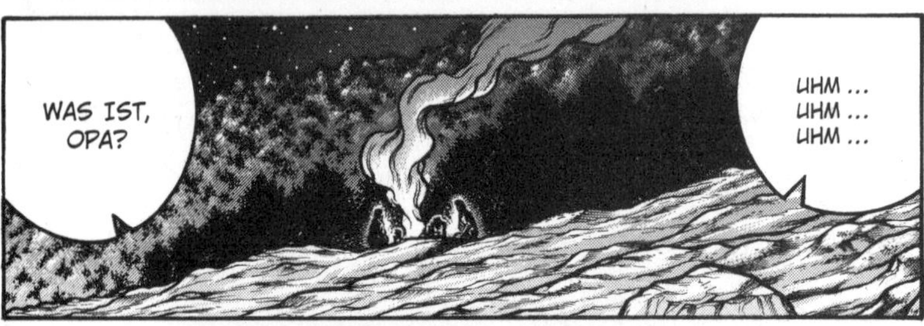

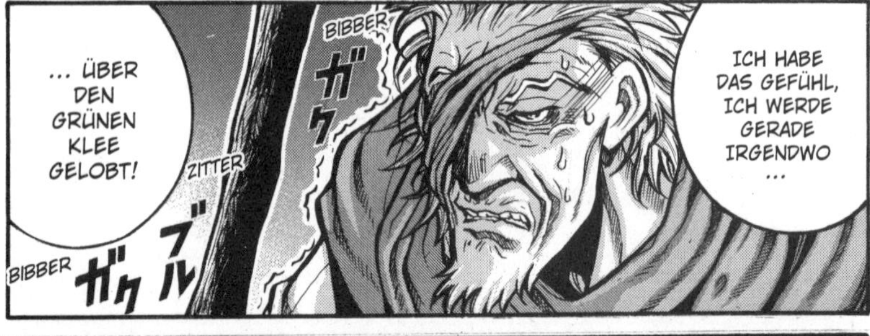

ENDE DES 82. KAPITELS

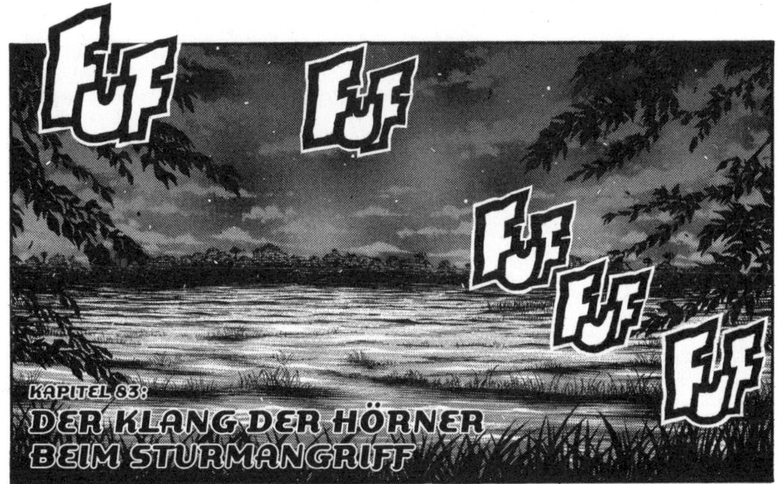
FUF
FUF
FUF
FUF
FUF
KAPITEL 83:
DER KLANG DER HÖRNER BEIM STURMANGRIFF

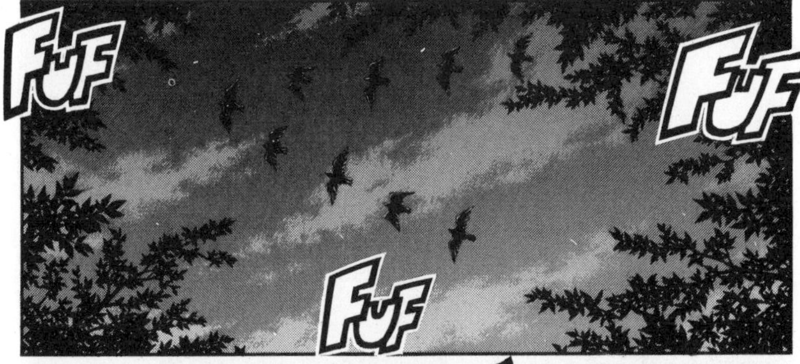
FUF
FUF
FUF

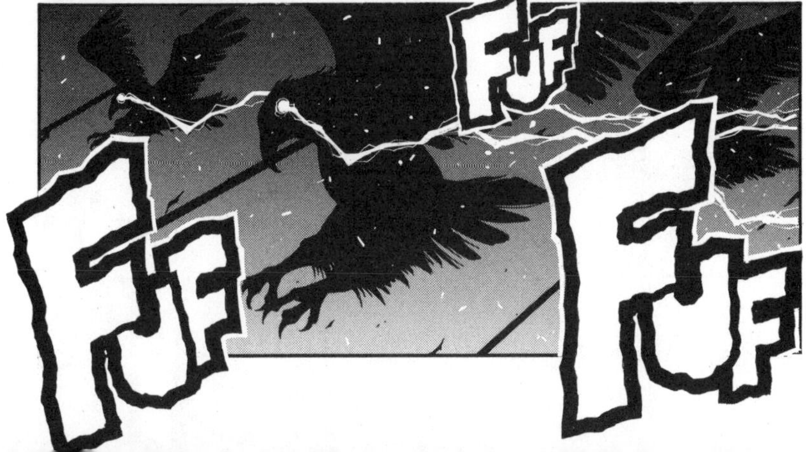
FUF
FUF
FUF

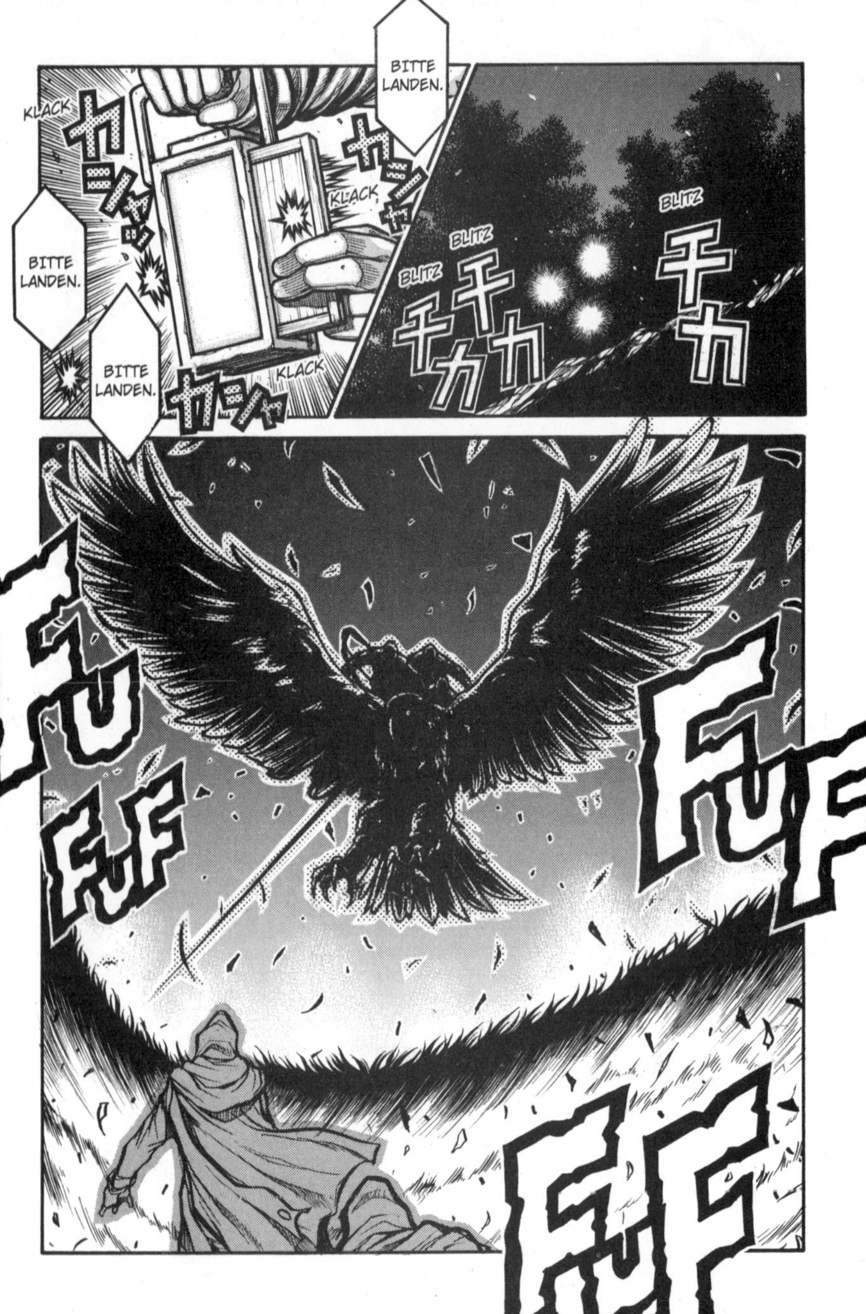
BLITZ
BLITZ
BLITZ
BITTE LANDEN.
KLACK
KLACK
BITTE LANDEN.
KLACK
BITTE LANDEN.
FUF
FUF
FUF
FUF

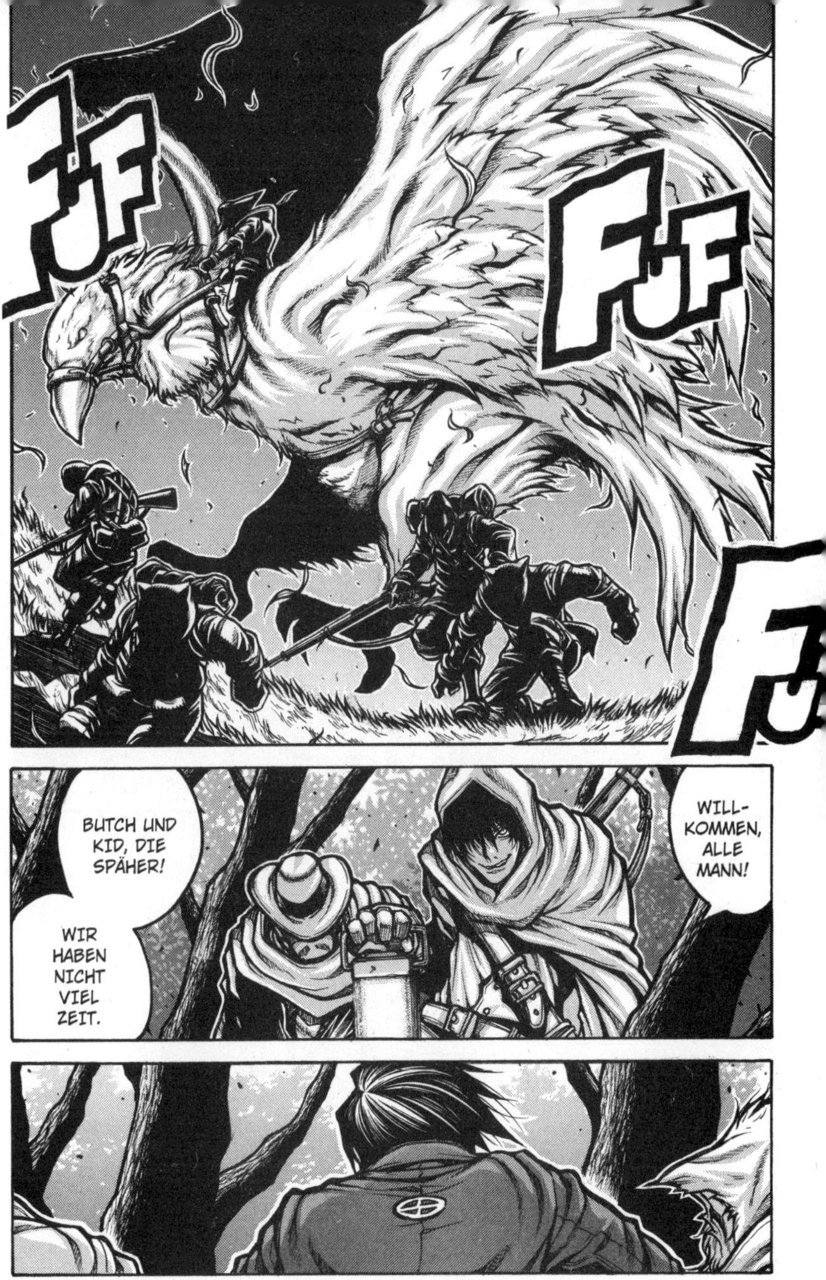

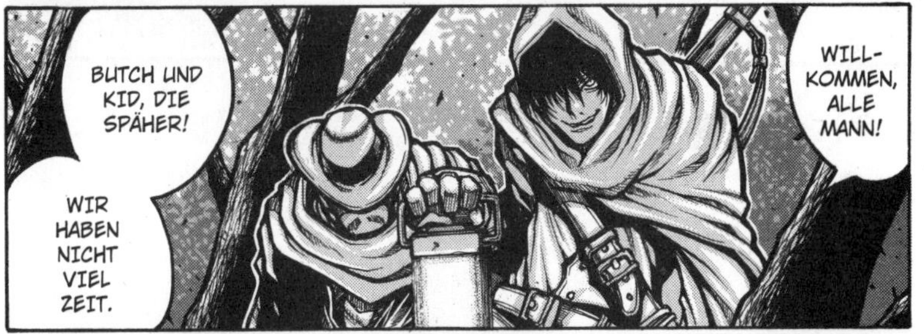
WILLKOMMEN, ALLE MANN!
BUTCH UND KID, DIE SPÄHER!
WIR HABEN NICHT VIEL ZEIT.

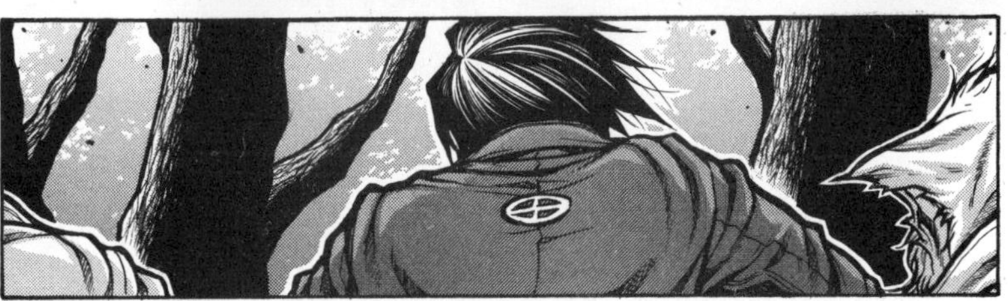

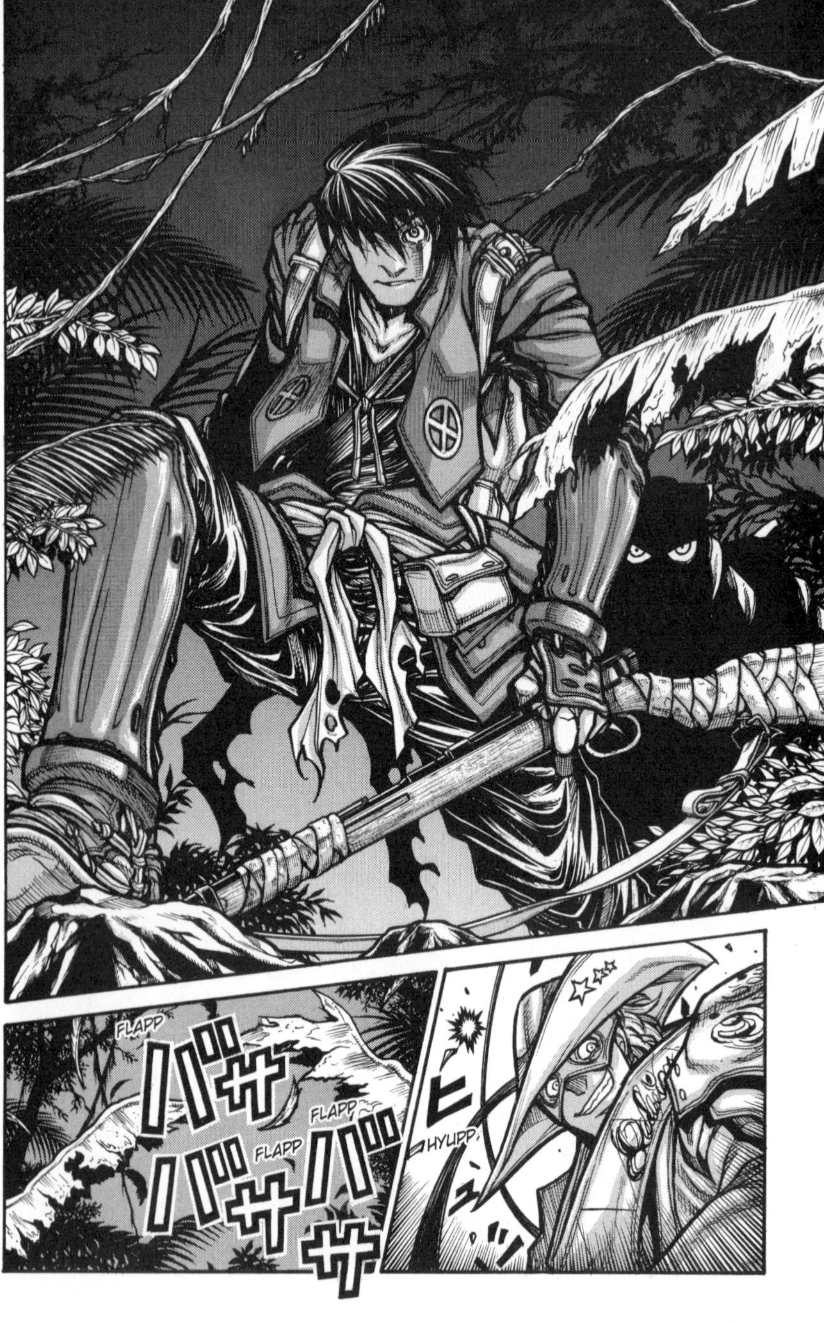

FLAPP
バサ
FLAPP
バサ
FLAPP
バサバサ
HYUPP
ヒュ

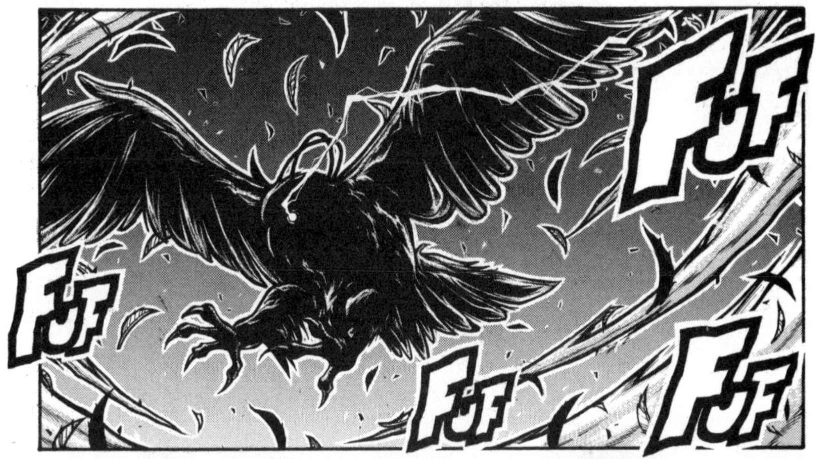

FUF
FUF
FUF
FUF

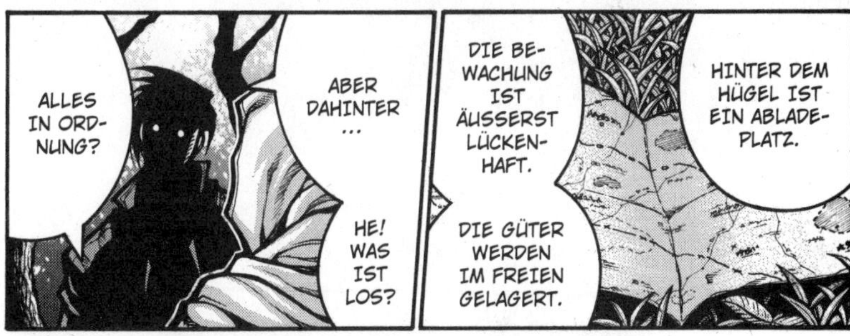

HINTER DEM HÜGEL IST EIN ABLADE-PLATZ.
DIE BE-WACHUNG IST ÄUSSERST LÜCKEN-HAFT.
DIE GÜTER WERDEN IM FREIEN GELAGERT.
ABER DAHINTER …
HE! WAS IST LOS?
ALLES IN ORD-NUNG?

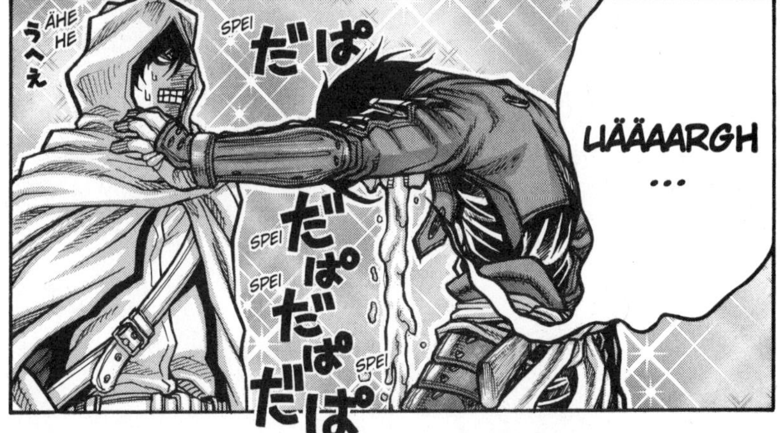

UÄÄÄARGH …
ÄHE HE
うへぇ
SPEI
だぱ
SPEI
だぱ
SPEI
だぱ
SPEI
だぱ

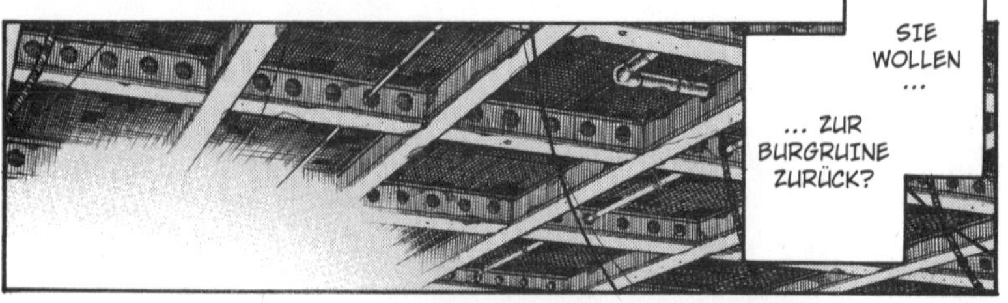
SIE WOLLEN ...
... ZUR BURGRUINE ZURÜCK?

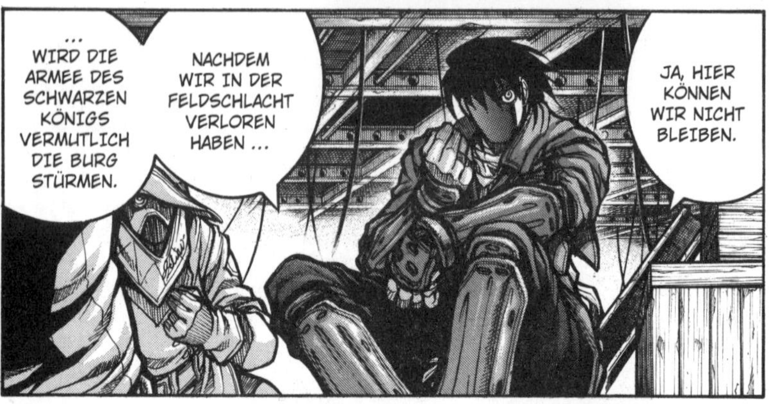
JA, HIER KÖNNEN WIR NICHT BLEIBEN.
NACHDEM WIR IN DER FELDSCHLACHT VERLOREN HABEN ...
... WIRD DIE ARMEE DES SCHWARZEN KÖNIGS VERMUTLICH DIE BURG STÜRMEN.

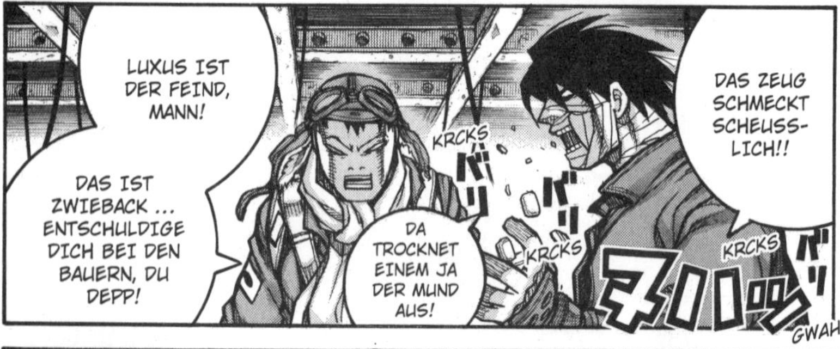
DAS ZEUG SCHMECKT SCHEUSS-LICH!!
KRCKS
KRCKS
KRCKS
GWAH
DA TROCKNET EINEM JA DER MUND AUS!
LUXUS IST DER FEIND, MANN!
DAS IST ZWIEBACK ... ENTSCHULDIGE DICH BEI DEN BAUERN, DU DEPP!

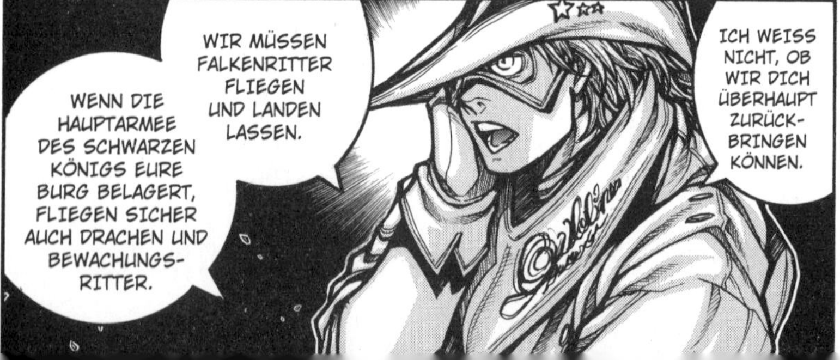
ICH WEISS NICHT, OB WIR DICH ÜBERHAUPT ZURÜCK-BRINGEN KÖNNEN.
WIR MÜSSEN FALKENRITTER FLIEGEN UND LANDEN LASSEN.
WENN DIE HAUPTARMEE DES SCHWARZEN KÖNIGS EURE BURG BELAGERT, FLIEGEN SICHER AUCH DRACHEN UND BEWACHUNGS-RITTER.

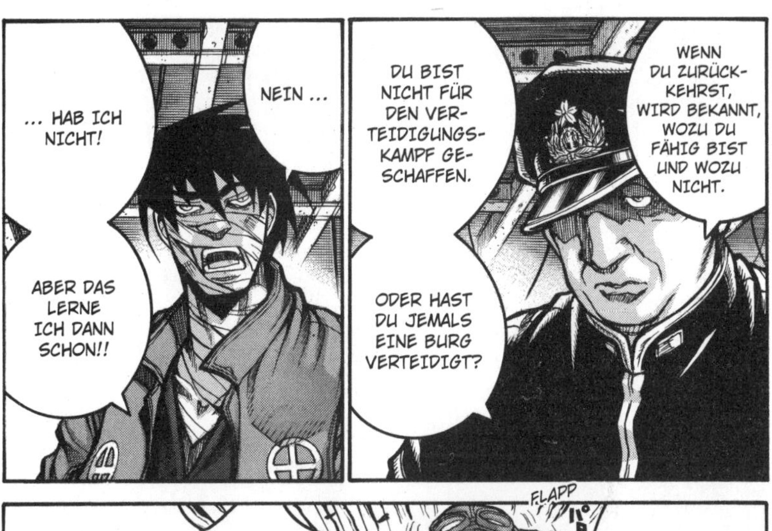
WENN DU ZURÜCK-KEHRST, WIRD BEKANNT, WOZU DU FÄHIG BIST UND WOZU NICHT.
DU BIST NICHT FÜR DEN VER-TEIDIGUNGS-KAMPF GE-SCHAFFEN.
ODER HAST DU JEMALS EINE BURG VERTEIDIGT?
NEIN ...
... HAB ICH NICHT!
ABER DAS LERNE ICH DANN SCHON!!

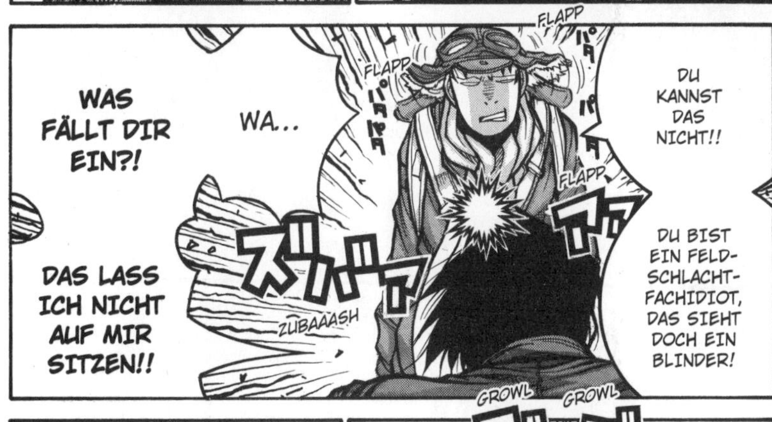
DU KANNST DAS NICHT!!
DU BIST EIN FELD-SCHLACHT-FACHIDIOT, DAS SIEHT DOCH EIN BLINDER!
FLAPP
FLAPP
FLAPP
WA...
ZUBAAASH
WAS FÄLLT DIR EIN?!
DAS LASS ICH NICHT AUF MIR SITZEN!!

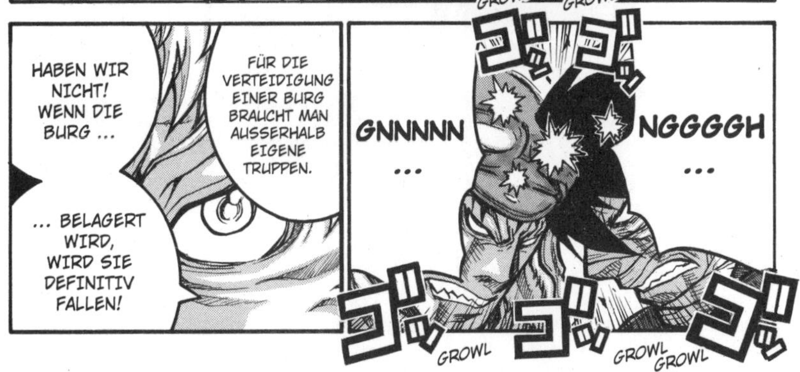
GROWL
GROWL
NGGGGH ...
GNNNNN ...
GROWL
GROWL
GROWL
FÜR DIE VERTEIDIGUNG EINER BURG BRAUCHT MAN AUSSERHALB EIGENE TRUPPEN.
HABEN WIR NICHT! WENN DIE BURG ...
... BELAGERT WIRD, WIRD SIE DEFINITIV FALLEN!

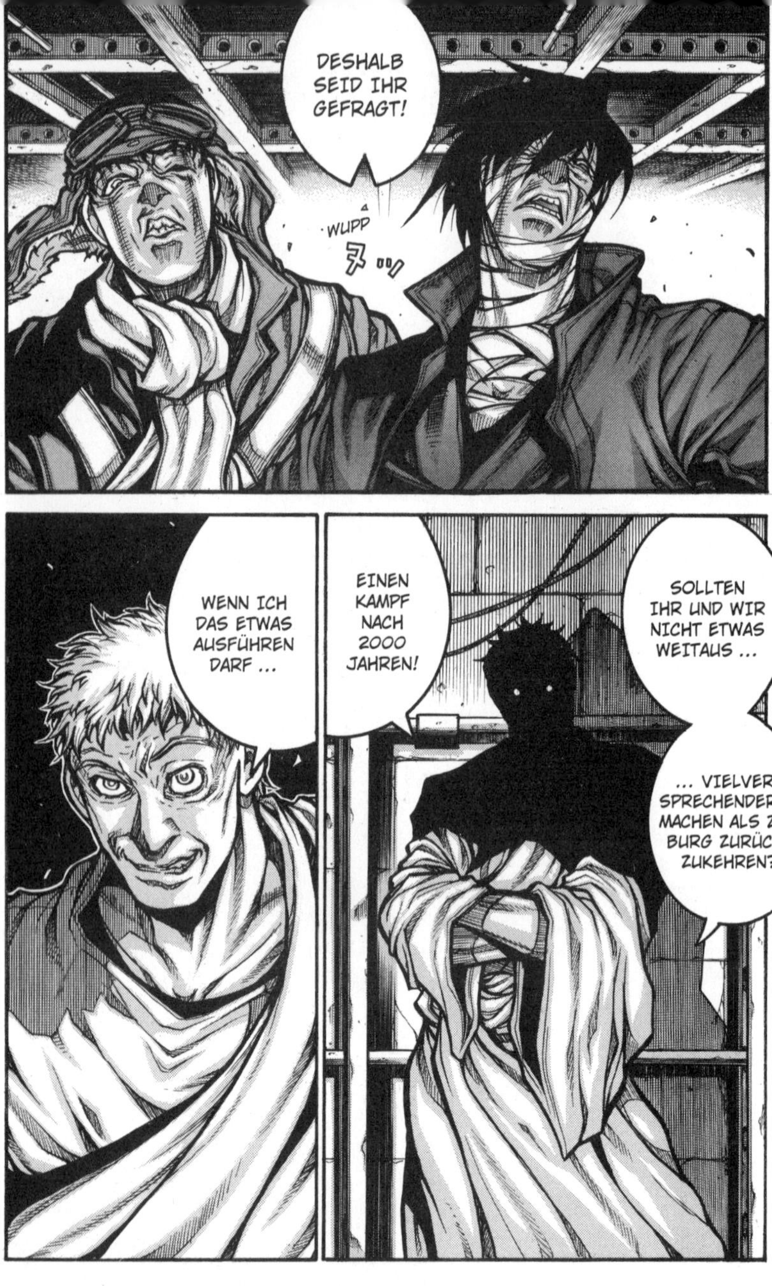

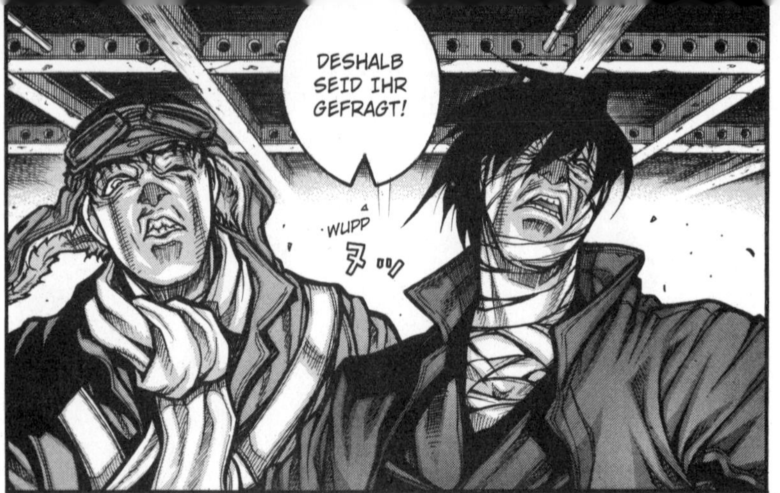
DESHALB SEID IHR GEFRAGT!
WUPP

SOLLTEN IHR UND WIR NICHT ETWAS WEITAUS ...
... VIELVERSPRECHENDERES MACHEN ALS ZUR BURG ZURÜCKZUKEHREN?
EINEN KAMPF NACH 2000 JAHREN!
WENN ICH DAS ETWAS AUSFÜHREN DARF ...

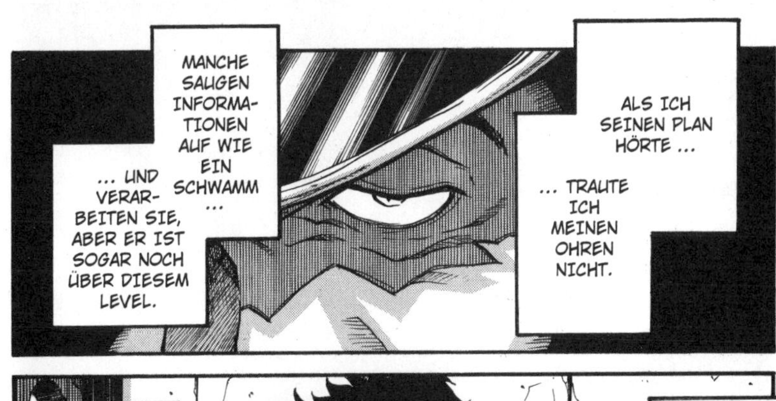

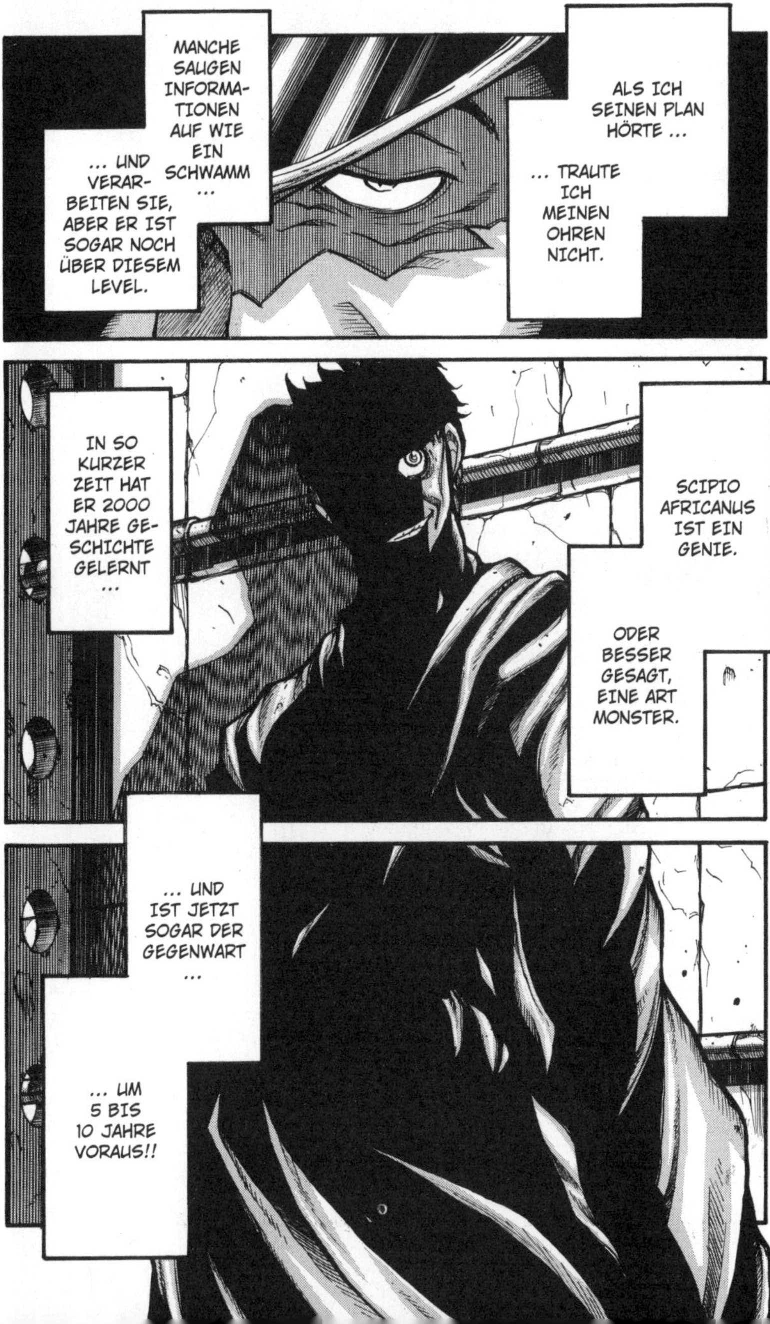

SCIPIO AFRICANUS IST EIN GENIE.

ODER BESSER GESAGT, EINE ART MONSTER.

IN SO KURZER ZEIT HAT ER 2000 JAHRE GESCHICHTE GELERNT ...

... UND IST JETZT SOGAR DER GEGENWART ...

... UM 5 BIS 10 JAHRE VORAUS!!

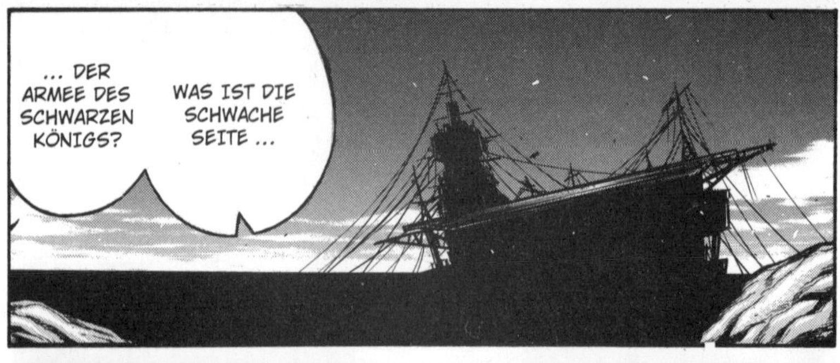

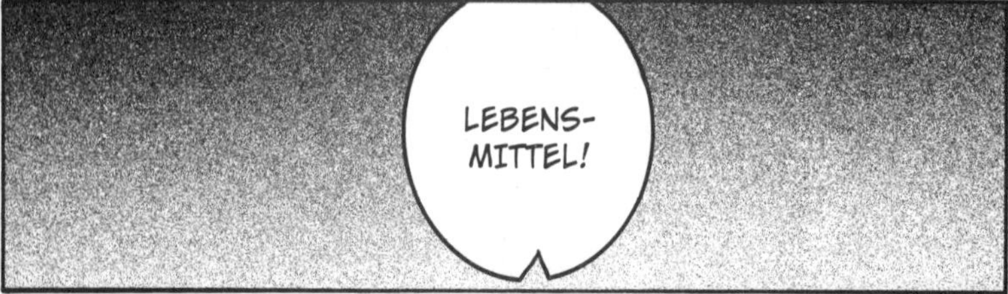

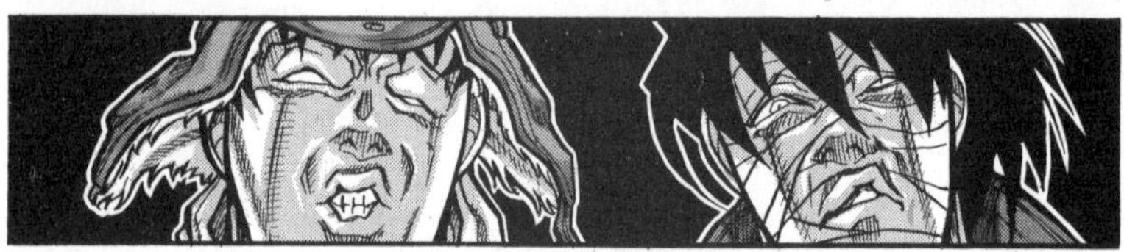

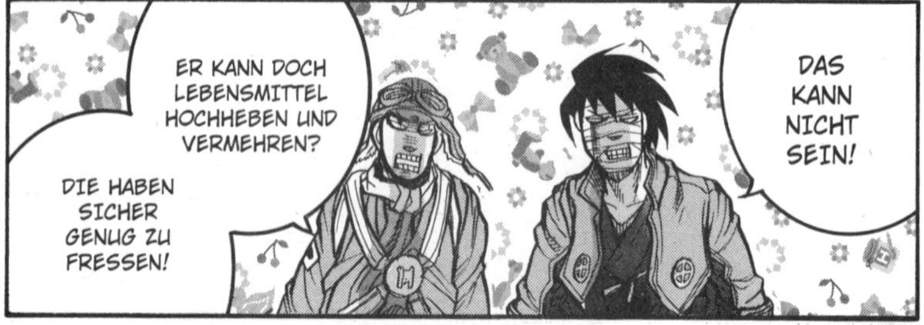

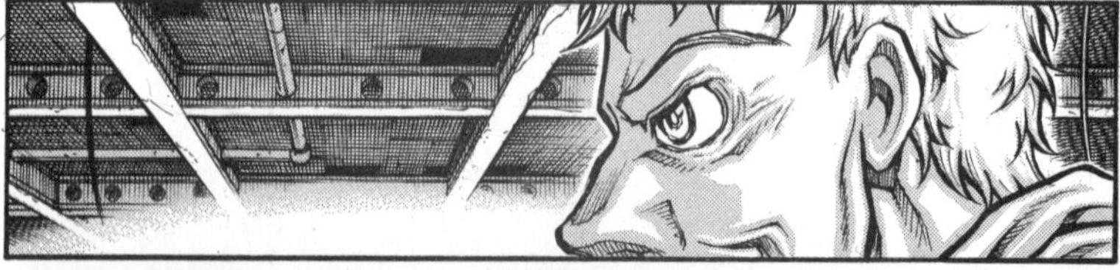

ENDE DES 83. KAPITELS

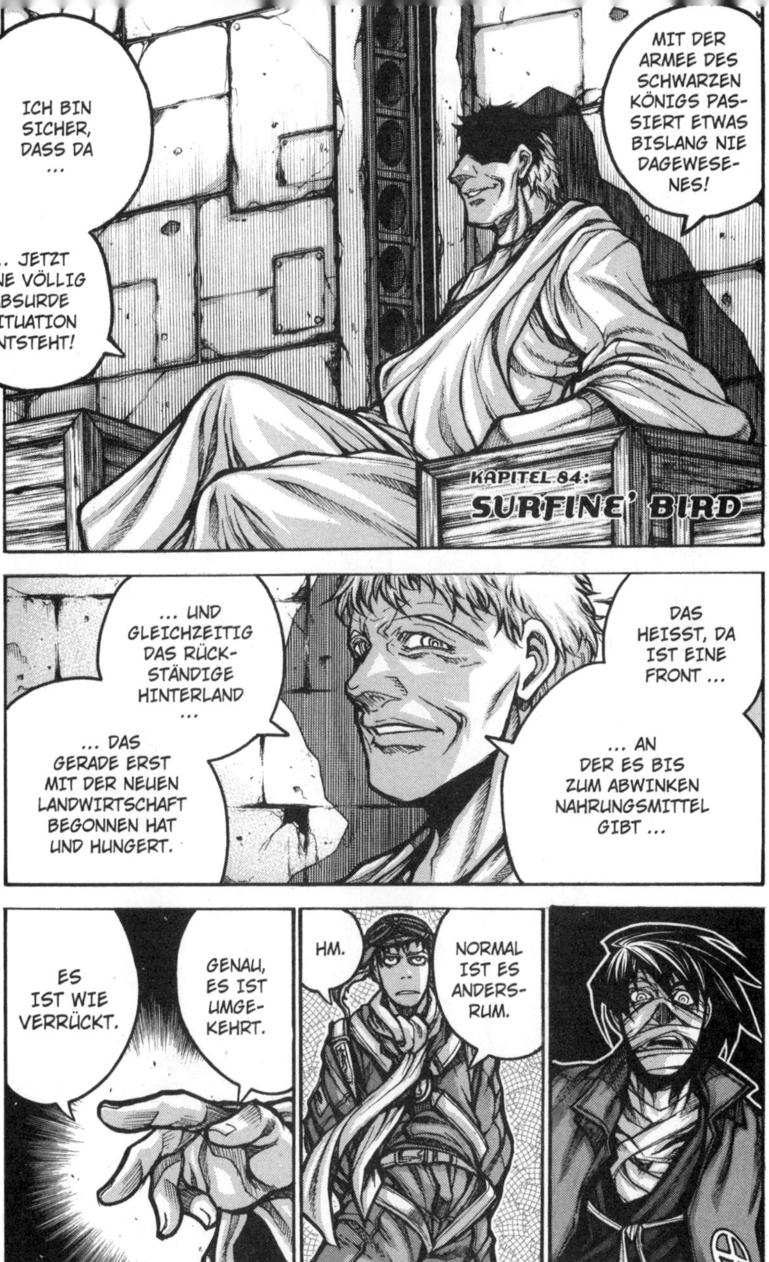

MIT DER ARMEE DES SCHWARZEN KÖNIGS PASSIERT ETWAS BISLANG NIE DAGEWESENES!

ICH BIN SICHER, DASS DA ...

... JETZT EINE VÖLLIG ABSURDE SITUATION ENTSTEHT!

KAPITEL 84: SURFINE' BIRD

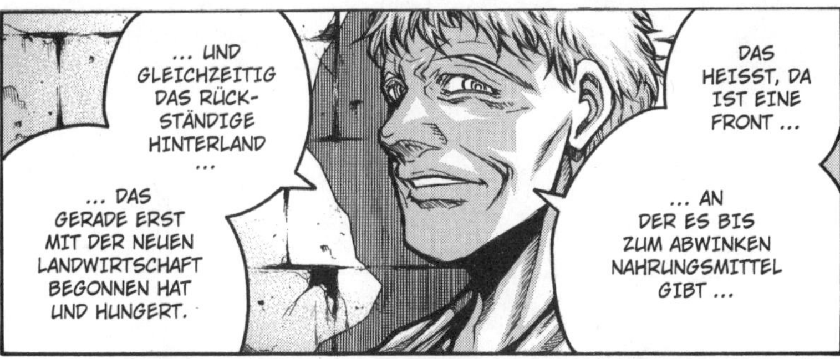

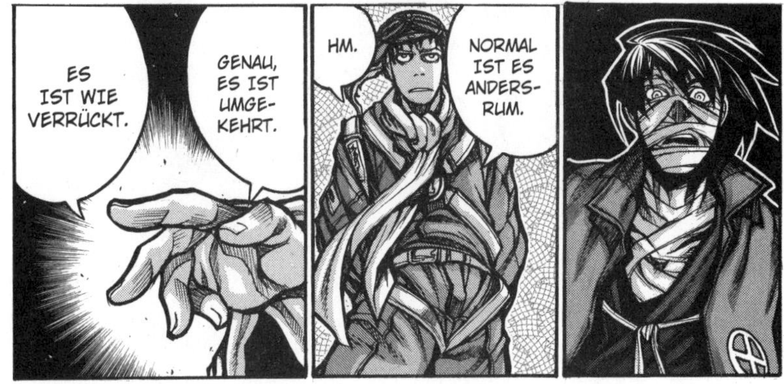

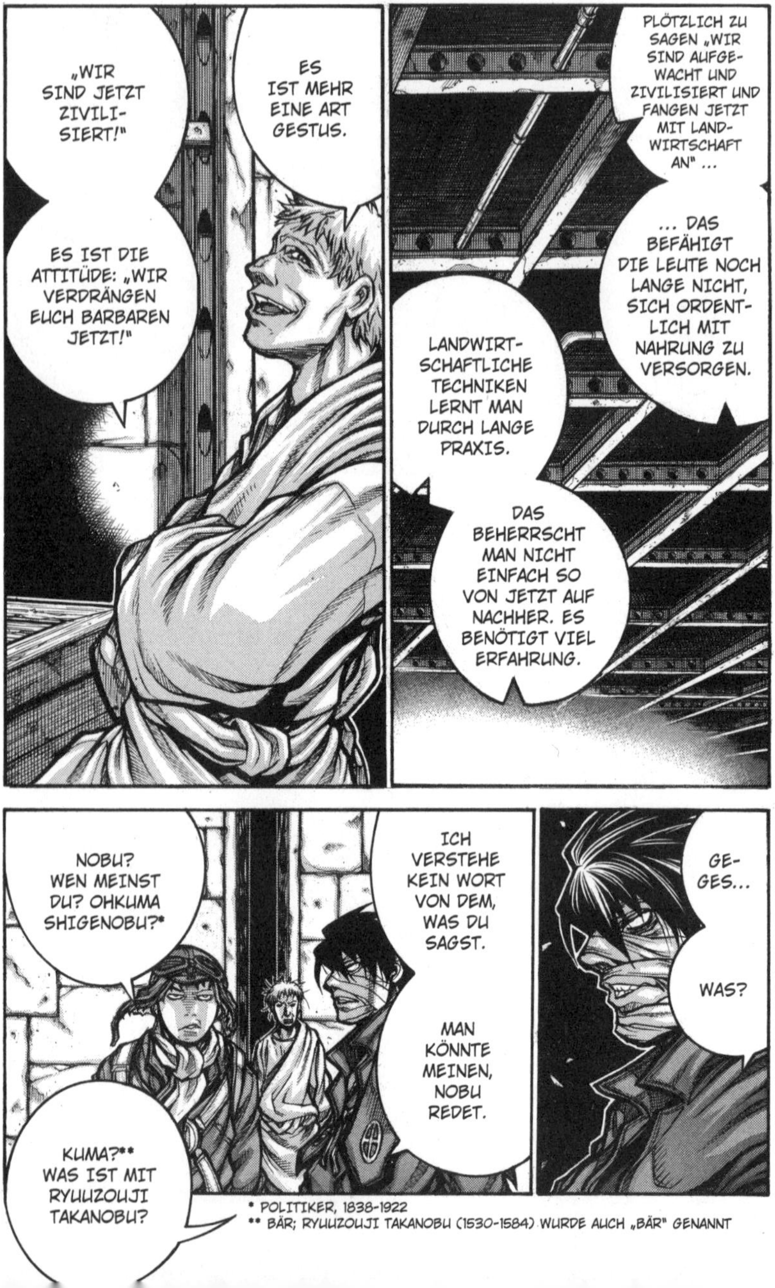

PLÖTZLICH ZU SAGEN „WIR SIND AUFGEWACHT UND ZIVILISIERT UND FANGEN JETZT MIT LANDWIRTSCHAFT AN" ...

... DAS BEFÄHIGT DIE LEUTE NOCH LANGE NICHT, SICH ORDENTLICH MIT NAHRUNG ZU VERSORGEN.

LANDWIRTSCHAFTLICHE TECHNIKEN LERNT MAN DURCH LANGE PRAXIS.

DAS BEHERRSCHT MAN NICHT EINFACH SO VON JETZT AUF NACHHER. ES BENÖTIGT VIEL ERFAHRUNG.

ES IST MEHR EINE ART GESTUS.

„WIR SIND JETZT ZIVILISIERT!"

ES IST DIE ATTITÜDE: „WIR VERDRÄNGEN EUCH BARBAREN JETZT!"

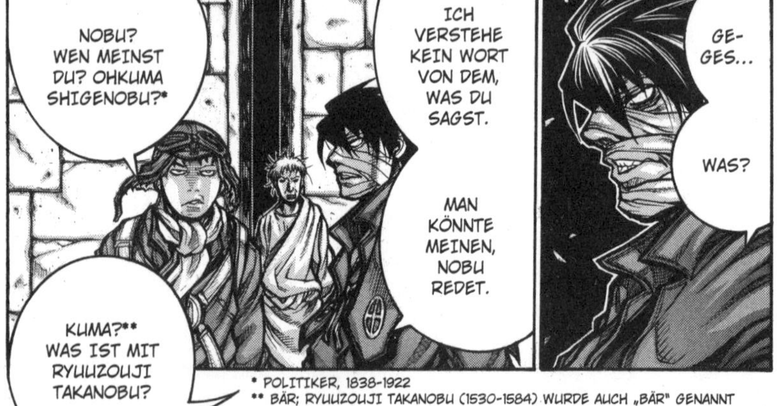

* POLITIKER, 1838-1922
** BÄR; RYUUZOUJI TAKANOBU (1530-1584) WURDE AUCH „BÄR" GENANNT

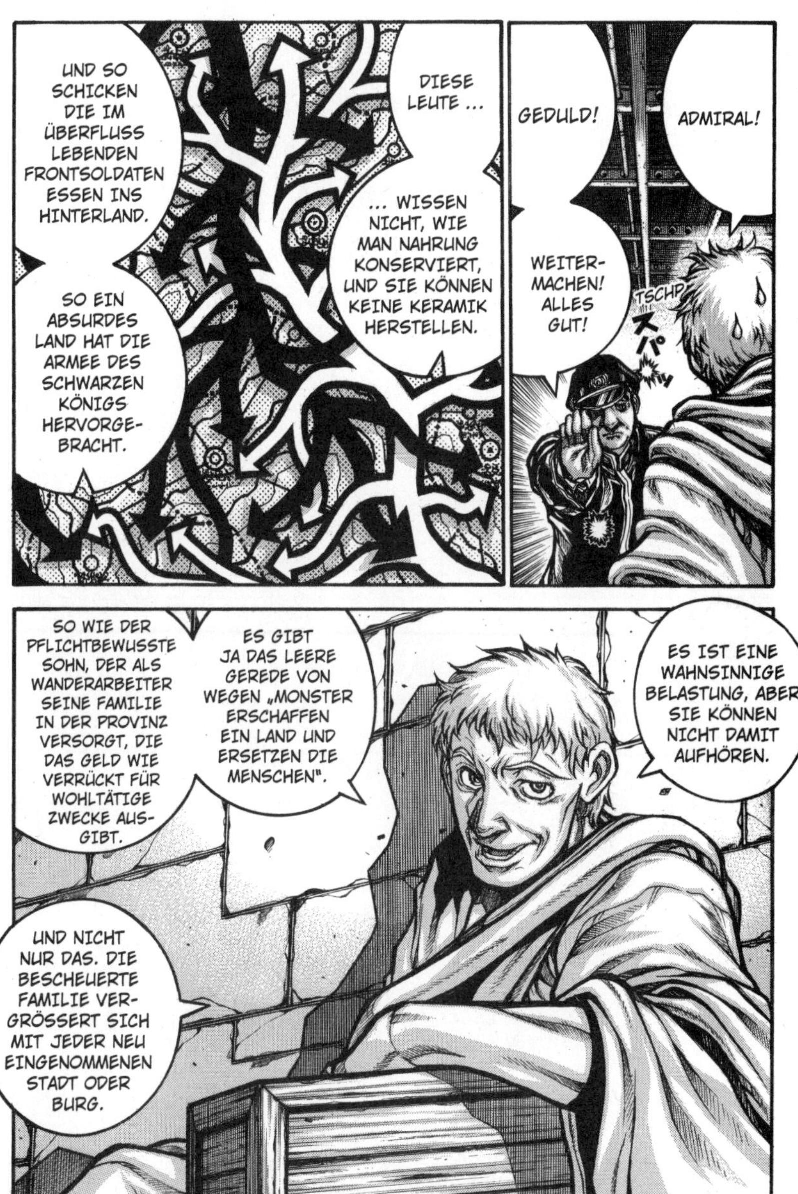
ADMIRAL!
GEDULD!
WEITER-MACHEN! ALLES GUT!
TSCHP
スパッ
DIESE LEUTE …
… WISSEN NICHT, WIE MAN NAHRUNG KONSERVIERT, UND SIE KÖNNEN KEINE KERAMIK HERSTELLEN.
UND SO SCHICKEN DIE IM ÜBERFLUSS LEBENDEN FRONTSOLDATEN ESSEN INS HINTERLAND.
SO EIN ABSURDES LAND HAT DIE ARMEE DES SCHWARZEN KÖNIGS HERVORGE-BRACHT.
ES IST EINE WAHNSINNIGE BELASTUNG, ABER SIE KÖNNEN NICHT DAMIT AUFHÖREN.
ES GIBT JA DAS LEERE GEREDE VON WEGEN „MONSTER ERSCHAFFEN EIN LAND UND ERSETZEN DIE MENSCHEN".
SO WIE DER PFLICHTBEWUSSTE SOHN, DER ALS WANDERARBEITER SEINE FAMILIE IN DER PROVINZ VERSORGT, DIE DAS GELD WIE VERRÜCKT FÜR WOHLTÄTIGE ZWECKE AUS-GIBT.
UND NICHT NUR DAS. DIE BESCHEUERTE FAMILIE VER-GRÖSSERT SICH MIT JEDER NEU EINGENOMMENEN STADT ODER BURG.

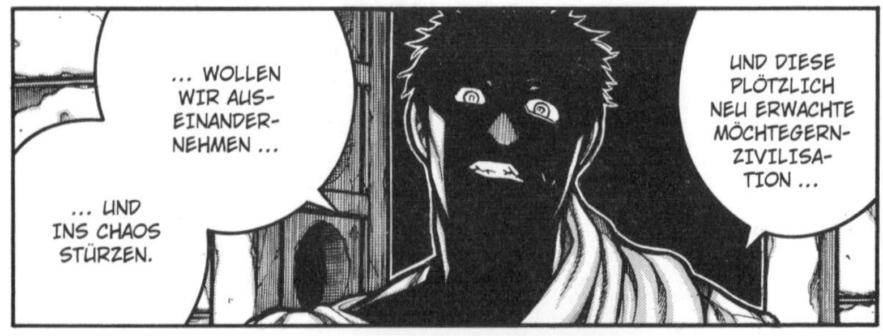
UND DIESE PLÖTZLICH NEU ERWACHTE MÖCHTEGERN-ZIVILISATION …
… WOLLEN WIR AUSEINANDERNEHMEN …
… UND INS CHAOS STÜRZEN.

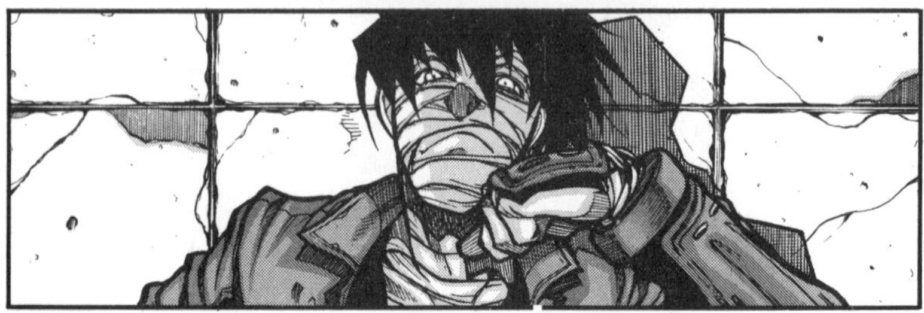

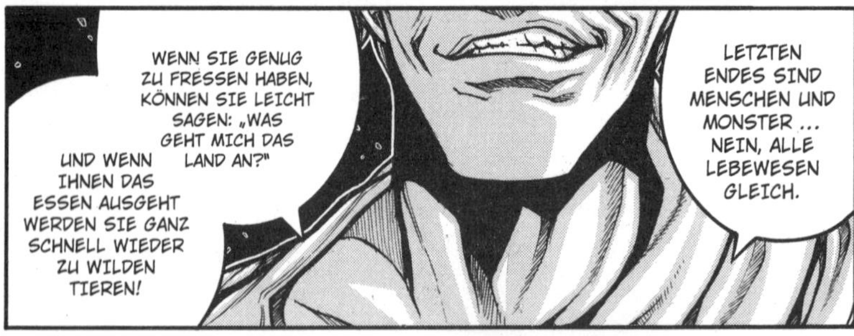
LETZTEN ENDES SIND MENSCHEN UND MONSTER … NEIN, ALLE LEBEWESEN GLEICH.
WENN SIE GENUG ZU FRESSEN HABEN, KÖNNEN SIE LEICHT SAGEN: „WAS GEHT MICH DAS LAND AN?"
UND WENN IHNEN DAS ESSEN AUSGEHT WERDEN SIE GANZ SCHNELL WIEDER ZU WILDEN TIEREN!

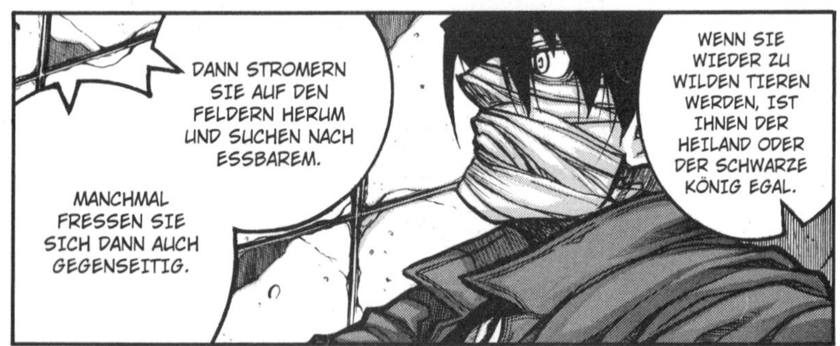
WENN SIE WIEDER ZU WILDEN TIEREN WERDEN, IST IHNEN DER HEILAND ODER DER SCHWARZE KÖNIG EGAL.
DANN STROMERN SIE AUF DEN FELDERN HERUM UND SUCHEN NACH ESSBAREM.
MANCHMAL FRESSEN SIE SICH DANN AUCH GEGENSEITIG.

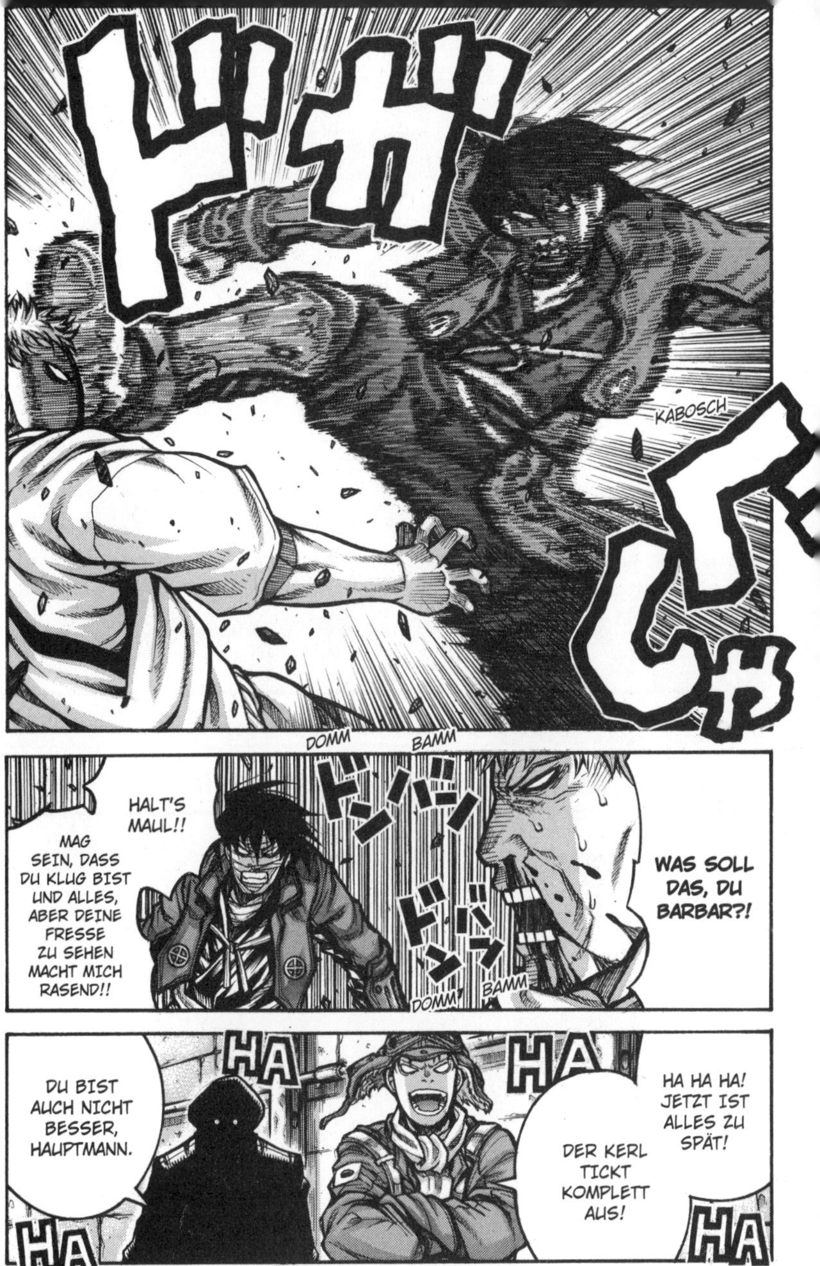

KABOSCH

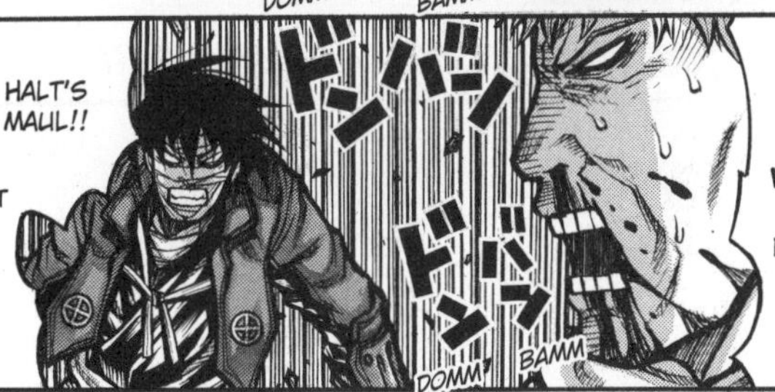
DOMM
BAMM
WAS SOLL DAS, DU BARBAR?!
HALT'S MAUL!!
BAMM
DOMM

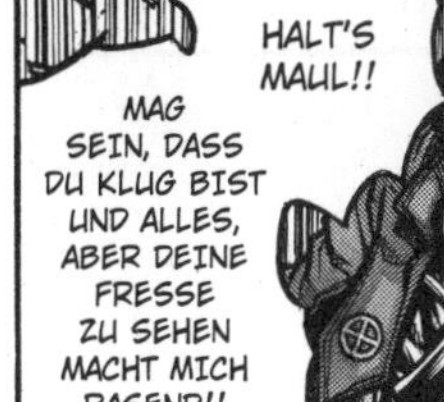
MAG SEIN, DASS DU KLUG BIST UND ALLES, ABER DEINE FRESSE ZU SEHEN MACHT MICH RASEND!!

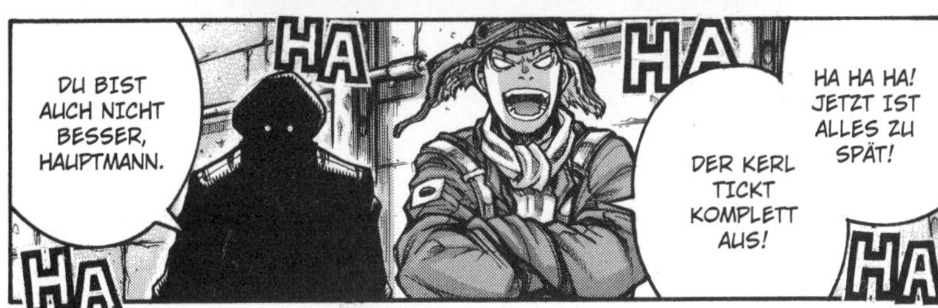
HA
HA
HA HA HA! JETZT IST ALLES ZU SPÄT!
DER KERL TICKT KOMPLETT AUS!
DU BIST AUCH NICHT BESSER, HAUPTMANN.
HA
HA

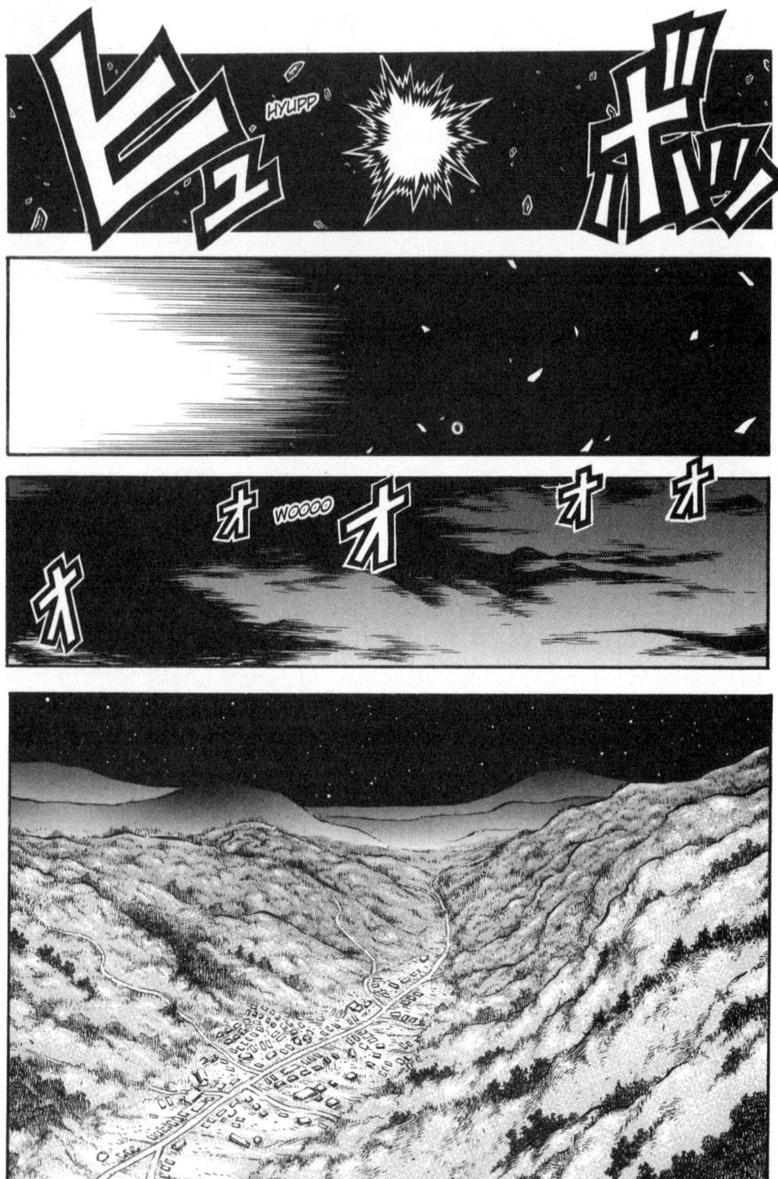
ヒュ
HYUPP
ボッ
オ
WOOOO
オ
オ
オ
オ

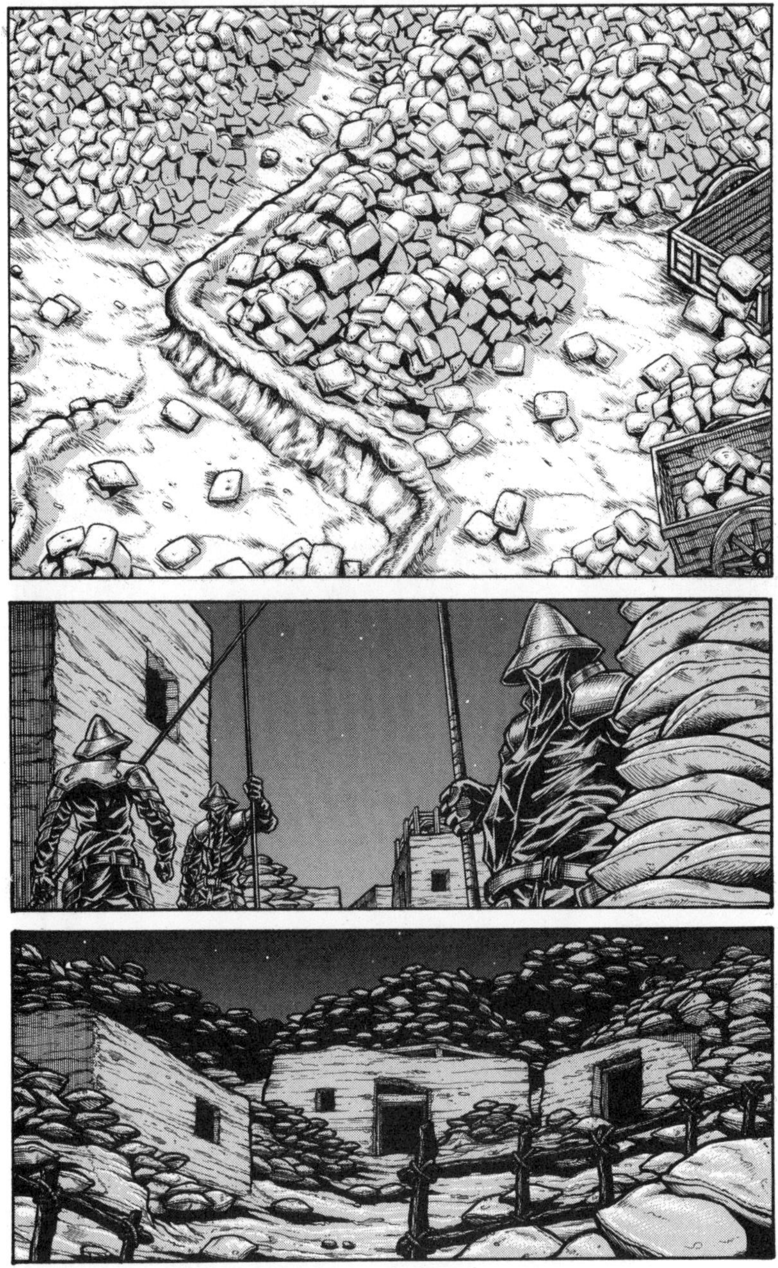

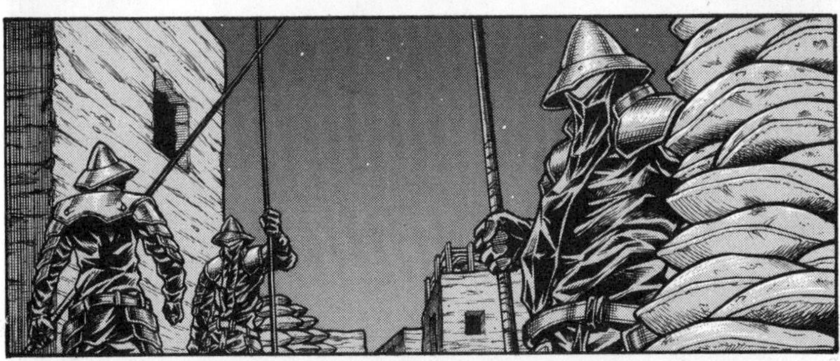

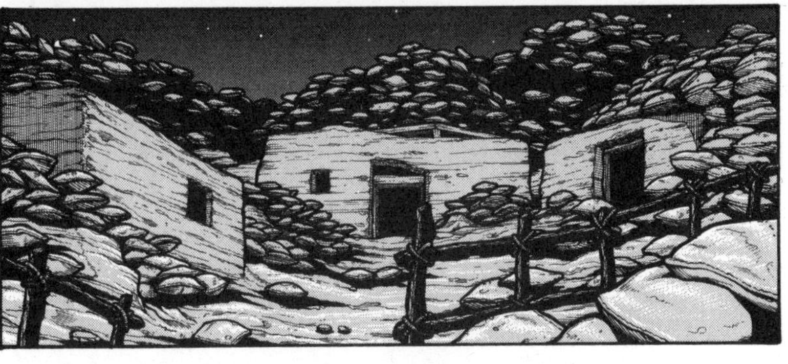

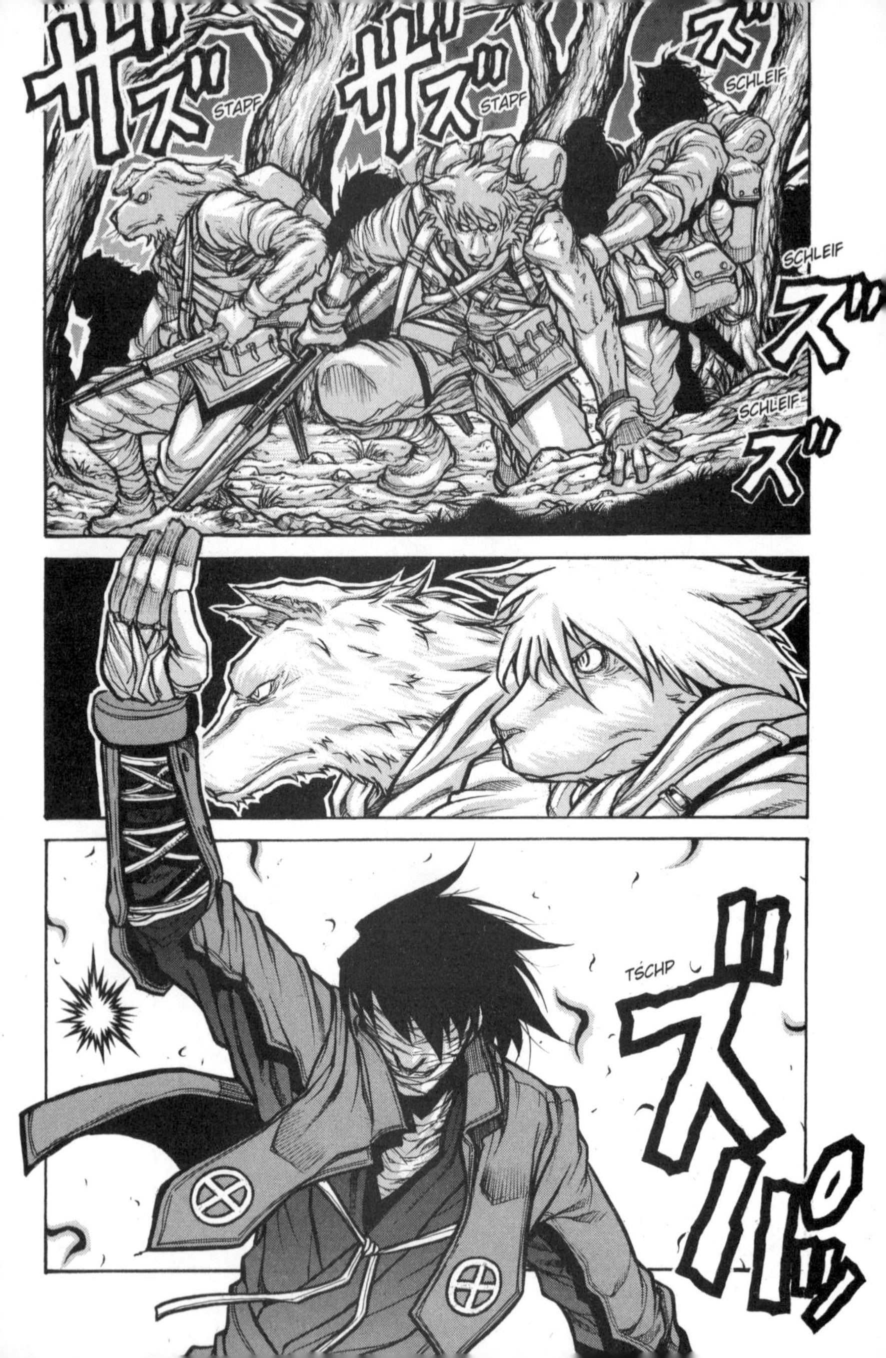
ザッ
STAPF
ザッ
STAPF
ズ
SCHLEIF
SCHLEIF
ズ
SCHLEIF
ズ
TSCHP
ズパッ

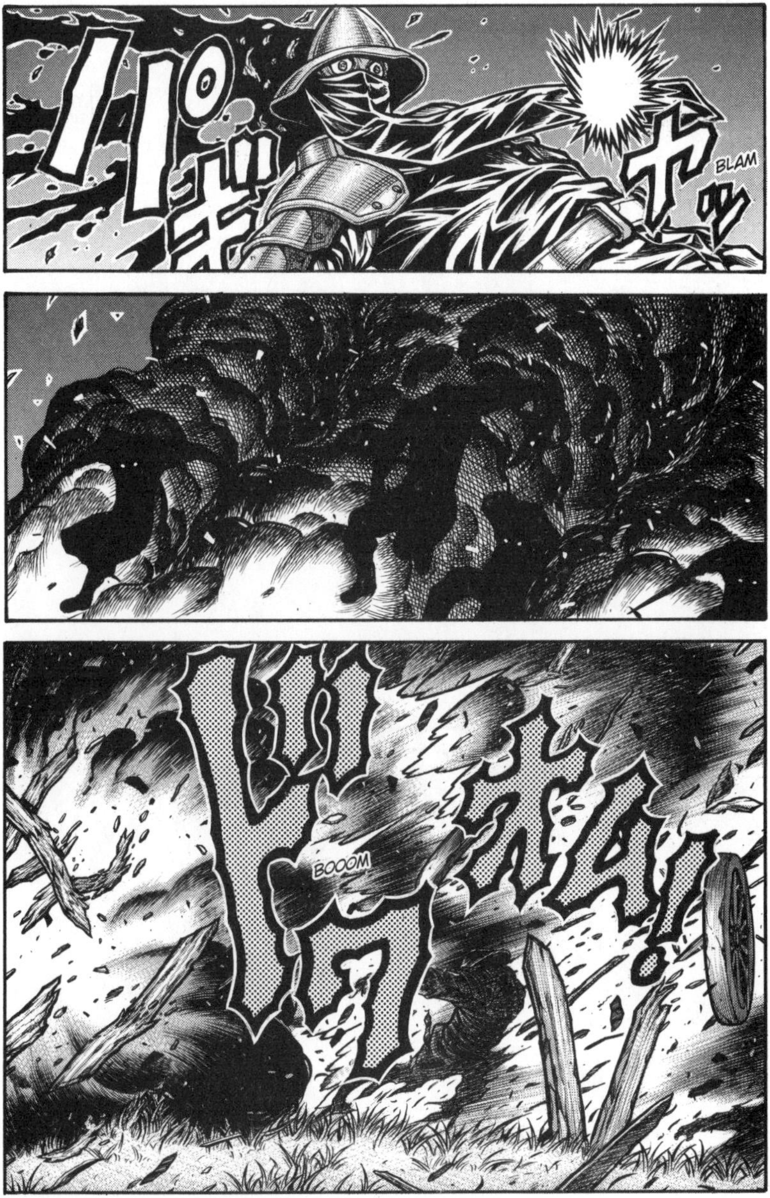

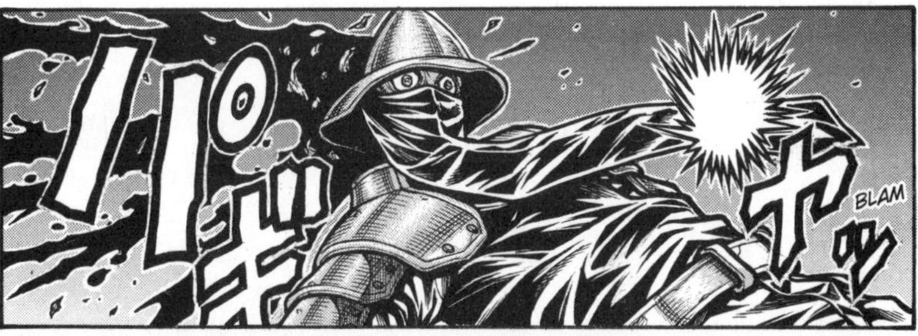

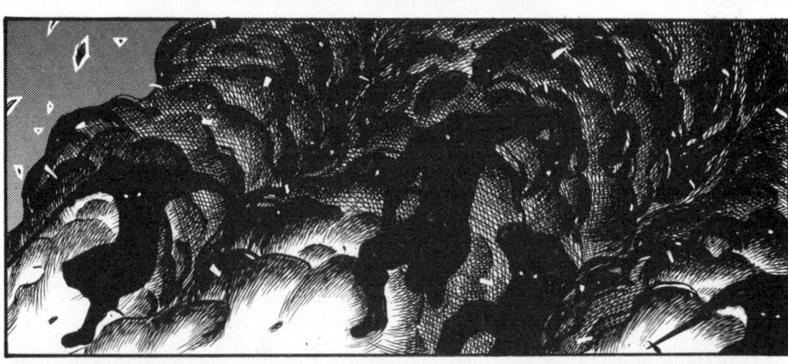

BOOOM

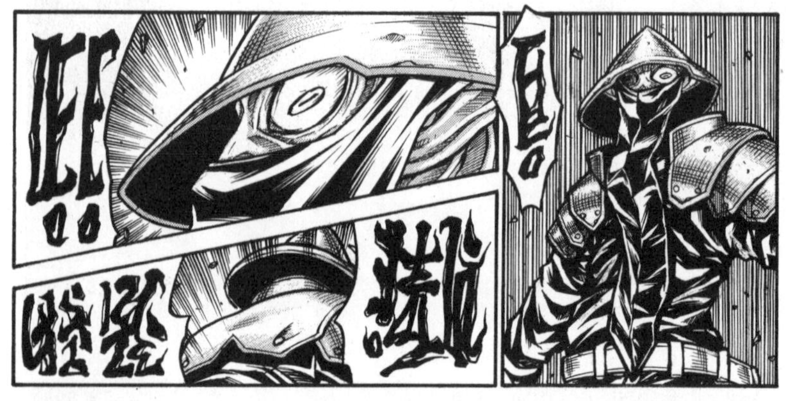
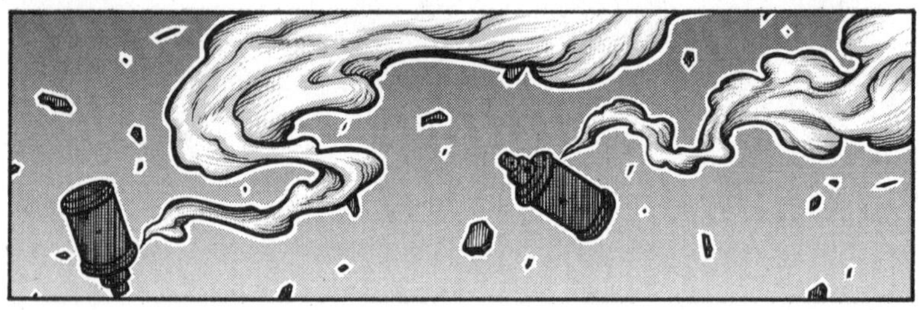
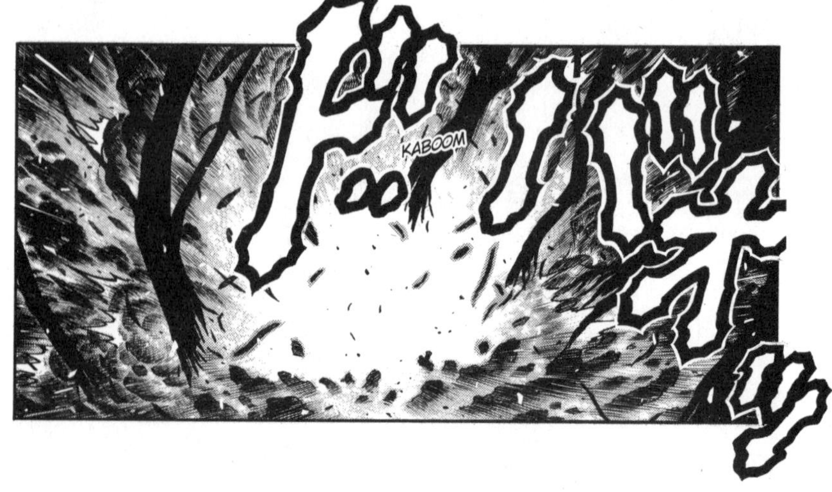
KABOOM

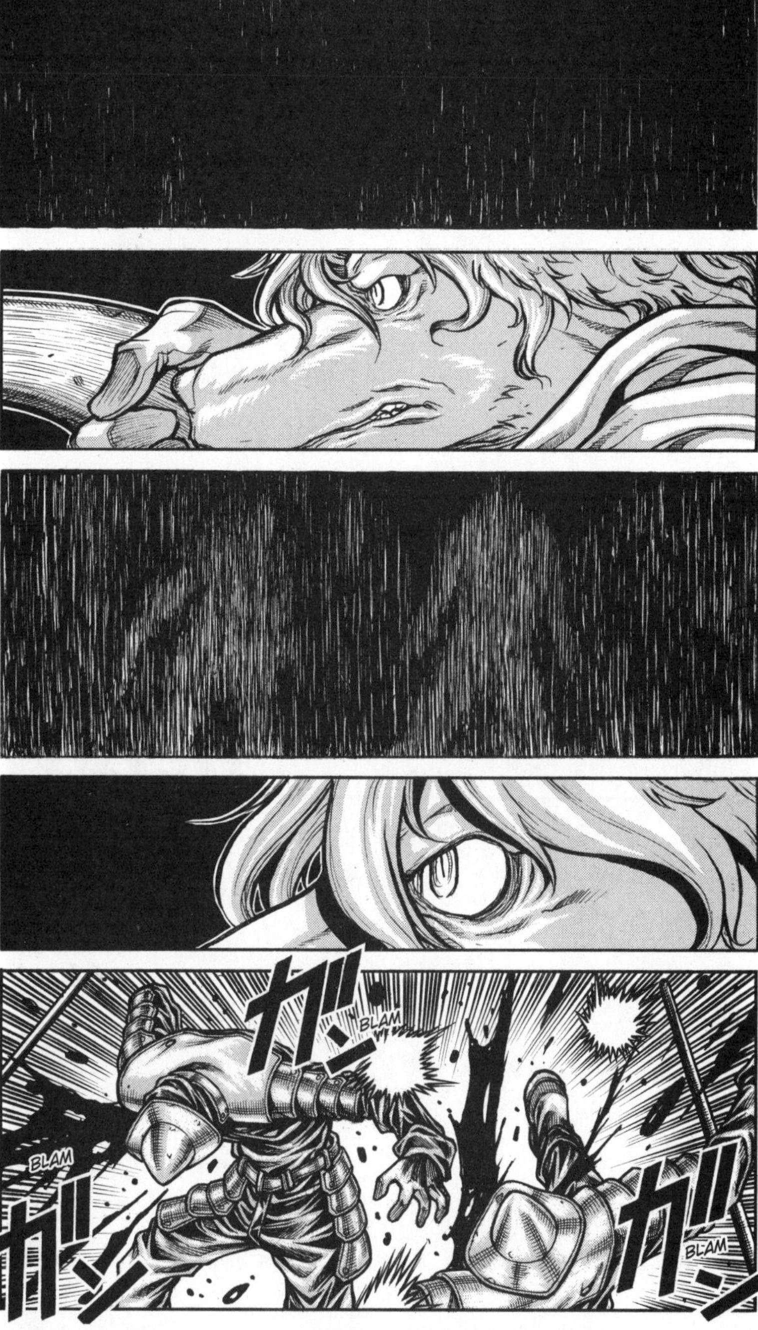
BLAM
BLAM
BLAM

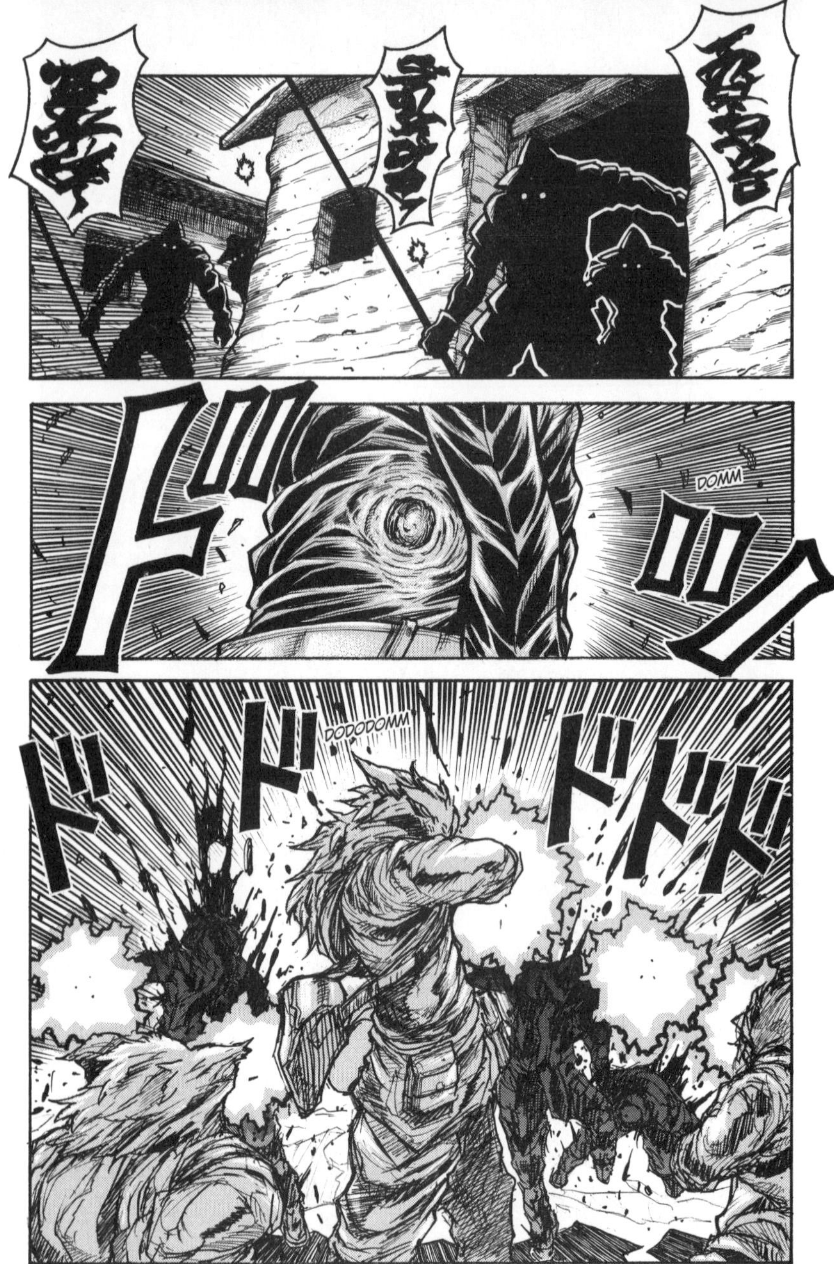

ドン
DOMM
ドドドドド
DODODOMM

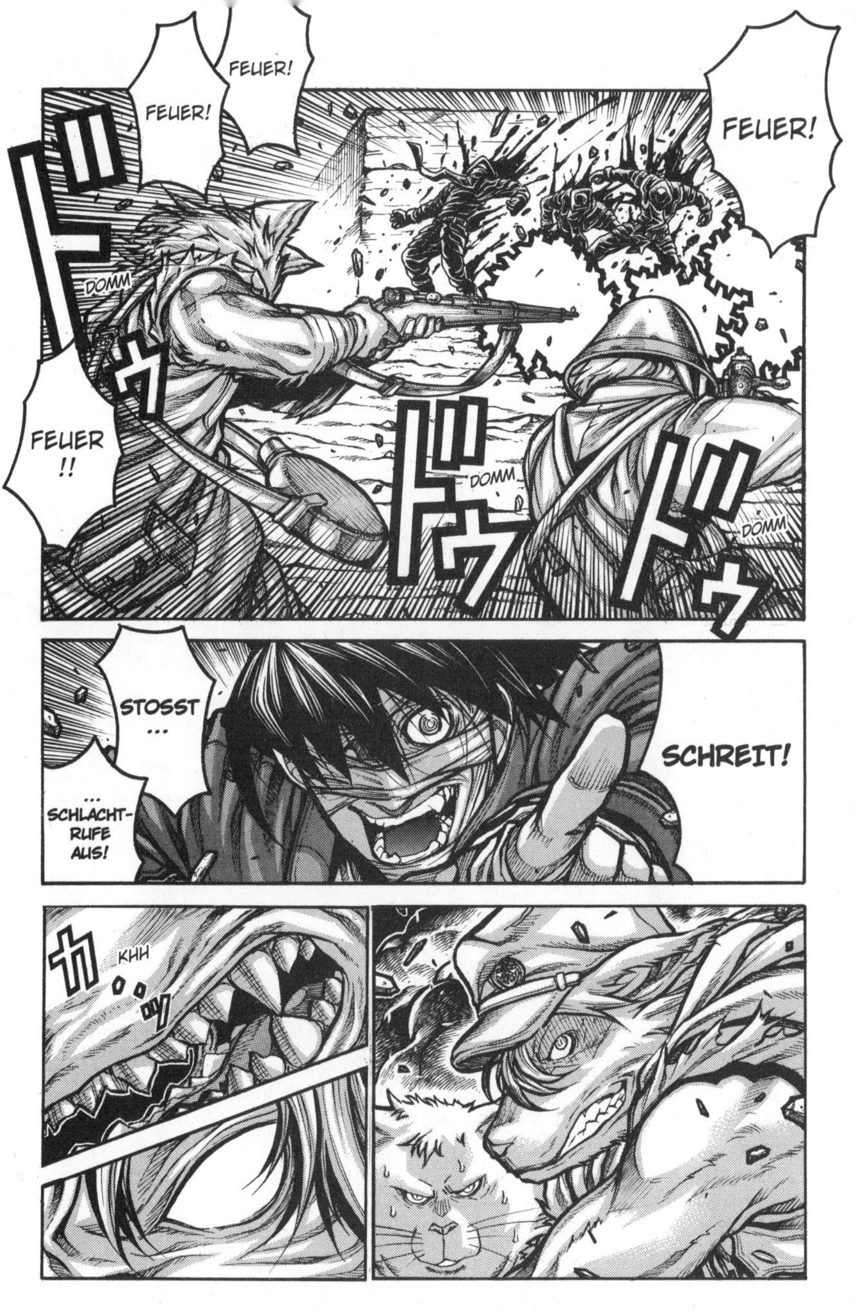

FEUER!

FEUER!

FEUER!

DOMM

FEUER !!

DOMM

DOMM

SCHREIT!

STOSST ...

... SCHLACHT-RUFE AUS!

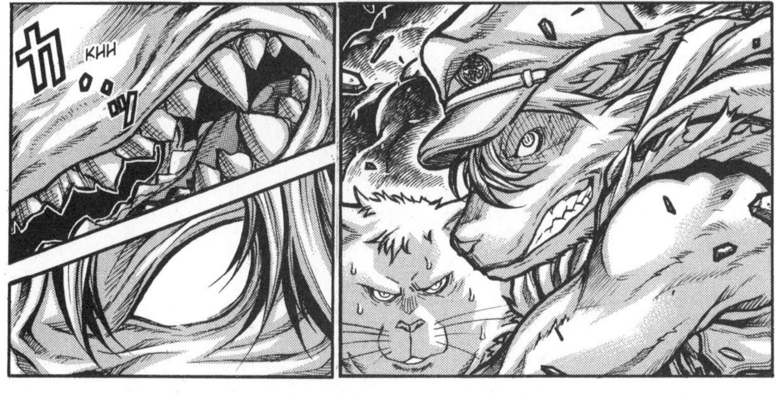

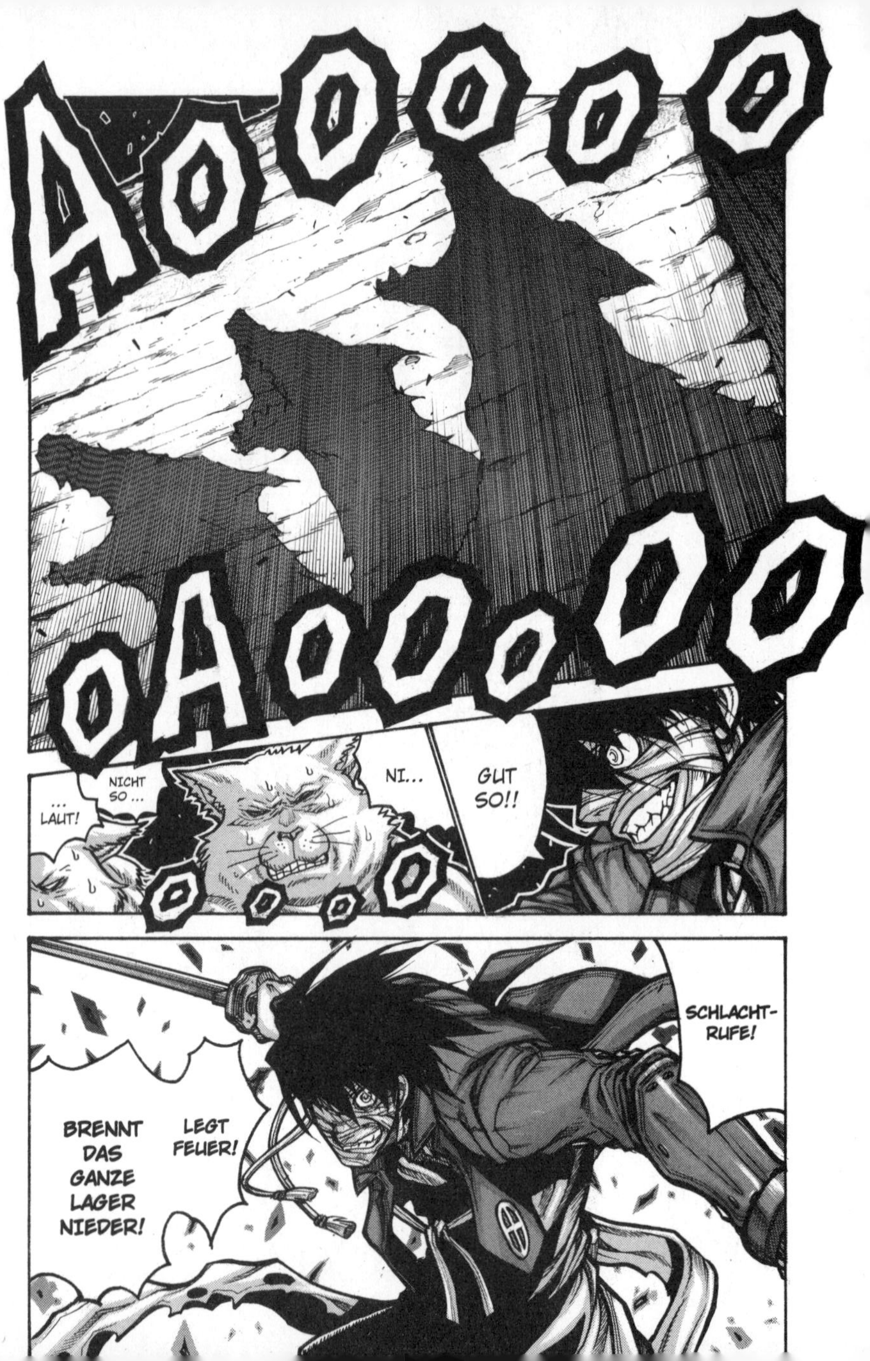

AOOOOOO

OAOOOOO

GUT SO!!

NI…

NICHT SO …

… LAUT!

OOOO

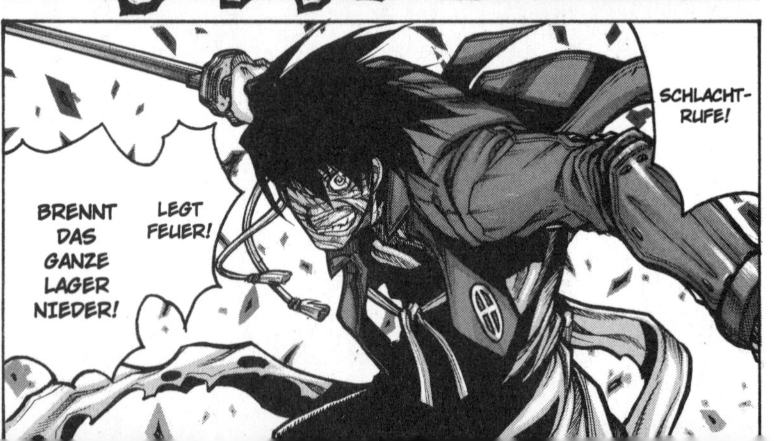

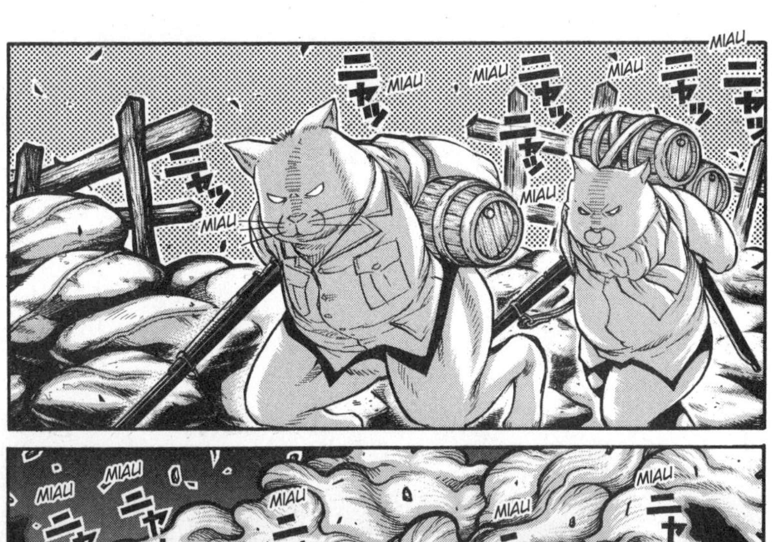
MIAU
ニャッ
MIAU
ニャッ
MIAU
ニャッ
ニャッ
MIAU
ニャッ
MIAU
ニャッ
MIAU

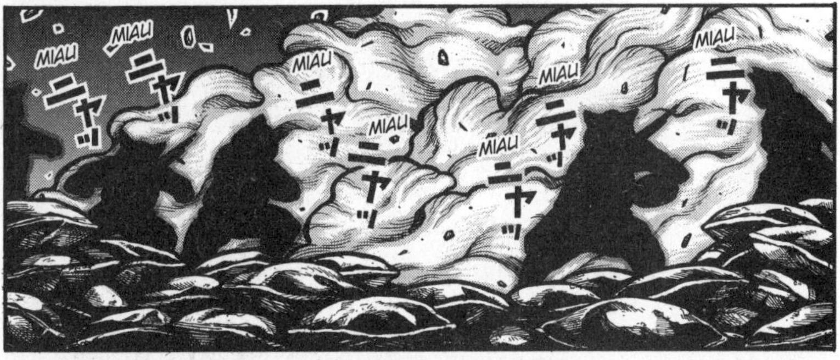
MIAU
ニャッ
MIAU
ニャッ
MIAU
ニャッ
MIAU
ニャッ
MIAU
ニャッ
MIAU
ニャッ
MIAU
ニャッ

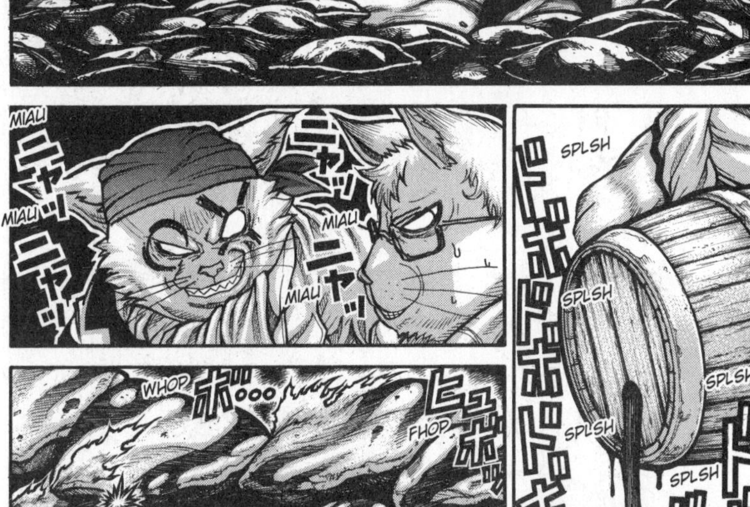
SPLSH
SPLSH
SPLSH
SPLSH
SPLSH
SPLSH
MIAU
ニャッ
MIAU
ニャッ
MIAU
ニャッ
MIAU
ニャッ
WHOP
FHOP

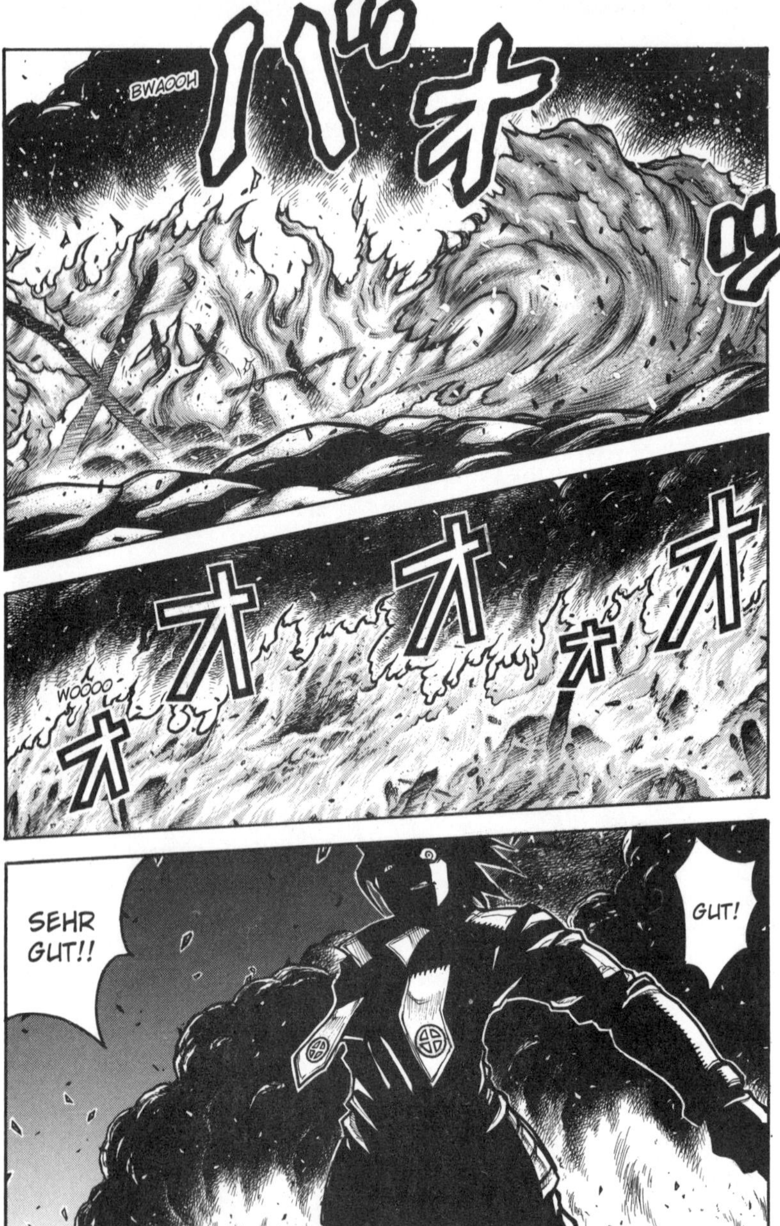

BWAOOH

バオッ

WOOOO

オオオォオ

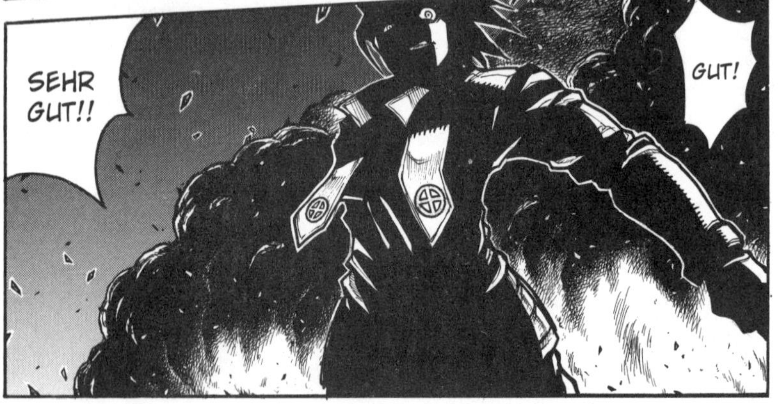

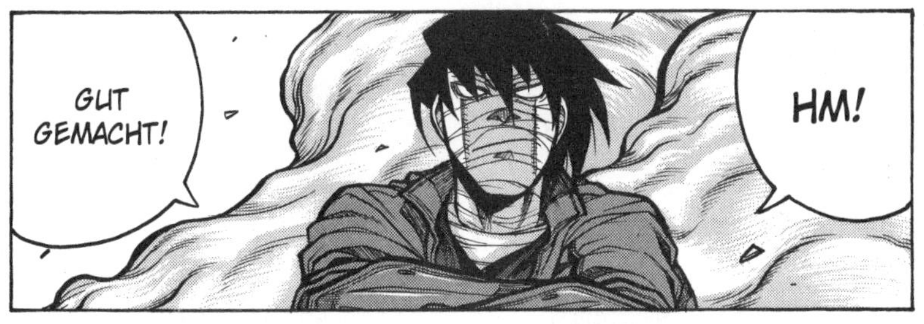

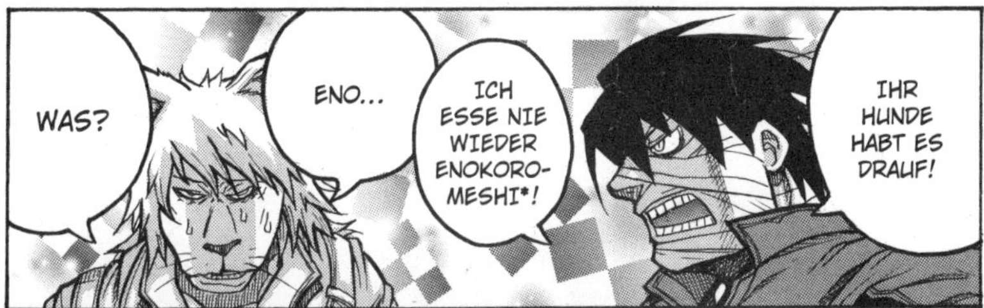

* AUSGENOMMENER, MIT REIS GEFÜLLTER HUND.

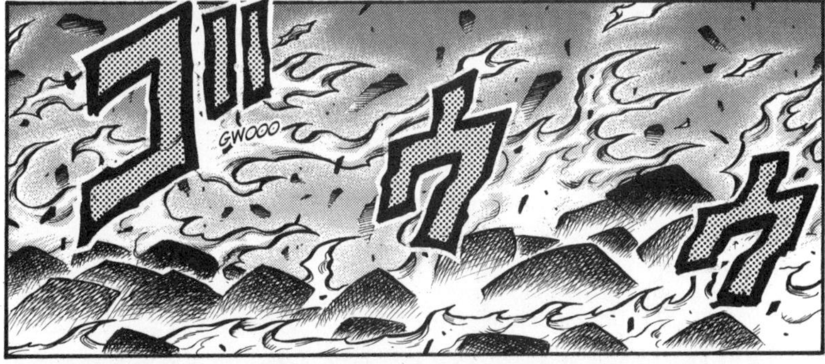

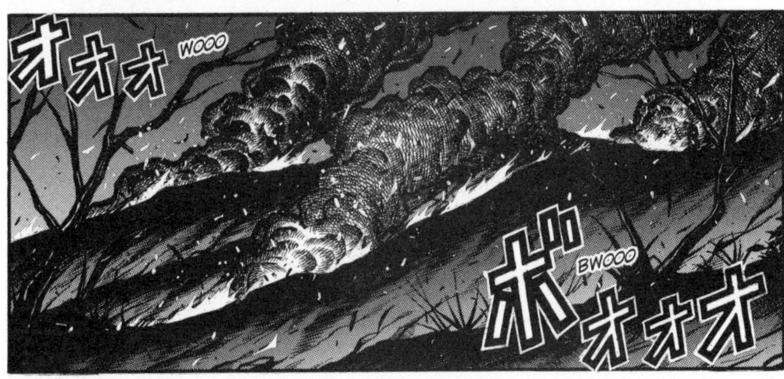

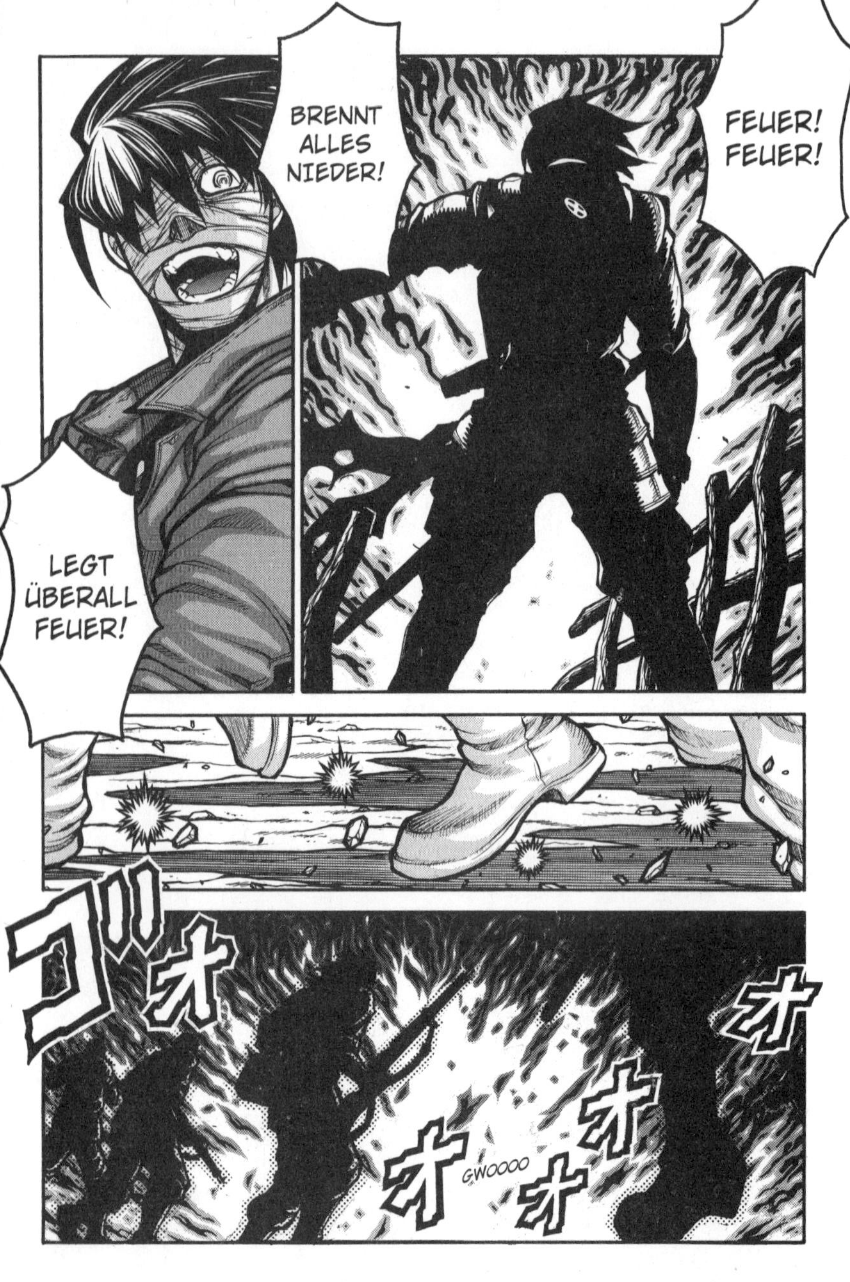
FEUER! FEUER!
BRENNT ALLES NIEDER!
LEGT ÜBERALL FEUER!
ゴオオオオオ
GWOOOO

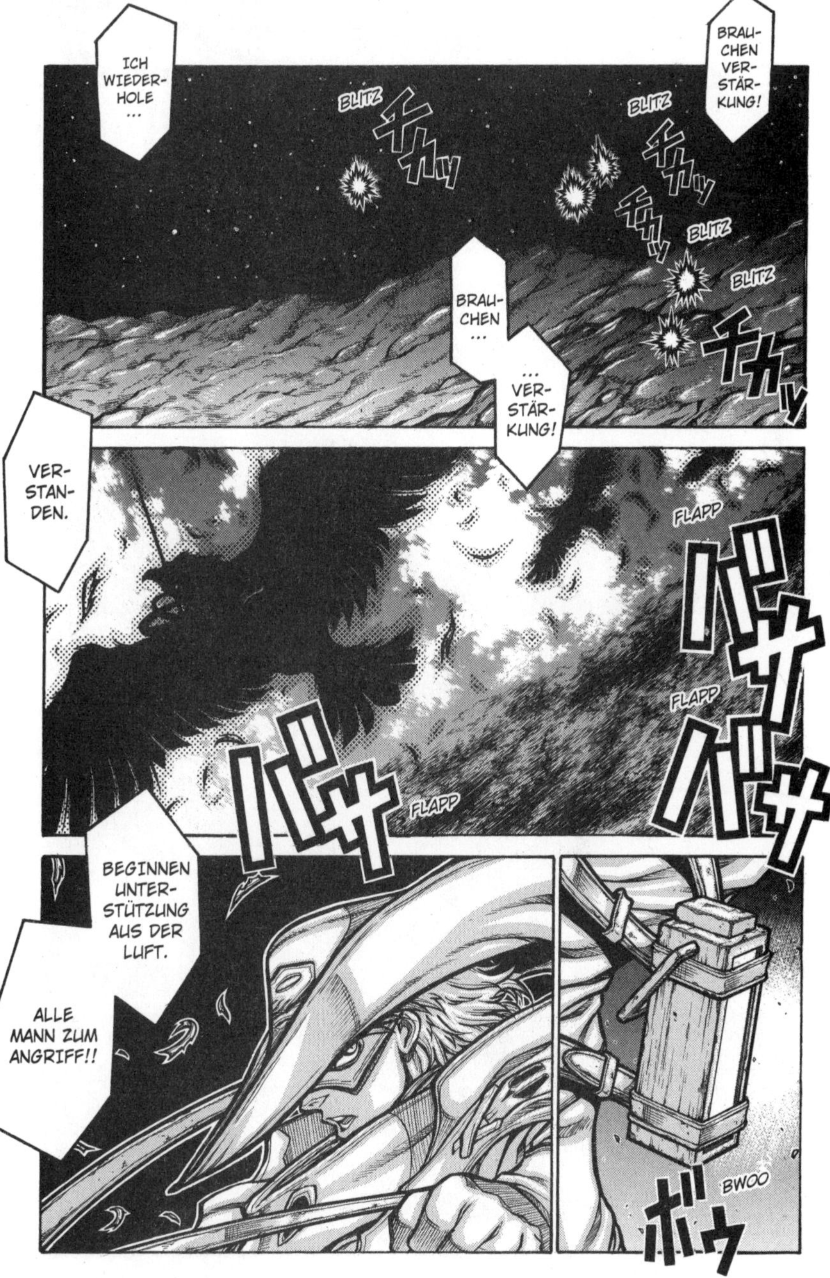
BRAUCHEN VERSTÄRKUNG!
BLITZ
BLITZ
BLITZ
BLITZ
ICH WIEDERHOLE …
BLITZ
BRAUCHEN …
… VERSTÄRKUNG!
VERSTANDEN.
FLAPP
FLAPP
FLAPP
BEGINNEN UNTERSTÜTZUNG AUS DER LUFT.
ALLE MANN ZUM ANGRIFF!!
BWOO

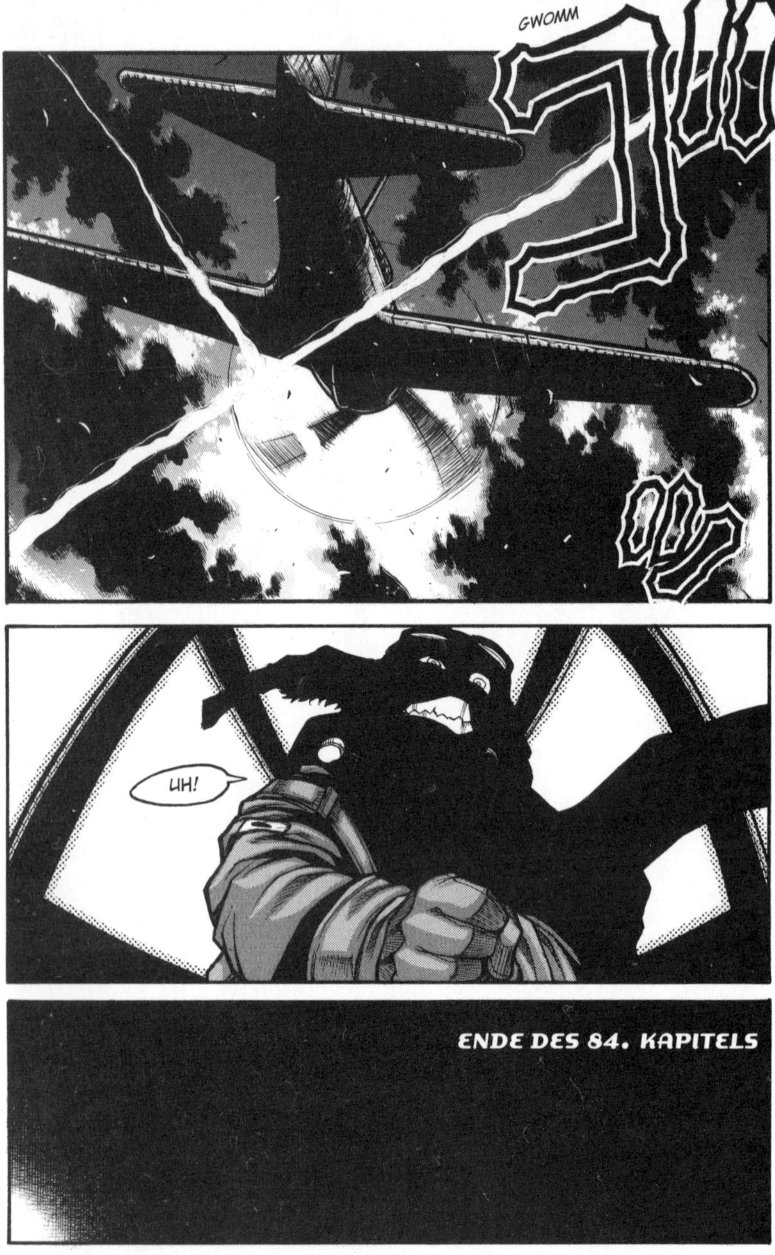

GWOMM

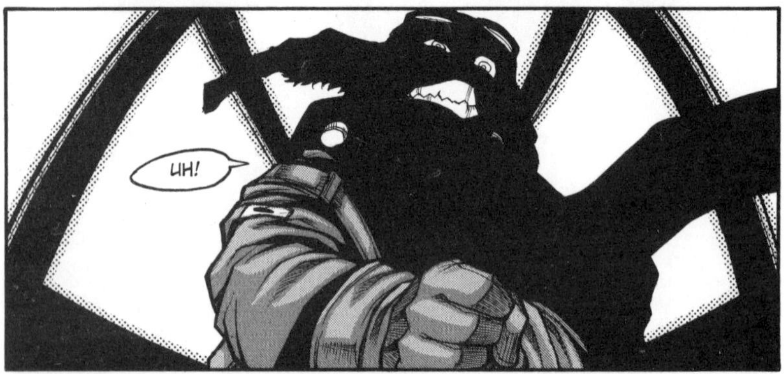

ENDE DES 84. KAPITELS

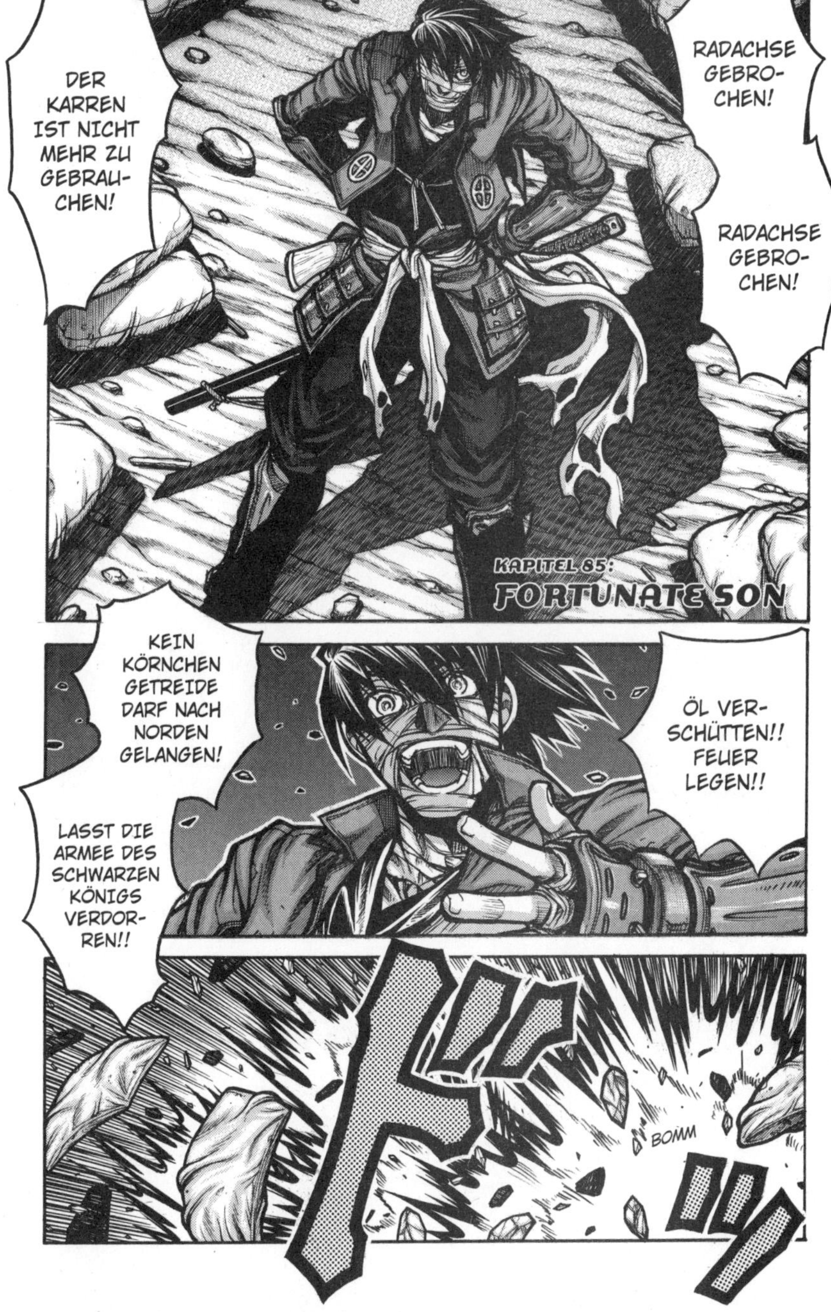
RADACHSE GEBROCHEN!
RADACHSE GEBROCHEN!
DER KARREN IST NICHT MEHR ZU GEBRAUCHEN!
KAPITEL 85: FORTUNATE SON
ÖL VERSCHÜTTEN!! FEUER LEGEN!!
KEIN KÖRNCHEN GETREIDE DARF NACH NORDEN GELANGEN!
LASST DIE ARMEE DES SCHWARZEN KÖNIGS VERDORREN!!
BOMM

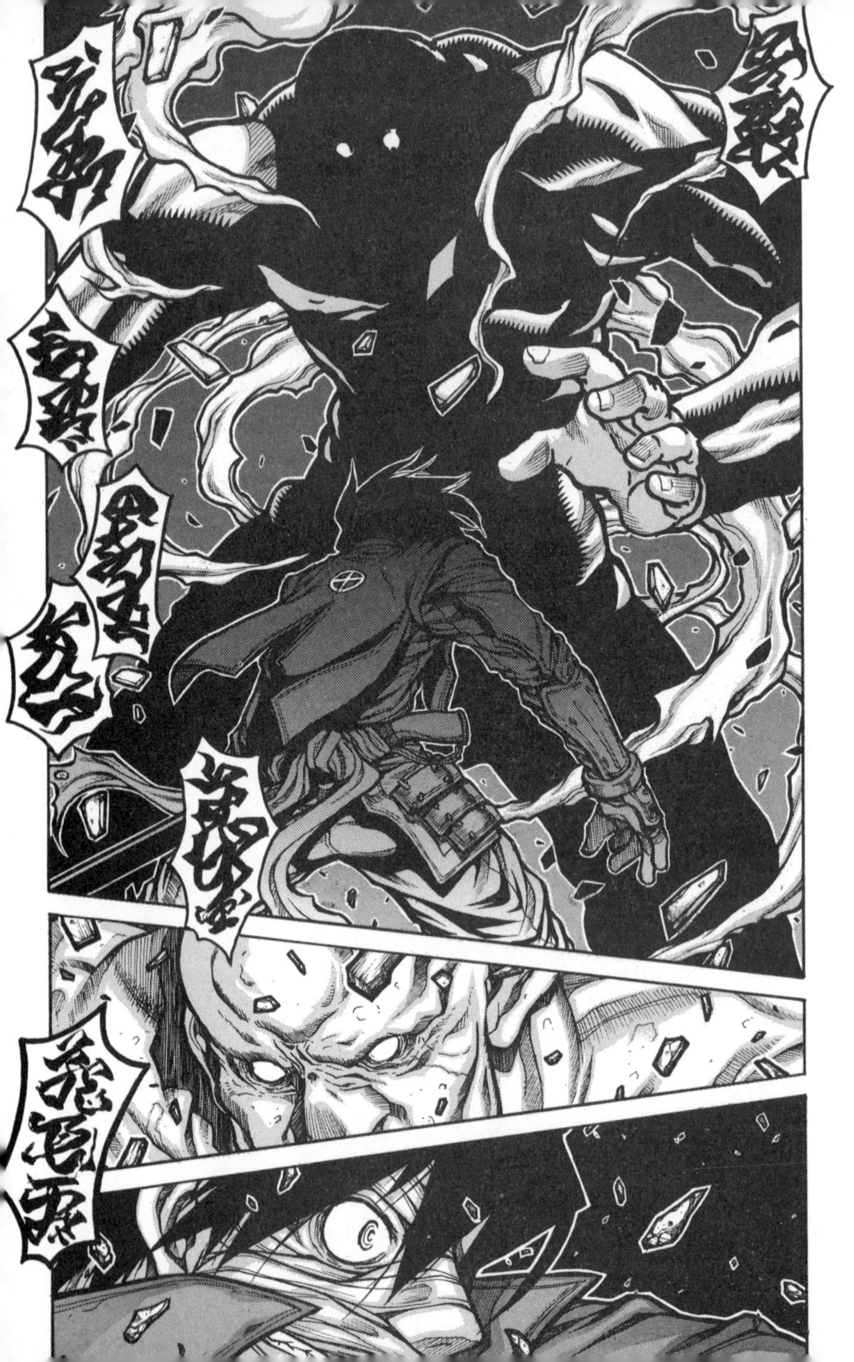

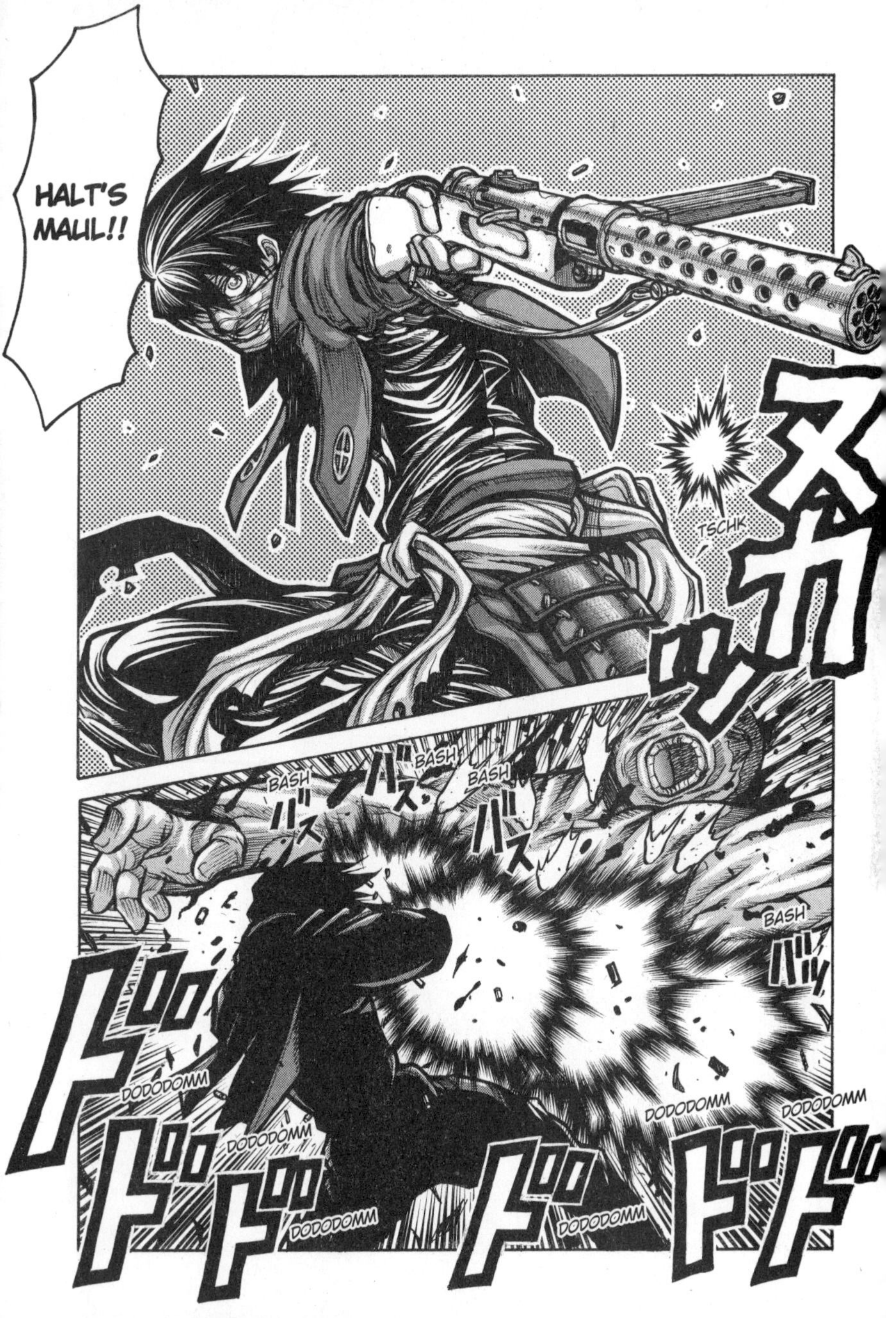
HALT'S MAUL!!
TSCHK
BASH
BASH
BASH
BASH
DODODOMM
DODODOMM
DODODOMM
DODODOMM
DODODOMM
DODODOMM

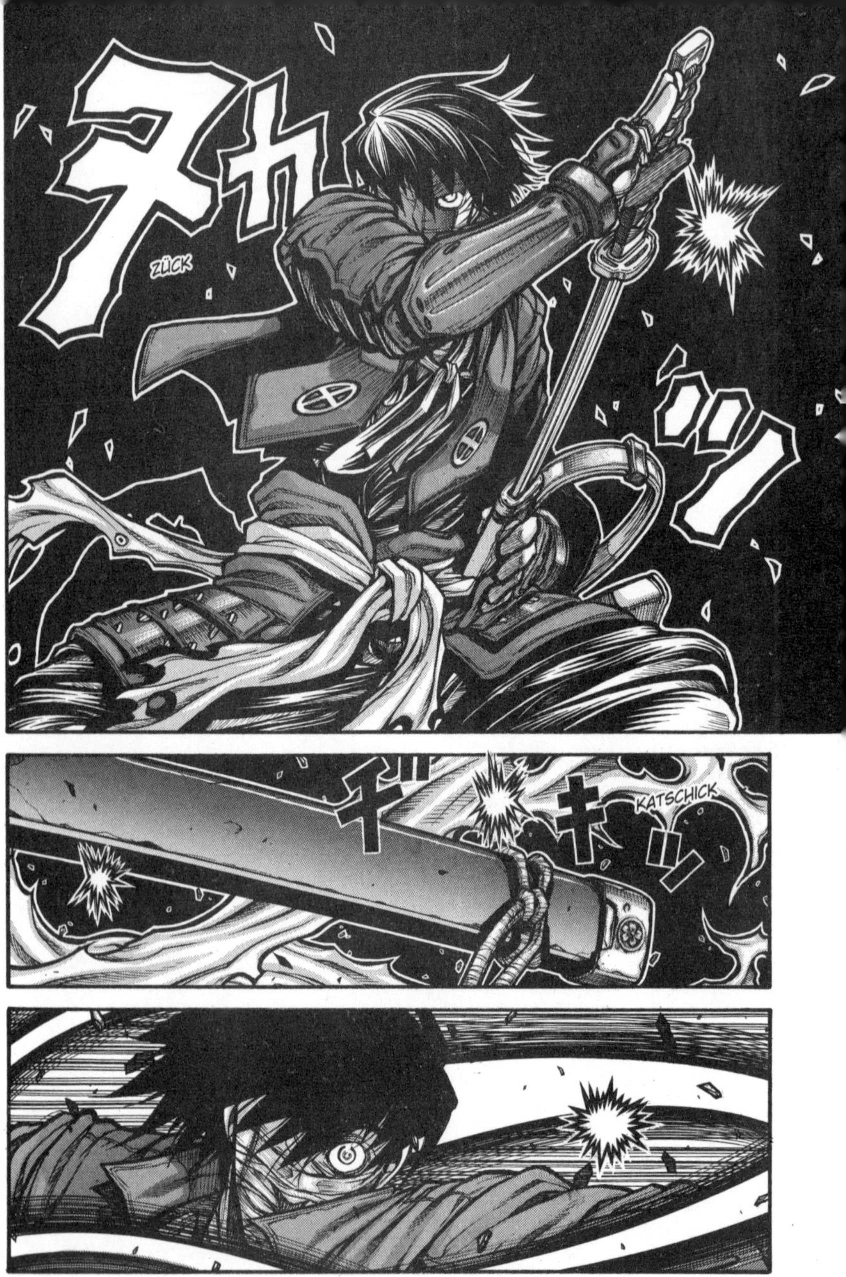

ZÜCK

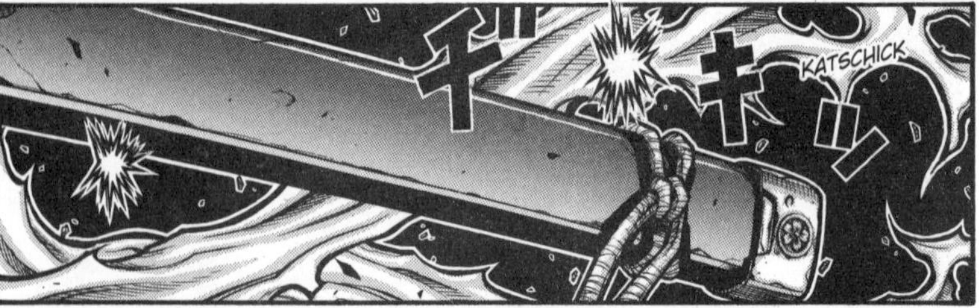
KATSCHICK

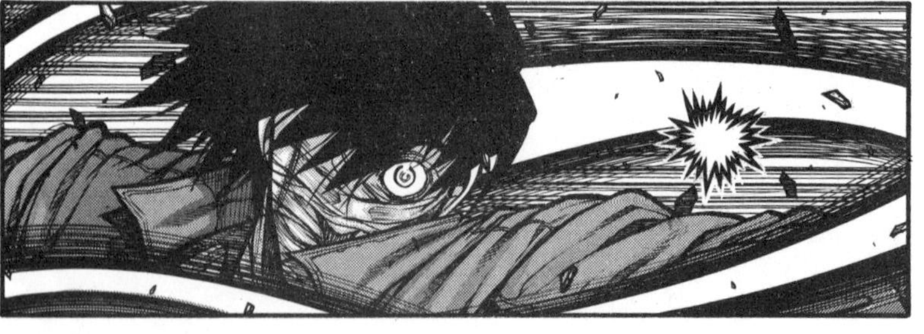

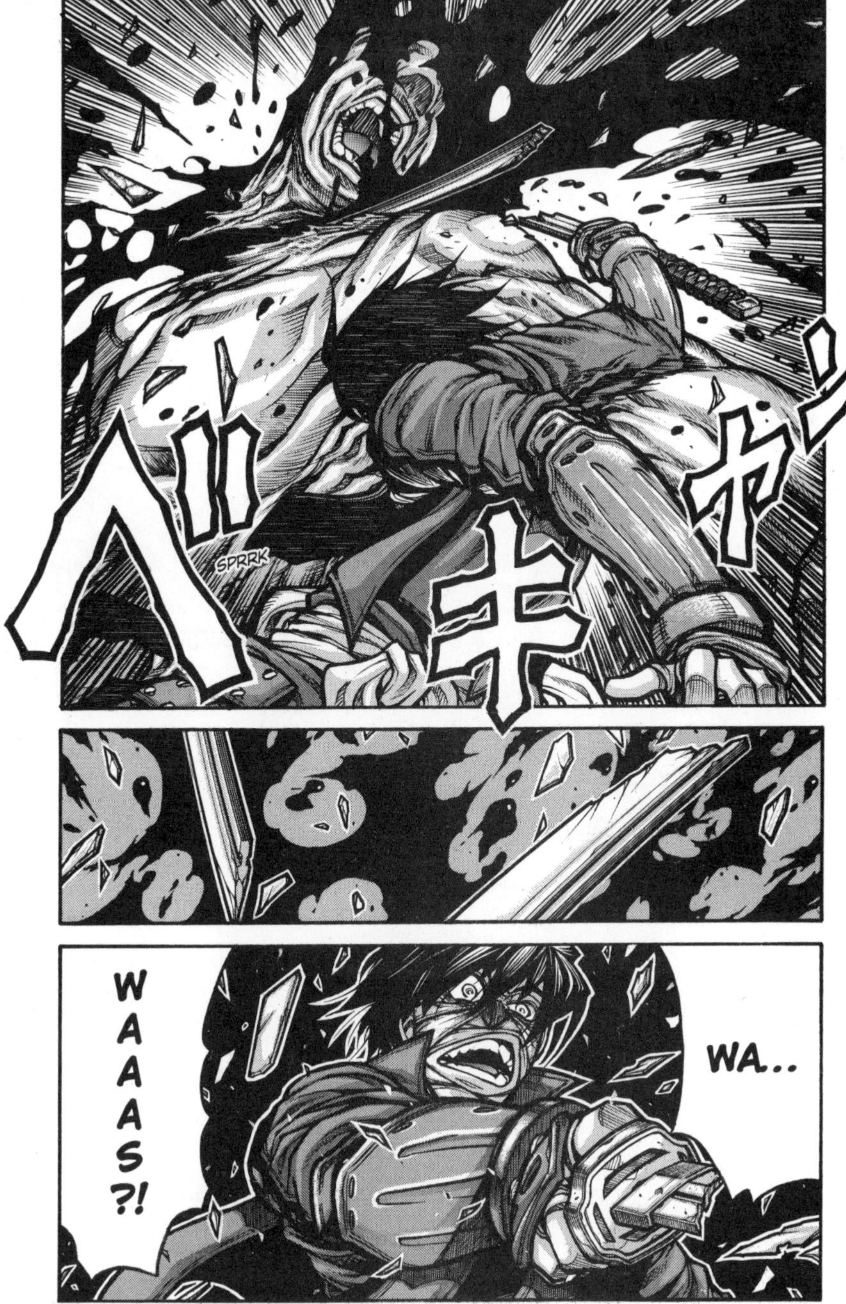
SPRRK
WA..
WAAAAS?!

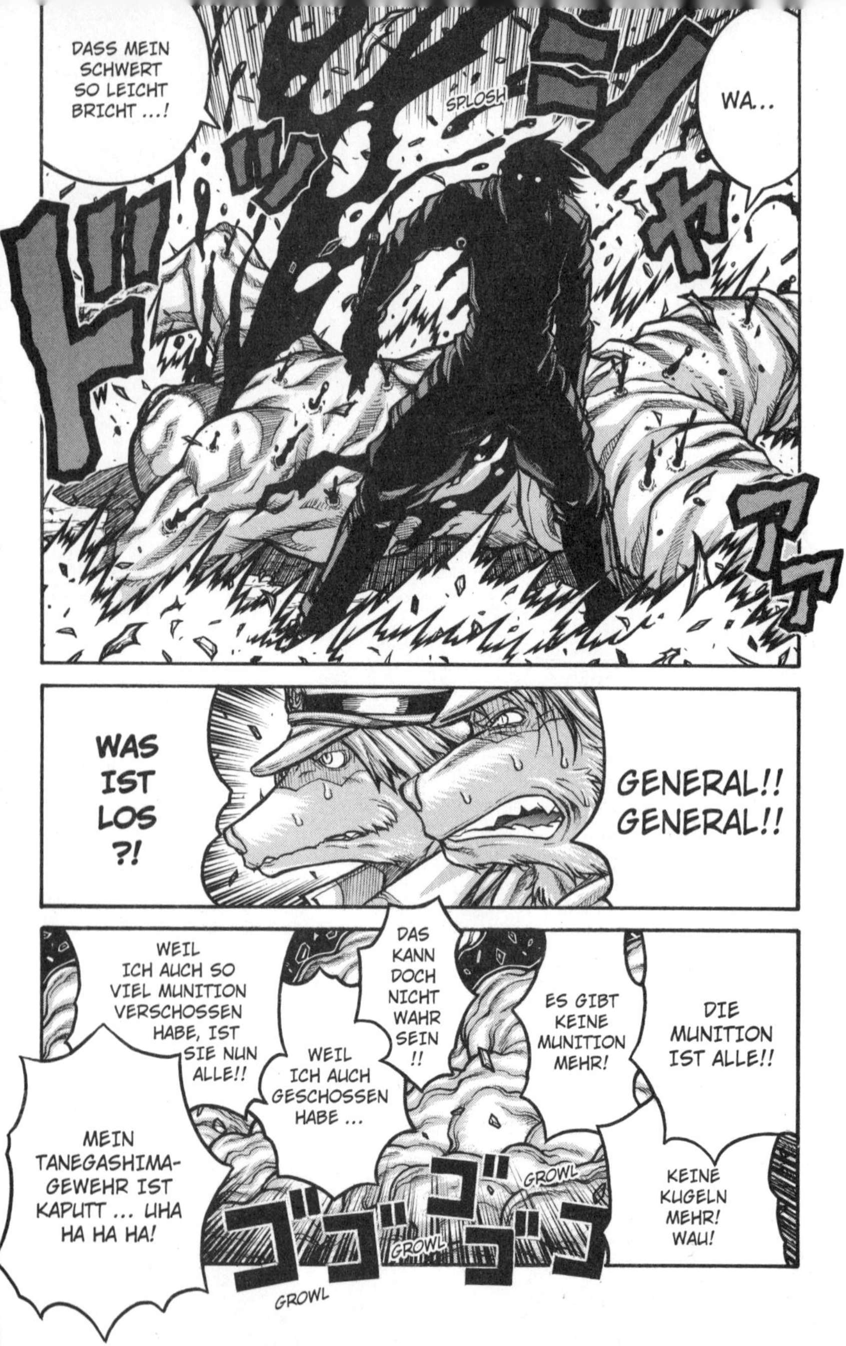

WA...

DASS MEIN SCHWERT SO LEICHT BRICHT ...!

SPLOSH

W

GENERAL!! GENERAL!!

WAS IST LOS ?!

DIE MUNITION IST ALLE!!

KEINE KUGELN MEHR! WAU!

ES GIBT KEINE MUNITION MEHR!

DAS KANN DOCH NICHT WAHR SEIN !!

WEIL ICH AUCH GESCHOSSEN HABE ...

WEIL ICH AUCH SO VIEL MUNITION VERSCHOSSEN HABE, IST SIE NUN ALLE!!

MEIN TANEGASHIMA-GEWEHR IST KAPUTT ... UHA HA HA HA!

GROWL

GROWL

GROWL

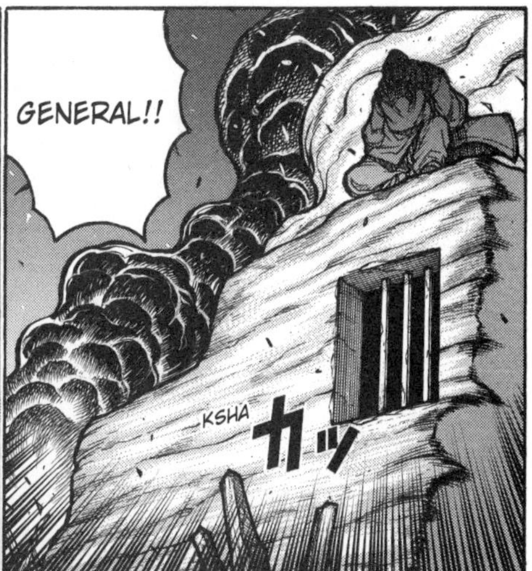
GENERAL!!
KSHA

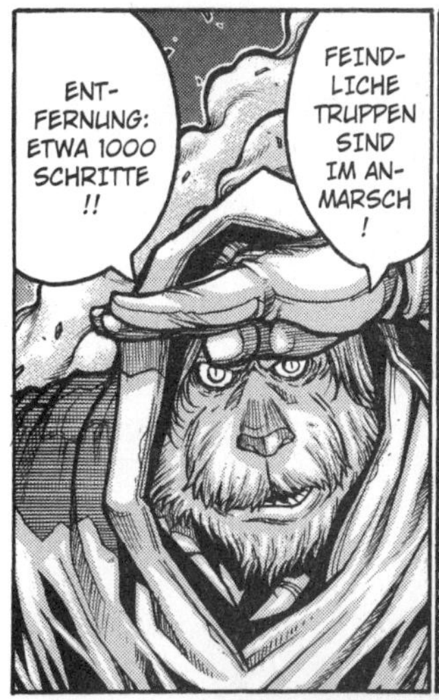
FEIND-LICHE TRUPPEN SIND IM AN-MARSCH !
ENT-FERNUNG: ETWA 1000 SCHRITTE !!

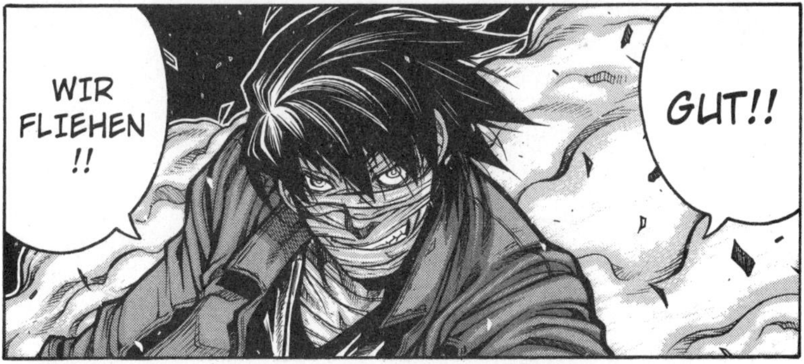
GUT!!
WIR FLIEHEN !!

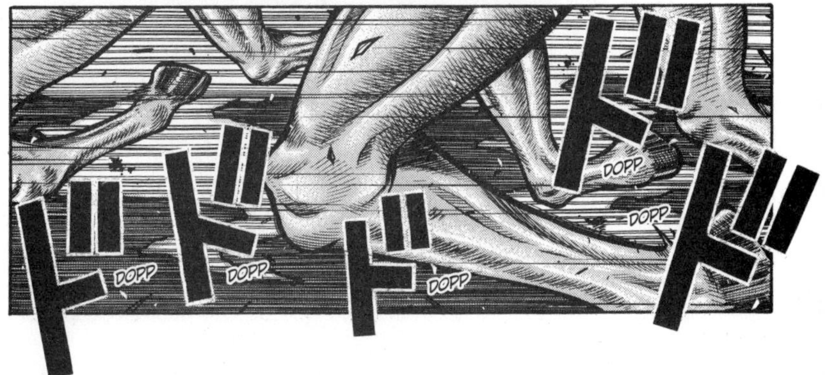
DOPP
DOPP
DOPP
DOPP
DOPP

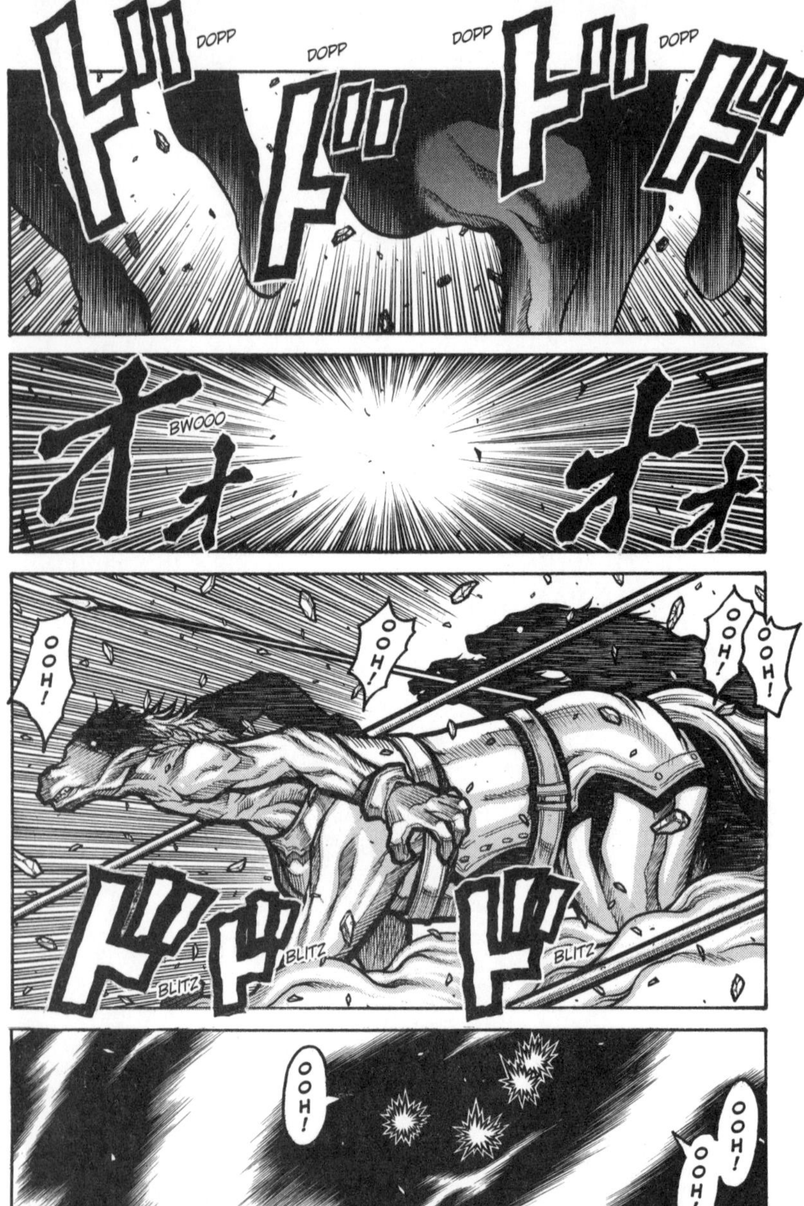

ドッ
DOPP
ドッ
DOPP
ドッ
DOPP
ドッ
DOPP
オォ
BWOOO
オォ
OOH!
OOH!
OOH!
OOH!
ドッ
BLITZ
ドッ
BLITZ
ドッ
BLITZ
OOH!
OOH!
OOH!

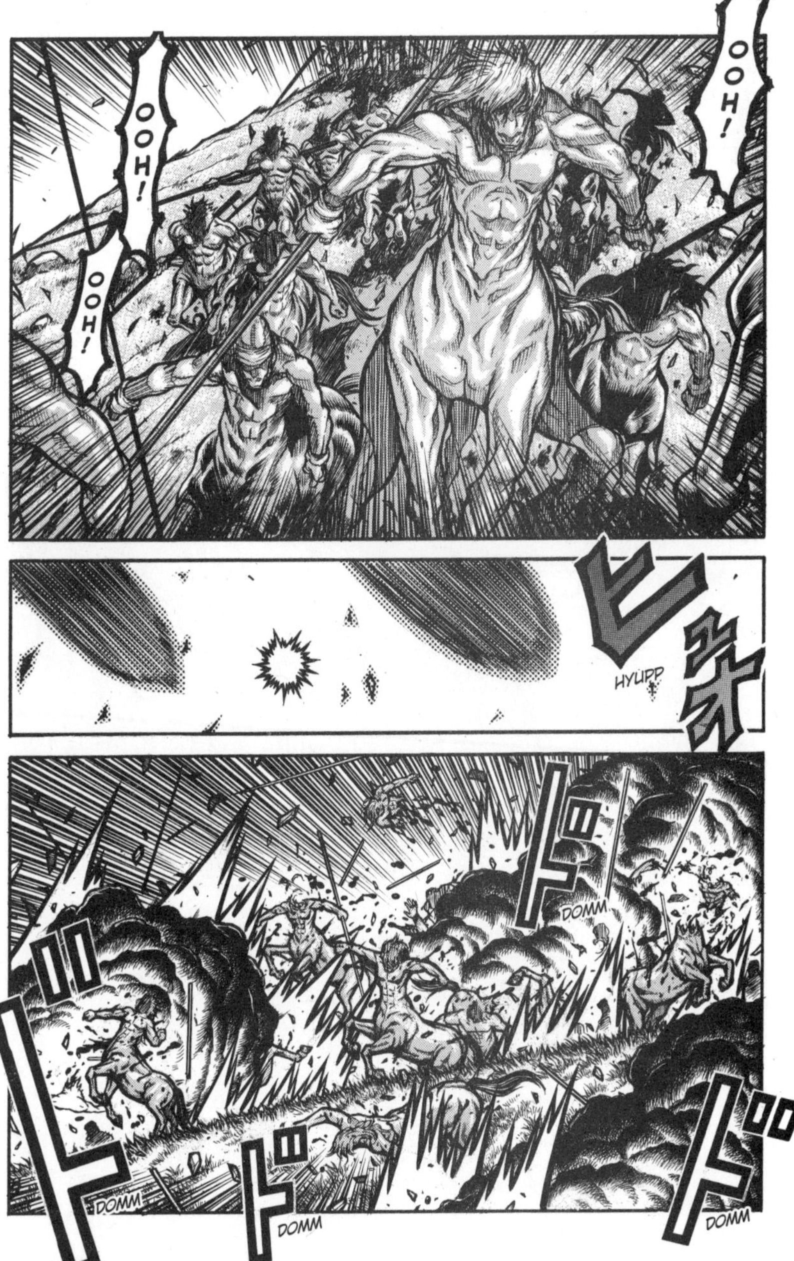
OOH!
OOH!
OOH!
ヒュオ
HYUPP
ドド
DOMM
ドド
DOMM
ドド
DOMM
ドド
DOMM

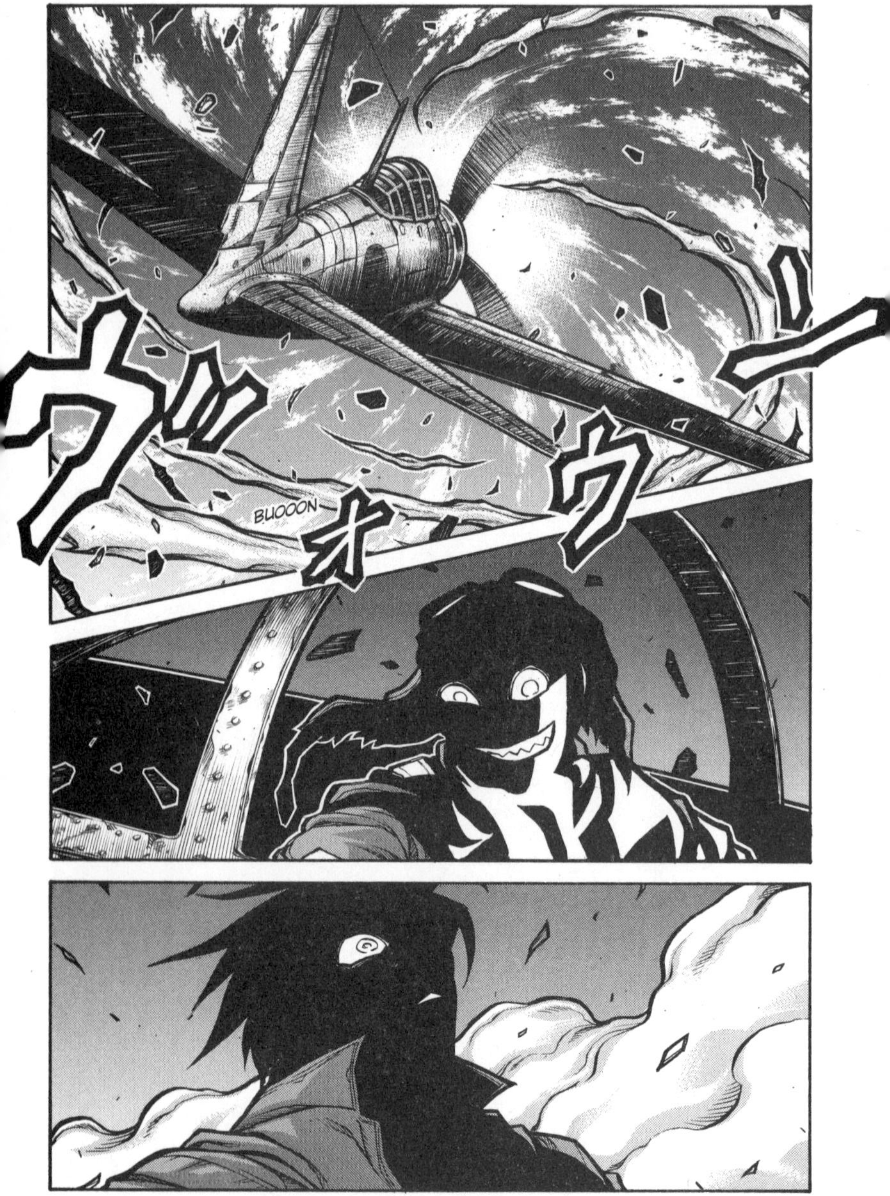

BUOOON

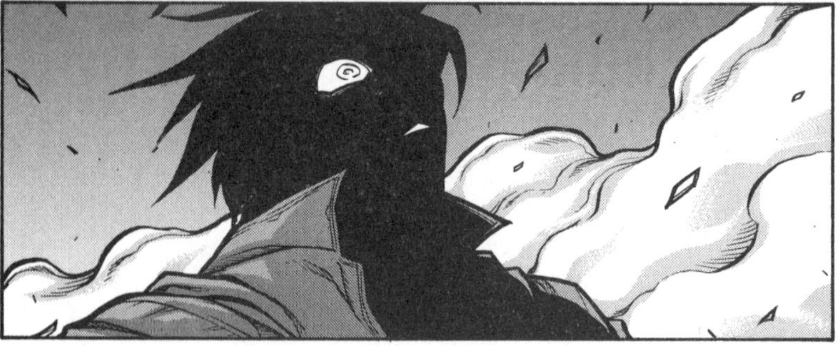

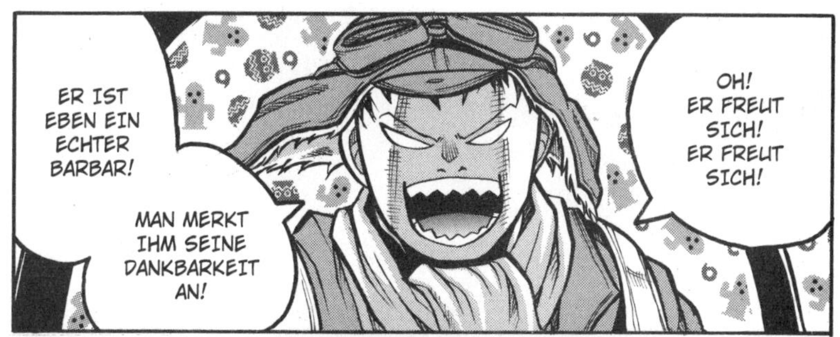
OH! ER FREUT SICH! ER FREUT SICH!
ER IST EBEN EIN ECHTER BARBAR!
MAN MERKT IHM SEINE DANKBARKEIT AN!

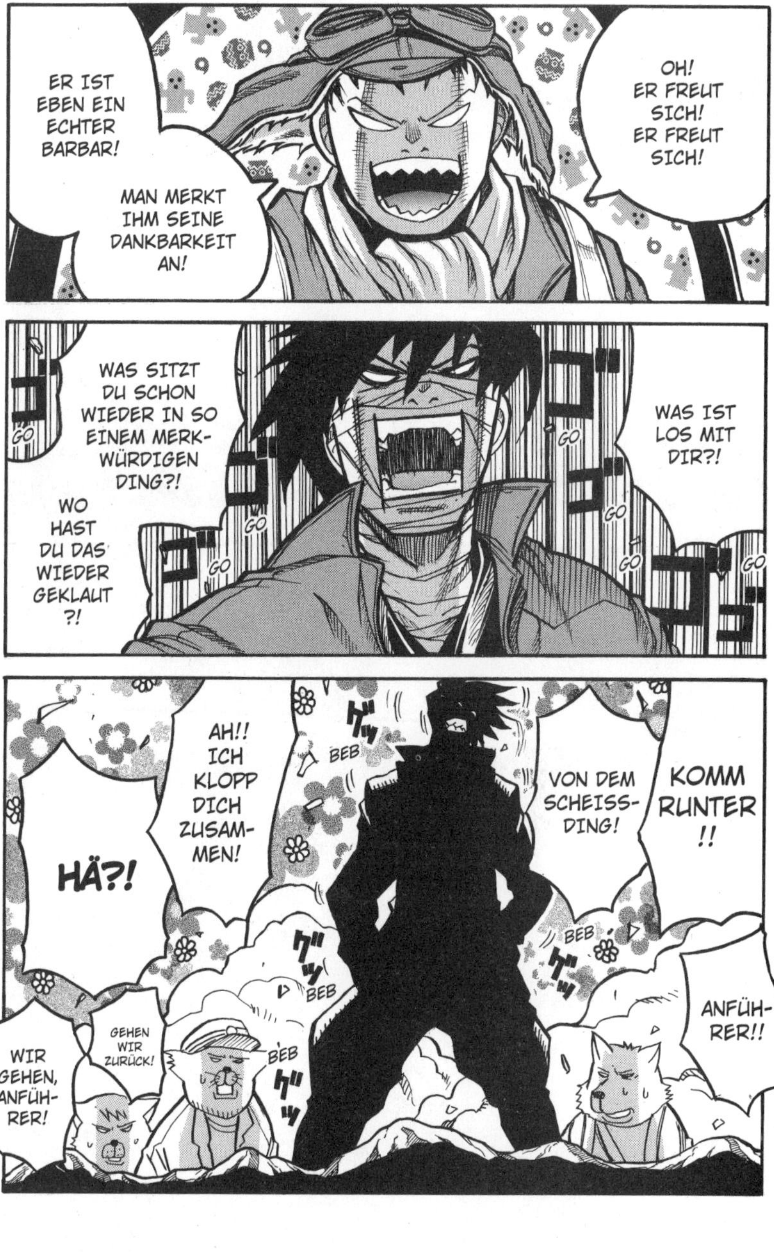

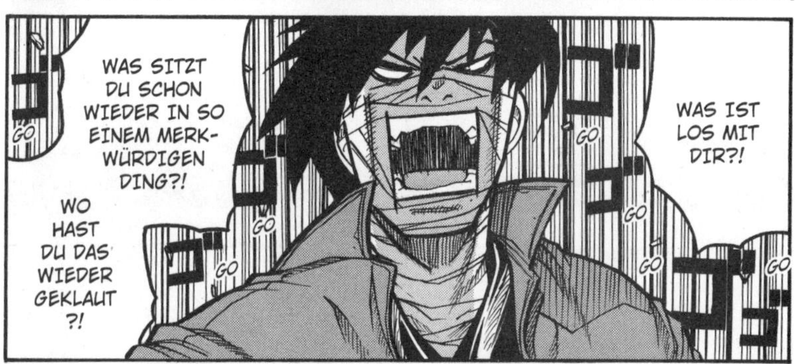
GO
WAS IST LOS MIT DIR?!
WAS SITZT DU SCHON WIEDER IN SO EINEM MERKWÜRDIGEN DING?!
WO HAST DU DAS WIEDER GEKLAUT?!
GO

KOMM RUNTER!!
VON DEM SCHEISSDING!
BEB
AH!! ICH KLOPP DICH ZUSAMMEN!
HÄ?!
BEB
BEB
ANFÜHRER!!
BEB
GEHEN WIR ZURÜCK!
WIR GEHEN, ANFÜHRER!

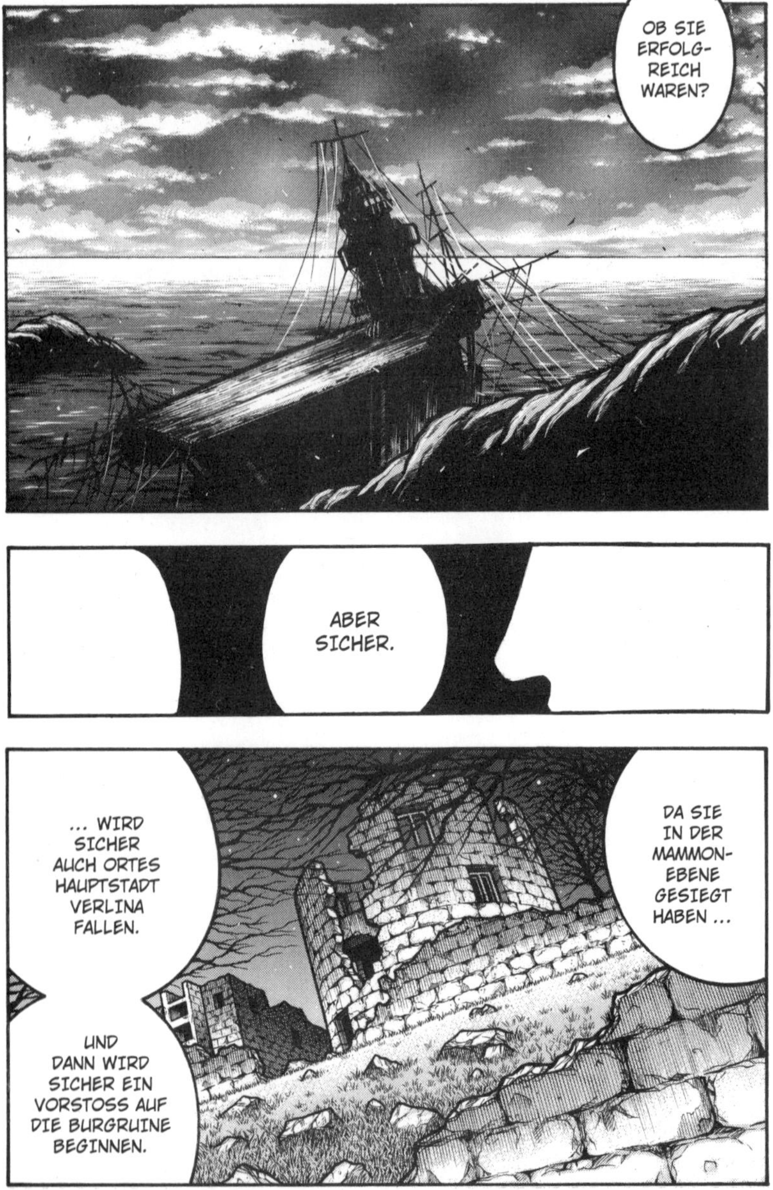

OB SIE ERFOLG-REICH WAREN?

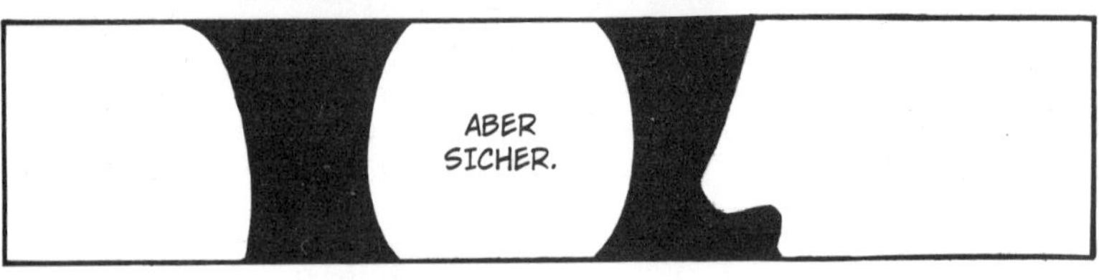
ABER SICHER.

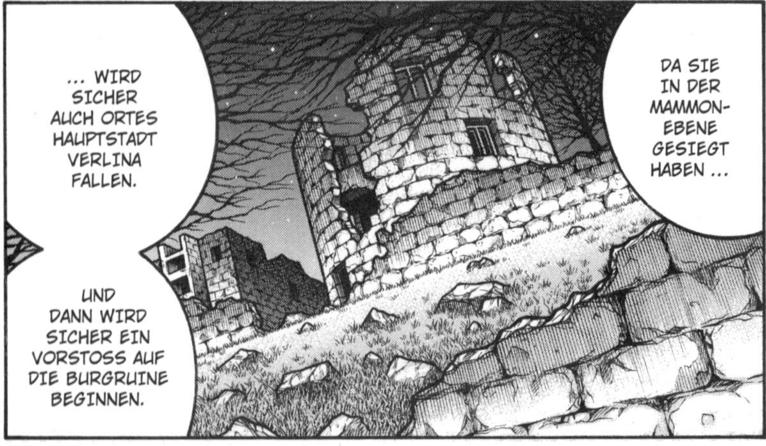
DA SIE IN DER MAMMON-EBENE GESIEGT HABEN ...
... WIRD SICHER AUCH ORTES HAUPTSTADT VERLINA FALLEN.
UND DANN WIRD SICHER EIN VORSTOSS AUF DIE BURGRUINE BEGINNEN.

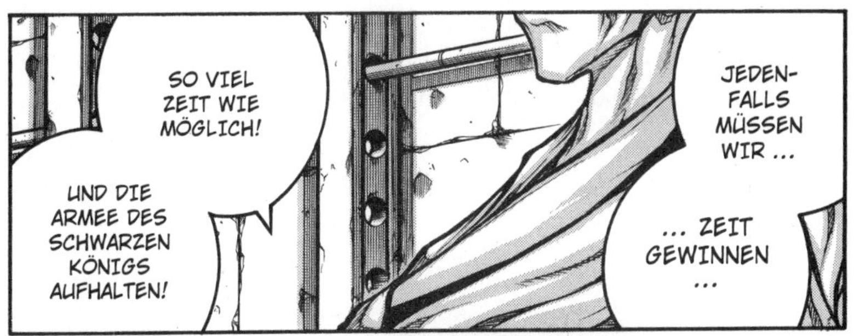
JEDEN-FALLS MÜSSEN WIR ...
... ZEIT GEWINNEN ...
SO VIEL ZEIT WIE MÖGLICH!
UND DIE ARMEE DES SCHWARZEN KÖNIGS AUFHALTEN!

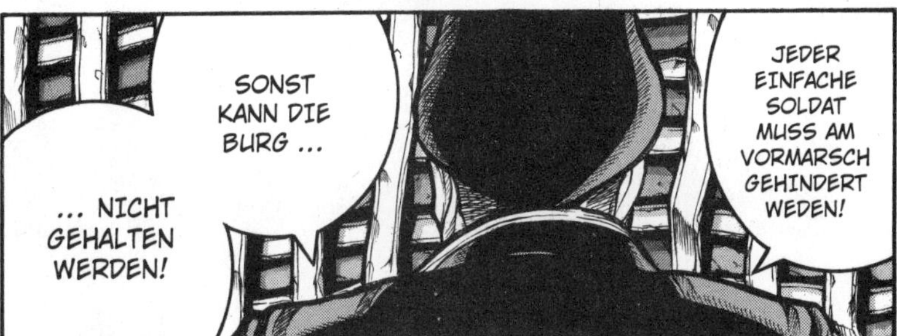
JEDER EINFACHE SOLDAT MUSS AM VORMARSCH GEHINDERT WEDEN!
SONST KANN DIE BURG ...
... NICHT GEHALTEN WERDEN!

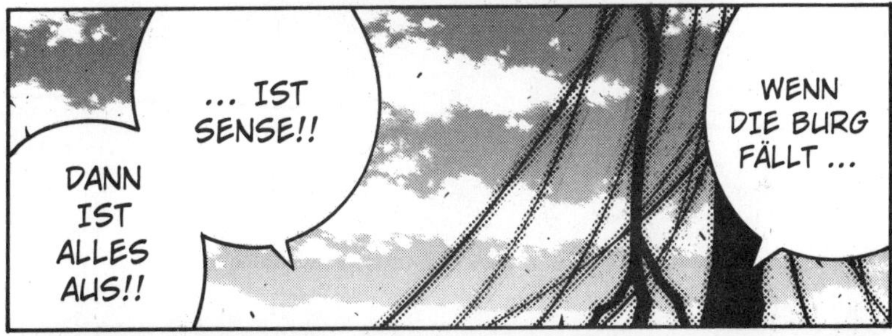
WENN DIE BURG FÄLLT ...
... IST SENSE!!
DANN IST ALLES AUS!!

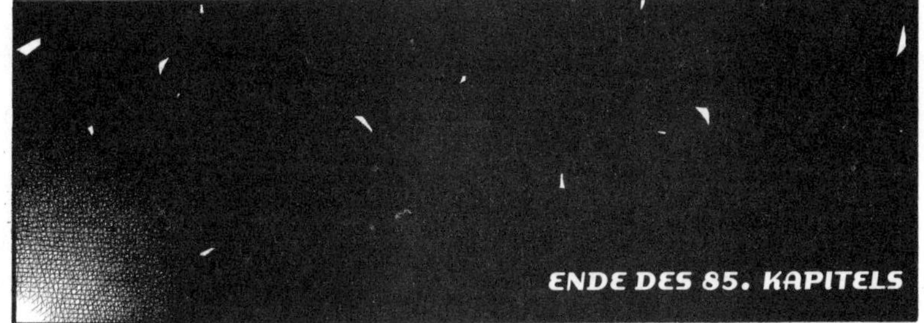
ENDE DES 85. KAPITELS

DRIFTERS

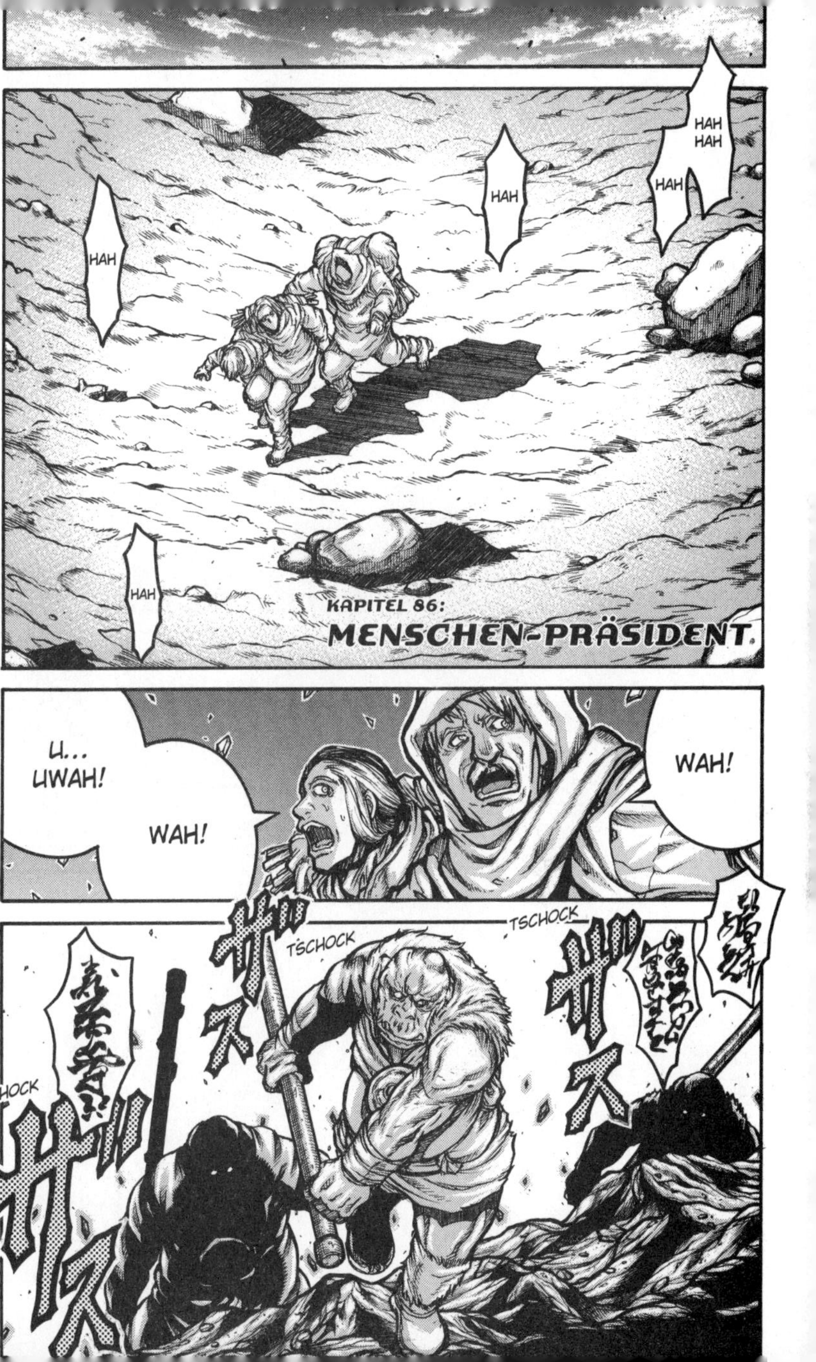

HAH
HAH

HAH

HAH

HAH

HAH

KAPITEL 86:
MENSCHEN-PRÄSIDENT

WAH!

U...
UWAH!

WAH!

TSCHOCK

TSCHOCK

TSCHOCK

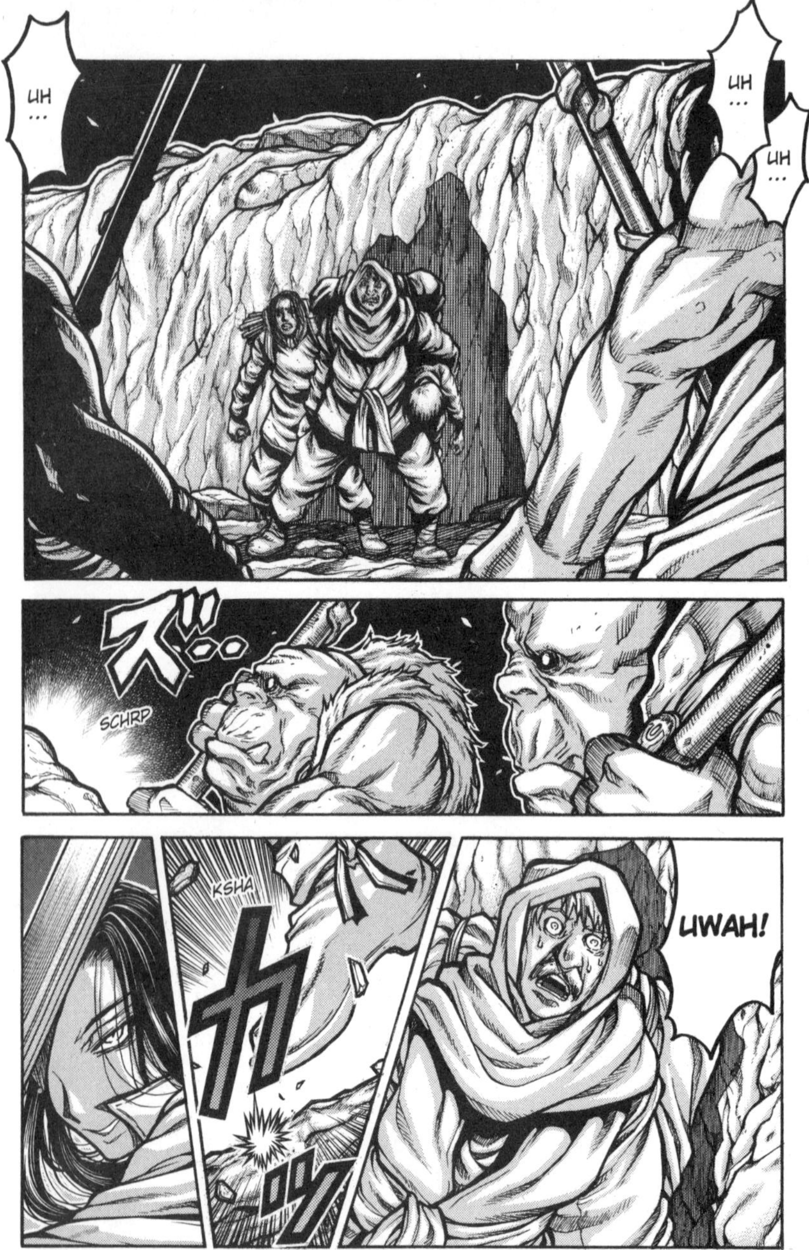
UH ...
UH ...
UH ...
ズ...
SCHRP
UWAH!
KSHA
カッ

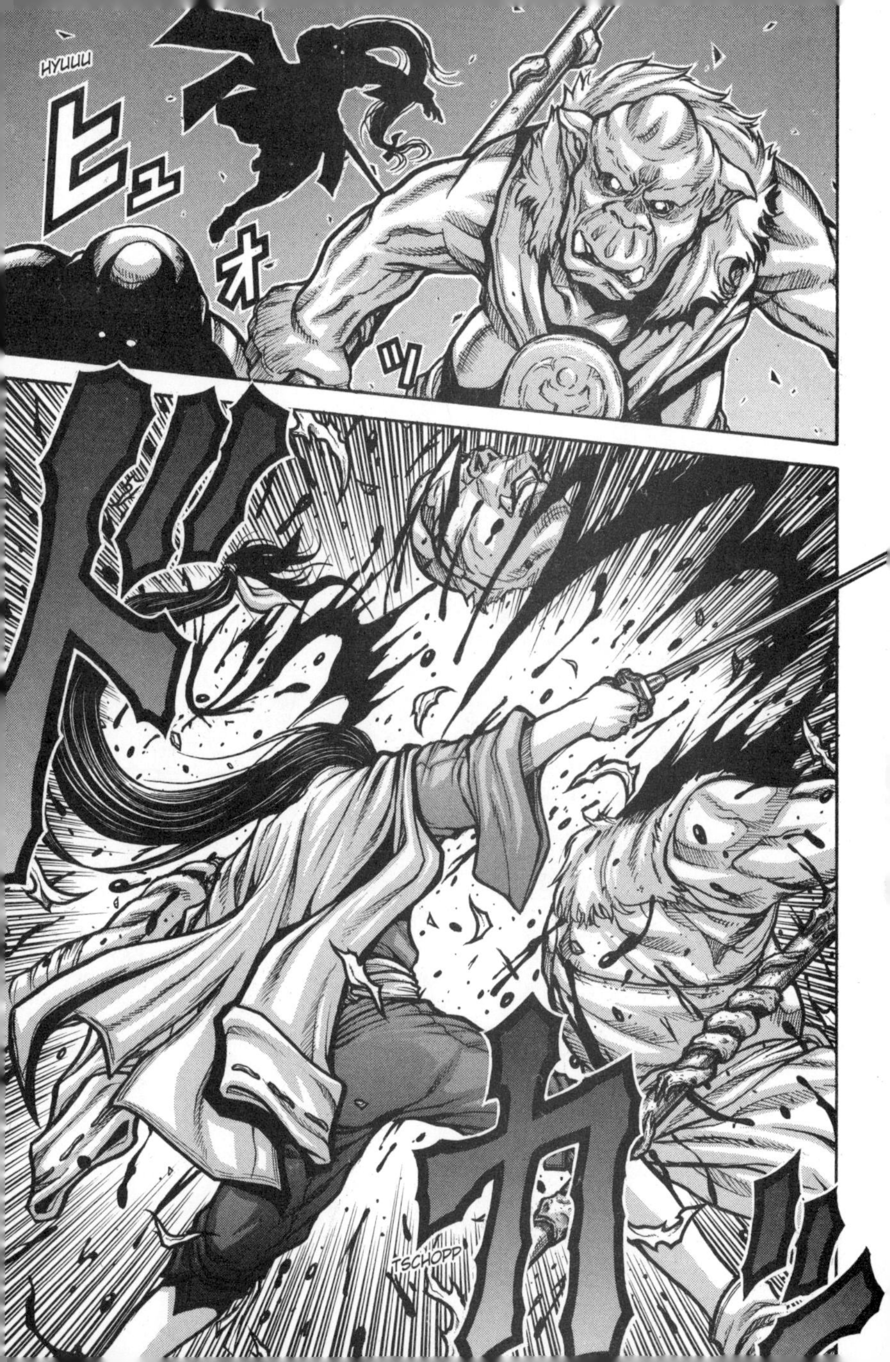
HYUUU
ヒュオ
TSCHOPP

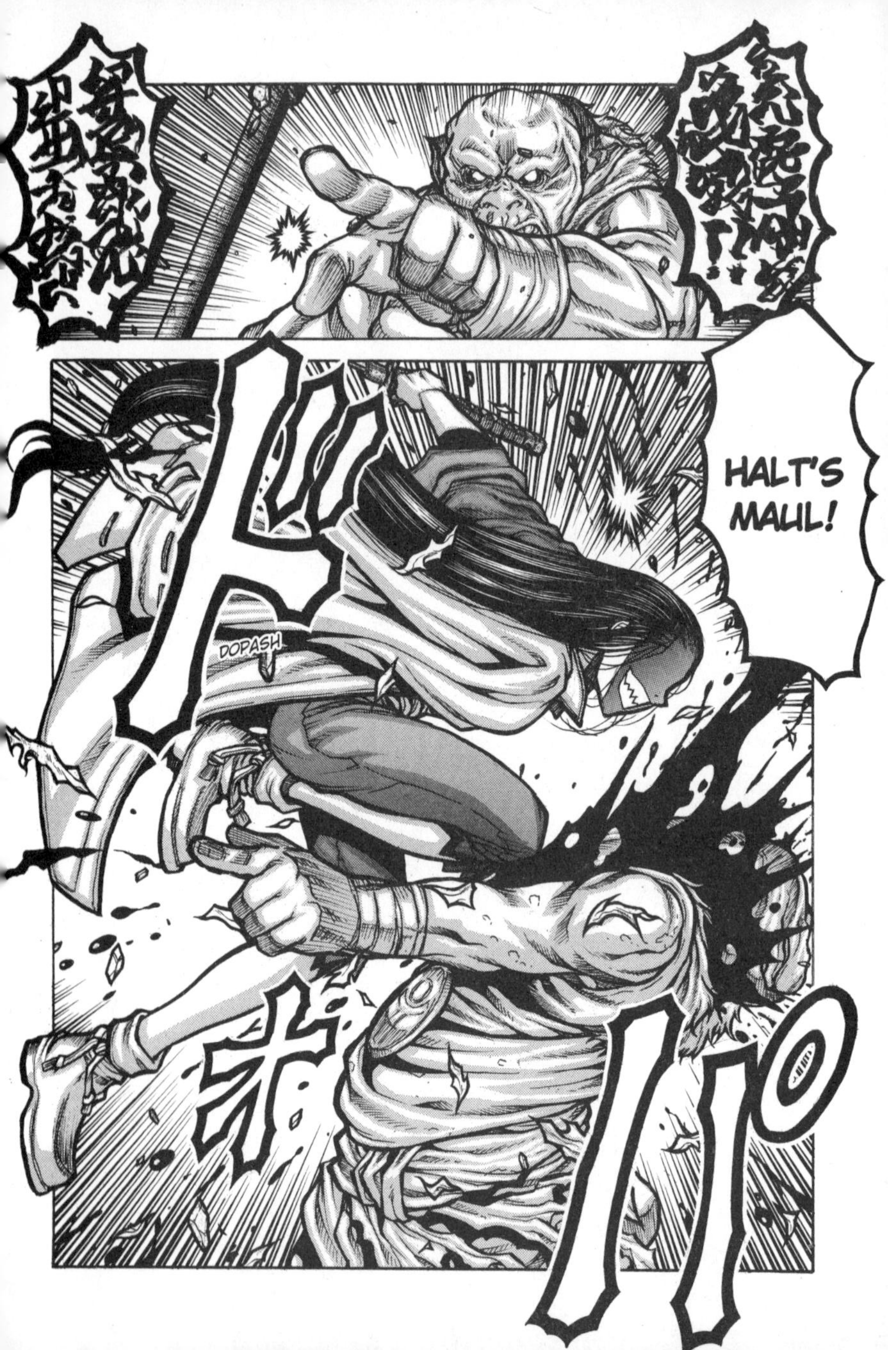
HALT'S MAUL!
DOPASH

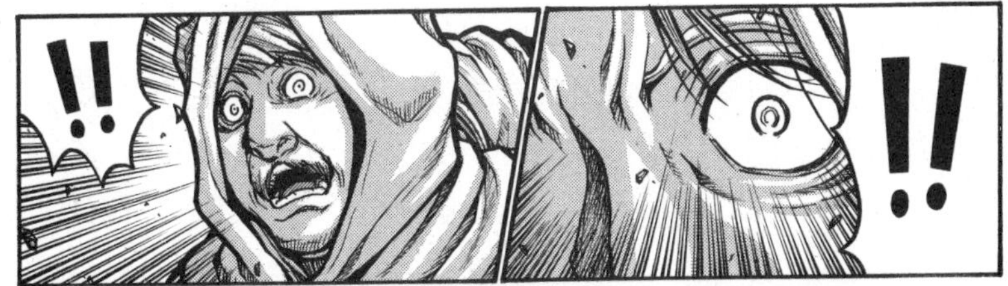
!!
!!

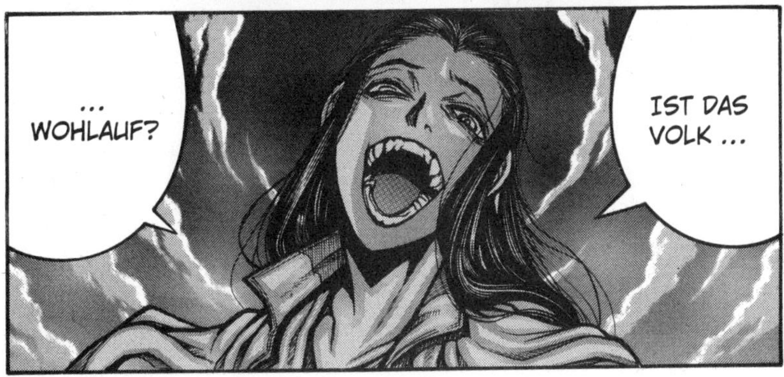
IST DAS VOLK ...
... WOHLAUF?

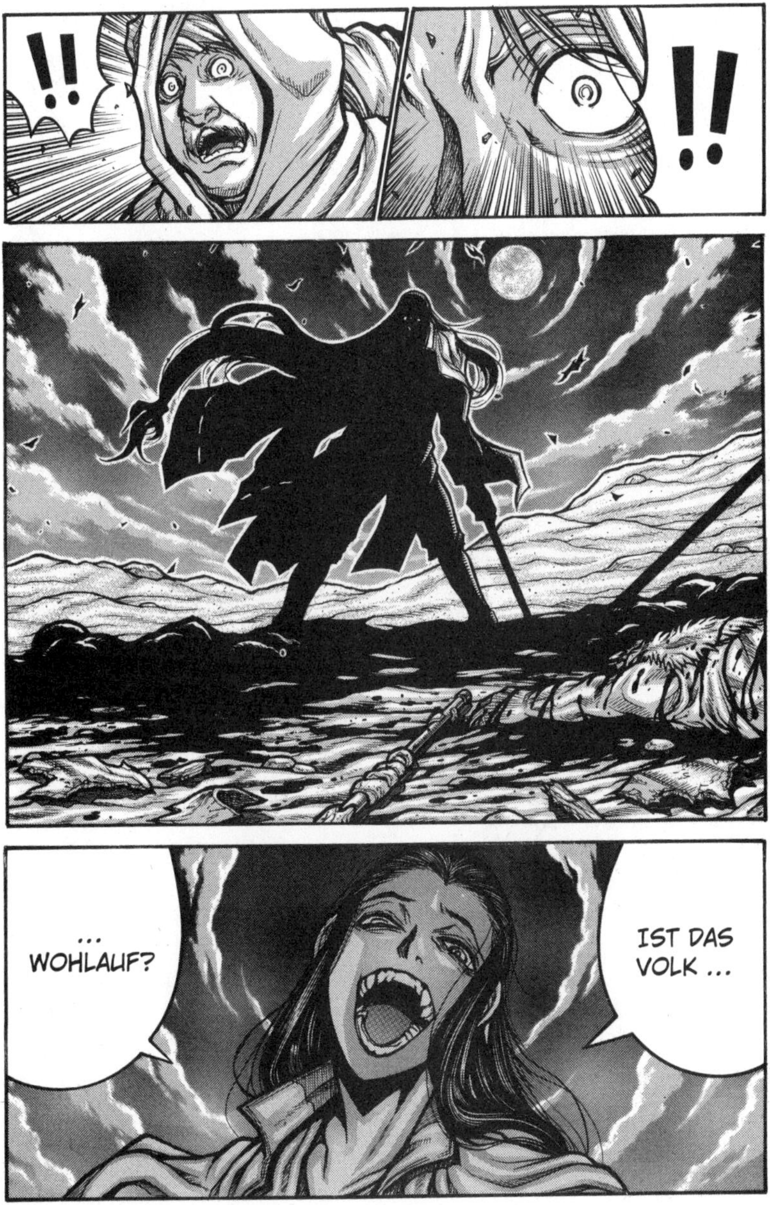

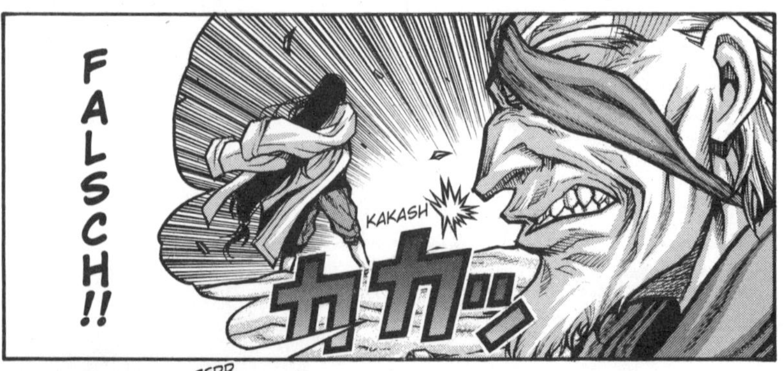

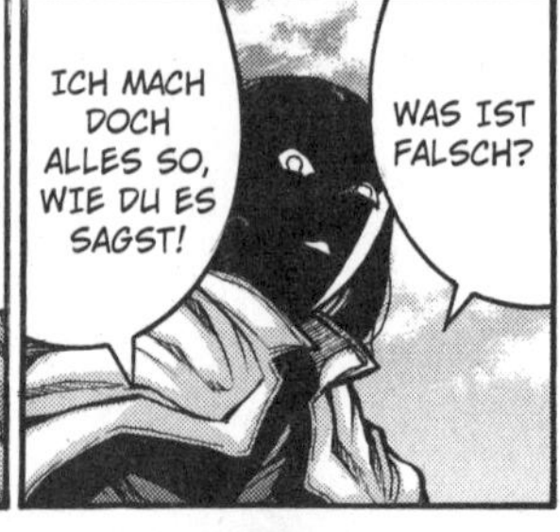

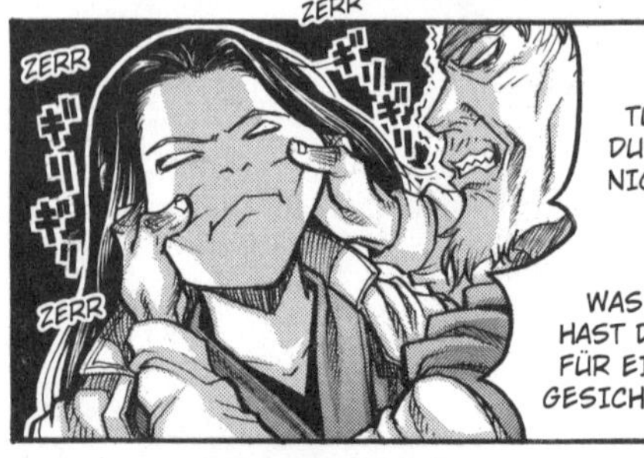

EINER MIT SO EINEM GESICHT KANN NICHT GANZ SAUBER SEIN!!

DU WARST JA BIS VOR KURZEM NOCH AUF DER SEITE DER WELTZER-STÖRER!

DAS IST DIE VISAGE VON EINEM, DER AUF DER SEITE DER WELT-ZERSTÖRER STEHT!!

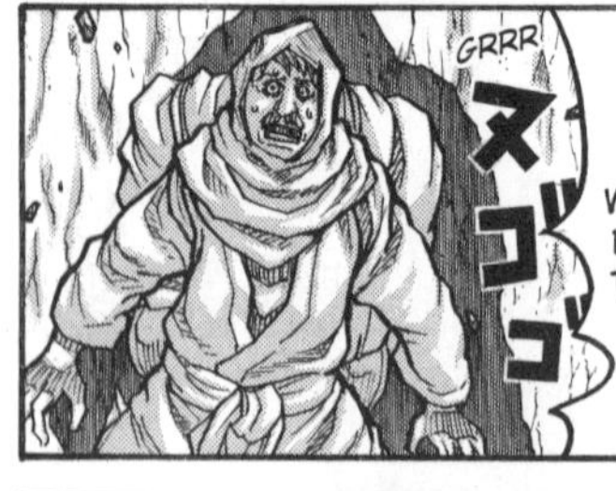

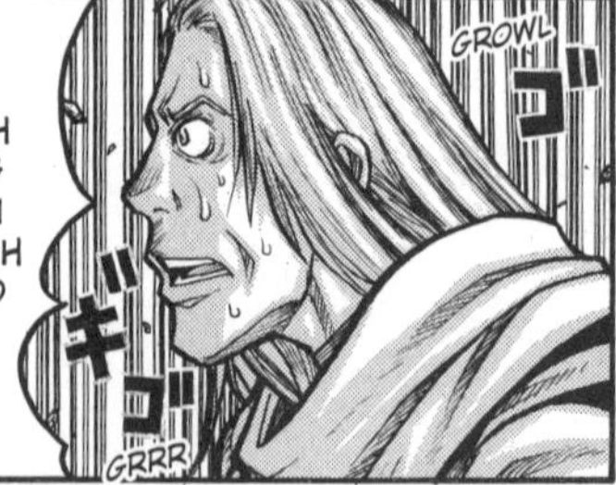

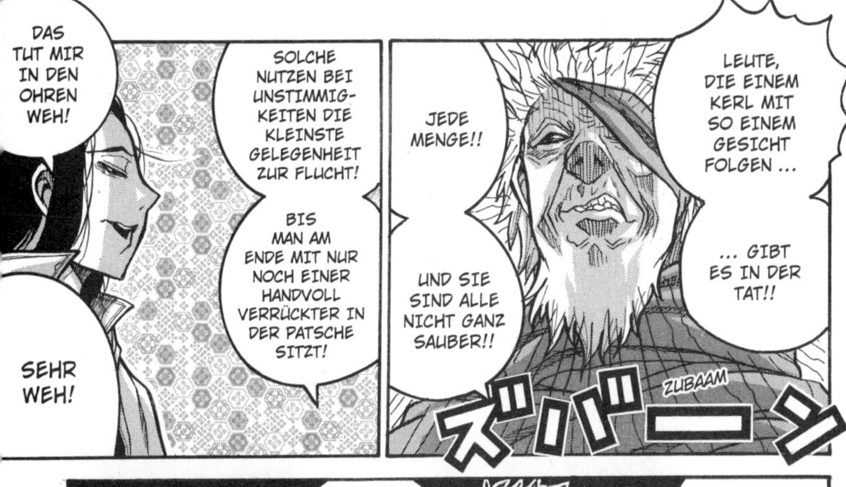
LEUTE, DIE EINEM KERL MIT SO EINEM GESICHT FOLGEN ...
JEDE MENGE!!
... GIBT ES IN DER TAT!!
UND SIE SIND ALLE NICHT GANZ SAUBER!!
ZUBAAM
SOLCHE NUTZEN BEI UNSTIMMIGKEITEN DIE KLEINSTE GELEGENHEIT ZUR FLUCHT!
DAS TUT MIR IN DEN OHREN WEH!
BIS MAN AM ENDE MIT NUR NOCH EINER HANDVOLL VERRÜCKTER IN DER PATSCHE SITZT!
SEHR WEH!

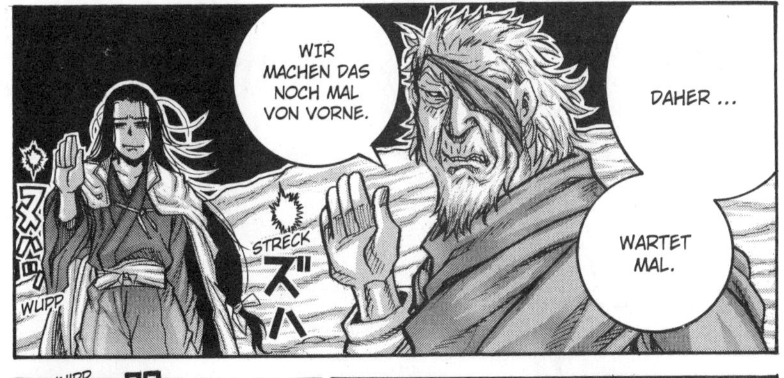
DAHER ...
WARTET MAL.
WIR MACHEN DAS NOCH MAL VON VORNE.
STRECK
WUPP

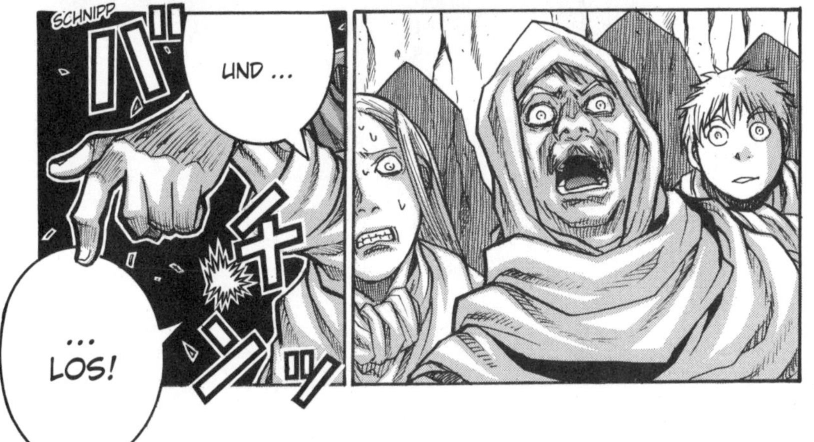
SCHNIPP
UND ...
... LOS!

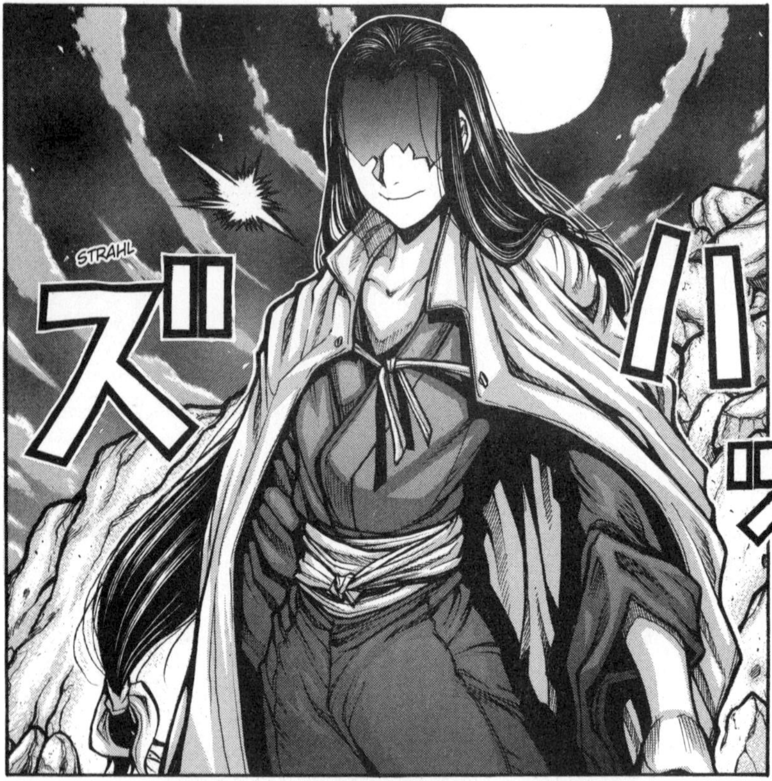

STRAHL

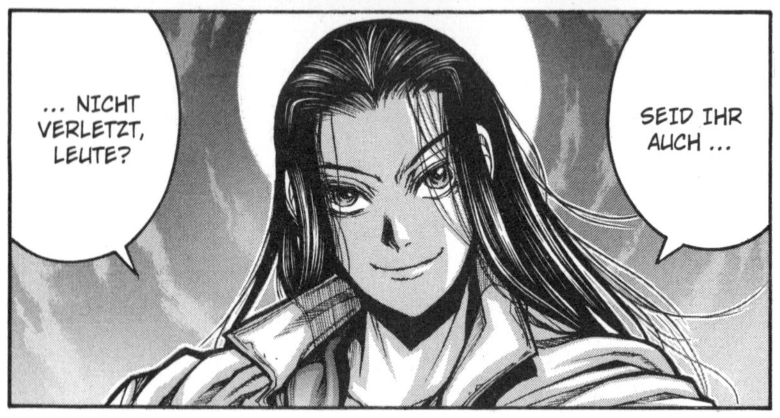

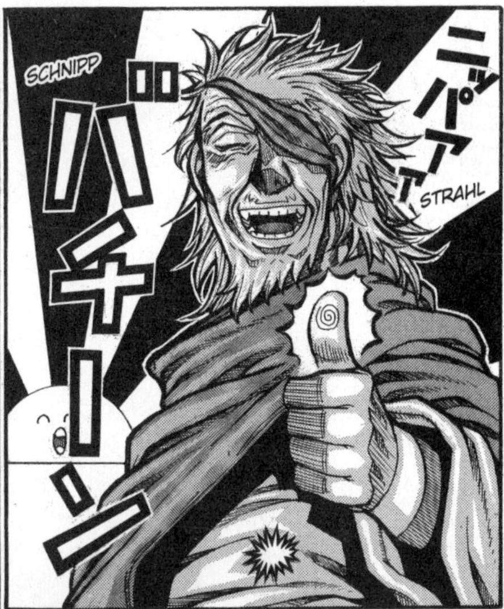
SCHNIPP
STRAHL

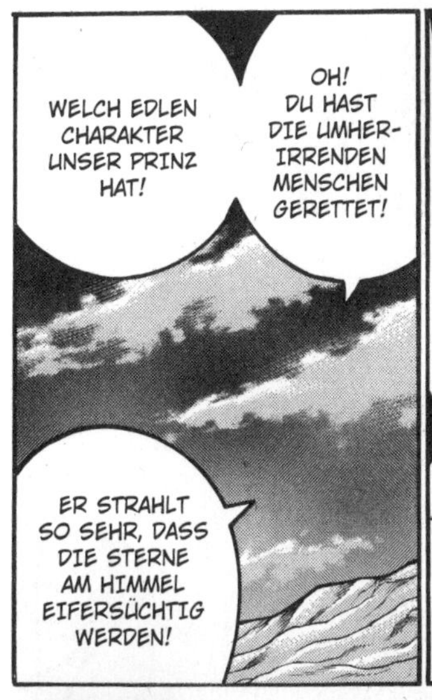
OH! DU HAST DIE UMHER-IRRENDEN MENSCHEN GERETTET!
WELCH EDLEN CHARAKTER UNSER PRINZ HAT!
ER STRAHLT SO SEHR, DASS DIE STERNE AM HIMMEL EIFERSÜCHTIG WERDEN!

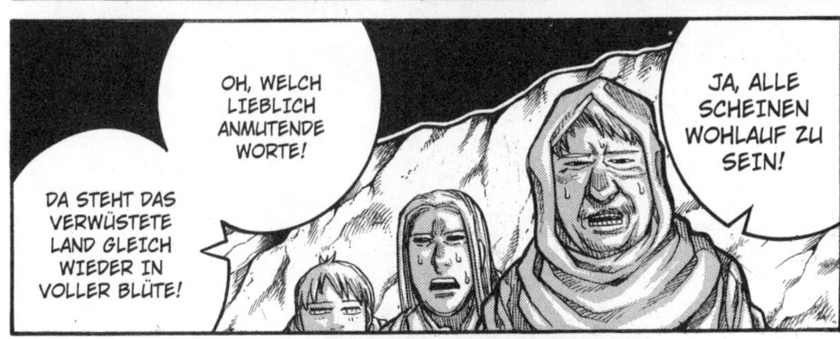
JA, ALLE SCHEINEN WOHLAUF ZU SEIN!
OH, WELCH LIEBLICH ANMUTENDE WORTE!
DA STEHT DAS VERWÜSTETE LAND GLEICH WIEDER IN VOLLER BLÜTE!

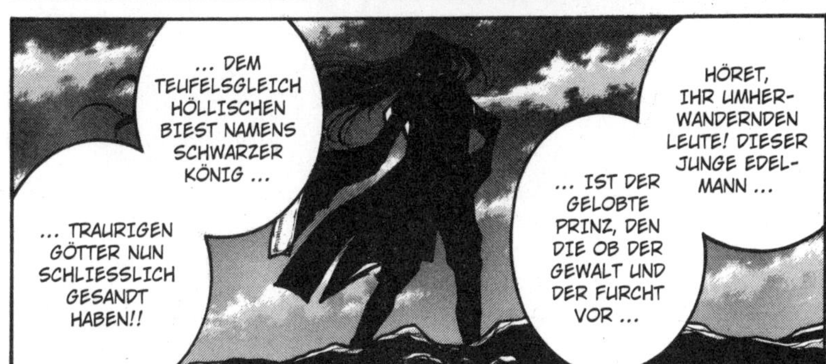
HÖRET, IHR UMHER-WANDERNDEN LEUTE! DIESER JUNGE EDEL-MANN …
… IST DER GELOBTE PRINZ, DEN DIE OB DER GEWALT UND DER FURCHT VOR …
… DEM TEUFELSGLEICH HÖLLISCHEN BIEST NAMENS SCHWARZER KÖNIG …
… TRAURIGEN GÖTTER NUN SCHLIESSLICH GESANDT HABEN!!

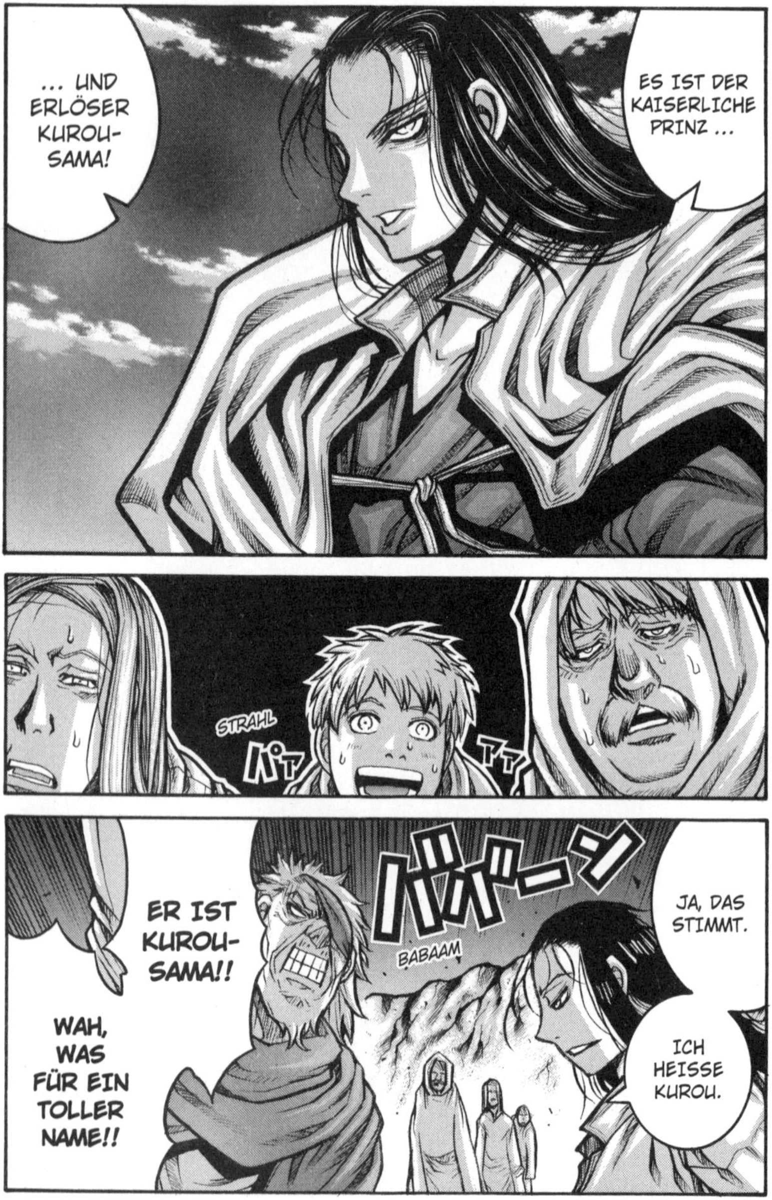

ES IST DER KAISERLICHE PRINZ ...

... UND ERLÖSER KUROU-SAMA!

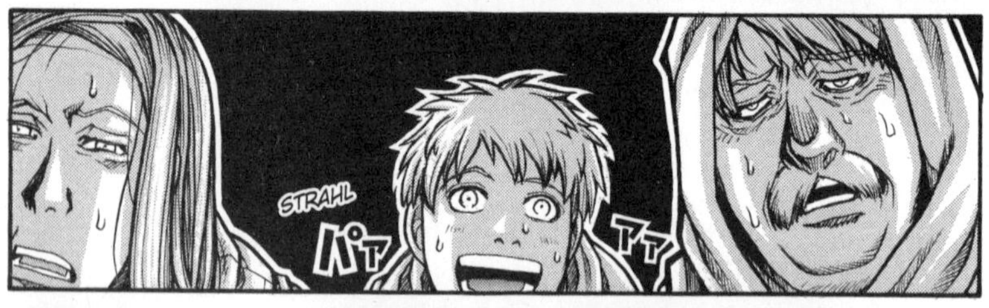

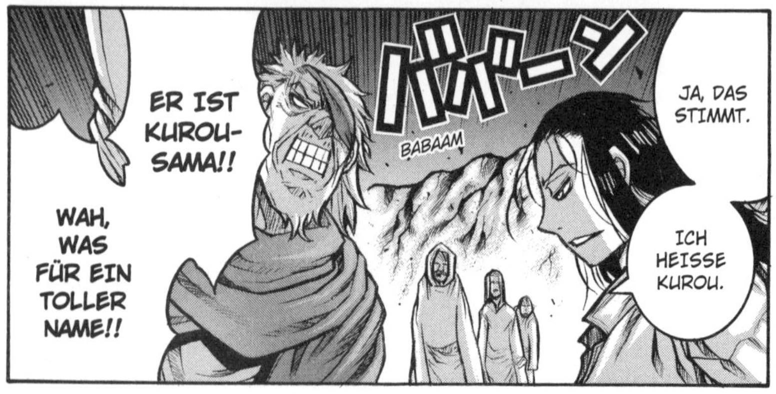

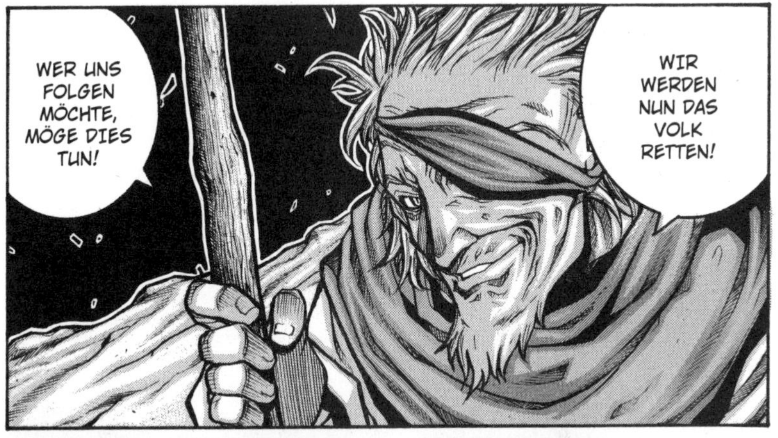

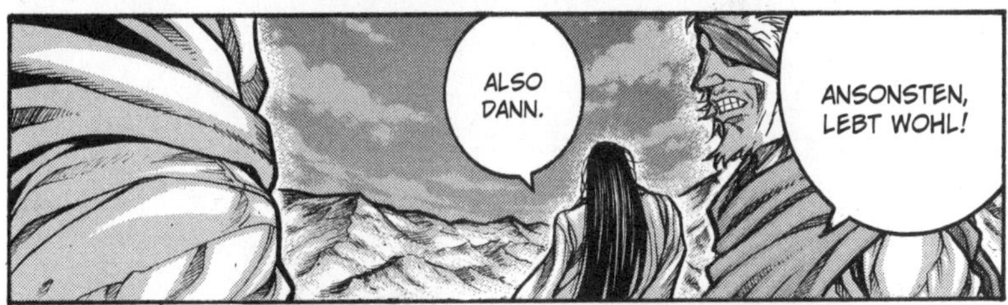

* ANSPIELUNG AUF DAS KABUKI-STÜCK „KANJINCHOU“.

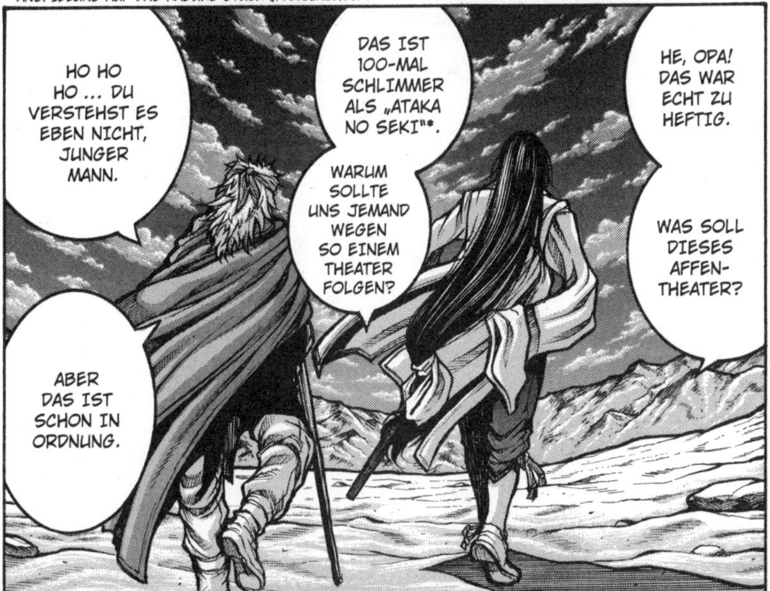

HE, OPA! DAS WAR ECHT ZU HEFTIG.

WAS SOLL DIESES AFFEN-THEATER?

DAS IST 100-MAL SCHLIMMER ALS „ATAKA NO SEKI“*.

WARUM SOLLTE UNS JEMAND WEGEN SO EINEM THEATER FOLGEN?

HO HO HO … DU VERSTEHST ES EBEN NICHT, JUNGER MANN.

ABER DAS IST SCHON IN ORDNUNG.

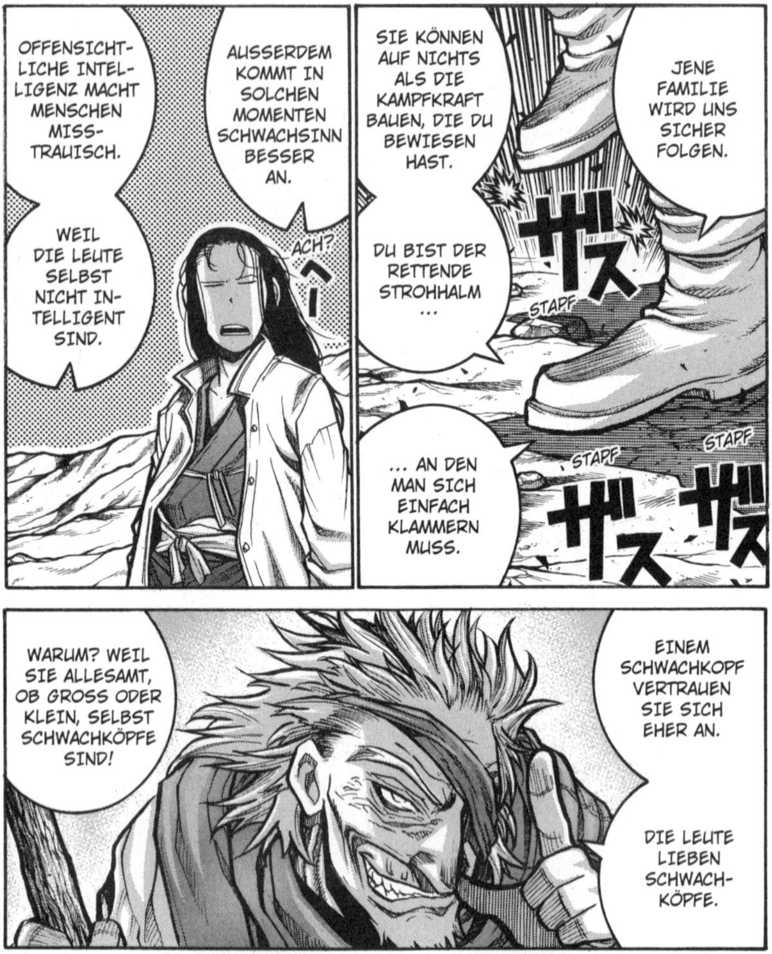

JENE FAMILIE WIRD UNS SICHER FOLGEN.
SIE KÖNNEN AUF NICHTS ALS DIE KAMPFKRAFT BAUEN, DIE DU BEWIESEN HAST.
DU BIST DER RETTENDE STROHHALM ...
STAPF
... AN DEN MAN SICH EINFACH KLAMMERN MUSS.
STAPF
STAPF
AUSSERDEM KOMMT IN SOLCHEN MOMENTEN SCHWACHSINN BESSER AN.
OFFENSICHTLICHE INTELLIGENZ MACHT MENSCHEN MISSTRAUISCH.
ACH?
WEIL DIE LEUTE SELBST NICHT INTELLIGENT SIND.

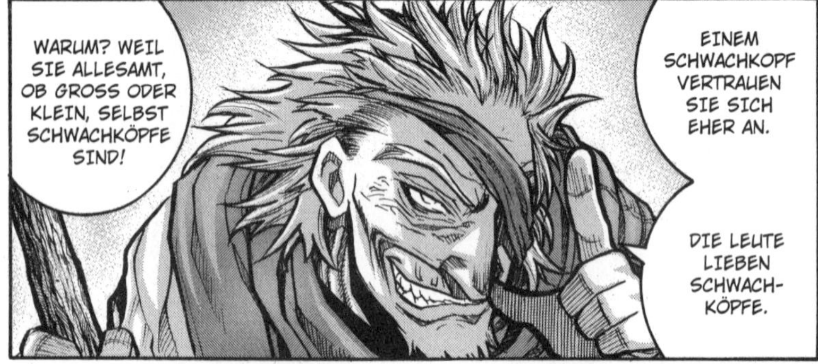

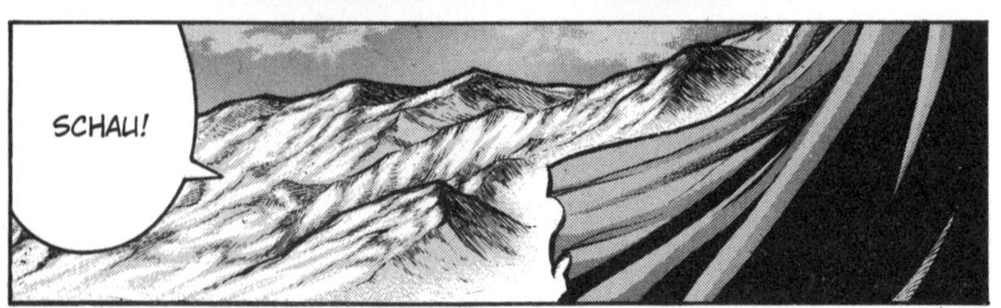

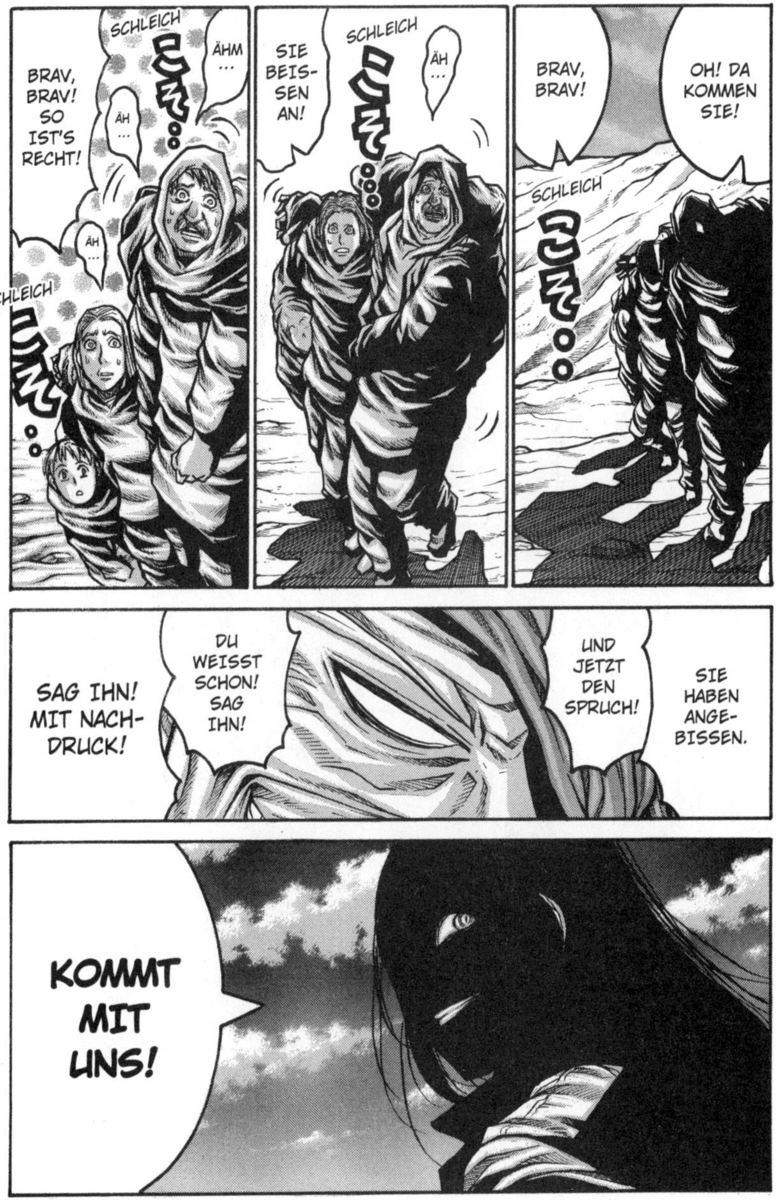

OH! DA KOMMEN SIE!
BRAV, BRAV!
SCHLEICH
ÄH …
SCHLEICH
SIE BEISSEN AN!
ÄHM …
SCHLEICH
BRAV, BRAV! SO IST'S RECHT!
ÄH …
ÄH …
SCHLEICH

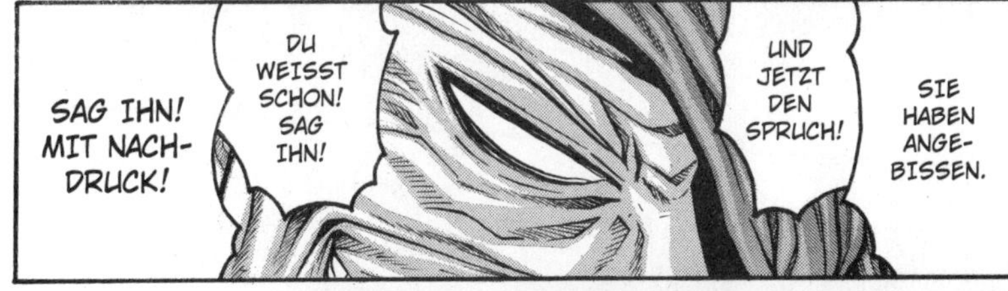
SIE HABEN ANGEBISSEN.
UND JETZT DEN SPRUCH!
DU WEISST SCHON! SAG IHN!
SAG IHN! MIT NACHDRUCK!

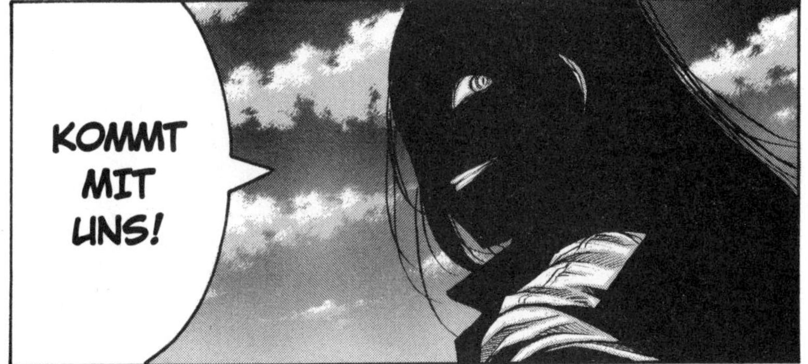
KOMMT MIT UNS!

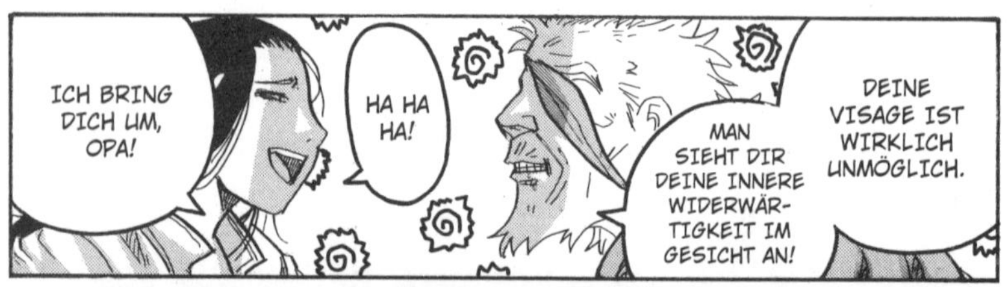
DEINE VISAGE IST WIRKLICH UNMÖGLICH.
MAN SIEHT DIR DEINE INNERE WIDERWÄR-TIGKEIT IM GESICHT AN!
HA HA HA!
ICH BRING DICH UM, OPA!

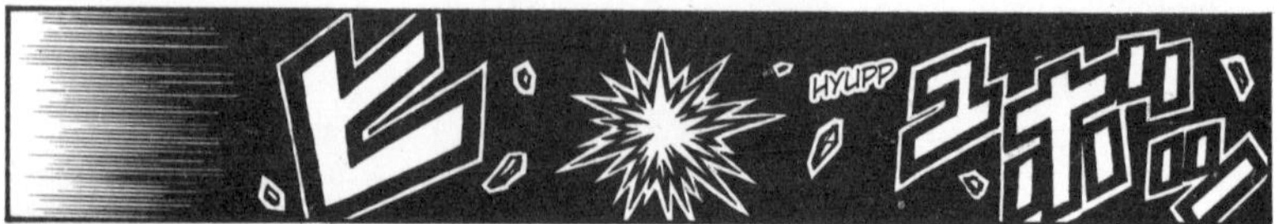
HYUPP

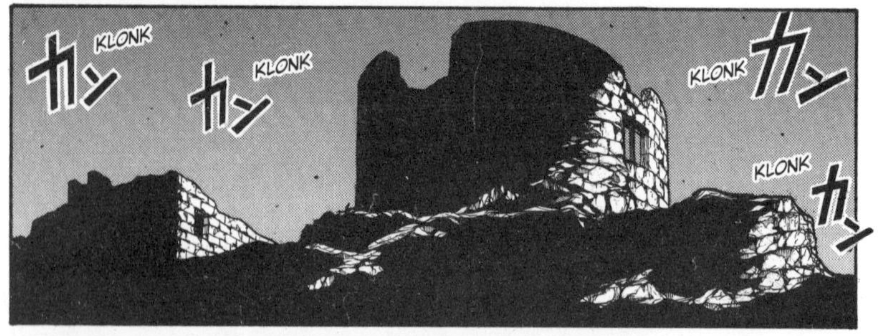
KLONK
KLONK
KLONK
KLONK

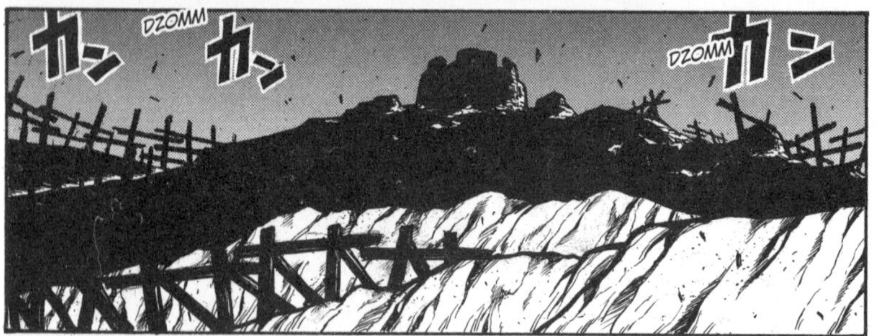
DZOMM
DZOMM

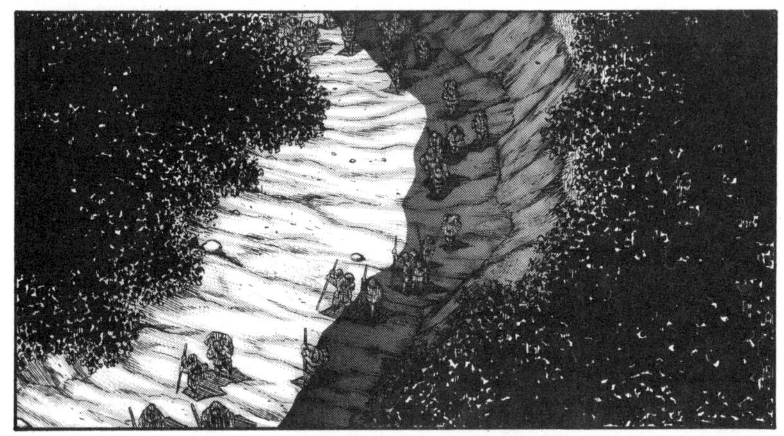

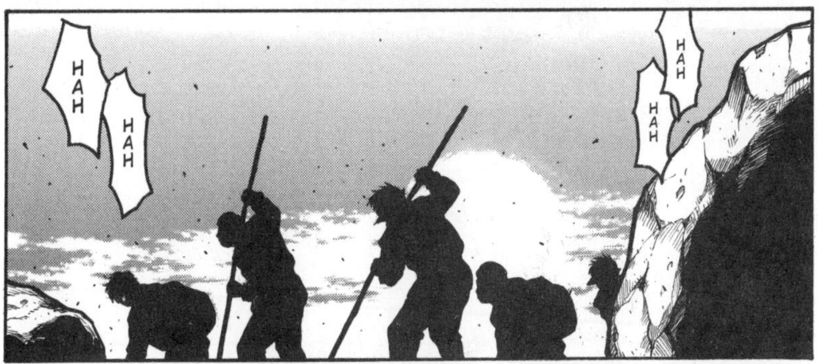
HAH
HAH
HAH
HAH

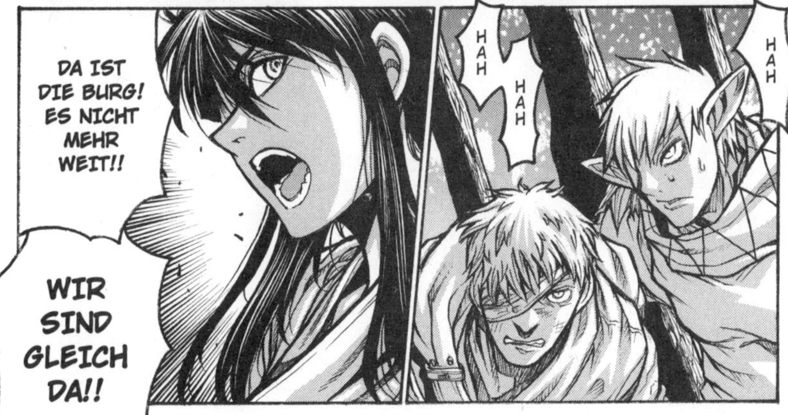
HAH
HAH
HAH
DA IST DIE BURG! ES NICHT MEHR WEIT!!
WIR SIND GLEICH DA!!

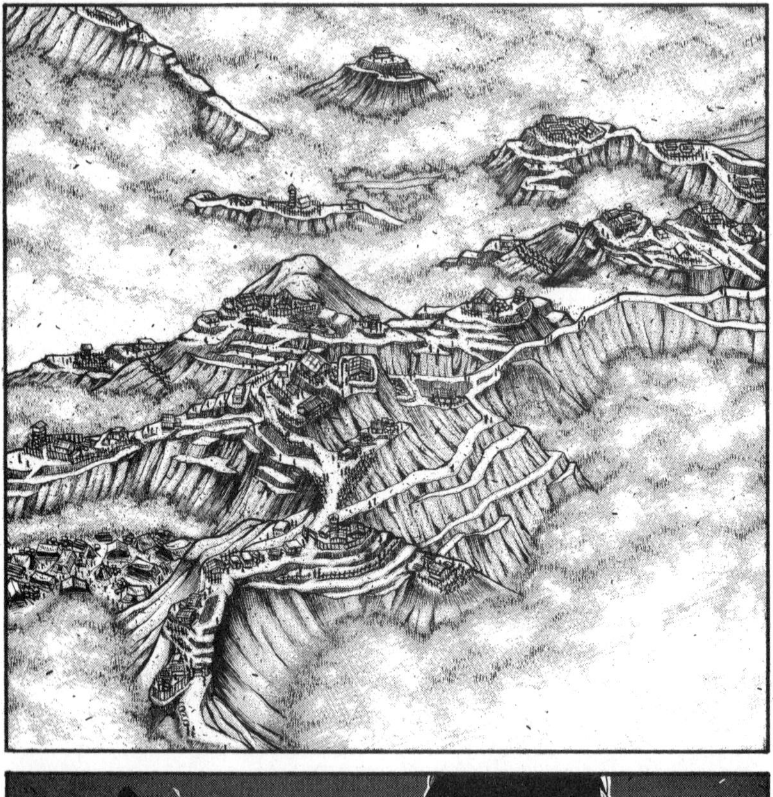

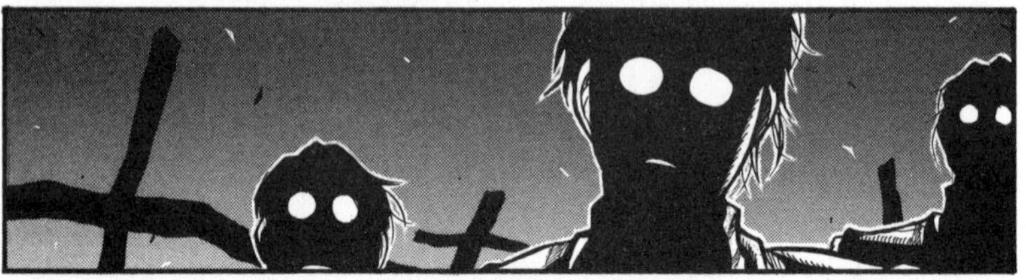

ENDE DES 86. KAPITELS

DRIFTERS

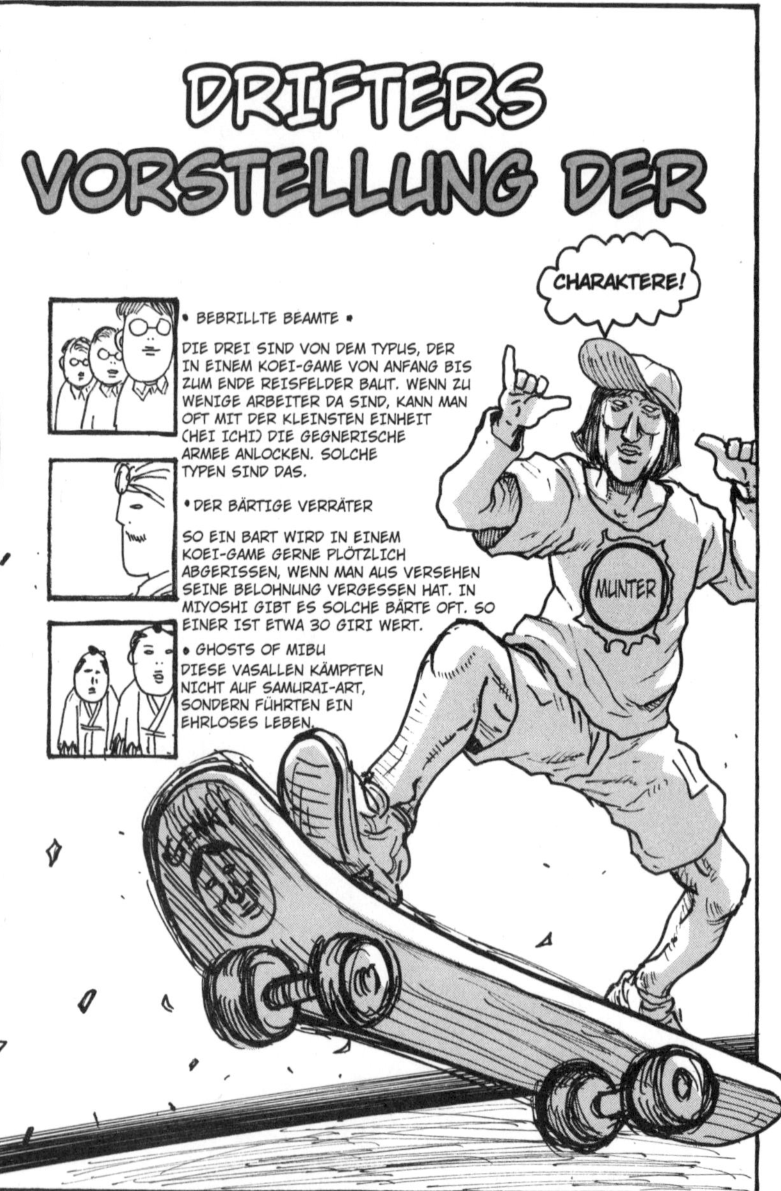
DRIFTERS
VORSTELLUNG DER
CHARAKTERE!
• BEBRILLTE BEAMTE •
DIE DREI SIND VON DEM TYPUS, DER IN EINEM KOEI-GAME VON ANFANG BIS ZUM ENDE REISFELDER BAUT. WENN ZU WENIGE ARBEITER DA SIND, KANN MAN OFT MIT DER KLEINSTEN EINHEIT (HEI ICHI) DIE GEGNERISCHE ARMEE ANLOCKEN. SOLCHE TYPEN SIND DAS.
• DER BÄRTIGE VERRÄTER
SO EIN BART WIRD IN EINEM KOEI-GAME GERNE PLÖTZLICH ABGERISSEN, WENN MAN AUS VERSEHEN SEINE BELOHNUNG VERGESSEN HAT. IN MIYOSHI GIBT ES SOLCHE BÄRTE OFT. SO EINER IST ETWA 30 GIRI WERT.
• GHOSTS OF MIBU
DIESE VASALLEN KÄMPFTEN NICHT AUF SAMURAI-ART, SONDERN FÜHRTEN EIN EHRLOSES LEBEN.
MUNTER

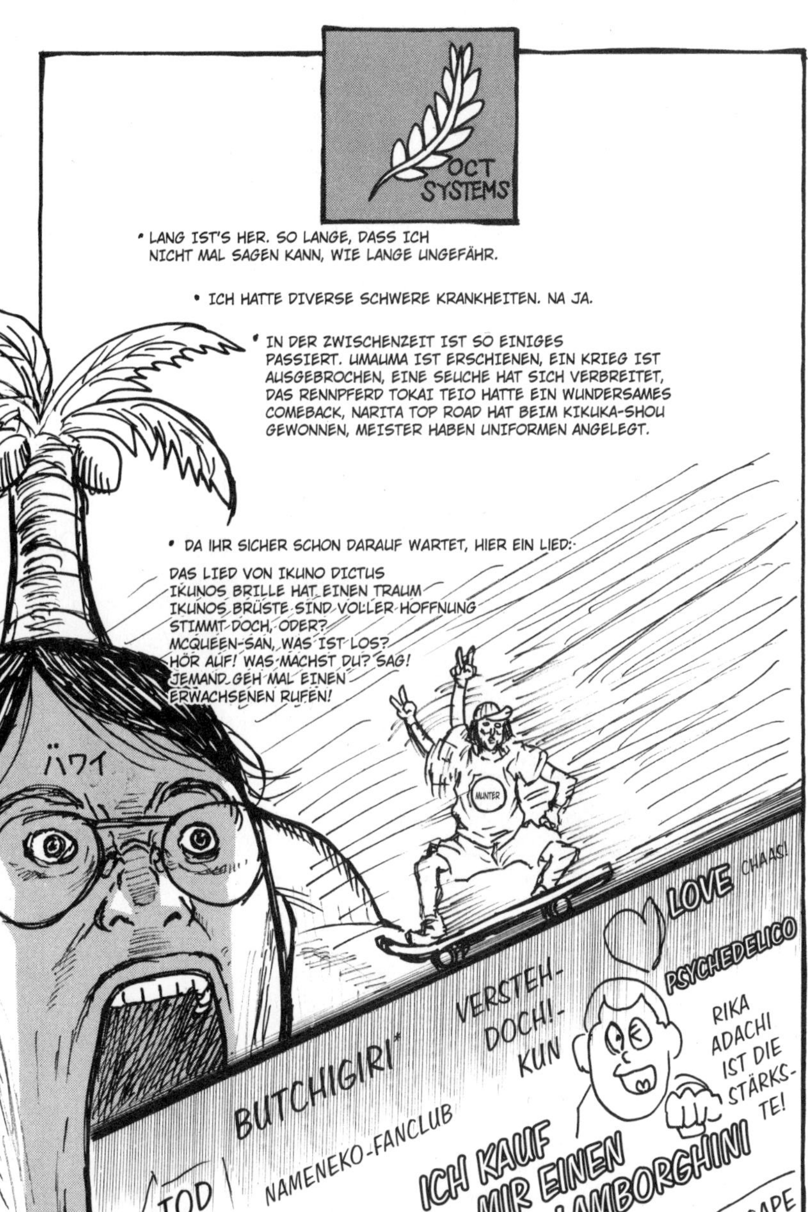

* ALTE AUFSCHRIFT AUF JACKEN REBELLISCHER JUGENDLICHER; OHNE BESONDERE BEDEUTUNG
** HAWAII

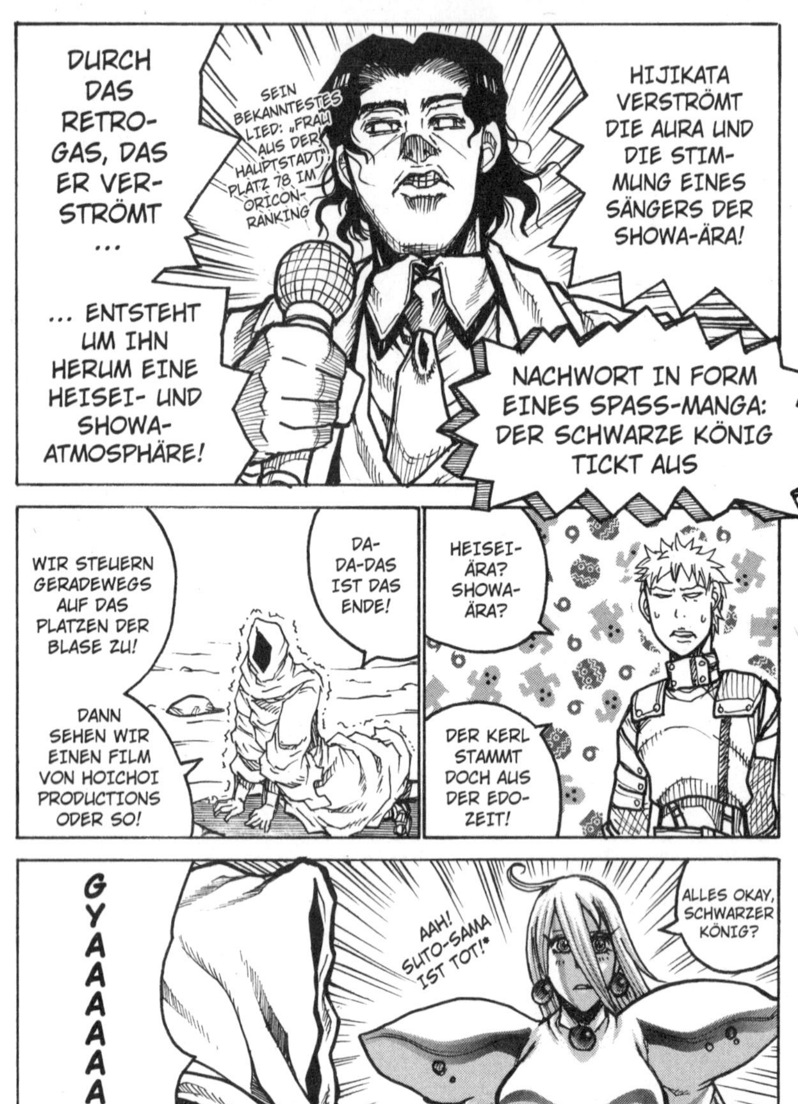

* ANSPIELUNG AUF „JOJO'S BIZARRE ADVENTURE"

MARIA KAWAMURA, SYNCHRONSPRECHERIN

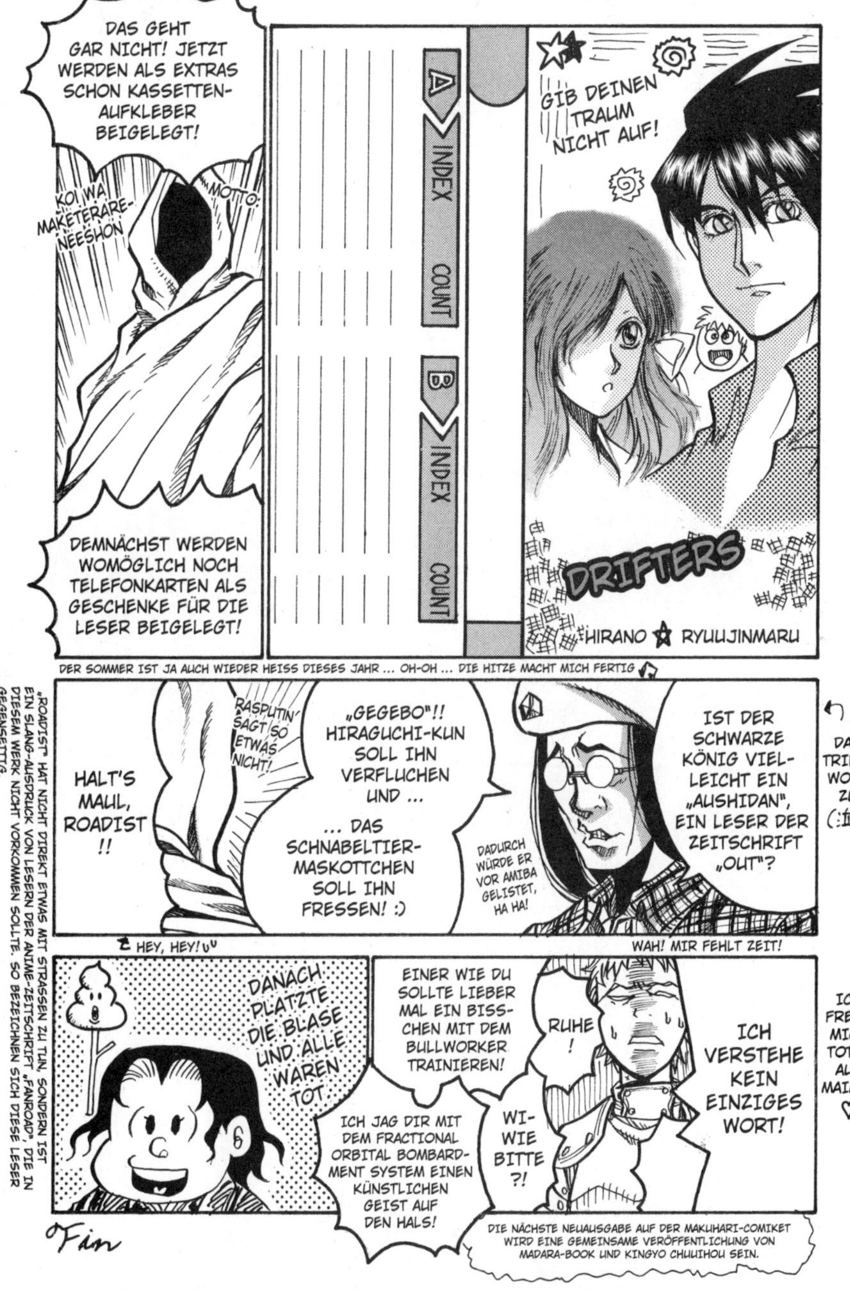

GIB DEINEN TRAUM NICHT AUF!
DRIFTERS
HIRANO ☆ RYUUJINMARU
A INDEX COUNT
B INDEX COUNT
DAS GEHT GAR NICHT! JETZT WERDEN ALS EXTRAS SCHON KASSETTEN-AUFKLEBER BEIGELEGT!
KOI WA MAKETERARE-NEESHON
MOTTO
DEMNÄCHST WERDEN WOMÖGLICH NOCH TELEFONKARTEN ALS GESCHENKE FÜR DIE LESER BEIGELEGT!
DER SOMMER IST JA AUCH WIEDER HEISS DIESES JAHR ... OH-OH ... DIE HITZE MACHT MICH FERTIG ♫
DAS TRIFF WOHL ZU (:五)
IST DER SCHWARZE KÖNIG VIELLEICHT EIN „AUSHIDAN", EIN LESER DER ZEITSCHRIFT „OUT"?
DADURCH WÜRDE ER VOR AMIBA GELISTET, HA HA!
„GEGEBO"!! HIRAGUCHI-KUN SOLL IHN VERFLUCHEN UND ...
... DAS SCHNABELTIER-MASKOTTCHEN SOLL IHN FRESSEN! :)
RASPUTIN SAGT SO ETWAS NICHT!
HALT'S MAUL, ROADIST !!
„ROADIST" HAT NICHT DIREKT ETWAS MIT STRASSEN ZU TUN, SONDERN IST EIN SLANG-AUSDRUCK VON LESERN DER ANIME-ZEITSCHRIFT „FANROAD", DIE IN DIESEM WERK NICHT VORKOMMEN SOLLTE. SO BEZEICHNEN SICH DIESE LESER GEGENSEITIG.
WAH! MIR FEHLT ZEIT!
HEY, HEY! ∪∪
ICH FREU MICH TOTA AUF MAIM ♡
ICH VERSTEHE KEIN EINZIGES WORT!
RUHE!
WI-WIE BITTE?!
EINER WIE DU SOLLTE LIEBER MAL EIN BISSCHEN MIT DEM BULLWORKER TRAINIEREN!
ICH JAG DIR MIT DEM FRACTIONAL ORBITAL BOMBARDMENT SYSTEM EINEN KÜNSTLICHEN GEIST AUF DEN HALS!
DANACH PLATZTE DIE BLASE UND ALLE WAREN TOT
Fin
DIE NÄCHSTE NEUAUSGABE AUF DER MAKUHARI-COMIKET WIRD EINE GEMEINSAME VERÖFFENTLICHUNG VON MADARA-BOOK UND KINGYO CHUUIHOU SEIN.

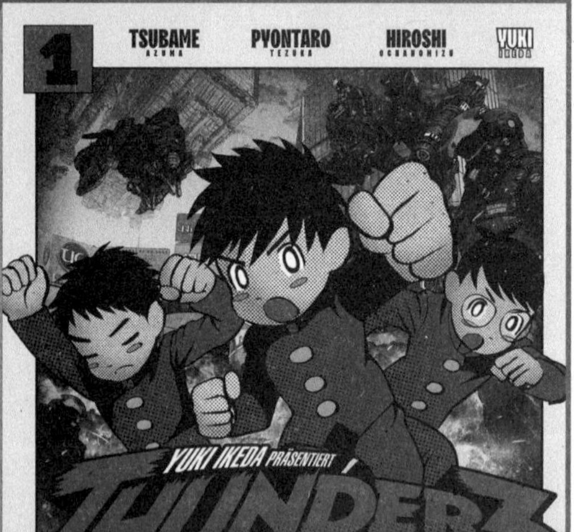

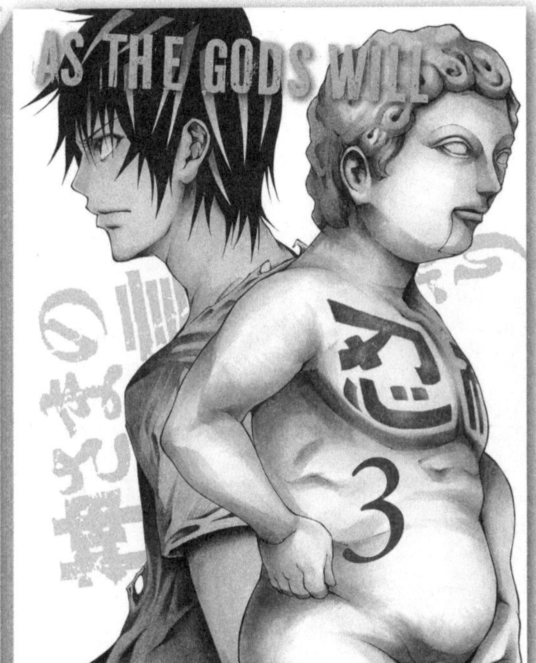

ACHTUNG!

Dieser Comic wird wie im Original gelesen:
von rechts nach links,
also fangt einfach von der anderen Seite des Buches an
und stürzt euch in die Welt von **DRIFTERS**!

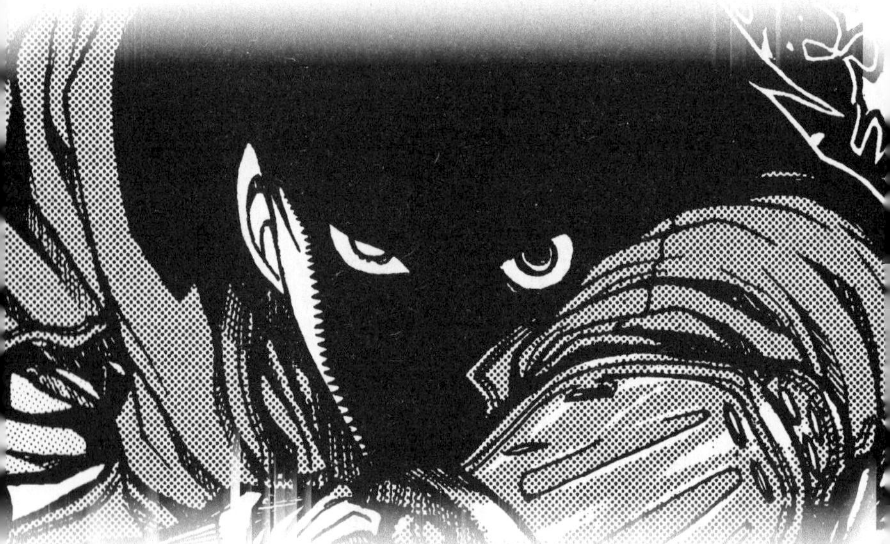

DRIFTERS erscheint bei **PANINI MANGA**, Schloßstraße 76, D-70176 Stuttgart. DRIFTERS wird unter Lizenz in Deutschland von PANINI Verlags-GmbH veröffentlicht. Druck: LEGO PRINT S.p.A. Direkt-Abos auf **www.paninimanga.de**. Geschäftsführer **Hermann Paul**, Publishing Director Europe **Marco M. Lupoi**, Finanzen/Logistik **Felix Bauer**, Marketing Director **Holger Wiest**, Marketing **Dr. Rebecca Haar**, **Jessica Langer**, Vertrieb **Alexander Bubenheimer**, PR/Presse **Steffen Volkmer**, Publishing Manager **Lisa Pancaldi**, Redaktion **Marlene Eggertsberger**, **Stephanie Jakob**, **Matthias Korn**, **Philipp Nakata**, **Daniela Uhlmann**, Übersetzung **Burkhard Höfler**, Proofreading **Ricarda Nugk**, grafische Gestaltung **Rudy Remitti**, **Nicola Spano**, Art Director **Alessandro Gucciardo**, Redaktion Panini Comics **Elisa Panzani**, **Ludovica Ungari**, Repro/Packager **Alessandro Nalli** (coordinator), **Anna Boselli**, **Mario Da Rin Zanco**, **Valentina Esposito**, **Luca Ficarelli**, **Simone Guidetti**, **Linda Leporati**, **Fabio Melatti**.
 ISBN 978-3-7416-2937-2

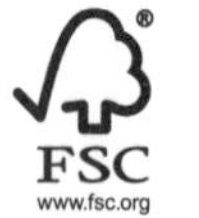

1. Auflage

Bibliografische Information der Deutschen Nationalbibliothek
Die Deutsche Nationalbibliothek verzeichnet diese Publikation in der Deutschen Nationalbibliografie; detaillierte bibliografische Daten sind im Internet über dnb.d-nb.de abrufbar.